科学出版社“十四五”普通高等教育本科规划教材

生 理 学

第4版

主 编 郭 健 周乐全

副主编 尤行宏 曾 辉 彭 芳 明海霞

编 委 （按姓氏笔画排序）

王冰梅（长春中医药大学） 尤行宏（湖北中医药大学）
包怡敏（上海中医药大学） 伍庆华（江西中医药大学）
伍冠一（广西中医药大学） 汝 晶（云南中医药大学）
杜 联（成都中医药大学） 李 汨（陕西中医药大学）
李 育（南京中医药大学） 李杰茹（河北中医学院）
张 帅（天津中医药大学） 张发艳（山东中医药大学）
张雨薇（黑龙江中医药大学） 陈俞材（北京中医药大学）
明海霞（甘肃中医药大学） 呼 唤（北京中医药大学东方学院）
周乐全（广州中医药大学） 饶 芳（浙江中医药大学）
郭 健（北京中医药大学） 彭 芳（贵州中医药大学）
蒋淑君（滨州医学院） 曾 辉（湖南中医药大学）

秘 书（兼） 陈俞材

科 学 出 版 社

北 京

内 容 简 介

为了适应深化教育改革和发展高等中医药教育的需求，按照全国高等中医药院校的培养目标，本编委会在第3版《生理学》的基础上进行了修订。

在此次"十四五"规划教材的编订中，编委会依然坚持教材编写的科学性和先进性，系统介绍了人体功能活动的基本规律，覆盖了生理学的基本概念和基本理论；同时根据生理学的最新进展，修正更新了第3版教材中的部分内容。为了体现以学生为中心的教学理念，第4版教材补充了和生理学相关的思政元素，培养学生尊重生命的责任感和使命感。在每一章后提供了思维导图和复习思考题，帮助学生梳理知识，启发学生思考。同时删除了部分冗余的内容，保证生理学的内容系统而精炼，便于学生掌握和记忆，提高学习的效率。此外，在数字资源中，我们提供了 PPT 课件，供学生自主学习。

本教材是由长期从事生理学教学的一线教师编写而成，适用于中医学、中西医临床医学、针灸推拿学、护理学、中药学、药学、康复治疗学等专业的学生，也适用于高等学历继续教育的学生。

图书在版编目（CIP）数据

生理学 / 郭健，周乐全主编 . —4 版 . —北京：科学出版社，2022.4
科学出版社"十四五"普通高等教育本科规划教材
ISBN 978-7-03-071954-6

Ⅰ. ①生… Ⅱ. ①郭… ②周… Ⅲ. ①人体生理学－高等学校－教材 Ⅳ. ① R33

中国版本图书馆 CIP 数据核字（2022）第 049538 号

责任编辑：李 杰 刘 亚 / 责任校对：钟 洋
责任印制：霍 兵 / 封面设计：蓝正设计

科学出版社出版
北京东黄城根北街 16 号
邮政编码：100717
http://www.sciencep.com
石家庄继文印刷有限公司印刷
科学出版社发行 各地新华书店经销
*
2007年1月第 一 版 开本：787×1092 1/16
2022年4月第 四 版 印张：15 1/4
2025年1月第二十五次印刷 字数：407 000

定价：49.00 元

目　录

第一章　绪　　论

生理学（physiology）是生物学的一个分支，是研究生物体生命活动规律的科学。**人体生理学**（human physiology）以人体正常生命活动为研究目标，研究人体正常功能活动的发生过程和变化规律，并揭示其发生原理。通常将人体生理学简称生理学。

生理学是医学的基础学科之一。每一个医学工作者都必须学习生理学，掌握人体正常功能活动规律，为临床医学的学习和实践奠定理论基础。对于中医院校的学生来说，学习并掌握坚实的生理学理论和熟练的生理学实验技能，有利于日后进行中医药和中西医结合的研究。

第一节　生理学研究的内容和方法

一、生理学研究的内容

人体是一个统一的整体，在不同的时空条件下，其功能活动是以整个机体为单位做出的适应性反应。人体的功能活动与结构有密切联系。在结构上，人体由器官系统组成，器官系统又由组织细胞构成，细胞主要是由糖、脂肪、蛋白质和核酸等生物分子构成。人体的各种功能活动都以相应的结构为基础，因此，对机体功能活动的研究也就在这几个结构层次上进行。

（一）整体水平

整体水平的研究属于宏观研究，是以完整机体为对象，研究其在不同环境条件和生理状况下各器官、系统之间相互联系、相互协调的功能活动规律，以及机体与环境之间的相互联系和相互影响。

以“整体观念”和“天人相应”为基本理论的中国古代生理学是典型的整体水平研究。在“整体观念”下，采用内揣法（“黑箱”方法），以“藏象”学说和“阴阳五行”学说为理论基础，对机体功能活动规律进行了整体性阐释。在“天人相应”理论指导下，系统阐释了在不断变化的外界环境影响下人体的适应性变化。

现代生理学在整体水平进行了广泛的研究，获取了丰富的信息和资料。例如，采用整体无创性检测方法，系统研究了不同时态（觉醒、睡眠、运动等）和空间（高原、潜水、航空等）条件下，人体生理功能的变化规律，获得了不同时空条件下机体的生理指标。

（二）器官、系统水平

人体生理学研究首先是在器官、系统水平上进行的，其主要任务是研究各器官、系统的功能活动规律，以及各器官、系统在整体生命活动中的作用。器官、系统水平研究所获得的生理学知识，为药理学、病理生理学，乃至临床学科的发展奠定了理论基础。

（三）细胞、分子水平

细胞是人体最基本的结构和功能单位，而生物分子是细胞的基本组成成分，故细胞的生理特性由构成细胞的各种生物分子的理化特性而决定。细胞、分子水平的研究属于微观水平的研究，主要任务是研究细胞内各亚结构的功能和生物分子的理化变化过程，探讨各种细胞、生物分子在器官、系统，以及整体生命活动中的作用。

二、生理学研究的方法

生理学的发展依赖于其他科学的发展和各种科学研究方法的进步。通过科学的实验方法来研究机体的各种功能，是获得生理学知识的主要方法，因而，生理学也是一门实验性学科。根据实验对象不同，生理学研究的实验方法分为人体观察法和动物实验法两类。

（一）人体观察法

在不影响健康的前提下对人体进行无创性的实验观察，如体重、体温、心率、血压、心电等指标的观察。

（二）动物实验法

以动物为主要实验对象。根据实验进程，动物实验分为急性实验和慢性实验两类。

1. 急性实验法（acute experiment）　实验周期短，可分为在体实验和离体实验两种。

（1）**在体实验**（*in vivo* experiment）：是指在动物失去知觉（麻醉或损毁大脑）的条件下，通过手术观察某一器官或几个器官的功能活动。例如，家兔麻醉后，手术暴露迷走神经和心脏，然后电刺激迷走神经，观察心脏收缩频率和收缩强度的变化。

（2）**离体实验**（*in vitro* experiment）：是将动物的某一器官、组织或细胞游离出来，置于适宜的人工环境条件下进行实验。例如，破坏青蛙脑和脊髓后，手术摘除蛙心并置入心脏营养液中，通过改变心脏营养液温度和酸碱度的方法，观察蛙心收缩频率和收缩强度的变化。

急性实验法的优点是实验条件易于控制，可对研究对象进行直接的观察和细致的分析，但其缺点是实验结果未必能如实反映正常完整机体功能活动的规律。

2. 慢性实验法（chronic experiment）　是以完整健康的机体为研究对象，并使其与外界环境保持自然的状态，观察机体功能活动的变化。实验需在无菌条件下，通过手术制备各种瘘管，破坏或摘除某些器官，或将刺激电极与引导电极埋置在体内。待手术创伤恢复后，在清醒条件下进行实验观察。例如，观察胃液分泌调节的实验，需先在犬身上进行无菌手术，制备“食管瘘”和“胃瘘”，待犬恢复健康后，方可进行胃液分泌的研究。

慢性实验法的优点是可以在清醒条件下，长期观察某一功能活动，所获实验结果接近于自然整体状态。缺点是整体条件下影响因素较多，结果不易分析。

不同动物实验各有利弊，应根据实验目的选择合适的实验动物和方法。在设计实验时，要遵循 3R 原则，即实验动物的**替代**（replacement）、**减少**（reduction）和**优化**（refinement），善待、感恩为人类医学和健康事业献身的实验动物。通常动物实验都是在特定条件下进行的，因此不能把实验结果简单地引申为普遍规律，也不能把动物实验的资料不加区别地移用于人体。

第二节　生命活动的基本特征

在整个生命自然发展过程中，新陈代谢、兴奋性、适应性和生殖是生命活动的基本特征。

一、新陈代谢

在生命活动中，生物体与环境之间不断地进行物质和能量交换、自我更新的过程称为**新陈代谢**（metabolism）。新陈代谢是生命活动的本质特征，贯穿于生命的全过程，新陈代谢一旦停止，生命也将终止。

二、兴　奋　性

人体生活在不断变化的自然环境和社会环境之中，其中某些内、外环境的变化可被机体感知，称为**刺激**（stimulus）。这些刺激引起新陈代谢和功能活动的改变，说明机体发生了**反应**（response）。机体对刺激发生的反应有两种形式：一种是由相对静止转变为活动，或者由活动较弱转变为活动较强，称为**兴奋**（excitation）；另一种是由活动转为相对静止，或者由活动较强转变为活动较弱，称为**抑制**（inhibition）。抑制并不是无反应，而是与兴奋相反的一种主动活动。例如，心跳和呼吸的加快、加强，消化液的分泌增多，属于兴奋；相反，心跳和呼吸的减慢、减弱，消化液的分泌减少，则属于抑制。

机体接受刺激发生反应的能力称为**兴奋性**（excitability）。机体各种组织、细胞的兴奋性各有不同，其中以神经细胞、肌细胞和腺细胞的兴奋性较高，称为**可兴奋细胞**（excitable cell）。可兴奋细胞兴奋时的共同表现是出现动作电位，因此在生理学中，动作电位被认为是兴奋的标志。

三、适　应　性

机体对内、外环境变化所发生的各种反应，都具有一种特性，即调整机体与环境之间的关系，以保护机体不受损害，维持机体的正常生存和种族绵延，这种特性称为**适应性**（adaptability）。适应性是在生物进化过程中，逐渐发展和完善起来的。机体的适应性是有一定限度的，超过此限度，机体就会产生适应不全，甚至导致病理损害。

四、生　　殖

生物体生长发育到一定阶段后，能够产生与自己相似的子代个体，这种功能称为**生殖**（reproduction）。人类生殖的生物学意义是繁衍后代，延续种族。因此，生殖也是人体生命活动的基本特征之一。

第三节　内环境及稳态

一、体液与内环境

人体内所有的液体总称为**体液**（body fluid），体液是人体的重要组成部分，约占体重的60%（图1-1），其中2/3为**细胞内液**（约占体重的40%），1/3为**细胞外液**（约占体重的20%）。细胞外液主要包括组织液和血浆，前者约占体重的15%，后者约占体重的5%。此外，淋巴液、脑脊液、关节腔液等也属于细胞外液，但所占比例甚少。

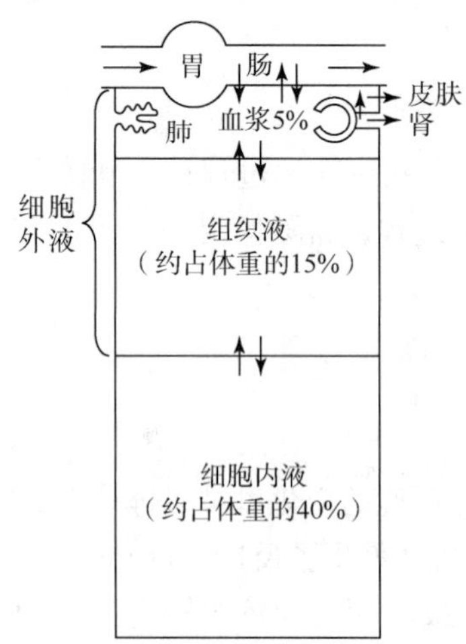

图 1-1　体液的分布示意图

细胞是进行新陈代谢的基本单位，浸浴在细胞外液中。细胞内液为细胞新陈代谢提供了进行各种生物化学反应的场所；而细胞外液则是细胞直接接触的液体环境，所以生理学中将细胞外液称为机体的**内环境**（internal environment）。

体液各部分彼此之间被组织隔开，但又通过不同方式相互沟通。细胞内液和细胞外液的成分有很大的差别，二者通过细胞膜进行物质交换。在细胞外液中，血浆通过毛细血管壁与组织液进行物质交换，又通过周而复始的循环，沟通内环境与外环境，是内环境中最活跃的部分。

二、内环境与稳态

19 世纪中叶，法国生理学家贝纳德（Claude Bernard）首先提出内环境相对稳定的概念。内环境是细胞赖以生存的环境，细胞在新陈代谢过程中需要的各种物质，必须直接从细胞外液中摄取，而细胞内生成的多种产物及代谢废物也要排放到细胞外液中去。因此，细胞外液是细胞获得营养物质、排放代谢产物的公共环境。由于组织细胞与内环境之间不停地进行着多种物质交换，因而内环境中各种物质的量、组成成分及理化特性等将不断发生改变，但机体会通过多种调节机制，使内环境保持相对稳定的状态。20 世纪初，美国生理学家坎农（Walter Cannon）首先使用**稳态**（homeostasis）来描述这种状态。内环境的稳态就是指内环境的各种化学成分（如水、各种营养物质、电解质等）和理化特性（酸碱度、温度、渗透压等）保持相对稳定的状态。目前，稳态已成为生理学乃至整个生命科学中具有普遍意义的基本概念，泛指体内从分子和细胞、器官和系统以至人体整体在各个水平上的生理过程保持相对稳定的状态。稳态的维持是一种动态平衡，是整合调控的目标。在稳态的整合与调控中，神经系统（主要是中枢神经系统）为主要调控单元，内分泌系统和免疫系统是辅助调控单元。负反馈控制系统和前馈控制系统是维持稳态的主要机制。

第四节　人体功能活动的调节方式

人体具有完整而极其复杂的调节机制，能对内外环境变化产生适应性反应，使各器官、系统的功能互相配合、互相制约，以达到稳态。在整合调控中，包括多种调节机制，分述如下。

一、神 经 调 节

神经调节（neuroregulation）是指通过神经系统的活动对机体各部分的功能活动进行调节的方式。在全身各种调节机制中，神经调节是最重要的调节机制，其他调节机制都直接或间接地与神经调节发生联系。神经调节的基本方式是反射，反射的结构基础是反射弧，包括感受器、传入神经、反射中枢、传出神经、效应器等五个基本环节。感受器是接受刺激的器官，效应器是产生效应的器官，反射中枢包括脑和脊髓，传入神经和传出神经是将中枢神经与感受器和效应器联系起来的通路。反射弧的任何一个环节遭受损害，反射就不能完成。

反射分为**条件反射**（conditioned reflex）和**非条件反射**（unconditioned reflex）两种类型。非条件反射是先天的、生来就有的，同种属个体所共有，反射弧固定的一种初级神经反射活动。相对而言，其数量是有限的。条件反射是建立在非条件反射的基础上，通过后天训练而获得的。由于可任意设定训练条件，因此所形成的条件反射是无限多样的。条件反射必须有神经系统的高级部位参与，属于高级神经活动。

神经调节产生效应的特点是迅速、精确、持续时间短暂，范围局限。

二、体液调节

体液调节（humoral regulation）是指体内的一些化学物质通过细胞外液或血液循环，作用于机体的某些组织或器官，对其活动起促进或抑制作用。参与体液调节的化学物质基本可分为两大类：一类是由各种**内分泌细胞**（endocrine cell）分泌的**激素**（hormone）；另一类是各种组织的代谢产物，包括 CO_2、乳酸、H^+、组胺、5-羟色胺（5-HT）等。绝大多数激素通过血液循环，选择性地作用于靶细胞。而组织细胞产生的某些化学物质、代谢产物往往是在局部组织液内扩散，改变附近组织细胞的功能活动。这种调节作用也称为**旁分泌**（paracrine）调节。

体液调节的特点是效应发生缓慢，但持续时间较为长久，作用范围广泛。

此外，某些内分泌腺直接或间接受神经系统的调控，如交感神经直接支配肾上腺髓质，促使其分泌激素，经血液循环运送至全身各处，调节其功能活动。体液调节此时便成为神经反射的传出环节，这种调节方式称为**神经-体液调节**（neurohumoral regulation）。神经-体液调节可发挥两种调节的优点，优势互补，从而使产生的效应既迅速，又广泛而持久。

三、免疫调节

免疫调节（immuneregulation）是指免疫细胞及其释放的细胞因子，通过血液循环或细胞外液，作用于机体的某些组织或器官，对其活动起促进或抑制作用。社会环境的精神和心理的刺激，自然环境的光、声、气味、味道，以及触、温、痛、压等躯体刺激，都可以由神经系统和相应的感受器接收，通过神经系统和内分泌系统的调控作用，促使各功能系统做出适应性反应。但是，细菌、病毒、毒素、肿瘤和异体蛋白等刺激是神经系统无法感受的，却能被免疫系统感知。免疫细胞接受这些刺激后，释放细胞因子，促使组织或器官做出适应性反应，及时清除病因，恢复并维持稳态。可见，免疫系统不仅是一种防卫系统，而且是机体的感受和调节系统。由于免疫细胞可以随血液循环运行全身，因而免疫系统起到了“游动脑”的作用。

四、自身调节

自身调节（autoregulation）是指不依赖于神经、体液和免疫调节，机体组织、细胞自身对刺激所产生的一种适应性反应。例如，在一定范围内，心肌收缩强度与初长度成正比；在一定的动脉血压范围内，脑血流量、肾血流量保持相对稳定等，均属自身调节。

自身调节在人体功能调节中所占比例极少，自身调节的幅度和灵敏度较小。

第五节 生理功能的调节控制

人体功能活动的调节中，存在着各种各样的程序化控制系统，从而使机体的适应性反应迅速而准确。控制系统主要由控制部分和受控部分组成，包括反馈控制系统和前馈控制系统两种模式。

一、反馈控制系统

反馈控制系统（feedback control system）是一闭合回路，即受控部分不断有反馈信息回输给控制部分，改变着控制部分的活动（图 1-2）。

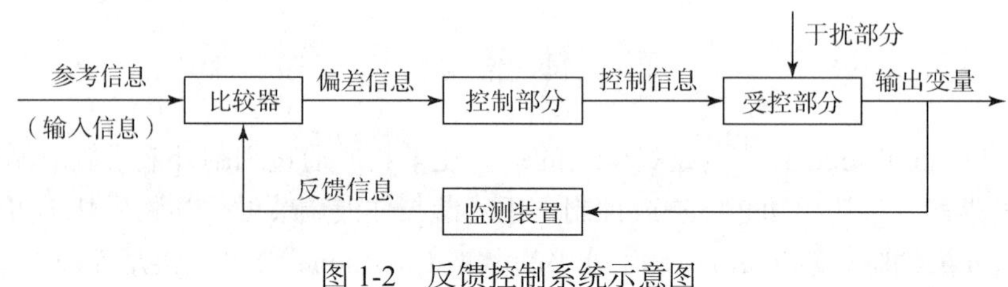

图 1-2 反馈控制系统示意图

受控部分的信息传回控制部分的过程称为**反馈**（feedback），根据反馈信息作用的效果可将反馈分为负反馈和正反馈两种类型。

（一）负反馈

负反馈（negative feedback）是指受控部分发出的反馈信息抑制了控制部分的活动，最终使受控部分的活动向与它原先活动相反的方向发生改变的调节方式。负反馈的意义是维持机体功能活动的稳态。当某种生理活动过强时，负反馈会使其减弱。相反，当某种生理活动减弱时，负反馈可增强其活动。生理条件下，人体动脉血压能够维持相对稳定，就是通过“降压反射”的负反馈实现的。当动脉血压升高时，动脉内压力感受器兴奋，经传入神经传至心血管中枢，抑制心血管活动，使动脉血压回降；反之，动脉血压降低时，则以相反的机制，促使动脉血压回升。

负反馈调节是在机体受外界环境刺激后才发生的调控反应，因此有反应滞后的缺陷。而且负反馈调节在纠正偏差的过程中，会因矫枉过正产生波动。负反馈机制对偏差的敏感程度越高，波动越大；敏感程度越低，则反应越滞后。

（二）正反馈

正反馈（positive feedback）是指受控部分发出的反馈信息促进或加强了控制部分的活动，最终使受控部分的活动不断加强的调节方式。其功能是促使机体某些生理过程逐步加强直至完成，如分娩过程、血液凝固过程、排便反射及排尿反射等均属于正反馈。

二、前馈控制系统

前馈控制系统是一开放回路控制系统，监视装置在检测到干扰信息后发出**前馈**（feed-forward）信息，直接作用于控制部分调整控制信息，以对抗干扰信息对受控部分的作用。

前馈调控系统可在预期发生的环境变化到来之前，就预先调整生理系统的调定点，以最大效率启动稳态调控机制。其功能是预先监视干扰，及时做出调节反应，从而使输出变量保持稳定，因而前馈调控可以避免负反馈调节中反应滞后和波动的缺陷。某些条件反射活动可以认为是一种前馈控制系统活动。例如，动物见到食物就引起唾液分泌，比等食物进入口腔后再引起唾液分泌更具有适应性意义。前馈控制往往与负反馈调节互相联系和配合，构成复合调控系统。

（郭 健）

思维导图

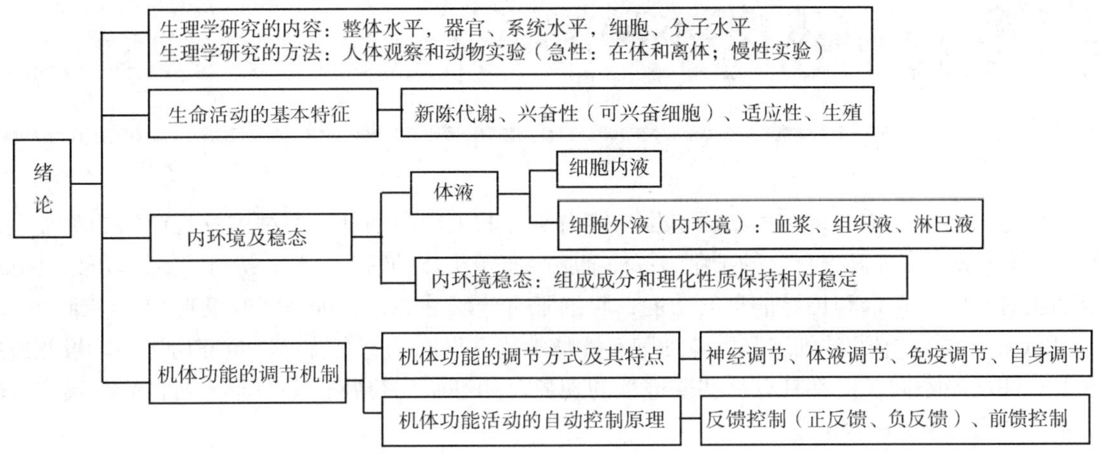

1. 举例说明条件反射与非条件反射的区别。
2. 比较正反馈和负反馈的异同点。

第二章　细胞的基本功能

细胞是人体最基本的结构和功能单位，体内所有的生理活动都是在细胞及其产物的基础上进行的。人体有200多种高度分化的细胞，每种细胞分布于机体的特定部位，执行特定的功能。例如，神经细胞有接收、整合和传导信息的功能，腺细胞有分泌功能，肌细胞有收缩功能，红细胞有运输 O_2 和 CO_2 功能，中性粒细胞和巨噬细胞有吞噬功能，淋巴细胞有特异性免疫功能等。虽然这些细胞形态和功能不同，但都具有一些普遍性的现象，如细胞的跨膜转运功能，细胞的跨膜信号转导功能，细胞的生物电现象等。

第一节　细胞的跨膜物质转运功能

一、细胞膜的基本结构和功能特点

细胞外面都有一层薄膜包被，称为**细胞膜**（cell membrane）或**质膜**（plasma membrane）。在透射电镜下，细胞膜厚约7.5nm，分三层结构，即内外两侧各有一层致密带，中间夹着一层透明带，每层厚约2.5nm。此种结构不仅见于细胞膜，亦见于细胞内各种细胞器膜（包括核膜）。因此，这种膜结构又被统称为**单位膜**（unit membrane），或称生物膜。

细胞膜中各种物质分子的排列形式是决定膜生物学特性的关键因素。对细胞膜结构的认识，目前公认的是辛格（Singer）和尼科尔森（Nicholson）在20世纪70年代初期提出的**"液态镶嵌模型"**（fluid mosaic model）：细胞膜以液态脂质双分子层为基架，其中镶嵌着许多结构和功能不同的蛋白质。细胞膜的外表面还有少量糖类分子，形成糖蛋白和糖脂（图2-1）。其中，蛋白质和脂质的比例在不同的细胞差异很大，其比例在1：4～4：1，比例大小与膜的种类和功能活动有关。

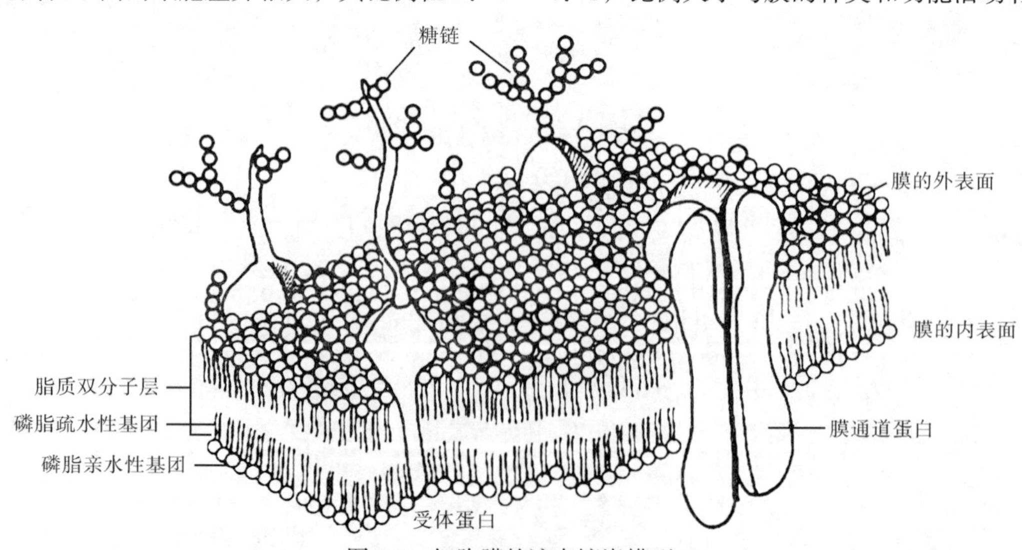

图2-1　细胞膜的液态镶嵌模型

1. 脂质双分子层　膜的脂质有三类，即磷脂、胆固醇和糖脂。其中磷脂占脂质总量的70%以上，其次是胆固醇（不超过总量的30%），此外还有少量的糖脂。脂质以双分子层的形式存在于细胞膜。脂质分子都是双嗜性分子。磷脂分子的磷酸和碱基，以及胆固醇分子中的羟基是亲水性基团，而分子中的酯酰基烃链形成疏水性基团。在膜中，疏水性基团两两相对，形成膜内部的疏水区，而亲水性基团朝向膜的内表面或外表面。脂质双分子层中的脂质成分分布不对称，如大部分的磷脂酰胆碱和全部的糖脂都位于膜的外层，而膜的内层则有较多的磷脂酰乙醇胺、磷脂酰丝氨酸和少量的磷脂酰肌醇。胆固醇含量在两层脂质中无大差别。

脂质的熔点较低，决定了膜中脂质分子在体温条件下是液态的，即膜具有一定程度的流动性。膜脂质的流动性使细胞能进行变形运动，并使嵌入膜中的蛋白质也可侧向移动。膜结构即使发生一些较小的断裂，也可因脂质的流动性而自动融合修复，保持了膜的完整性。水和溶质不能自由跨过脂质双分子层，因此脂质双分子层既是细胞膜的基架，也是物质通过细胞膜的主要屏障。

2. 细胞膜的蛋白质　细胞膜的主要功能通过膜蛋白来完成。膜蛋白可分为**表面蛋白**（peripheral protein）和**整合蛋白**（integral protein）两类。表面蛋白占膜蛋白的20%～30%，以其肽链中带电的氨基酸残基与膜两侧的脂质亲水性基团相互吸引，或以离子键与膜中的整合蛋白结合，附着在膜的表面。整合蛋白占膜蛋白的70%～80%，其肽链一次或多次贯穿脂质双分子层。肽链中的跨膜段含有由20～30个疏水性氨基酸残基形成的α螺旋片段。疏水性片段以外的亲水性肽链部分则以直链的形式构成连接疏水性α跨膜螺旋的胞内环和胞外环，分别与细胞内液或细胞外液接触。

膜蛋白的功能包括：①参与物质跨膜转运，如载体、通道、离子泵和转运体等转运蛋白；②参与信息传递，如受体蛋白、G蛋白；③参与能量转化，如ATP酶。

3. 细胞膜的糖类　细胞膜含有少量的糖类，主要是一些寡糖和多糖链。它们以共价键的形式与膜的脂质或蛋白质结合，形成糖脂或糖蛋白，其糖链仅裸露于细胞膜的外侧。这些糖链中单糖的种类和排列顺序的不同可作为细胞特异性识别标志。例如，作为抗原表示某种免疫信息，为机体免疫系统所识别（如红细胞表面抗原）；或作为膜受体的可识别部分，特异性地识别化学信号分子，并与信号分子（如递质、激素等）结合而发挥生物效应；有些则参与细胞的黏附、分化、老化、吞噬等过程。

二、细胞的跨膜物质转运功能

细胞膜的物质转运功能是细胞的基本功能之一，该功能对维持细胞正常代谢，保障细胞各项功能活动的顺利进行均具有重要意义。在细胞膜的两侧，若物质浓度分布不均，会产生浓度梯度，或称化学梯度；若电荷分布不均，存在电位差，则会产生电位梯度，两者合称为电–化学梯度，是物质跨膜扩散的动力。

细胞膜跨膜转运的物质种类繁多，转运机制也各不相同。根据物质转运过程中是否消耗能量，跨膜物质转运可分为被动转运和主动转运两大类。某些大分子物质或物质团块的跨膜转运（出胞和入胞）也属主动转运范畴，但涉及更为复杂的膜泡运输过程。

（一）被动转运

被动转运（passive transport）是指溶质顺电–化学梯度的跨膜转运形式，其主要特点是消耗电–化学势能而不需要ATP分解供能。物理学上将这种现象称为**扩散**（diffusion）。物质的跨膜扩散受多种因素的影响，其中膜对该物质的通透性是扩散的先决条件，膜两侧该物质的电–化学梯度差是扩散的动力，两者是决定溶质扩散速率的重要因素。被动转运分为**单纯扩散**（simple diffusion）和**易化扩散**（facilitated diffusion）两种形式。

1. 单纯扩散 是指脂溶性小分子物质从胞膜高浓度一侧通过脂质分子间隙向低浓度一侧进行的跨膜转运，是一种简单的物理扩散。扩散的速率和扩散量的多少，取决于物质在膜两侧的浓度差和膜对该物质的通透性。细胞膜是以脂质双分子层为基架的，因此，膜的通透性又取决于物质的脂溶性和分子量大小。脂溶性越高而分子量越小的物质，越容易单纯扩散，如 O_2、CO_2、NO、乙醇、类固醇激素等是通过单纯扩散跨膜转运的。

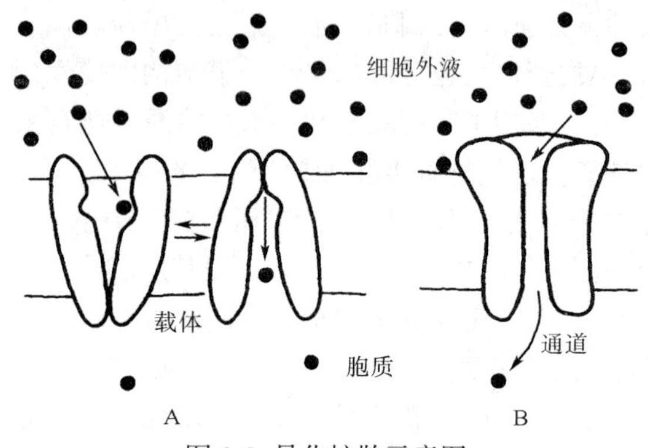

图 2-2 易化扩散示意图

A. 载体介导的易化扩散；B. 通道介导的易化扩散

2. 易化扩散 非脂溶性的小分子物质或带电离子，如葡萄糖、氨基酸、核苷酸、Na^+、K^+、Ca^{2+}、Cl^- 等，不能直接跨膜转运，但在细胞膜中某些蛋白质的帮助下能顺电–化学梯度跨膜扩散，这种由膜蛋白介导的被动转运称为易化扩散。根据参与转运活动的膜蛋白不同，易化扩散可分为两种类型（图 2-2）：

（1）载体介导的易化扩散：是指借助于**载体**（carrier）蛋白顺电–化学梯度转运物质的形式。被转运物在高浓度侧与载体蛋白结合后，载体蛋白发生构型改变，将被转运物转运到低浓度侧，并与之解离。载体转运的物质主要是一些小分子有机物，如葡萄糖、氨基酸等。

载体介导的易化扩散特点如下：①化学结构特异性：即载体只能识别和结合具有特定化学结构的底物。②饱和现象：载体和载体结合位点数量有限，当被转运物质占据了全部载体结合位点时，转运即达饱和。③竞争性抑制：化学结构相似的物质可竞争同一载体。

（2）通道介导的易化扩散：是指借助于**通道**（channel）蛋白顺电–化学梯度转运物质的形式。通道是指**离子通道**（ion channel），是一类贯穿膜脂质双层、内部有水相孔道的整合蛋白。当水相孔道开放时，亲水性离子可经孔道迅速地穿越细胞膜。

1）离子通道选择性：每种离子通道对一种或几种离子有较高的通透性，而对其他离子则不易或不能通过。根据选择性通透离子的不同，将离子通道分为 Na^+ 通道、K^+ 通道、Ca^{2+} 通道、Cl^- 通道、非选择性阳离子通道等。决定离子选择性通透的因素主要是孔道的口径、孔道内壁的化学结构和带电状况等。

2）离子通道的门控特性：离子通道水相孔道的开放和关闭与通道内部某些称为“闸门”的结构或基团运动有关。闸门的运动受到许多因素的调控，这一过程称为**门控**（gating）。根据引起通道水相孔道开放的门控机制，离子通道可分为三种：①**电压门控通道**（voltage-gated ion channel），其通道的开、闭受膜两侧电位差控制。每一种电压门控通道都有一个特定的激活电位，当膜电位变化到此电位时，离子通道构型改变即闸门打开引起水相孔道开放，如电压门控的 Na^+ 通道、K^+ 通道和 Ca^{2+} 通道。②**化学门控通道**（chemical-gated ion channel），又称**配体门控通道**（ligand-gated ion channel），其通道的开、闭受某些化学物质（如激素、递质等配体）控制。这类离子通道本身既是通道又是受体，配体与受体结合后离子通道即开放或关闭。例如，乙酰胆碱（acetylcholine，ACh）激活终板膜上的 N_2 型 ACh 受体阳离子通道。③**机械门控通道**（mechanically-gated ion channel），其通道的开、闭受机械牵张刺激的控制。例如，耳蜗基底膜毛细胞顶端膜上的机械门控通道，对机械牵张刺激非常敏感。

3）非门控离子通道：除上述门控离子通道外，还有一类通道被称为非门控离子通道。非门控离子通道总是处于开放状态，如神经纤维膜中的钾漏通道等。

4）离子通道阻断剂：是指能够选择性阻断离子通道的某些化学物质（药物或毒物），如 Na^+ 通道阻断剂**河鲀毒素**（tetrodotoxin，TTX），K^+ 通道阻断剂**四乙铵**（tetraethylammonium，TEA），Ca^{2+} 通道阻断剂**维拉帕米**（virapamil，又称异搏定）。

5）膜电导：离子通道介导的易化扩散速率取决于膜对离子的通透性，以及膜两侧离子浓度差和电位差。膜对离子的通透性则取决于通道开放的数目和程度。开放的通道数目越多，通道开放的越充分，通透性越大。膜对离子的通透性称为**膜电导**（membrane conductance），以 G 表示。例如，当 Na^+ 通道充分开放时，膜对 Na^+ 的通透性最大，钠电导（G_{Na}）也最大。

6）水通道：水的跨膜转运由渗透压差驱动。水分子由渗透压低的一侧向渗透压高的一侧移动，称为渗透。由于细胞膜由脂质双分子层组成，脂质分子间的空隙很小，对水的通透性非常低，所以水的跨膜转运速率在大部分细胞比较缓慢。

在某些组织，水能快速跨膜转运，与该细胞膜上存在被称为**水通道**（water channel）的特殊膜蛋白结构有关。组成水通道的蛋白质称为**水孔蛋白**（aquaporin，AQP），目前已鉴定出十余种水孔蛋白。每种水通道都有不同的组织分布和功能特点，如 AQP_1 主要分布在红细胞，参与渗透压调节；位于近曲小管和髓袢的 AQP_1，参与重吸收功能；AQP_2 和 AQP_3 位于集合管，参与尿液浓缩与稀释；AQP_4 位于星形胶质细胞的足突，参与脑组织血管外水的调节；AQP_5 主要分布在泪腺和颌下腺，参与分泌功能。

（二）主动转运

主动转运（active transport）是指通过 ATP 分解耗能，将物质逆电－化学梯度跨膜转运的过程。根据转运过程中利用能量的形式不同，主动转运又分为原发性主动转运和继发性主动转运两种。

1. 原发性主动转运　在物质跨膜转运时，直接利用 ATP 分解提供的能量，将物质逆电－化学梯度转运的过程，称为**原发性主动转运**（primary active transport）。介导这一转运过程的膜蛋白称为**离子泵**（ionic pump），分别有钠－钾泵（Na^+-K^+ 泵）、钙泵、质子泵等，其中以钠－钾泵研究最为充分。

钠－钾泵（sodium-potassium pump）：简称**钠泵**（sodium pump），又称 Na^+-K^+ATP 酶，由 α 和 β 两个亚单位组成。α 亚单位是主要亚单位，具有 ATP 酶活性部位及阳离子结合位点，胞内环上有 1 个 ATP 结合位点、ATP 磷酸化位点和 3 个 Na^+ 结合位点，胞外环上有 2 个 K^+ 结合位点。β 亚单位是一种糖蛋白，其作用尚不清楚。

当细胞内 Na^+ 浓度升高或细胞外 K^+ 浓度升高时，均可激活钠－钾泵的 ATP 酶活性，导致分子构象变换。钠－钾泵每分解 1 分子 ATP 可将 3 个 Na^+ 泵出胞外，同时将 2 个 K^+ 泵入胞内（图 2-3）。钠－钾泵每次活动都会产生一个正电荷的净外移，具有生电效应，因此钠－钾泵也被称为**生电性钠泵**（electrogenic sodium pump）。由于钠－钾泵的主动转运，从而维持膜内外 K^+ 和 Na^+ 稳态，即膜内高 K^+（是膜外 30 倍左右），膜外高 Na^+（是膜内 10 倍左右）的离子分布状态。

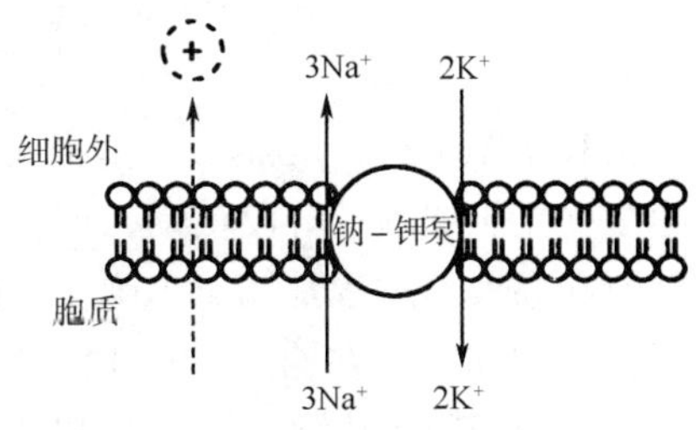

图 2-3　钠－钾泵主动转运示意图

钠－钾泵主动转运的生理意义：①钠－钾泵活动造成的细胞内外 Na^+、K^+ 分布不均是一种势能储备。该势能供 Na^+ 和 K^+ 进行顺电化学梯度的跨膜转运，为可兴奋细胞生物电活动提供基础，而且钠－钾泵的生电作用也直接参与静息电位的形成。②维持细胞晶体渗透压和容积的相对稳定。钠－钾泵及时将

进入胞内的 Na^+ 排出，稳定胞质渗透压，防止细胞水肿。③为继发性主动转运提供能量。④为细胞代谢提供必需条件。钠泵活动造成的胞内高 K^+ 是许多代谢反应（如蛋白质、糖原合成）的必需条件。

2. 继发性主动转运 有些物质主动转运的动力并不直接来自 ATP 的分解，而是利用原发性主动转运产生的膜内外某些离子的浓度梯度。在这些离子顺浓度差扩散的同时，引起其他物质的逆电－化学梯度转运。这种间接利用 ATP 的转运方式称为**继发性主动转运**（secondary active transport），也称为**协同转运**（cotransport）。在绝大多数情况下，物质继发性主动转运的动力来自钠泵活动所建立的 Na^+ 跨膜浓度梯度。葡萄糖、氨基酸在小肠黏膜上皮细胞吸收和肾小管上皮细胞重吸收，以及甲状腺上皮细胞的聚碘、神经递质的重摄取、Na^+-Ca^{2+} 交换、Na^+-H^+ 交换、Na^+-$2Cl^-$-K^+ 同向转运等生理过程，均属继发性主动转运。参与继发性主动转运的膜蛋白称为**转运体**（transporter）。若继发性主动转运的物质与 Na^+ 转运方向相同，称为**同向转运**（symport）（图 2-4）；若继发性主动转运的物质与 Na^+ 转运方向相反则称为**逆向转运**（antiport）。

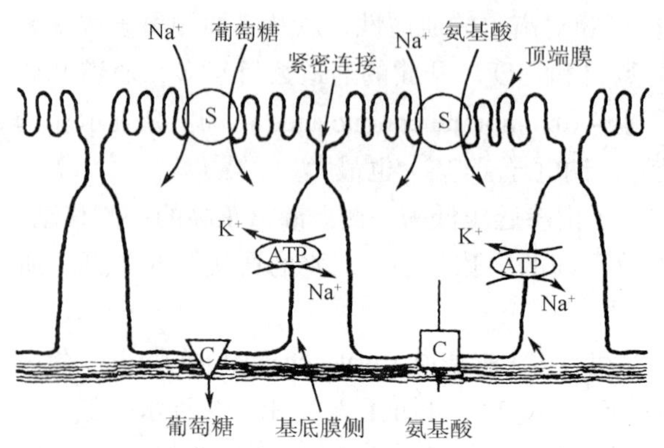

图 2-4 葡萄糖、氨基酸的继发性主动转运示意图

S：Na^+-葡萄糖或 Na^+-氨基酸同向转运体；C：葡萄糖或氨基酸载体

（三）出胞与入胞

大分子物质或物质团块进出细胞，分为出胞与入胞两种（图 2-5）。

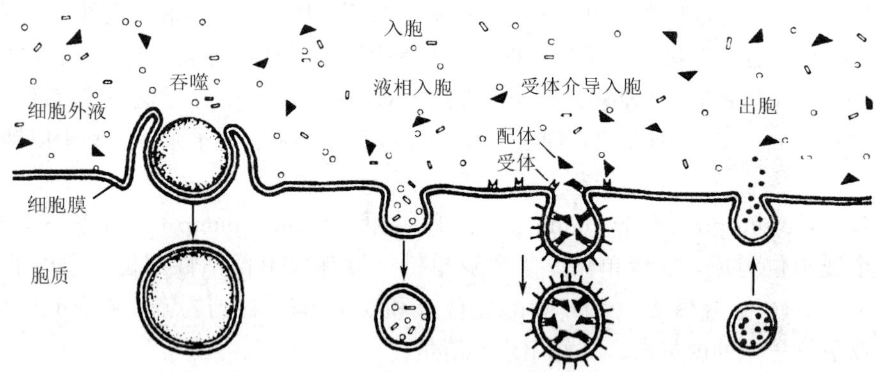

图 2-5 物质的出胞和入胞过程示意图

1. 出胞（exocytosis） 是指大分子物质或某些物质团块由细胞排出的过程，又称为胞吐。出胞主要见于细胞的分泌活动，如神经末梢释放神经递质，内分泌腺分泌激素，外分泌腺分泌酶原颗粒和黏液等过程都属于出胞。不同细胞的各种分泌物大多在粗面内质网中合成，然后在高尔基复合体中加工。在输送过程中，逐渐被膜性结构所包被形成分泌囊泡（secretory vesicle），囊泡逐渐移向细胞膜内侧，囊泡膜和细胞膜接触继而融合，并在融合处出现裂口，将囊泡内容物全部排出。

出胞有两种形式：一种是持续性出胞，为细胞本身固有的功能活动，如小肠黏膜杯状细胞持续分泌黏液的过程；另一种是调节性出胞，当细胞受到膜外的特殊化学信号或膜电位改变刺激时，细胞膜 Ca^{2+} 通道开放，Ca^{2+} 内流，$[Ca^{2+}]_i$ 升高，触发囊泡出胞活动，如神经递质的 Ca^{2+} 依赖性释放。

2. 入胞（endocytosis）　是指细胞外的大分子物质或物质团块（如细菌、病毒、异物、血浆中的脂蛋白颗粒、大分子营养物质等）进入细胞的过程，又称为胞纳。如果入胞的物质是颗粒或团块，称为**吞噬**（phagocytosis），如果是液态物质则称为**吞饮**（pinocytosis）。

吞噬仅发生于一些特殊的细胞（如单核细胞、巨噬细胞和中性粒细胞等），形成较大的吞噬泡；吞饮则可发生于体内几乎所有细胞，形成较小的吞饮泡。吞饮又可分为液相入胞和受体介导式入胞。液相入胞是指细胞外液连同溶质连续不断地进入细胞。液相入胞没有特异性，进入细胞的物质量和胞外浓度成正比。受体介导式入胞则具有特异性，被转运物先与膜上特异性受体结合，然后通过膜的内陷形成吞噬泡，吞噬泡脱离膜后进入膜内。随后有些物质（如脂蛋白的颗粒、铁离子等）被转运到能利用它的细胞器中；有些物质（异物、细菌等）则被溶酶体中的各种水解酶消化。许多大分子物质都是通过受体介导入胞的，如血浆低密度脂蛋白颗粒、多种生长调节因子、部分肽类激素、抗体、某些细菌毒素和病毒等。

出胞和入胞过程不仅是物质转运的一种形式，而且也是细胞膜和细胞内膜性结构生成、移位和更新不可缺少的中间环节。

第二节　细胞的跨膜信号转导功能

细胞的**跨膜信号转导**（transmembrane signal transduction）是指细胞通过细胞表面或胞内受体接受配体（如神经递质、激素、细胞因子）等外界信号刺激，经膜结构中相关蛋白质的级联反应转导，引发细胞生理反应或诱导基因表达的过程。细胞的跨膜信号转导方式可以分为：① G 蛋白耦联受体介导的信号转导；②酶联型受体介导的信号转导；③离子通道介导的信号转导。其中，G 蛋白耦联受体介导的信号转导系统最为庞大；酶联型受体介导的跨膜信号转导主要调节相对缓慢的生物学过程；化学门控离子通道的活动是一种快速跨膜信号转导方式。

一、G 蛋白耦联受体介导的跨膜信号转导

（一）参与 G 蛋白耦联受体信号转导的有关组件及其效应

G 蛋白耦联受体介导的跨膜信号转导由 G 蛋白耦联受体、G 蛋白、G 蛋白效应器、第二信使、蛋白激酶、底物蛋白等组件组成（图 2-6）。

（二）G 蛋白耦联受体介导的几种主要信号转导通路

1. AC-cAMP-PKA 信号转导通路　cAMP 是这一通路的关键信号分子，因而这一通路也称为 cAMP 第二信使系统。因配体、受体、G 蛋白及效应不同又分为相互拮抗的两条作用途径。

（1）配体（L_S）→受体（R_S）→兴奋性 G 蛋白（G_S）→（+）腺苷酸环化酶（AC）→ cAMP ↑→（+）蛋白激酶 A（PKA）→（+）蛋白质磷酸化→产生细胞特定的生物学效应。

（2）配体（L_i）→受体（R_i）→抑制性 G 蛋白（G_i）→（—）腺苷酸环化酶（AC）→ cAMP ↓→（—）蛋白激酶 A（PKA）→（—）蛋白质磷酸化→抑制细胞特定的生物学效应。

PKA 除了使底物蛋白磷酸化产生细胞特定的生物学效应外，其解离的催化亚基还可进入核内，激活 cAMP **反应元件结合蛋白**（CREB）等转录调节因子，再与基因上的 cAMP 反应元件（CRE）结合，调控基因的表达，通过表达的蛋白质产生各种生物学效应。

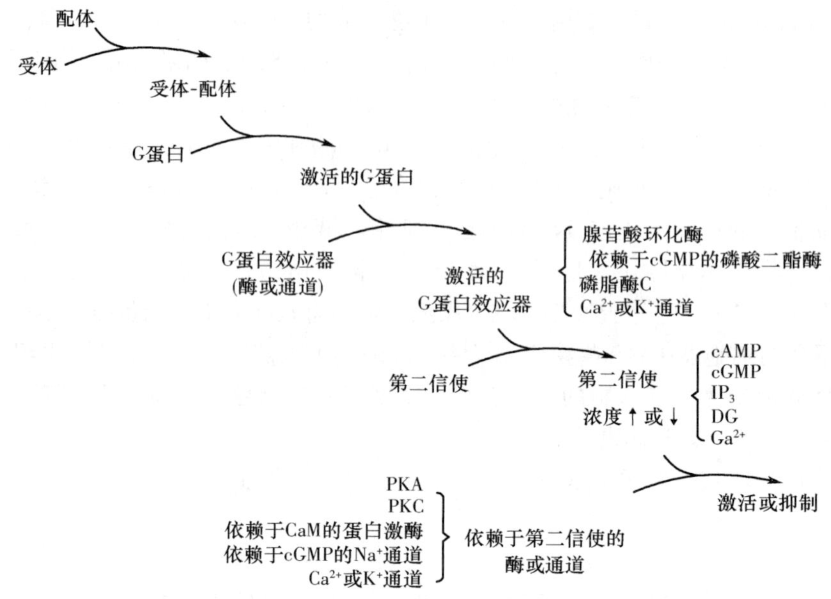

图 2-6　G 蛋白耦联型受体介导的信号转导过程的主要步骤

2. PLC- 磷脂酰肌醇信号转导系统　许多配体与受体结合后可激活 G_q，G_q 可激活膜上的**磷脂酶 C**（PLC），PLC 水解膜脂质中**二磷酸磷脂酰肌醇**（PIP_2）生成两种第二信使物质，即**三磷酸肌醇**（IP_3）和**二酰甘油**（DG）。IP_3 进入胞质，DG 留在膜的内表面，分别通过不同通路转导信号产生效应。

（1）IP_3-Ca^{2+} 信号转导通路：IP_3 与 IP_3 受体结合可激活细胞内的钙库如内质网、肌质网膜上 Ca^{2+} 通道开放，引起内质网或肌质网的 Ca^{2+} 外流，升高胞质的 Ca^{2+} 浓度，从而产生众多 Ca^{2+} 依赖的生理效应。

（2）DG-PKC 信号转导通路：在胞质 Ca^{2+} 浓度升高的条件下，DG 可激活**蛋白激酶 C**（PKC），激活的 PKC 使底物蛋白磷酸化，产生生物效应。PKC 的底物蛋白种类很多，如糖原合成酶、转铁蛋白、钠－钾泵等，参与的生理过程相当广泛。

二、酶联型受体介导的跨膜信号转导

（一）酪氨酸激酶受体介导的跨膜信号转导

酪氨酸激酶受体包括**酪氨酸激酶受体**（tyrosine kinase receptor，TKR）和**酪氨酸激酶结合型受体**（tyrosine kinase associated receptor）两种类型。TKR 的受体和酶是同一蛋白质分子，又称**受体酪氨酸激酶**（receptor tyrosine kinase，RTK），当细胞外的配体与受体位点结合时，胞质侧酪氨酸激酶被激活，导致受体本身和（或）细胞内靶蛋白的磷酸化，引起细胞功能改变或触发下一步信号转导。激活这类受体的信号分子主要是各种生长因子。酪氨酸激酶结合型受体则不同，其本身不具备酶的活性，但与配体结合后即可在胞内侧结合并激活胞质中的蛋白激酶，通过对下游信号蛋白的酪氨酸残基的磷酸化而产生生物效应。激活这类受体的信号分子主要是各种生长因子和肽类激素。这两类受体的信号转导效应产生较慢，主要涉及细胞的生长、代谢、分化和增殖等过程。

（二）鸟苷酸环化酶受体介导的跨膜信号转导

鸟苷酸环化酶受体（guanylyl cyclase receptor）又称**受体型鸟苷酸环化酶**（receptor-guanylyl cyclase），一旦配体与受体结合，将激活**鸟苷酸环化酶**（GC），GC 催化 GTP 生成 cGMP，进而结合并激活 cGMP 依赖性**蛋白激酶** G（PKG），使底物蛋白磷酸化（与 AC 激活不同的是此过程不需要 G 蛋白参与），产生生物学效应。受体鸟苷酸环化酶的配体包括**心房钠尿肽**（atrial natriuretic peptide，ANP）和脑钠尿肽（brain natriuretic peptide，BNP）。

三、离子通道介导的跨膜信号转导

（一）化学门控通道

化学门控离子通道的活动是一种快速跨膜信号转导方式。化学门控通道为离子通道型受体，也称**促离子型受体**（ionotropic receptor）。N_2 型乙酰胆碱受体、谷氨酸受体、A 型 γ- 氨基丁酸受体（$GABA_A$ 受体）等都属于此类。受体分子结构中既有使离子通过的水相孔道，又有与配体结合的位点，配体与结合位点结合后，相应的离子通道开放，离子跨膜流动，引起膜电位改变，从而实现化学信号的跨膜转导。

（二）电压门控通道和机械门控通道

电压门控通道和机械门控通道是接受电信号和机械信号刺激的受体，通过通道的开、闭，以及由此造成的离子跨膜流动把信号传递到细胞内部。例如，心肌细胞横管膜上的 L 型 Ca^{2+} 通道是一种电压门控通道。心肌细胞兴奋后，横管膜的动作电位可激活这种 Ca^{2+} 通道，其开放不仅引起 Ca^{2+} 的内流，而且内流的 Ca^{2+} 还作为第二信使，进一步激活肌质网上的 Ca^{2+} 通道，使肌质网内的 Ca^{2+} 释放，进而触发心肌细胞的收缩，从而实现电信号的跨膜转导。

主动脉内皮细胞受到血流切应力刺激时，可激活机械门控通道，使 Ca^{2+} 内流。胞内增多的 Ca^{2+} 作为第二信使可促进 NO 生成，引发血管舒张，从而实现机械信号的跨膜转导。

实际上，细胞内效应不是单一信号转导系统完成的，细胞内存在着由多个信号转导系统构成的网络。在网络中各条通路相互协调、相互抑制，细胞才能对各种刺激作出完整、迅速而准确的反应。

第三节　细胞的生物电现象

机体的组织细胞无论是处于安静还是活动时都伴有电的现象，称为**生物电现象**（bioelectricity phenomenon）。从细胞水平观察并理解生物电现象及其产生机制，对于了解细胞、器官及整体机能活动至关重要。临床上常用的心电图、脑电图、肌电图、视网膜电图及胃肠电图等，就是细胞生物电活动的综合表现。

细胞膜内外两侧存在一定的电位差，称为**跨膜电位**（transmembrane potential），简称**膜电位**（membrane potential），包括安静状态下的静息电位和兴奋时的动作电位。

一、静息电位及其产生原理

（一）静息电位的基本概念

静息电位（resting potential）是指细胞在安静状态下，存在于细胞膜内外的电位差。静息电位都表现为细胞膜内为负电位，膜外为正电位。生物电的观察都是以细胞外为零电位进行记录，因此静息电位的大小以细胞内负值的大小来表示。细胞内负值越大，表示膜两侧的电位差越大，即静息电位越大。静息电位是一切活的细胞共有的生物电现象，一般总是稳定在某一水平。例如，哺乳动物神经细胞和骨骼肌细胞的静息电位值一般为 –70 ～ –90mV，腺细胞为 –40 ～ –70mV，人的红细胞约为 –10mV。

静息电位时细胞膜所处的内负外正的稳定状态称为**极化**（polarization）；若膜电位水平在静息电位基础上进一步增大，即膜两侧的电位差增大，称为**超极化**（hyperpolarization）；反之，静息电位减小，即膜两侧电位差减小，称为**去极化**（depolarization）；在去极化过程中，膜内电位表现为正电位时，称为**反极化**（reverse polarization ）或**超射**（overshoot）；细胞膜去极化后再向静息电位方向恢复的过程，称为**复极化**（repolarization）。

（二）静息电位产生原理

细胞膜内外两侧离子分布不均衡和膜对离子的选择性通透是膜电位产生的原因。细胞膜内 K^+ 浓度高于膜外，细胞膜外 Na^+ 浓度高于膜内。因此，安静状态时膜对某种离子的通透性大小将决定该离子在静息电位形成中的作用。

K^+ 顺浓度梯度扩散是产生静息电位的主要因素。安静状态时，细胞膜对 K^+ 通透性最大（G_K 较高），但对 Na^+ 通透性很小（G_{Na} 小），对细胞内带负电荷的大分子有机物（A^-）几乎不通透。因此，K^+ 浓度梯度作为动力推动 K^+ 向膜外扩散，而 Na^+ 很少内流。而且膜内带负电荷的蛋白质不能跟随外出，只能留在细胞膜内侧，形成膜内为负、膜外为正的跨膜电位差。然而这种内负外正的电位差势能对于 K^+ 外流是一种阻力。因此，K^+ 的电 – 化学势能会随着 K^+ 外流，逐渐减小。当驱动 K^+ 外流的动力和阻止 K^+ 外流的阻力达到平衡（电 – 化学势能减小至零）时，K^+ 外流的净通量为零，膜两侧电位差稳定于某一数值。这种单独由于 K^+ 外流达电 – 化学平衡时产生的跨膜电位差称为 K^+ **平衡电位**（K^+ equilibrium potential，E_K）。

根据能斯特（Nernst）方程可计算出 K^+ 平衡电位。即

$$E_K=\frac{RT}{ZF}\times \ln \frac{[K^+]_o}{[K^+]_i}$$

式中 R 是气体常数，T 为绝对温度；Z 是离子价，F 是法拉第常数；式中只有 $[K^+]_o$ 和 $[K^+]_i$ 是变数，分别代表膜外和膜内的 K^+ 浓度。通过计算，上式可简化为

$$E_K=60\lg \frac{[K^+]_o}{[K^+]_i}\ \text{mV}$$

根据公式，E_K 的大小决定于膜两侧 K^+ 的浓度。由 Nernst 方程计算得到的 E_K 值与实际测得的静息电位的值非常接近（静息电位的绝对值比 E_K 值略小一些）。进一步的实验证明，当人为改变细胞外液中的 K^+ 浓度后，使 $[K^+]_o/[K^+]_i$ 值发生改变，静息电位的数值也发生相应的变化。这一结果与根据 Nernst 方程计算得到的预期值基本一致。由此证明，K^+ 平衡电位是产生静息电位的主要原因。细胞的静息电位主要是由细胞内 K^+ 外流产生的。

由于安静时膜不仅对 K^+ 有通透性，而且对 Na^+ 也有较小的通透性（只有 K^+ 通透性的 1/100 ～ 1/50），Na^+ 移入膜内将抵消一部分 K^+ 外流所造成的膜内负电位，因而使静息膜电位比 K^+ 平衡电位的绝对数值小一些。另外，安静时细胞膜对 Cl^- 也有一定的通透性，Cl^- 的内流也会造成膜内带负电荷。因此膜两侧是 K^+、Na^+、Cl^- 的混合离子溶液，而且膜对这些离子都有不同程度的通透性（分别以 P_K、P_{Na}、P_{Cl} 表示），膜两侧的平衡电位（E）可表示为

$$E=60\lg\frac{P_K[K^+]_o+P_{Na}[Na^+]_o+P_{Cl}[Cl^-]_i}{P_K[K^+]_i+P_{Na}[Na^+]_i+P_{Cl}[Cl^-]_o}$$

因此静息电位取决于膜对 K^+、Na^+、Cl^- 的通透性，其绝对值要比 K^+ 平衡电位的理论值小一些。此外，静息电位形成的机制，还要考虑细胞膜上生电钠泵及其他离子转运机制的作用。

二、动作电位及其产生原理

（一）动作电位

动作电位（action potential）是指可兴奋细胞受到一次有效刺激（阈值或以上的刺激）后，在静息电位的基础上产生的快速、可传播的膜电位波动。这种膜电位波动是各种可兴奋细胞产生兴奋时所具有的特征性表现，因此，动作电位是可兴奋细胞兴奋的标志。

1. 动作电位的波形特征　各种可兴奋细胞动作电位波形均可分为去极相和复极相两个部分，以神经纤维动作电位为例（图 2-7）介绍如下：

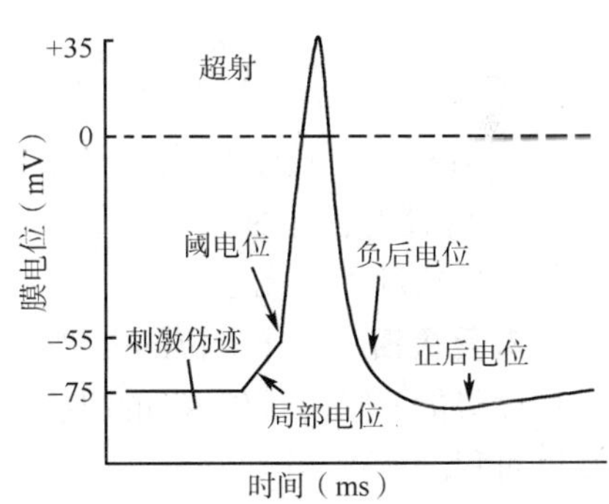

图 2-7　动作电位的波形

（1）去极相：相当于动作电位上升支部分。动作电位上升支的最初始部分，上升速度缓慢。当去极化达到一定程度（阈电位水平）时，去极化速度突然加快形成**锋电位**（spike potential）的上升支。

（2）复极相：相当于动作电位下降支部分，可分为两部分。最初是快速复极化部分，形成锋电位的下降支。当复极化达动作电位振幅 70% 左右处，紧接锋电位有一复极化缓慢的**后电位**（after-potential）。后电位包括：①**负后电位**（negative after-potential），也称**去极化后电位**（depolarizing after-potential）；②**正后电位**（positive after-potential），也称**超极化后电位**（hyperpolarizing after-potential），最后达静息电位水平。

锋电位是由去极相陡峭的上升支和复极相快速下降部分共同构成的。锋电位是动作电位最主要的部分，因此，锋电位可看作是动作电位的象征。

2. 动作电位特性　可兴奋细胞动作电位具有以下共同的特性。

（1）“全或无”特性：当给予可兴奋细胞的刺激强度太小时，不能引起动作电位；一旦刺激强度达到阈值时，就能引起一个波形和幅度固有大小的动作电位，并不会因再增加刺激强度而改变其波形和幅度，这一现象称为**“全或无”**（all or none）特性。

（2）不衰减传导：动作电位可以沿细胞膜向周围迅速传播，直至整个细胞的细胞膜都依次产生动作电位。在动作电位传播过程中，其幅度和波形不会因传播距离的增加而减小，这种特性称为不衰减传导。

（3）连续产生的动作电位不会发生融合：在动作电位发生及其之后的一段时间内，细胞对任何刺激都不发生反应，表现为兴奋性短暂消退，这段时间称为绝对不应期。因而，当给予神经一连串刺激时，连续产生的多个动作电位不会发生相互融合，呈现为一个个分离的动作电位波形。

（二）动作电位产生原理

1. 去极相　动作电位的去极化过程主要与细胞外 Na^+ 快速内流有关。

安静时，细胞膜两侧 Na^+ 的浓度差及膜内恒定负电位形成的电位差是 Na^+ 内流的动力。当神

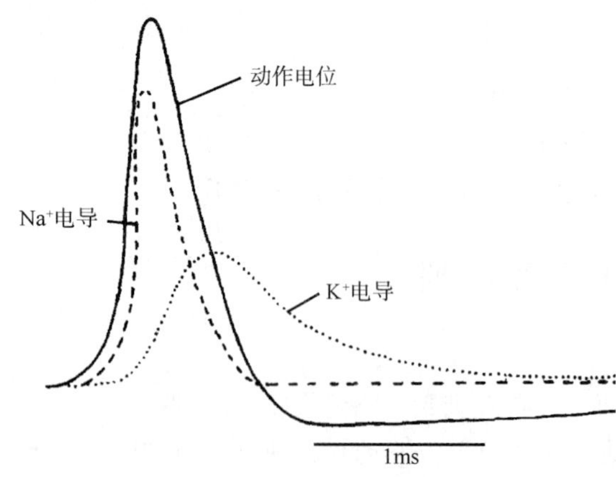

图 2-8 神经纤维动作电位和膜 Na^+、K^+ 电导改变的关系

经纤维受到有效刺激时，细胞膜上少量 Na^+ 通道被激活开放，Na^+ 顺浓度差少量内流，引起膜缓慢去极化。当去极化使膜电位达到某个临界值（阈电位水平）时，细胞膜上大量的电压门控 Na^+ 通道被快速激活开放，即膜对 Na^+ 的通透性突然增大，Na^+ 迅速大量内流使膜快速去极化。膜的去极化可激活更多的 Na^+ 通道开放，膜的正反馈去极化引起再生性 Na^+ 内流，形成锋电位的升支（图 2-8）。

在去极化过程中，Na^+ 内流产生的膜内正电位是 Na^+ 进一步内流的阻力。随着 Na^+ 内流的增加，Na^+ 电－化学梯度也不断减小，当驱动 Na^+ 内流的动力和阻止 Na^+ 内流的阻力达到平衡（电－化学势能减小至零）时，膜上 Na^+ 内流的净通量为零，膜内的正电位恒定在一个新的水平。这种因 Na^+ 单独内流达电－化学平衡时产生的膜两侧电位差称为 **Na^+ 平衡电位**（Na^+ equilibrium potential，E_{Na}）。将膜内、外 Na^+ 的浓度代入 Nernst 方程可计算出 E_{Na} 的数值，该数值与实验中实际测得的动作电位超射值很接近。

2. 复极相 动作电位的复极化过程主要由细胞内 K^+ 外流而产生。K^+ 外流的动力是 K^+ 电－化学梯度势能（膜内、外 K^+ 的浓度差及反极化状态下的电位差）。动作电位上升支达峰值后即转入复极过程。

（1）锋电位降支形成机制：①膜 Na^+ 通道开放时间短暂。Na^+ 通道激活快，失活也快，只有瞬间（1 ～ 2ms）开放，随后 Na^+ 通道失活。②与此同时，膜对 K^+ 的通透性进一步增大，膜内 K^+ 在其电－化学梯度势能作用下向膜外扩散。

（2）后电位产生机制：目前认为负后电位是膜复极化时 K^+ 迅速外流积聚于膜外附近，使膜内外 K^+ 浓度差变小，因而暂时阻碍了 K^+ 外流的结果；正后电位则可能由于此时钠－钾泵活动加强，泵出的 Na^+ 超过泵入的 K^+ 而使膜电位出现暂时的轻度超极化。

复极后，膜电位已恢复到静息电位水平，但是膜内、外的离子分布尚未恢复。此时细胞内 Na^+ 浓度和细胞外 K^+ 浓度均稍增加。据估计，神经纤维每兴奋一次，大约使膜内 Na^+ 浓度增加 1/80 000，逸出的 K^+ 量也近似这个数值。因此细胞膜上的钠－钾泵被激活，将细胞内多余的 Na^+ 运至细胞外，将细胞外多余的 K^+ 摄回细胞内，使细胞膜内外的离子分布重新恢复到静息水平。

三、细胞的兴奋与兴奋性

（一）刺激与兴奋的引起

1. 刺激引起兴奋的条件 引起细胞兴奋的刺激必须符合三个条件，即一定的刺激强度、刺激的持续时间和刺激的强度－时间变化率。通常，研究生物电现象主要采用电刺激手段，以方波脉冲作为刺激，固定强度－时间变化率，观察能引起细胞兴奋的刺激强度（方波的幅度）与刺激的持续时间（方波的波宽）之间的关系。将实验结果绘成强度－时间曲线，在曲线上任何一点代表一个既有一定刺激强度，又有一定刺激持续时间的，能引起组织发生兴奋的最小刺激量（图 2-9）。

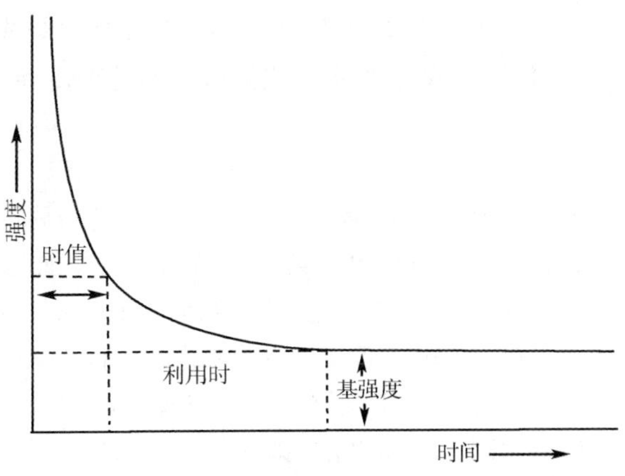

图 2-9 可兴奋组织的强度－时间曲线

当刺激强度低于某一临界值时，即使刺激时间无限长，也不能引起细胞兴奋，表现为曲线的右下支与横坐标平行；同样，当作用时间短于某一临界值时，即使刺激强度无限大，也不能引起细胞兴奋，表现为曲线左上支与纵坐标平行。将刺激作用时间足够长的条件下，能引起兴奋的最小刺激强度，称为**基强度**（rheobase）。用基强度作刺激能够引起细胞兴奋所需的最短作用时间称为**利用时**（utilization time）。而**时值**（chronaxie）是指在保持强度－时间变化率不变的条件下，采用2倍基强度作刺激引起细胞兴奋所需的最短作用时间。

在实际应用中，常用强度指标来反映细胞兴奋性的高低。当刺激持续时间和强度－时间变化率固定不变时，能引起细胞或组织兴奋所需的最小刺激强度，称为**阈强度**（threshold intensity）或**阈值**（threshold value）。在一定范围内阈值与细胞的兴奋性呈反比，引起细胞兴奋的阈值越小，表示细胞的兴奋性越高；反之，则兴奋性越低。相当于阈强度的刺激称为**阈刺激**（threshold stimulus）；大于或小于阈值的刺激分别称为阈上刺激和阈下刺激。能使细胞产生动作电位的有效刺激是阈刺激或阈上刺激，阈下刺激不能引起细胞或组织兴奋。

2. 阈电位 神经纤维和骨骼肌细胞膜上的 Na^+ 通道是电压门控 Na^+ 通道。在有效刺激（阈刺激和阈上刺激）作用下，膜电位先缓慢去极化，当去极化到某一临界值时，膜上的电压门控 Na^+ 通道呈正反馈式开放，导致膜再生性 Na^+ 内流达 Na^+ 平衡电位，形成锋电位的升支。这个能够引起膜对 Na^+ 通透性突然增大并产生动作电位的临界膜电位水平称为**阈电位**（threshold potential）。阈电位的本质就是触发电压门控 Na^+ 通道正反馈式开放的临界膜电位。阈电位一般比静息电位的绝对值小10～20mV，在神经细胞和肌肉细胞，阈电位为－50～－70mV。

3. 电紧张电位和局部电位

（1）膜外电流与电紧张电位：当两个与直流电源相连的电极与神经纤维相接触时，一方面电流可从正极通过膜外的溶液流向负极；另一方面，电流也可从正极流向膜内，再从膜内流出膜外到达负极。这些穿过膜的电流，不仅在电极下的膜上流动，而且还会扩散到电极附近的一定区域，再进行穿膜流动。

在电极下的一点上，电流密度最大；离电极越远，电流密度越小。这种电流的流动，即**电容电流**（capacitive current），将会伴随膜电位的变化而改变。在正极，膜外的正电荷增加，使膜电容充电，膜外的正电位增加，形成超极化；在负极，相当于在膜内通正电流，使膜电容放电，膜外的正电位减少，形成去极化；这种外加电流引起的膜电位改变，称为**电紧张电位**（electronic potential），前者称为**超极化电紧张电位**，后者称为**去极化电紧张电位**。电紧张电位向周围扩布时，其幅度随着传导距离的增加逐渐减小以至消失，呈衰减式的传导，这种扩播方式称为电紧张方式扩布。

（2）局部电位：如上所述，较小的电流刺激（阈下刺激）作用于神经细胞（或其他可兴奋细胞）时将产生电紧张电位。随着刺激强度的增大，接近阈值时，在负极处产生的去极化电紧张电位会增大。将在负极处发生的去极化效应增大时的膜电位改变，称为**局部电位**（local potential）或**局部反应**（local response）。

局部电位具有如下特点：①不符合“全或无”定律。在阈下刺激的范围内，它可随刺激的增强而增大；②电紧张方式扩布。即随着传导距离的增加而局部电位的幅度逐渐减小以至消失，因此局部电位不能在膜上作远距离传播；③总和现象，局部电位可以叠加，没有不应期。因此，几个阈下刺激引起的局部电位可以叠加起来，即发生总和。如果在细胞膜的同一部位先后给予两个阈下刺激，在第一个阈下刺激引起的局部电位尚未消失前，紧接着给予第二个阈下刺激，所引起的局部电位可与第一个局部电位叠加起来，这种局部电位的总和称为**时间总和**（temporal summation）；如果在细胞膜相邻的两个部位同时给予阈下刺激，这两个相邻的局部电位也可以叠加起来，这种局部电位的总和称为**空间总和**（spatial summation）。局部电位未达到阈电位水平，因而不能爆发动作电位，但它与阈电位的差值减小，这时如果膜再受到刺激，通过总和就比较容易到达阈电位而兴奋，即局部电位可以提高细胞膜的兴奋性。这种效应称为**易化**（facilitation）。

综上所述，有两种方式可引起细胞兴奋：①给予一个阈刺激或阈上刺激，使静息电位降低到阈电位，从而爆发动作电位。②给予多个阈下刺激，局部电位发生总和，从而使静息电位减小到阈电位水平，导致动作电位的爆发。总和现象的生理意义就在于使局部电位有可能转化为动作电位。

（二）细胞兴奋后兴奋性的周期性改变

1. 兴奋性的周期性改变过程 可兴奋细胞在接受一次有效刺激产生动作电位的过程中，其兴奋性将会产生一系列规律性的改变。下面以神经细胞为例进行说明（图 2-10）：

（1）**绝对不应期**（absolute refractory period）：神经细胞接受一次有效刺激产生兴奋（动作电位）的最初一段时期内，无论给予多么强大的刺激都不能使其再次兴奋，称为绝对不应期（图 2-10ab），此期刺激阈值无穷大，兴奋性为零。

（2）**相对不应期**（relative refractory period）：绝对不应期之后的一段时间内，细胞受到阈上刺激才能引起兴奋，称为相对不应期（图 2-10bc）。相对不应期细胞的兴奋性在逐渐恢复，但低于正常。

（3）**超常期**（supranormal period）：相对不应期之后，细胞的兴奋性又稍高于正常的一段时期，此时细胞若接受一个较大的阈下刺激也可产生兴奋（图 2-10cd）。超常期的兴奋性高于正常。

（4）**低常期**（subnormal period）：超常期之后，细胞的兴奋性又转入低于正常的时期，需用阈上刺激才能引起兴奋，这一时期称为低常期（图 2-10de）。

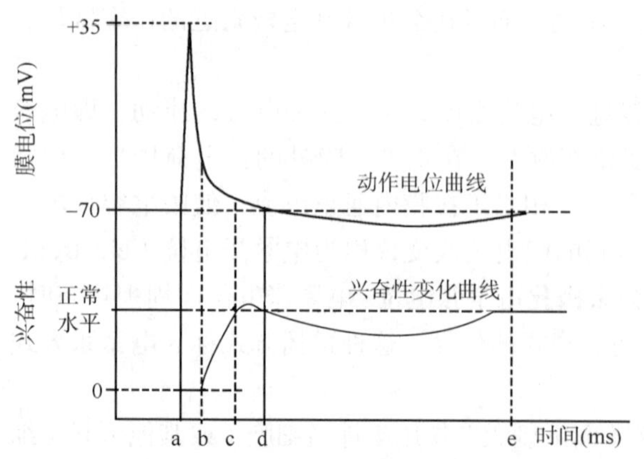

图 2-10 神经纤维动作电位与兴奋性变化的时间关系

ab：锋电位 – 绝对不应期；bc：负后电位 – 相对不应期；cd：负后电位 – 超常期；de：正后电位 – 低常期

神经细胞的绝对不应期为 0.5 ～ 2.0ms，相当于从动作电位开始直至锋电位下降支结束的时期。绝对不应期长短决定了细胞兴奋的最高频率。若绝对不应期为 2.0ms，则兴奋频率不超过每秒 500 次。相对不应期相当于负后电位的早期，超常期相当于负后电位的后期，低常期相当于正后电位的时期。

综上所述，细胞在一次兴奋及其恢复过程中，其兴奋性要经历一个周期性变化的过程。在这些变化之后，细胞的兴奋性才完全恢复正常。

2. 兴奋性的周期性改变机制 兴奋性周期性变化产生的实质是 Na^+ 通道功能状态的变化。

Na^+ 通道存在着备用、激活、失活、复活等不同的功能状态。绝对不应期时膜上的 Na^+ 通道处于失活状态；相对不应期则是失活的 Na^+ 通道开始逐渐恢复（即复活）到备用状态的过程，但尚未全部恢复，因此需要较强的刺激才能引起兴奋；超常期处于负后电位的后期，此时 Na^+ 通道已基本恢复到备用状态，而且由于此时膜电位更靠近阈电位水平，故有较高的兴奋性；低常期是膜出现超极化，离阈电位水平更远，故其兴奋性低于正常。

（三）兴奋在同一细胞上的传导

可兴奋细胞的细胞膜任何一处受刺激产生的动作电位，都可以沿着细胞膜进行不衰减地传导，直至传遍整个细胞。在动作电位发生的部位，膜内为正，膜外为负，而邻近静息的部位则膜内为负，膜外为正。这样，在膜的兴奋部位与邻近的静息部位之间存在着电位差，由于电位差的驱动使膜外正电荷由静息部位向兴奋部位移动，膜内的正电荷由兴奋部位向静息部位移动，形成**局部电流**（local current）。动作电位通过局部电流在细胞上的传导，使整个细胞膜都依次发生动作电位。由于局部电流的刺激强度足以使静息电位去极化到阈电位，所以动作电位能沿着细胞膜作不衰减的传导。

无髓鞘的神经纤维以局部电流的形式沿细胞膜顺序传导兴奋（图 2-11）。而有髓鞘神经纤维的轴突外面包有高电阻的髓鞘，电流不易通过，只有郎飞结处的轴突没有髓鞘，可与细胞外液直接接触，允许离子跨膜移动。因此，有髓鞘神经纤维发生兴奋时，只有郎飞结处的轴突膜出现膜内外的离子移动，兴奋通过郎飞结处相继发生去极化而传导，这种传导方式称为**跳跃式传导**（saltatory conduction）。所以，有髓鞘神经纤维的兴奋传导速度要比无髓鞘神经纤维快，这对高等动物能快速对外界刺激做出反应具有重要意义。

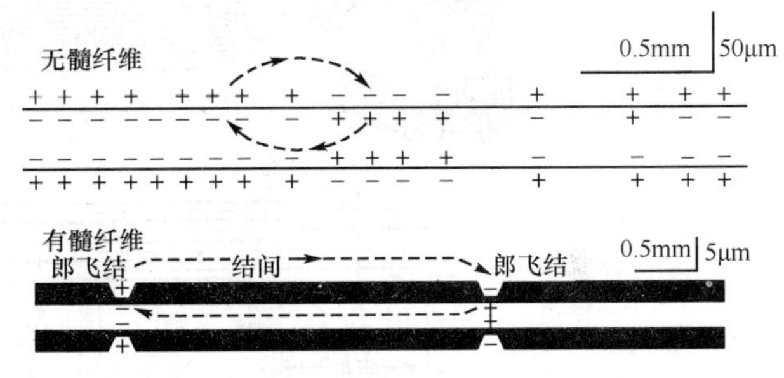

图 2-11　神经纤维兴奋传导原理示意图

第四节　肌细胞的收缩功能

人体各种形式的运动，主要靠肌细胞收缩与舒张活动来完成。骨骼肌为随意肌，受躯体运动神经支配；躯体运动和呼吸运动由骨骼肌收缩活动完成。心肌和平滑肌为非随意肌，受自主神经支配。心脏泵血由心肌收缩完成，胃肠、膀胱、子宫等内脏功能由平滑肌收缩完成。各类肌肉收缩有其各自的特征，本节主要讨论骨骼肌和平滑肌的收缩功能。

一、骨骼肌的收缩功能

骨骼肌组织约占体重的 40%，其收缩与舒张对完成躯体运动、呼吸和语言等活动具有重要意义。在体内，躯体运动神经兴奋时，动作电位沿神经纤维传导并经神经肌肉接头的传递，引起骨骼肌兴奋。骨骼肌产生的动作电位沿肌细胞膜传导，通过兴奋－收缩耦联触发肌细胞的收缩与舒张。本节主要阐释肌细胞的收缩机制、肌肉收缩的特征和影响因素。

（一）骨骼肌的微细结构

骨骼肌最基本的结构单位是肌细胞，又称为肌纤维。许多肌细胞排列成束，称为肌束，其外包被一层肌束膜。许多肌束聚集在一起，其外包被一层肌外膜，构成解剖学概念上的肌肉。

肌细胞内含有大量的肌原纤维和高度发达的肌管系统，这是骨骼肌完成收缩功能的结构基础。

1. 肌原纤维和肌节 每个肌细胞都含有上千条的**肌原纤维**（myofibril），其直径为 1.5μm 左右，与肌纤维长轴平行排列，纵贯肌细胞全长。在光学显微镜下每条肌原纤维都呈现规则的明、暗相间的横纹，分别称为**明带**（light band）和**暗带**（dark band），骨骼肌也因此称为横纹肌（图 2-12）。暗带的长度比较固定，在暗带中央，有一段相对较亮的区域，称为 H 带。在 H 带中央，有一条横向的线，称为 M 线；明带中央也有一条横向的线，称为 Z 线。肌原纤维上相邻的两条 Z 线之间的区域称为**肌节**（sarcomere），肌节是肌肉收缩和舒张的基本单位。

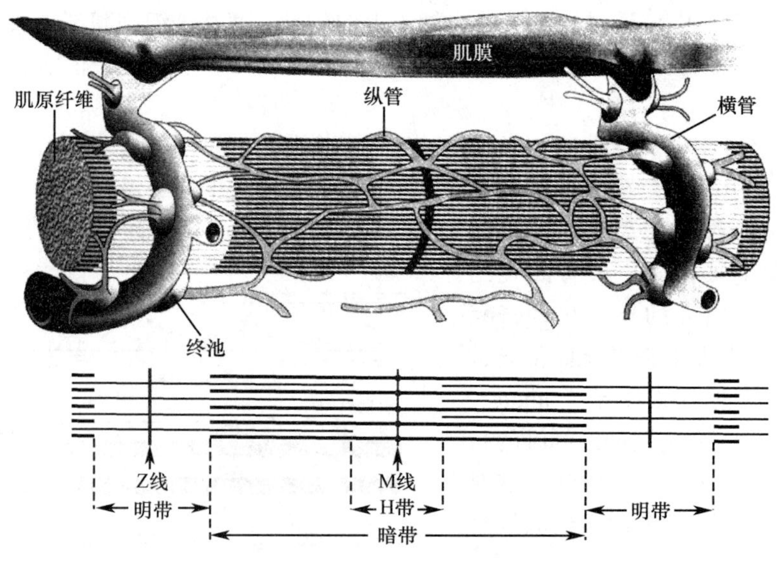

图 2-12 骨骼肌的肌原纤维和肌管系统

肌原纤维由粗肌丝和细肌丝按一定规律排列而成。**粗肌丝**（thick filament），直径约 10nm，长度与暗带相同，约 1.5μm。暗带中央的 M 线通过骨架蛋白将成束的粗肌丝固定在一起。**细肌丝**（thin filament），直径约 5nm，长约 1.0μm。它的一端固定在 Z 线的骨架蛋白上，另一端向两侧明带伸出，进入暗带的粗肌丝之间，终止于 H 带的边缘。

2. 肌管系统 骨骼肌内有两套独立的**肌管系统**（sarcotubular system），分别称为横管系统和纵管系统。它们包绕在每一条肌原纤维的周围，构成兴奋 – 收缩耦联的结构基础。

（1）横管（T 管）系统：**横管**（transverse tubules）是肌细胞膜从表面向内凹陷而成，其行走方向和肌原纤维垂直。在肌原纤维上，横管在明带和暗带的交界处形成环绕肌原纤维的相互交通的管道。横管管腔内的液体通过横管在肌膜凹入处的小孔与细胞外液相通，而不与胞质相通。在肌膜和横管膜上有 L 型电压门控 Ca^{2+} 通道分布，它们的激活与肌细胞的兴奋 – 收缩耦联活动有关。

（2）纵管（L 管）系统：**纵管**（longitudinal tubule）也称**肌质网**（sarcoplasmic reticulum，SR），相当于其他细胞的内质网。SR 是细胞的 Ca^{2+} 贮存池，Ca^{2+} 浓度高于胞质。SR 的走行方向和肌原纤维平行，分为彼此相通的两部分：①**纵行肌质网**（longitudinal SR，LSR），即包绕在肌原纤维周围的 SR，网膜上有钙泵，可将胞质中的 Ca^{2+} 主动转运到 SR 内。②**连接肌质网**（junctional

SR，JSR），即 SR 接近横管时，末端膨大，称为**终池**（terminal cisterna）。JSR 内的 Ca^{2+} 浓度是胞质的数千至上万倍，JSR 膜上有钙释放通道，即雷诺丁（ryanodine）受体（RYR）。该通道开放，JSR 释放 Ca^{2+} 到胞质，升高胞质 Ca^{2+} 浓度。横管与其两侧的 JSR 形成**三联管**（triad）结构。三联管是产生兴奋 – 收缩耦联活动的关键结构。

（二）骨骼肌的收缩原理

20 世纪 50 年代初期，赫胥黎（Huxley）等提出的**肌丝滑行理论**（myofilament sliding theory）认为，肌肉的收缩、舒张是由于粗细肌丝在肌节内相互滑行，改变了两种肌丝的重叠程度，而粗、细肌丝各自的长度不变。

1. 肌丝的分子结构

（1）粗肌丝：主要由**肌球蛋白**（myosin，亦称肌凝蛋白）分子组成（图 2-13A），肌球蛋白分子的杆状部朝向 M 线聚合成束，形成粗肌丝的主干。两个球形的头部连同与其相连的一小段称为“桥臂”的杆状部伸出主干外，形成**横桥**（cross bridge）。

横桥具有 ATP 酶的活性，可分解 ATP 而获得能量。当胞质 Ca^{2+} 浓度升高时，横桥可以和细肌丝上的肌动蛋白结合，引起横桥向 M 线方向扭动。

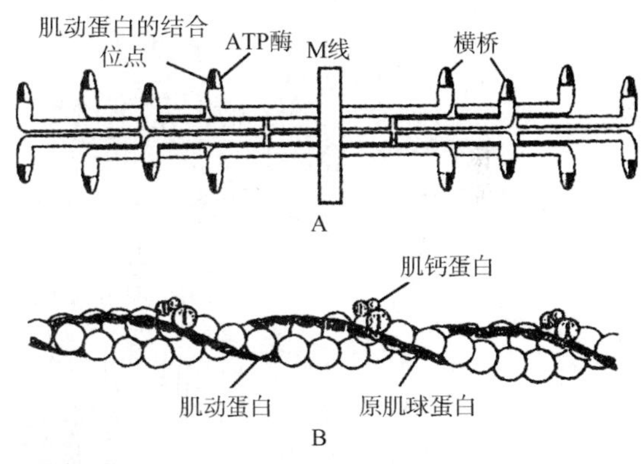

图 2-13　肌丝的分子组成模式图

A. 粗肌丝的组成；B. 细肌丝的组成

（2）细肌丝：由**肌动蛋白**（actin，亦称**肌纤蛋白**）、**原肌球蛋白**（tropomyosin，亦称**原肌凝蛋白**）和**肌钙蛋白**（troponin）三种蛋白质组成（图 2-13B）。肌动蛋白单体为球状，聚合为双螺旋链，构成细肌丝的主干。每个肌动蛋白分子上有一个可与横桥结合的活化位点。原肌球蛋白分子由两条双螺旋肽链组成，呈长杆状。在肌肉安静状态下，原肌球蛋白可掩盖肌动蛋白分子上的活化位点，因而阻碍了横桥和肌动蛋白的结合。肌钙蛋白分子呈球形，是三个亚单位（TnT、TnC 及 TnI）组成的复合体（图 2-14）。TnT 附着在原肌球蛋白上，TnI 附着在肌动蛋白上，TnC 在两者之间，具有和 Ca^{2+} 结合的位点，每个 TnC 可结合 4 个 Ca^{2+}；当它与 Ca^{2+} 结合时，肌钙蛋白分子构象发生改变，导致 TnI 与肌动蛋白的结合减弱，并使原肌球蛋白分子向肌动蛋白双螺旋链的深部移动，暴露肌动蛋白的结合位点，解除对横桥和肌动蛋白结合的阻碍作用。

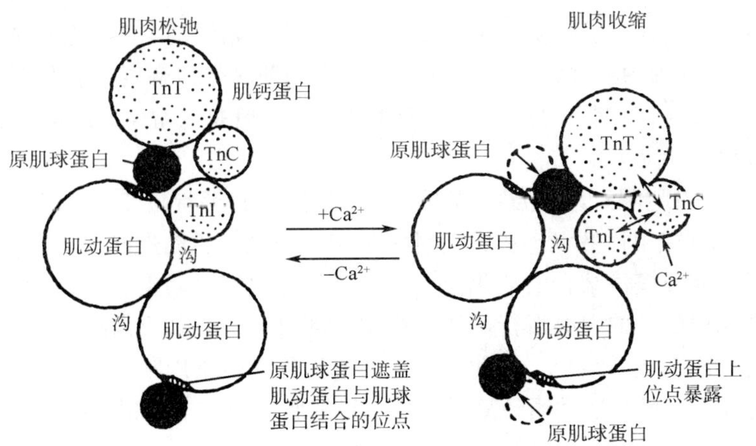

图 2-14　Ca^{2+} 与肌钙蛋白的收缩调节作用示意图

在肌肉收缩过程中，肌动蛋白与肌丝滑行有直接关系，故和肌球蛋白一同被称为收缩蛋白；而原肌球蛋白和肌钙蛋白不直接参与肌丝滑行，但可调控收缩蛋白之间的相互作用，故称为肌肉收缩的调节蛋白。

2. 兴奋－收缩耦联 当肌细胞发生兴奋时，首先在肌细胞膜上出现动作电位，然后才发生肌丝滑行，肌节缩短，肌细胞收缩的反应。这种以肌细胞膜动作电位引发机械收缩的中介机制称为**兴奋－收缩耦联**（excitation-contraction coupling）。目前认为，兴奋－收缩耦联过程包括 3 个主要步骤：

（1）兴奋传向横管系统：肌膜上的动作电位沿肌膜和横管系统传播，并激活肌膜和横管膜上的L型钙通道。这种在骨骼肌肌膜和横管膜上的L型钙通道，又称**双氢吡啶受体**（dihydropyridine receptor，DHPR），是一个对电位变化敏感的信号转导分子，不作为离子通道发挥作用（图 2-15）。

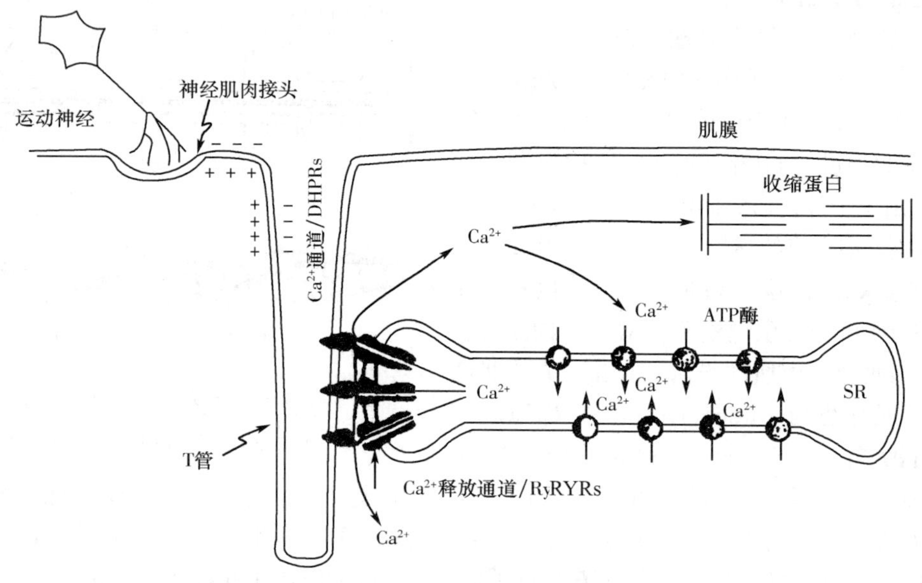

图 2-15 骨骼肌兴奋－收缩耦联示意图

（2）三联管结构处的信息传递：激活的 L 型钙通道引起 JSR 膜上的钙释放通道（RYR）激活。

（3）肌质网释放 Ca^{2+} 进入胞质及 Ca^{2+} 由胞质向肌质网的再聚积：JSR 膜上的 RYR 开放，大量的 Ca^{2+} 释放进入胞质，胞质中 Ca^{2+} 浓度可升高 100 倍。Ca^{2+} 与肌钙蛋白的 TnC 结合，触发肌丝滑行，肌肉收缩。

在引发肌丝滑行后，存在于肌质网膜结构上的 Ca^{2+} 泵开始活动。Ca^{2+} 泵逆浓度差将 Ca^{2+} 从胞质转运到肌质网中，导致胞质中 Ca^{2+} 浓度降低，Ca^{2+} 即与肌钙蛋白解离，引发肌肉舒张。

总之，骨骼肌兴奋－收缩耦联的中介因子是 Ca^{2+}，三联管是兴奋－收缩耦联的结构基础。

3. 肌丝滑行过程

（1）收缩过程：当胞质 Ca^{2+} 浓度升高时，Ca^{2+} 迅速与肌钙蛋白 TnC 结合，引起肌钙蛋白构型改变，3 个亚基间的连接由松散状态变成坚固状态，TnI 亚基与肌动蛋白分离，使原肌球蛋白移位，暴露肌动蛋白分子上能与横桥结合的活化位点。横桥头部便与肌动蛋白结合位点结合，引起横桥扭动，牵引细肌丝向粗肌丝的中央滑行。随后横桥头部自动与肌动蛋白结合位点分离，回到原先的垂直方向。横桥与肌动蛋白结合、扭动、复位的过程称为**横桥周期**（cross-bridge cycling）。在 ATP 不断补充的情况下，横桥运动循环复始，依次将细肌丝向 M 线方向牵拉，使肌节缩短，肌肉收缩（图 2-16A）。

（2）舒张过程：肌肉收缩完成，钙泵被激活，驱动 Ca^{2+} 逆浓度差转运，促使 Ca^{2+} 回收至肌质网，使肌质内的 Ca^{2+} 浓度下降。当 Ca^{2+} 浓度下降到临界阈值（10^{-7}mol/L）以下时，与肌钙蛋白 TnC 结合的 Ca^{2+} 被解脱出来，肌钙蛋白的 TnI 亚基又重新与肌动蛋白连接，原肌球蛋白变构，恢复对肌动蛋白活化位点的掩盖，在肌肉弹性的被动牵引下，细肌丝复位，肌节展长，肌肉松弛（图 2-16B）。

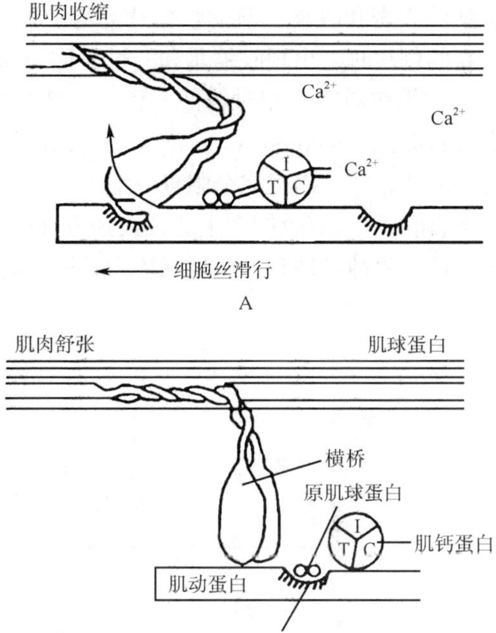

图 2-16 肌丝滑行原理示意图

A. 肌肉收缩；B. 肌肉舒张

（三）骨骼肌收缩的形式

骨骼肌收缩是肌细胞将化学能转为机械功的过程，该过程的外部表现主要为肌肉产生张力和（或）长度缩短，以完成躯体的运动和（或）抵抗外力作用。肌肉长度缩短可使躯体对抗某种阻力而移位，完成一定的物理功；肌肉张力增加，可保持躯体一定的体位，但无移位和做功。骨骼肌收缩与收缩时所承受的负荷和肌肉本身的功能状态有关。肌肉收缩时所承受的负荷有两种：①**前负荷**（preload）是指在肌肉收缩之前肌肉所承受的负荷，它使肌肉在收缩前就处于某种被拉长的状态，即具有一定的**初长度**（initial length）；②**后负荷**（afterload）是指肌肉开始收缩时才遇到的负荷或阻力。

1. 等长收缩和等张收缩 肌肉在不同后负荷条件下收缩时，可产生等长收缩和等张收缩两种形式。

（1）**等长收缩**（isometric contraction）：是指只有肌肉张力增大而长度并无缩短的收缩形式。肌肉等长收缩消耗的能量，主要转变为张力增加，并无移位和做功。

（2）**等张收缩**（isotonic contraction）：是指肌肉长度明显缩短，但张力始终不变的收缩形式。其所消耗的能量主要转变为缩短肌肉及移动负荷而完成一定的物理功。

等长收缩和等张收缩中，肌纤维发生的电变化和化学变化是一样的，即横桥被激活，并产生力作用于细肌丝。等长收缩时，横桥产生力作用于细肌丝，但无肌纤维缩短；等张收缩时，横桥产生力作用于细肌丝，细肌丝移动插入粗肌丝间隙，引起肌纤维缩短。肌肉开始缩短前，先有肌张力增加（等长收缩），当张力超过后负荷时，才表现为肌肉的缩短，从肌肉开始缩短至收缩结束，肌肉张力保持恒定不变（等张收缩）。

在机体内，不同肌肉收缩时所遇到的负荷不同，故其收缩形式也不同。一些与维持身体固定姿势和克服外力（如重力）有关的肌肉，如颈肌收缩时以产生张力为主，近于等长收缩；一些与肢体运动有关的肌肉，则表现不同程度的等张收缩。在整体内骨骼肌的收缩多表现为既改变长度又增加张力的混合收缩形式，但由于不同部位肌肉的附着或功能特点不同，其收缩形式有所侧重。

2. 单收缩和强直收缩 神经细胞发放冲动的频率会影响骨骼肌的收缩形式和收缩强度。根据肌肉受到的刺激频率不同，肌肉可产生单收缩和强直收缩两种形式。

（1）**单收缩**（single twitch）：在实验条件下，给予骨骼肌一次单个电刺激，可发生一次动作电位，随后引起肌肉产生一次迅速而短暂的收缩，称为单收缩。整个过程可分为收缩期和舒张期。

（2）**强直收缩**（tetanus）：在骨骼肌兴奋的绝对不应期后，肌细胞就可以接受新的刺激，产生新的兴奋和收缩。新的收缩就会与上次尚未结束的收缩过程发生收缩总和。当骨骼肌受到频率较高的刺激时，出现收缩总和的过程称为**强直收缩**（tetanus）。

如果刺激频率相对较低，后一个刺激落在前一个刺激引起的收缩过程中的舒张期，称为**不完全强直收缩**（incomplete tetanus）；如增加刺激频率，使每一个后续的刺激落在前一个收缩过程中的收缩期，就会出现**完全强直收缩**（complete tetanus）（图 2-17）。通常所说的强直收缩是指完全性强直收缩。强直收缩产生的最大张力可达单收缩张力的4倍。生理条件下，躯体运动神经总是快速、连续地发放神经冲动，所以机体内骨骼肌的收缩都是强直收缩。

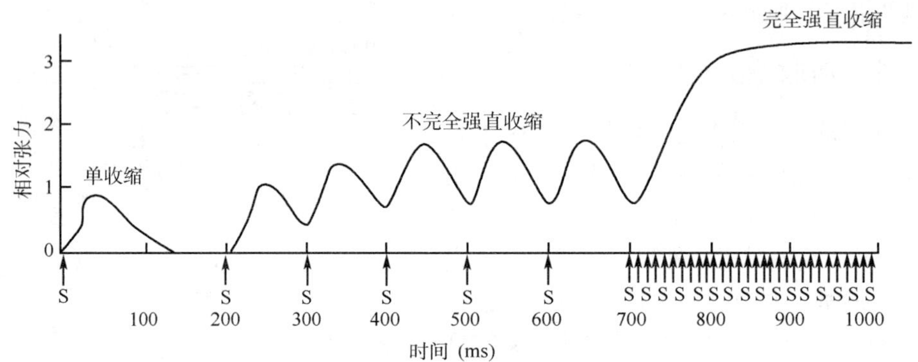

图 2-17 刺激频率与骨骼肌收缩形式的关系

（四）影响骨骼肌收缩的因素

骨骼肌收缩产生的张力、长度改变和做功等效能，受外来的前负荷、后负荷和骨骼肌本身（内在）的功能状态（肌肉收缩能力）等方面的影响。

1. 前负荷 决定了肌肉的初长度。通过实验可以测定在不同的肌肉初长度情况下，肌肉做等长收缩所产生的肌张力。将肌肉在安静时牵拉到一定长度时，会产生一定的**被动张力**（passive force）；在此基础上施加刺激，可记录到一个收缩时张力，此张力为被动张力与肌肉收缩产生的**主动张力**（active force）之和，即**总张力**（total force）。

将肌肉固定于不同的初长度，然后分别记录在不同初长度时被动张力和施加刺激后的总张力，可得到肌肉长度与被动张力和总张力之间的关系曲线。将这两条曲线中各同等长度时的张力数值相减，即可得到肌肉长度与主动张力的关系曲线（图 2-18A）。从曲线可见，在曲线升支（肌节长度小于 2.0μm），随着前负荷 – 初长度增加，肌肉收缩产生的主动张力也增加。当肌节长度在 2.0 ～ 2.2μm 时，肌肉收缩产生的主动张力最大。该长度称为**最适前负荷**（optimal initial preload）或**最适初长度**（optimal initial length）。如果肌肉的初长度大于或小于最适初长度，肌肉收缩产生的主动张力都会下降。

肌肉长度 - 张力曲线的关系特点与肌节长度变化和参与收缩的横桥数有关。图 2-18B 是肌节长度与主动张力的关系曲线。在曲线的 a 点，肌节的初长度为 1.6μm，细肌丝穿过 M 线，造成两侧细肌丝相互重叠，影响了部分横桥与细肌丝的接触，产生的主动张力也相应减小；在曲线的 b 点和 c 点之间，肌节的初长度为 2.0 ～ 2.2μm，粗、细肌丝处于最适重叠状态，即所有的横桥都能与细肌丝接触并参与收缩，肌肉等长收缩时产生的主动张力达最大值；在曲线的 d 点，肌节的初长度最长（3.65μm），粗、细肌丝完全不重叠，横桥不参与收缩，肌肉收缩时的主动张力为零。由此可见，肌肉的初长度决定了肌节的初长度，也决定了粗、细肌丝的重叠程度和参与收缩的横桥数。因此，收缩前保持肌肉的最适初长度和最适前负荷，收缩时可以达到最好的收缩效果。

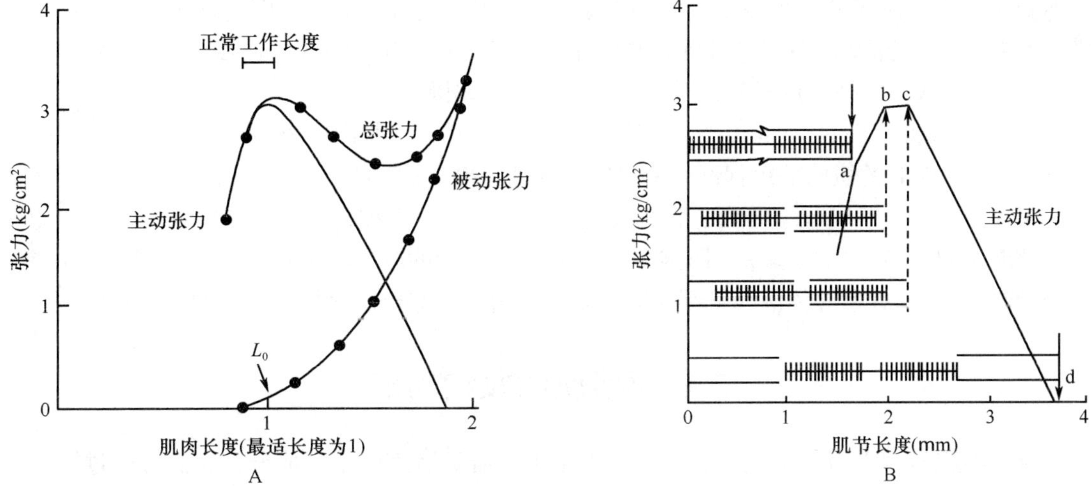

图 2-18　肌肉等长收缩时的长度－张力关系

A. 肌肉的长度－张力关系曲线；B. 肌节长度－主动张力关系曲线

2. 后负荷　在前负荷不变的条件下，人为地改变后负荷，可以观测到不同后负荷对收缩张力和缩短速度的影响。当前负荷固定不变时，后负荷越大，肌肉在缩短前所产生的张力也越大，因而肌肉开始出现缩短的时间也越晚，并且缩短的初速度和缩短的长度也越小。

将同一块肌肉在不同后负荷条件下所产生的张力和它的缩短速度绘成张力－速度曲线（图2-19）。由图中可见，当后负荷减小时，肌肉产生的张力减小，但可得到一个较大的缩短速度；在曲线同纵轴相交的点，即当后负荷理论上为零时，可以得到该肌肉在当时状态下的最大收缩速度（V_{max}）。由于肌肉收缩所产生的机械功＝负荷（或张力）× 负荷移动的距离（即肌肉缩短的长度），因此该张力－速度曲线还反映了后负荷过大时，肌肉将完全不能缩短，缩短速度也成为零，不利于做功；而后负荷过小时，缩短速度虽然增大，而张力却减小或为零，也不利于做功。在其他

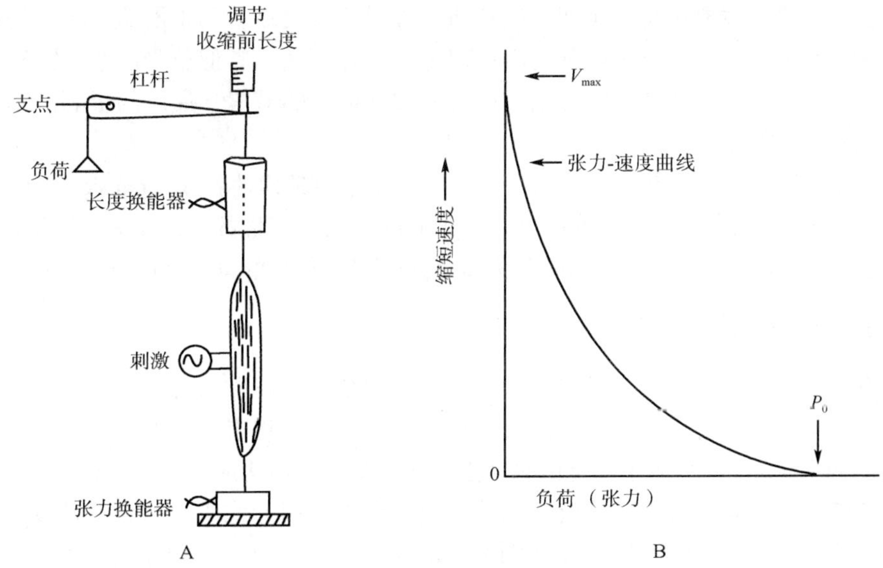

图 2-19　肌肉等张收缩时的张力－速度关系

A. 实验装置；B. 张力－速度关系曲线

V_{max}：负荷为零时，肌肉缩短的最大速度；P_0：肌肉收缩的最大张力

因素不变时，后负荷在最大张力 1/3 处，肌肉所能完成的机械功最大（图 2-19）。后负荷对肌肉收缩的影响与横桥的活动有关，当后负荷增加时，每一瞬间与细肌丝肌动蛋白结合的横桥数量增多，故产生的张力增大，但横桥周期延长，肌肉缩短的速度减慢。

3. 肌肉收缩能力（contractility） 是指与负荷无关的决定肌肉收缩效能的内在特性。肌肉收缩能力提高，收缩时的肌肉缩短程度、缩短速度等都会提高；反之，肌肉收缩能力降低，上述指标则发生相反的变化。肌肉收缩的内在特性受许多因素影响。例如，缺氧、酸中毒、肌肉中能源物质缺乏都能引起兴奋－收缩耦联、肌肉蛋白质或横桥功能的改变，从而降低肌肉收缩的效果；而 Ca^{2+}、咖啡因、肾上腺素等体液因素则能通过影响肌肉的收缩机制而提高肌肉的收缩效果。

二、平滑肌的收缩功能

平滑肌细胞是呼吸道、消化道、血管、泌尿生殖器等器官的主要成分。它们可通过持续性或紧张性收缩为这些器官的运动提供动力，保持或改变它们的形态和张力。

（一）平滑肌在功能上的分类

平滑肌（smooth muscle）按其结构与功能特点分为**单个单位平滑肌**（single-unit smooth muscle）和**多单位平滑**（multi-unit smooth muscle）两类。

1. 单个单位平滑肌 也称**内脏平滑肌**（visceral smooth muscle），主要构成中空的内脏器官，如小血管、消化道、输尿管和子宫等。其特征是：①功能活动形式类似功能合胞体，即肌肉中所有的平滑肌纤维作为一个单位对刺激发生反应，它们的电和机械活动近似同步。这是由于肌细胞间存在大量缝隙连接，电活动可以由一个细胞直接传播到其他肌细胞。②具有自动节律性。在没有外来神经支配时也可进行近似于正常的收缩活动，而外来神经只能改变平滑肌的兴奋性，以及调节平滑肌的收缩强度和频率。③机械牵张刺激可引发此类平滑肌的收缩。这是由于牵张刺激使肌膜上的机械门控 Ca^{2+} 通道开放，Ca^{2+} 内流引发兴奋和收缩。

2. 多单位平滑肌 主要包括竖毛肌、睫状肌、虹膜肌及大血管的平滑肌。特征是：①肌细胞之间很少有缝隙连接，因此每个肌细胞的活动都是彼此独立的，类似于骨骼肌。②没有自律性，肌细胞的收缩活动完全受自主神经的控制，也受扩散到细胞的激素、递质的影响。③牵张刺激不能引起这类平滑肌的收缩。

无论哪种类型的平滑肌，都可产生两种形式的收缩，即**时相性收缩**（phasic contraction）和**紧张性收缩**（tonic contraction）。时相性收缩是一种间断的或节律性的收缩（如胃肠道的蠕动）；而紧张性收缩是持续性的收缩活动，如血管张力就是血管壁平滑肌的紧张性收缩引起的。

（二）平滑肌的收缩原理

平滑肌细胞的肌质网欠发达，没有三联管和肌节的结构。胞质内含有一些卵圆形的致密体，以一定的间隔出现并附着于膜的内侧面形成致密区，与细肌丝相连接。平滑肌细胞内充满肌丝，粗肌丝由肌球蛋白构成，细肌丝主要是由肌动蛋白和原肌球蛋白构成，不含肌钙蛋白。

平滑肌兴奋时，细胞外液 Ca^{2+} 内流，肌质网 Ca^{2+} 释放，引起胞质中的 Ca^{2+} 浓度升高。Ca^{2+} 的作用靶点在粗肌丝。Ca^{2+} 与胞质中的**钙调蛋白**（calmodulin）形成复合物并激活肌球蛋白，引起肌球蛋白头部的构象改变，导致横桥与细肌丝肌动蛋白结合，触发肌动蛋白向肌球蛋白的滑动，引起平滑肌纤维收缩。肌丝被 Ca^{2+} 激活后，ATP 分解的速度比骨骼肌中的慢得多，所以平滑肌收缩缓慢。当细胞内 Ca^{2+} 浓度降低时，横桥与细肌丝的肌动蛋白解离，引起肌纤维松弛。由于 Ca^{2+} 被摄回肌质网的过程，或经细胞膜被移至细胞外的过程都较慢，因此松弛过程也很慢。

（曾 辉 杜 联）

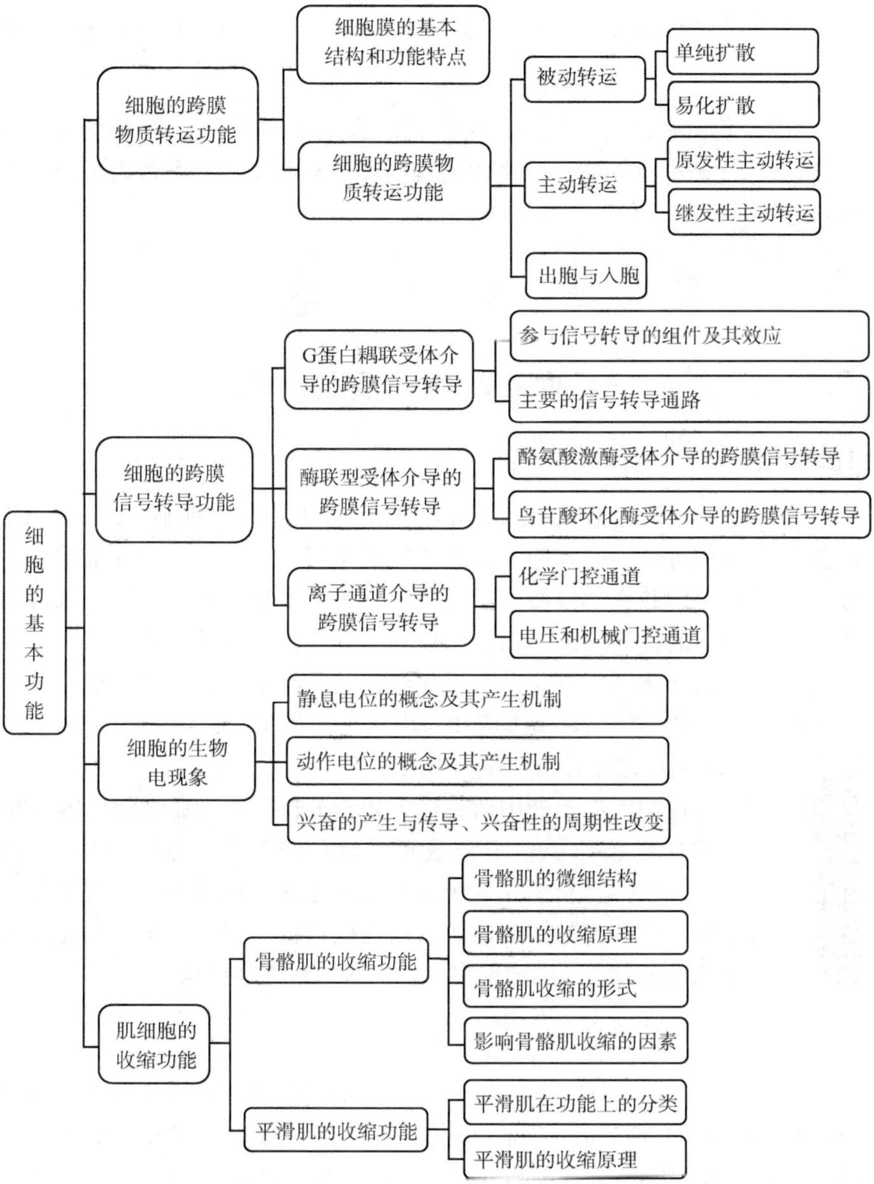

- 细胞的基本功能
  - 细胞的跨膜物质转运功能
    - 细胞膜的基本结构和功能特点
    - 细胞的跨膜物质转运功能
      - 被动转运
        - 单纯扩散
        - 易化扩散
      - 主动转运
        - 原发性主动转运
        - 继发性主动转运
      - 出胞与入胞
  - 细胞的跨膜信号转导功能
    - G蛋白耦联受体介导的跨膜信号转导
      - 参与信号转导的组件及其效应
      - 主要的信号转导通路
    - 酶联型受体介导的跨膜信号转导
      - 酪氨酸激酶受体介导的跨膜信号转导
      - 鸟苷酸环化酶受体介导的跨膜信号转导
    - 离子通道介导的跨膜信号转导
      - 化学门控通道
      - 电压和机械门控通道
  - 细胞的生物电现象
    - 静息电位的概念及其产生机制
    - 动作电位的概念及其产生机制
    - 兴奋的产生与传导、兴奋性的周期性改变
  - 肌细胞的收缩功能
    - 骨骼肌的收缩功能
      - 骨骼肌的微细结构
      - 骨骼肌的收缩原理
      - 骨骼肌收缩的形式
      - 影响骨骼肌收缩的因素
    - 平滑肌的收缩功能
      - 平滑肌在功能上的分类
      - 平滑肌的收缩原理

1. 举例说明原发性和继发性主动转运有何异同？
2. 试述 G 蛋白耦联受体介导的主要信号转导通路。
3. 试述神经细胞静息电位产生的原理。
4. 影响骨骼肌收缩的主要因素有哪些？

第三章　血　　液

血液（blood）是一种红色的流体组织，在心血管系统内循环不已，运输物质并沟通各部分组织液，这对于保证新陈代谢和机体各部分生理功能活动的顺利实现，维持内环境稳态乃至维系生命等方面都极其重要。

第一节　概　　述

一、血液的组成及其功能

（一）血液的组成

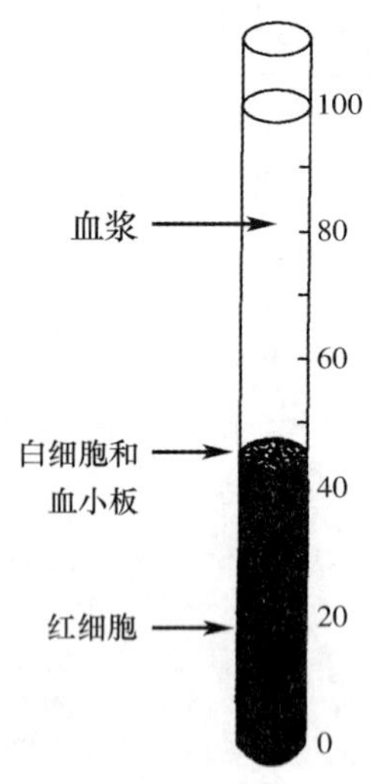

图 3-1　血液的组成

血液由**血浆**（plasma）和悬浮于其中的**血细胞**（blood cells）组成。血细胞可分为红细胞、白细胞和血小板等三类，其中红细胞所占数量最多，白细胞和血小板所占比例较少。将一定量的血液与抗凝剂混匀后，置于有刻度的比容管离心后，可以观察到管内的血液分为三层，上层浅黄色半透明的液体即为血浆，下层深红色的是红细胞，红细胞层与血浆交界之间有灰白色薄层则是白细胞和血小板（二者仅占血液总量的1%，故在计算容积时常可忽略不计）（图 3-1）。

血细胞在血液中所占的容积百分比，称为**血细胞比容**（hematocrit），或称血细胞压积。正常成年男性的血细胞比容为40%～50%，女性为37%～48%，新生儿约为55%。测定血细胞比容可了解红细胞和血浆的相对量，从而为某些疾病的诊断提供依据。如贫血患者的血细胞比容较低；而烧伤患者、红细胞增多患者则血细胞比容增高。

（二）血量

机体内血液的总量称为**血量**(blood volume),血量的相对稳定是维持机体正常生命活动的必要条件。正常成年人的血液总量为体重的7%～8%，即每千克体重含有70～80ml血液，体重60千克的人其血量为4.2～4.8L。安静时，全身大部分的血液在心血管中流动，称为循环血量；少部分血液滞留于肝、脾、肺、腹腔静脉以及皮下静脉丛等处，流动缓慢，血细胞比容较高，称为储备血量，这些储备血液的部位称为储血库。当人体在大失血、剧烈运动时，储备血量可补充循环血量，维持正常血压及心、脑等重要脏器的血液供应。

（三）血液的生理功能

血液的生理功能主要有：

1. 运输功能　血液具有多种运输功能，可通过红细胞运送 O_2 和 CO_2。通过血浆运输各种营养物质、代谢的终产物，包括激素在内的各种生物活性物质及药物等。

2. 维持内环境稳态　血液通过与循环系统、呼吸系统、消化系统、泌尿系统的紧密联系，维持内环境中各种营养物质的含量、离子浓度、渗透压、温度、pH 的相对稳定。例如，血浆与红细胞中的缓冲对能维持内环境酸碱度的相对稳定；内脏组织代谢产生的热量通过血液带到皮肤表面，有利于散热，维持体温的相对恒定。

3. 免疫和防御功能　血浆中含有多种免疫物质，能抵御病原微生物的侵袭。各类白细胞具有防御功能，特别是中性粒细胞、巨噬细胞对侵入机体的病原微生物有吞噬作用；淋巴细胞具有特异性免疫功能；血小板和血浆中凝血因子有止血和凝血作用，可防止机体出血。

二、血液的理化特性

（一）血液比重

正常人的全血比重为 1.050 ～ 1.060，其高低主要取决于红细胞的数量。血中的红细胞数量越多，则比重越大，反之则小；血浆的比重为 1.025 ～ 1.030，主要取决于血浆蛋白的含量。红细胞的比重为 1.090 ～ 1.098，取决于红细胞内血红蛋白的含量。

（二）血液黏度

血液是一种黏滞性较大的液体组织，其黏滞性主要由于液体分子的内部摩擦而形成。体外测定血液和血浆的**黏度**（viscosity），以水的黏度为 1.0 计算，当温度为 37℃时，全血的相对黏度为 4.0 ～ 5.0，血浆的相对黏度为 1.6 ～ 2.4，全血的黏度主要取决于红细胞的数量和红细胞的可塑变形能力；血浆的黏度主要取决于血浆蛋白的含量。全血黏度还受血流切率的影响。血流速度较快时，血液黏度较低；相反，当血液流速缓慢时，红细胞容易发生叠连或聚集，血液黏度增高。

第二节　血　浆

一、血浆的主要成分及其功能

血浆是一种含有多种溶质的混合溶液。血浆的含水量为 91% ～ 92%，血浆溶质中的大分子物质主要是血浆蛋白，小分子物质包括电解质和小分子有机化合物（如营养物质、代谢产物、激素）等。

（一）血浆蛋白

血浆蛋白（plasma protein）是血浆中多种蛋白质的总称。用盐析法可将血浆蛋白分为**白蛋白**（albumin）、**球蛋白**（globulin）和**纤维蛋白原**（fibrinogen）三类；用电泳法可进一步将球蛋白分为 α_1- 球蛋白、α_2- 球蛋白、β- 球蛋白和 γ- 球蛋白。

正常成人的血浆蛋白含量为 65 ～ 85 g/L，其中分子量最小的白蛋白含量最多，分子量较大的球蛋白含量次之，而分子量最大的纤维蛋白原含量最少。正常人白蛋白 / 球蛋白（A/G）的值为 1.5 ～ 2.5，除 γ- 球蛋白来自浆细胞外，白蛋白和大多数球蛋白主要由肝脏产生，因此肝脏疾病常导致血浆蛋白合成减少，导致 A/G 值下降，甚至倒置。

血浆蛋白的功能主要有以下 6 个方面：①营养作用；②运输功能；③参与血浆胶体渗透压形成；

④参与血液凝固、抗凝及纤溶等生理过程；⑤参与机体的免疫功能；⑥酸碱缓冲功能。

（二）血浆电解质

血浆电解质很容易透过毛细血管壁与组织液中的物质进行交换，因此，血浆中电解质的含量与组织液的基本相同。血浆中的无机盐绝大部分以离子的形式存在，其中阳离子主要以 Na^+、K^+、Ca^{2+}、Mg^{2+} 为主；阴离子则主要是 Cl^-、HCO^-_3、HPO_4^{2-}、SO_4^{2-} 等。血浆电解质的功能主要有：维持组织细胞的兴奋性、形成血浆晶体渗透压、维持体液的酸碱平衡等。

此外，血浆中还有葡萄糖、脂类物质（如甘油三酯、磷脂、胆固醇和脂肪酸等）、维生素，以及**非蛋白氮**（non-protein nitrogen，NPN）等物质。非蛋白氮是除蛋白质外，如尿素、尿酸、肌酸、肌酐、氨基酸、多肽和氨等含氮化合物中氮的总称，其中约有一半是**血尿素氮**（blood urea nitrogen，BUN）。这些代谢产物由肾脏排出体外，在肾功能受损时，排出受阻而滞留血液中，因此测定血中 NPN 和 BUN 的含量，有助于判断肾功能。此外，血液中还有气体、激素等物质。

二、血浆的理化特性

（一）血浆渗透压

正常情况下，**血浆渗透压**（osmotic pressure of plasma）在 37℃时为 300 mOsm/kg H_2O 左右，相当于 5790mmHg。血浆渗透压包括**晶体渗透压**（crystal osmotic pressure）和**胶体渗透压**（colloid osmotic pressure）两种。

1. 晶体渗透压 由血浆中小分子晶体物质（NaCl、葡萄糖等）形成，其中 80% 来自 NaCl。晶体物质分子量小，颗粒数目较多，晶体渗透压约占血浆总渗透压的 99.6%。

由于血浆与组织液中晶体物质的浓度几乎相等，所以它们的晶体渗透压也基本相等。水分子易通过细胞膜，而各种溶质不易通过。若血浆晶体渗透压与血细胞内液的渗透压不相等，水就会顺渗透压梯度进出细胞膜，影响血细胞的形态和容积，进而影响其功能。可见，血浆晶体渗透压的生理意义在于维持细胞内外水的平衡和血细胞的正常形态。

2. 胶体渗透压 胶体渗透压仅占血浆总渗透压的 0.4%。胶体渗透压由血浆蛋白分子形成。在血浆蛋白中，白蛋白的分子量最小，其分子数量最多，故血浆胶体渗透压的 75% ～ 80% 来自白蛋白。若血浆中白蛋白的数量减少，即使球蛋白增加而血浆蛋白总量不变，血浆胶体渗透压也将明显降低。

毛细血管壁通透性很高，允许蛋白质以外的其他小分子物质自由进出。因此，血浆或组织液中晶体渗透压变化时，两者会很快得到平衡。但是，血浆蛋白一般不能通过毛细血管壁，而且血浆蛋白的浓度大于组织液中的蛋白质浓度，所以血浆胶体渗透压大于组织液胶体渗透压，从而形成一种吸引组织液中水向血管内回流的作用，以保持血管内水分稳定。因此，血浆胶体渗透压对于维持血管内外的水平衡、维持正常的血容量起着重要作用。

等渗溶液（isosmotic solution）是指与血浆渗透压相等的溶液，如临床上常用的 0.9%NaCl 溶液和 5% 葡萄糖溶液都是等渗溶液。渗透压低于或高于血浆渗透压的溶液分别称为低渗或高渗溶液。能够使悬浮于其中的红细胞保持正常形态和大小的溶液称为**等张溶液**（isotonic solution）。等张溶液是由不能自由透过细胞膜的颗粒形成的等渗溶液。NaCl 和葡萄糖都不易通过细胞膜，红细胞可在这些溶液中维持正常的形态和大小，因而 0.9% NaCl 溶液和 5% 葡萄糖溶液既是等渗溶液，也是等张溶液；1.9% 尿素溶液虽然也是等渗溶液，但尿素易通过细胞膜，红细胞置于其中可发生溶血，所以不是等张溶液。

（二）血浆酸碱度

正常人血浆 pH 为 7.35 ～ 7.45。血浆 pH 的相对稳定有赖于血液的缓冲系统。血液的缓冲系统包括血浆和红细胞缓冲系统，都是由弱酸和弱酸盐的缓冲对构成。血浆缓冲系统包括 $NaHCO_3/H_2CO_3$、Na_2HPO_4/NaH_2PO_4 和 Na- 蛋白质 /H- 蛋白质等，其中最重要的缓冲对是 $NaHCO_3/H_2CO_3$，二者的比值为 20 ∶ 1，表明体内有较多的碱储备，称为“碱储（藏）”。红细胞缓冲系统有 $KHCO_3/H_2CO_3$、K_2HPO_4/KH_2PO_4、$KHbO_2/HHbO_2$ 和 KHb /HHb，共同参与维持血浆 pH 的相对稳定。全血的缓冲能力大于血浆。

第三节 血 细 胞

血细胞可分为红细胞、白细胞和血小板三类，其中红细胞数量最多，约占血细胞总数的 99%，白细胞数量最少。

一、红 细 胞

正常成熟**红细胞**（erythrocyte 或 red blood cell，RBC）无细胞核，直径为 7 ～ 8μm，呈双凹圆碟形，周边厚，中央薄。此形态使红细胞的表面积与体积之比，较同体积的球形大，增加了 O_2 的扩散面积。而且细胞中心到大部分表面的距离较短，缩短了扩散的距离，从而提高了 O_2 的扩散效率。

（一）红细胞的数量

红细胞是血液中数量最多的血细胞。我国正常成年男性红细胞数量为（4.0 ～ 5.5）× 10^{12}/L；女性为（3.5 ～ 5.0）× 10^{12}/L。

红细胞内的蛋白质主要是**血红蛋白**（hemoglobin，Hb）。成年男性血红蛋白含量为 120 ～ 160g/L；女性为 110 ～ 150 g/L。居住在高原地区人的红细胞数量和血红蛋白含量均高于海拔较低地区的人。若血液中的红细胞数量和血红蛋白浓度低于正常，则为贫血。

（二）红细胞的生理特性

1. 可塑变形性 正常红细胞在外力作用下具有很大的变形能力，称为**可塑变形性**（plastic deformation）。红细胞可通过口径比它还小的毛细血管和血窦孔隙，这与红细胞的双凹圆碟形状有关。可塑变形能力与红细胞膜的弹性、流动性、表面积成正比。

2. 悬浮稳定性 将经过抗凝处理的血液置于垂直放置的血沉管中，尽管红细胞的比重大于血浆，但正常时下沉速度缓慢。红细胞能悬浮于血浆中不易下沉的特性，称为**悬浮稳定性**（suspension stability）。红细胞在第一小时末下沉后析出的血浆柱高度表示红细胞的沉降速度，即**红细胞沉降率**（erythrocyte sedimentation rate，ESR），简称**血沉**。正常成年男性 ESR 为 0 ～ 15mm/h，正常成年女性 ESR 为 0 ～ 20mm/h。红细胞的沉降率越大，表示其悬浮稳定性越小。

红细胞的悬浮稳定性来源于双凹圆碟形的红细胞在下降时与血浆的摩擦阻力，以及红细胞间同性表面电荷所产生的排斥力。在患有某些疾病（如活动性肺结核、风湿热等）时，红细胞彼此能够较快地以凹面相贴，形成**红细胞叠连**（rouleaux formation of erythrocyte）。红细胞的叠连会使红细胞团块的总表面积与总体积之比减小，进而使红细胞与血浆的摩擦阻力下降，故血沉加快。

血沉的快慢和形成叠连的难易主要取决于血浆成分的变化，而不在于红细胞的本身。血浆中球蛋白、纤维蛋白原和胆固醇的含量增高，则可加速红细胞叠连而使血沉加快；血浆中白蛋白、卵磷脂的含量增多时则可抑制叠连的发生，使沉降率减慢。

3. 渗透脆性 正常成人的红细胞在 0.9% NaCl 溶液中可保持其正常形态。若将红细胞置于一系列浓度递减的低渗 NaCl 溶液中，水将在渗透压差的作用下渗入红细胞，于是红细胞逐渐胀大变成球形；降至 0.42%NaCl 浓度时，部分红细胞开始破裂而发生溶血；当降至 0.35% NaCl 浓度时，全部红细胞发生溶血。

红细胞在低渗溶液中发生膨胀破裂的特性，称为**渗透脆性**（osmotic fragility）。渗透脆性可用来表示红细胞对低渗溶液的抵抗能力。渗透脆性大，表示红细胞对低渗溶液的抵抗力小；反之，渗透脆性小，则表示红细胞对低渗溶液的抵抗力大。红细胞渗透脆性的大小主要与红细胞表面积 / 体积的值、膜的弹性有关。某些溶血性疾病及衰老的红细胞脆性大，抵抗力小，易破裂。

（三）红细胞的生理功能

1. 运输 O_2 和 CO_2 由红细胞中的血红蛋白来完成。在动脉血液中由红细胞运输的 O_2 约为物理溶解于血浆的 O_2 的 65 倍，在红细胞参与下运输 CO_2 的量约是血浆物理溶解 CO_2 量的 18 倍。

2. 缓冲功能 红细胞内有多种酸碱缓冲对，对酸、碱物质有一定的缓冲作用。

（四）红细胞的生成及其调节

1. 红细胞生成的部位与过程 在成人，骨髓是生成红细胞的唯一场所，全血细胞的生成均起源于**造血干细胞**（hemopoietic stem cell）（图 3-2）。红细胞生成经历着从造血干细胞、多系定向

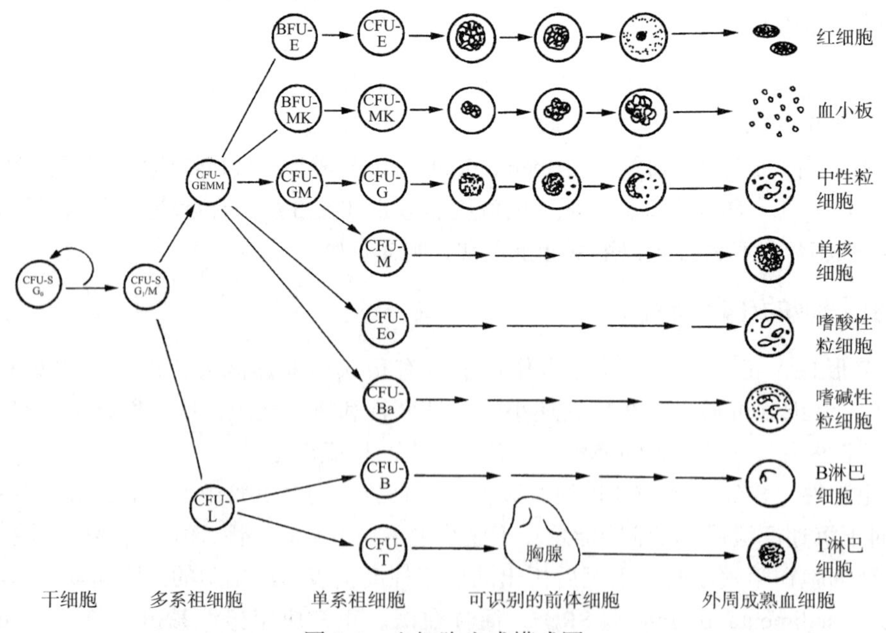

图 3-2 血细胞生成模式图

CFU-S：脾细胞集落形成单位；CFU- GEMM：粒红巨核巨噬系集落形成单位；BFU-E：红系爆式集落形成单位；CFU- E：红系集落形成单位；BFU-MK：巨核系爆式集落形成单位；CFU-MK：巨核系集落形成单位；CFU- GM：粒单系集落形成单位；CFU- G：粒系集落形成单位；CFU-M：巨噬系集落形成单位；CFU-Eo：嗜酸集落形成单位；CFU-Ba：嗜碱集落形成单位；CFU- L：淋巴系集落形成单位；CFU-B：B 淋巴系集落形成单位；CFU-T：T 淋巴系集落形成单位；G_0：G_0 期；G_1/M：G_1 期 / M 期

祖细胞、红系祖细胞，到原红细胞、早幼红细胞、中幼红细胞、晚幼红细胞、网织红细胞，最终成为成熟红细胞的整个过程。成熟的红细胞有规律地向血液释放，有时也会有少量的网织红细胞释放入血，但是外周血中的含量不应超过 1.5%。

2. 红细胞生成所需的原料 红细胞的主要成分是血红蛋白，蛋白质和铁是合成红细胞内血红蛋白的基本原料。

成人每天需要 20 ～ 30mg 铁用于红细胞生成，但仅需从食物中摄取 1mg。食物中的铁多为 Fe^{3+}，必须在胃酸作用下转变为 Fe^{2+} 才能被吸收和利用。胃酸缺乏时可影响铁的吸收。内源性铁均来自体内铁的再利用，衰老的红细胞被巨噬细胞吞噬后，释放出的铁与**铁蛋白**（ferritin）结合并储存。各种原因导致体内铁供应不足或铁代谢紊乱，均可引起血红蛋白合成不足，红细胞体积较小，产生低色素小细胞性贫血，即**缺铁性贫血**（iron deficiency anemia）。

3. 影响红细胞成熟的因素 红细胞在发育成熟过程中，合成 DNA 需要有叶酸和维生素 B_{12} 作为辅酶参与合成。

（1）叶酸：在四氢叶酸还原酶的催化下转化成四氢叶酸后，成为合成胸腺嘧啶脱氧核苷酸必需的辅酶。因此叶酸缺乏时，DNA 合成受阻，红细胞核发育停滞，而细胞质的成熟却不受明显影响，细胞核和细胞质发育不平衡导致细胞体积异常增大，可引起**巨幼红细胞性贫血**（megaloblastic anemia），即大细胞性贫血。

（2）维生素 B_{12}：叶酸的活化过程中需要**维生素 B_{12}**（vitamin B_{12}）的参与，因此维生素 B_{12} 促进红细胞成熟的作用是通过增加叶酸在体内的利用率来实现的。维生素 B_{12} 的吸收需要有胃腺壁细胞分泌的**内因子**（intrinsic factor）参与，在回肠末端被吸收。被吸收的维生素 B_{12} 部分存储在肝脏内，部分与运输维生素 B_{12} 的转钴蛋白结合经血运到造血组织，参与造血过程。人体每天消耗的维生素 B_{12} 很少，因此仅在膳食中长期缺乏维生素 B_{12} 时，才出现维生素 B_{12} 缺乏症。但儿童、孕妇、乳母及肝脏有疾患的病人，应增加维生素 B_{12} 的供应量。萎缩性胃炎、全胃或胃大部分切除可导致内因子分泌减少，引起维生素 B_{12} 吸收障碍，出现巨幼红细胞性贫血。

维生素 B_{12} 和叶酸除能促进红细胞成熟外，同样促进其他血细胞在骨髓中的发育，因此缺乏叶酸和维生素 B_{12} 也可使血液中白细胞和血小板数量减少。

4. 红细胞生成的调节 红系祖细胞向红系前体细胞的增殖分化，是红细胞生成的关键环节。**促红细胞生成素**（erythropoietin，EPO）和**雄激素**（androgen）分别调节不同发育阶段红系祖细胞的生长。

（1）促红细胞生成素：是肾皮质的管周间质细胞产生的一种糖蛋白，在肝细胞也有少量合成。EPO 的主要作用是促进晚期红系祖细胞的增殖、分化，促进幼红细胞的成熟，加速网织红细胞的释放，以及提高红细胞膜抗氧化酶的活性等。

低氧是刺激 EPO 生成的主要因素。机体缺氧几分钟后，EPO 开始增加，24 小时后可达高峰，同时循环血液中出现新生成的红细胞。红细胞增多改善了机体组织的缺氧状态，进而使 EPO 释放减少或停止。因此 EPO 通过负反馈调节维持红细胞的数量保持稳态。

（2）性激素：雄激素既可直接刺激骨髓造血，加速有核红细胞和血红蛋白的生成，也可促使肾脏产生 EPO，间接刺激骨髓造血。雌激素可降低红系祖细胞对 EPO 的反应，有抑制红细胞生成的作用。这可能是男性红细胞和血红蛋白数量高于女性的原因之一。

5. 红细胞的破坏 红细胞在血中的平均寿命约 120 天。红细胞破坏的主要场所为脾和骨髓等器官。脾是识别和清除衰老红细胞最主要的器官。红细胞衰老后，膜的脆性增加，变形能力下降，不易通过直径比自身小的血管和孔隙，滞留于脾和骨髓，被巨噬细胞所吞噬。大约 90% 的衰老红细胞被巨噬细胞所吞噬（血管外破坏）；10% 的衰老红细胞在血流湍急处也可因机械碰撞而破坏（血管内破坏）。

二、白 细 胞

（一）白细胞的数量及分类

白细胞（leukocytes 或 white blood cells，WBC）是一类无色有核的血细胞，在血液中一般呈球形。正常成人血液中白细胞数为（4.0 ～ 10.0）$\times 10^9$/L，其中中性粒细胞占 50% ～ 70%，嗜酸性粒细胞占 0.5% ～ 5%，嗜碱性粒细胞占 0 ～ 1%，单核细胞占 3% ～ 8%，淋巴细胞占 20% ～ 40%。

正常成人血液中白细胞的数量可因机体处于不同功能状态而产生波动。剧烈运动、情绪激动、进食，以及女性月经期、妊娠期和分娩时，白细胞数量有所增加；白细胞日节律特点是，每天 14 时左右总数较多，凌晨较低；在各种急性感染、炎症、组织损伤或白血病等病理情况下，可发生特征性变化，在临床诊断中有重要参考价值。

（二）白细胞的功能

白细胞具有变形、趋化游走、吞噬和分泌等特性，主要通过吞噬作用和免疫功能实现其防御和保护作用，但不同种类的白细胞的生理功能各不相同。其中以中性粒细胞和巨噬细胞为代表的吞噬细胞，执行非特异性免疫功能，吞噬和杀灭侵入机体的病原微生物，以及体内的坏死组织细胞和衰老的红细胞；而淋巴细胞作为特异性的免疫细胞，针对某些特异性抗原发挥细胞免疫和体液免疫作用。

1. 中性粒细胞（neutrophil） 是血液中主要的吞噬细胞。它具有活跃的变形游走能力，较强的吞噬和消化病原微生物的能力，处于机体抵御病原微生物，尤其是化脓性细菌入侵的第一道防线。当中性粒细胞吞噬 3～20 个细菌后，其本身即解体，释放的各种溶酶体酶又可溶解周围组织而形成脓液。

血管内的中性粒细胞约有一半随血流循环，称为循环池，通常白细胞计数即反映这一部分中性粒细胞的数量；另一半附着在小血管内皮细胞上，称为边缘池。这两部分细胞可以相互交换，保持动态平衡。此外，在骨髓中还储备有约 2.5×10^{12} 个成熟的中性粒细胞，约为外周血液中性粒细胞总数的 15 ～ 20 倍。在化脓性细菌入侵时，边缘池和骨髓内储存的中性粒细胞立即进入血液循环，在感染发生后数小时内中性粒细胞的数量便明显升高。

此外，中性粒细胞还可吞噬清除坏死组织、衰老的红细胞和抗原 – 抗体复合物等。

2. 嗜碱性粒细胞（basophil） 与肥大细胞功能类似，内含组胺、过敏性慢反应物质、嗜酸性粒细胞趋化因子 A、肝素等多种生物活性物质。这些生物活性物质的主要作用是：①组胺和过敏性慢反应物质可促使毛细血管壁通透性增强，导致局部水肿，并可使支气管平滑肌收缩，引起荨麻疹、支气管哮喘等过敏反应症状；②嗜酸性粒细胞趋化因子 A 可吸引嗜酸性粒细胞，使之聚集于局部，以限制嗜碱性粒细胞在过敏反应中的作用；③肝素具有抗凝血作用，有利于保持血管的通畅。同时，肝素还可加快血浆中脂肪的分解。

3. 嗜酸性粒细胞（eosinophil） 血液中嗜酸性粒细胞的数量具有明显的昼夜周期性波动，清晨较少，午夜时明显增多，这种波动可能与血液中肾上腺皮质激素含量的昼夜波动有关。嗜酸性粒细胞只有较弱的吞噬能力，对某些抗原 – 抗体复合物具有选择性吞噬作用，因其缺乏蛋白酶，基本上无杀菌作用，在抗细菌感染中不起主要作用。

嗜酸性粒细胞的主要作用是：①限制嗜碱性粒细胞和肥大细胞在 I 型超敏反应中的作用。嗜酸性粒细胞一方面通过产生前列腺素 E 抑制嗜碱性粒细胞合成和释放生物活性物质；另一方面又通过吞噬嗜碱性粒细胞、肥大细胞所排出颗粒并释放组胺酶等酶类，以破坏嗜碱性粒细胞释放的组胺、白三烯等生物活性物质。②参与对蠕虫的免疫反应。进入机体的蠕虫在经过特异性免疫球蛋白 IgG、IgE 和补体（C_3）的调理作用后，嗜酸性粒细胞可借助于细胞膜表面的 F_C 受体和 C_3 受体黏着于蠕虫幼虫上，进而释放颗粒内所含的碱性蛋白和过氧化物酶等损伤蠕虫体。因此，当机体发生寄生虫感染及过敏反应等情况时，常伴有嗜酸性粒细胞增多。

4. 单核－巨噬细胞 血液中的**单核细胞**（monocyte）是尚未成熟的细胞，在血液中停留 2 ～ 3 天后迁移到周围组织中进一步发育成熟，成为**巨噬细胞**（macrophage）。肺泡的尘细胞、肝脏的库普弗（Kupffer）细胞及小胶质细胞等均属于巨噬细胞。巨噬细胞体积大，溶酶体内颗粒增加，具有比中性粒细胞更强的吞噬能力。其主要功能表现为：①吞噬并消化某些细胞内的病毒、疟原虫、真菌及结核分枝杆菌等。②识别和杀伤肿瘤细胞。③识别和清除变性的蛋白质、衰老受损的细胞及碎片。④加工和处理抗原，激活淋巴细胞特异性免疫功能。⑤合成和释放多种细胞因子，如白介素、肿瘤坏死因子和干扰素等，参与并调节免疫反应。

5. 淋巴细胞（lymphocyte）主要分为 T 淋巴细胞、B 淋巴细胞及少数的自然杀伤细胞。

T 淋巴细胞主要参与细胞免疫，如破坏肿瘤细胞和移植的异体细胞等；B 淋巴细胞主要参与体液免疫。B 淋巴细胞多数停留在淋巴组织内，在抗原的刺激下转化为浆细胞，产生抗体。抗体可以识别、凝集、破坏、沉淀体液中的抗原物质。

自然杀伤细胞（NK 细胞）的表面标志既不属于 T 淋巴细胞，又不属于 B 淋巴细胞，这类细胞对病毒感染细胞和肿瘤细胞的杀灭作用是天然的，无须有抗体存在或预先加以致敏，故命名为自然杀伤细胞。NK 细胞是机体固有免疫的重要执行者，通过释放细胞毒和淋巴因子，在抗感染、抗肿瘤、免疫调节和造血调控等方面都有非常重要的作用。

（三）白细胞的生成及其调节

白细胞与红细胞一样，也起源于骨髓的造血干细胞，经造血干细胞分化为定向祖细胞，进而分化为各种可识别的白细胞前体细胞，最后生成各种成熟的白细胞。刺激白细胞生长发育、分化增殖的造血调节因子是由淋巴细胞、单核细胞、成纤维细胞和内皮细胞合成和分泌的。由于一些造血调节因子在体外可刺激造血干细胞生成集落，故称为**集落刺激因子**（colony stimulating factor，CSF），包括粒系集落刺激因子（G-CSF）、粒－巨噬细胞集落刺激因子（GM-CSF）、巨噬系集落刺激因子（M-CSF）及多系集落刺激因子（multi-CSF，即白介素 -3）等。其中，multi-CSF 和 GM-CSF 可刺激中性粒细胞、单核细胞和嗜酸性粒细胞的生成；GM-CSF 与干细胞因子可共同刺激早期造血干细胞、祖细胞分化；G-CSF 可促进粒系祖细胞、粒系前体细胞增殖、分化，以及增强成熟粒细胞的功能，动员骨髓干细胞和祖细胞入血。

（四）白细胞的破坏

白细胞的寿命差异较大。中性粒细胞在血液中 6 ～ 8 小时后进入组织，4 ～ 5 天后衰老死亡，或经消化道黏膜从胃肠道排出；单核－巨噬细胞的寿命约数周至数月；淋巴细胞可在血液、组织液、淋巴液之间不断往返，一般寿命较长，少数记忆淋巴细胞可存活若干年。

三、血 小 板

血小板（platelet 或 thrombocyte）是骨髓中成熟的巨核细胞裂解脱落下来的具有生物活性的小

块胞质，呈双面微凸的圆盘状。正常成人的血小板数量为（100～300）$\times 10^9$/L。当血小板少于 50×10^9/L 时，微小的创伤或仅血压增高也能使皮肤和黏膜下出现瘀点，甚至出现大片瘀斑，称为血小板减少性紫癜。若血小板过高则容易发生血栓性疾病。

（一）血小板的生理特性

1. 黏附 血小板与非血小板表面的黏着过程称为**黏附**（adhesion）。参与血小板黏附的主要成分包括血小板膜糖蛋白、内皮下组织成分（胶原纤维）、血管性假血友病因子（vWF）和纤维蛋白原等。

当血管损伤暴露胶原纤维时，vWF 首先与胶原纤维结合，导致 vWF 变构，然后血小板膜糖蛋白与 vWF 结合，因此认为 vWF 是血小板黏附于胶原的桥梁。

2. 聚集 血小板黏附在血管壁后，彼此互相聚合在一起称为血小板**聚集**（aggregation）。血小板聚集可分为两个时相，第一聚集时相的血小板聚集发生迅速，也可迅速解聚，为可逆性聚集；第二聚集时相出现缓慢，但不能解聚，为不可逆性聚集。生理性致聚剂主要有 ADP、血栓烷 A_2、胶原、组胺、肾上腺素、5-HT、凝血酶等；病理性致聚剂有细菌、病毒、抗原－抗体复合物、药物等。

ADP 是引起血小板聚集最重要的物质，特别是血小板释放的内源性 ADP。在血小板悬液中加入低浓度 ADP 所引起的血小板聚集只出现第一聚集时相，并很快解聚；若加入中等浓度 ADP，则第一聚集时相结束和解聚不久，又出现第二聚集时相；若加入高浓度 ADP 则能迅速引起血小板不可逆的聚集，即直接进入第二聚集时相。目前认为 ADP 引起的血小板聚集必须有 Ca^{2+} 和纤维蛋白原的存在，而且要由 ATP 提供能量。在体内，第二聚集时相是由血小板释放的内源性 ADP 引起的。

3. 释放 血小板受到刺激后，发生黏附和聚集的同时，可将储存在致密体、α- 颗粒或溶酶体中的许多物质释放出来，称为**血小板的释放**（platelet secretion）。释放的主要物质有 ADP、ATP、5-HT、血小板因子 4（PF_4）、vWF、纤维蛋白原等；这些物质对血小板聚集具有正反馈作用，具有促进血小板聚集、收缩血管和促进血液凝固等多种作用。

4. 吸附 血小板膜可吸附多种凝血因子（如因子Ⅰ、Ⅴ、Ⅺ、ⅩⅢ等），如果血管内皮破损，随着血小板黏附和聚集于破损的局部，可使局部凝血因子浓度升高，有利于血液凝固和生理性止血。

5. 收缩 血小板具有收缩能力，与血小板中含有的收缩蛋白有关。血小板活化后，胞质内 Ca^{2+} 浓度增高可引起血凝块中的血小板收缩，血块回缩，形成坚实的止血栓，以封住血管创口。

（二）血小板的功能

1. 参与生理止血过程 正常情况下，小血管受损后引起的出血，在几分钟内会自行停止，这一过程称为**生理性止血**（hemostasis），主要包括以下三个过程（图 3-3）。

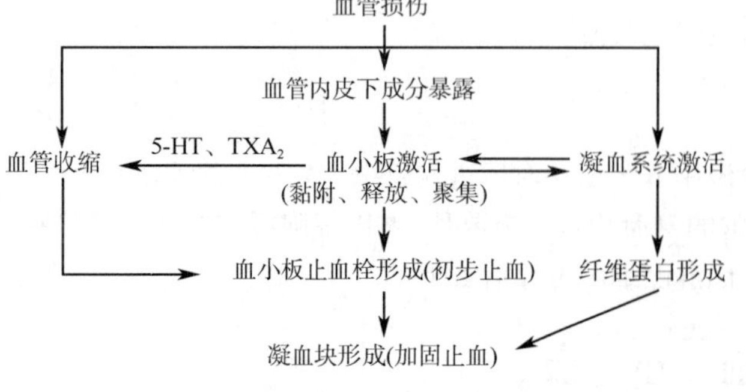

图 3-3 生理性止血过程示意图

5-HT：5- 羟色胺；TXA_2：血栓烷 A_2

（1）**小血管收缩**：当小血管损伤，胶原纤维暴露时，在发生黏附、聚集的同时，血小板迅速释放出 5-HT、TXA_2 等缩血管物质，使受损的血管发生收缩，血管口径变小，有助于止血。

（2）**血小板止血栓形成**：由于黏附和聚集，在胶原组织上的血小板迅速被激活。已激活的血小板吸引更多的血小板不断地聚集，在伤口处形成较松软的栓子，黏着并堵塞伤口，起到暂时止血作用。

（3）**血液凝固**：血管受损也可启动凝血系统，在局部迅速发生血液凝固，使血浆中可溶性的纤维蛋白原转变成不溶性的纤维蛋白。

2. 促进血液凝固　血小板促进血液凝固的作用表现在多方面，如吸附多种凝血因子，为凝血因子反应提供磷脂表面，释放纤维蛋白原，促进纤维蛋白的形成，参与血凝块收缩过程等。

3. 保持血管内皮细胞的完整性　血小板对毛细血管壁具有营养和支持作用，从而降低毛细血管的脆性。血小板可以融合入血管内皮中，随时沉着于血管壁，以填补内皮细胞脱落留下的空隙，促进毛细血管内皮细胞的修复。

（三）血小板的生成及其调节

生成血小板的巨核细胞是从骨髓造血干细胞分化而来的。成熟的巨核细胞胞质伸向骨髓腔并脱落成为血小板进入血流。从原始巨核细胞到释放血小板入血需 8 ～ 10 天，进入血液的血小板约 2/3 在血液中循环，其余储存在脾和肝。

血小板寿命为 7 ～ 14 天，但只有进入血液的最初两天具有生理功能。血小板可因衰老而被脾、肝、肺组织的巨噬细胞吞噬；也可融入血管内皮细胞，或在发生聚集、释放反应时被破坏。

第四节　血液凝固和纤维蛋白溶解

一、血 液 凝 固

血液凝固（blood coagulation）是指血液由流动的液体状态转变成不流动的凝胶状态的过程。血液凝固的实质是血浆中可溶性的**纤维蛋白原**（fibrinogen）转变成不溶性的**纤维蛋白**（fibrin）的过程。血凝块发生收缩并释放出淡黄色的液体，即**血清**（serum）。血清与血浆的区别在于血清中缺少纤维蛋白原和凝血时消耗掉的一些凝血因子，但增添了一些凝血过程中释放出来的化学物质。

（一）凝血因子

血浆与组织中直接参与凝血的物质，统称为**凝血因子**（coagulation factor）（表 3-1）。参与凝血的因子有 14 种，其中由国际凝血因子委员会按照发现的先后顺序，以罗马数字编号的有 12 种，即凝血因子Ⅰ～XⅢ（简称 FⅠ～FXⅢ，其中 FⅥ是血清中活化的Ⅴ因子，已被取消）。此外，参与凝血的还有高分子量激肽原、前激肽释放酶等（表 3-1）。

表 3-1　凝血因子及其合成部位

凝血因子	同义名	合成部位
Ⅰ	纤维蛋白原	肝细胞
Ⅱ	凝血酶原	肝细胞（需维生素 K）
Ⅲ	组织因子	内皮细胞和其他细胞
Ⅳ	Ca^{2+}	
Ⅴ	血浆加速球蛋白	内皮细胞和血小板
Ⅶ	前转化素	肝细胞（需维生素 K）
Ⅷ	抗血友病因子	肝细胞
Ⅸ	血浆凝血活酶	肝细胞（需维生素 K）
Ⅹ	斯图亚特（Stuart-Prower）	肝细胞（需维生素 K）

续表

凝血因子	同义名	合成部位
Ⅺ	血浆凝血活酶前质	肝细胞
Ⅻ	接触因子	肝细胞
ⅩⅢ	纤维蛋白稳定因子	肝细胞和血小板
HK	高分子量激肽原	肝细胞
PK	前激肽释放酶	肝细胞

凝血因子的特点如下：

（1）大多凝血因子存在于新鲜血浆中，但 F Ⅲ（**组织因子**，tissue factor，TF）由损伤组织释放。

（2）除 F Ⅳ是 Ca^{2+} 外，其余的凝血因子均为蛋白质，且大部分在肝内合成，其中 F Ⅱ、Ⅶ、Ⅸ、Ⅹ是维生素 K 依赖性的凝血因子，在其合成后期需要维生素 K。当肝脏病变或维生素 K 缺乏时，可出现凝血功能障碍。

（3）部分因子如 F Ⅱ、F Ⅶ、F Ⅸ、F Ⅹ、F Ⅺ、F Ⅻ、F ⅩⅢ，以及 PK，都以无活性的酶原形式存在，必须通过水解作用，暴露或形成活性中心后才具有酶的活性，即凝血因子的激活。习惯上在某因子代号的右下角加一字母“a”（activated）表示被激活后的该因子，如 F Ⅱ被激活后可表示为 F Ⅱ$_a$。

（二）血液凝固的过程

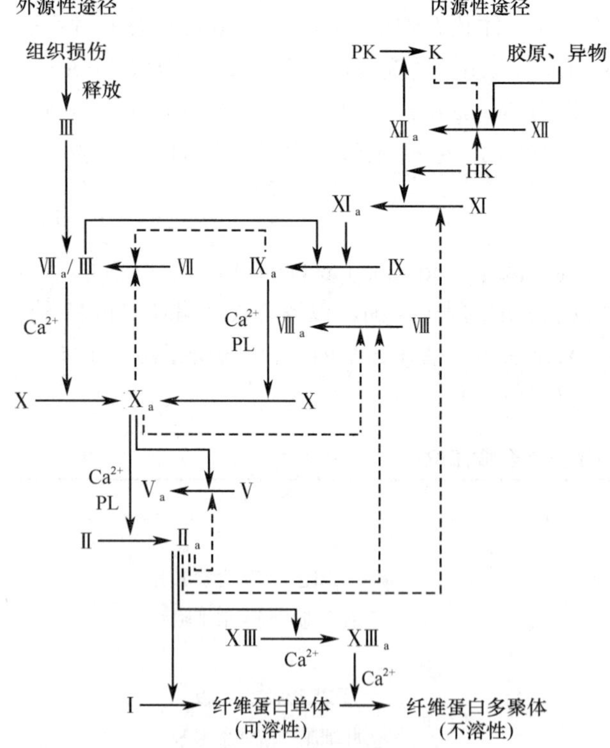

图 3-4 凝血过程示意图

图中罗马数字表示各相应的凝血因子；PL：磷脂；PK：前激肽释放酶；K：激肽释放酶；HK：高分子量激肽原；实线代表变化方向，虚线代表促进

血液凝固是许多凝血因子共同参与的一系列复杂的酶促反应过程（图 3-4）。血液凝固基本可以分为凝血酶原激活物形成、凝血酶（F Ⅱ$_a$）形成和纤维蛋白（F Ⅰ$_a$）形成三个基本步骤。

1. 凝血酶原激活物形成过程 根据凝血酶原激活物的形成不同，血液凝固分为内源性凝血和外源性凝血两条途径。

（1）**内源性凝血途径**（intrinsic coagulation pathway）：指参与凝血的因子全部来自血液系统，其启动因子是 F Ⅻ。

当血管内膜受损伤暴露出胶原纤维时，血浆中的 FⅫ与其接触被激活为 FⅫ$_a$，FⅫ$_a$ 使 FⅪ活化成 F Ⅺ$_a$，该过程称为“表面激活”阶段。而且，FⅫ$_a$ 可使前激肽释放酶（PK）生成激肽释放酶（K），激肽释放酶进而再激活 FⅫ生成更多的 FⅫ$_a$，形成表面激活的正反馈效应。此外，高分子量激肽原（HK）也起着辅因子的作用，有利于促进 FⅫ$_a$ 激活 FⅪ和 PK。表面激活生成的 FⅪ$_a$ 再激活 F Ⅸ成为 F Ⅸ$_a$，这一过程需要 Ca^{2+} 的存在。

FⅨ$_a$形成后，即与FⅧ$_a$、Ca^{2+}在血小板磷脂（PL）表面形成FⅧ$_a$复合物，使FⅩ激活成为FⅩ$_a$。在此过程中，FⅧ$_a$起着相当重要的辅因子作用，它可使激活过程的反应速度提高20万倍。体内FⅧ或FⅨ缺乏可引起血友病，表现为严重的凝血障碍。在FⅩ$_a$生成后，内源性和外源性凝血进入了同一途径。

（2）**外源性凝血途径**（extrinsic coagulation pathway）：由组织因子（TF）启动的凝血过程，称为外源性凝血途径。

组织损伤时，释放的TF暴露到血浆中，在Ca^{2+}和血小板磷脂（PL）的存在下，TF与因子Ⅶ一起形成TF–FⅦ$_a$–Ca^{2+}–PL复合物，进而使因子FⅩ激活生成FⅩ$_a$。而FⅩ$_a$又能激活FⅦ，生成更多的FⅦ$_a$，形成外源性凝血的正反馈效应。

FⅩ$_a$生成后，与FⅤ$_a$、Ca^{2+}和PL形成凝血酶原激活物，又称**凝血酶原酶复合物**（prothrombinase complex），继而进一步激活凝血酶原。

2. 凝血酶形成过程 **凝血酶**（thrombin）生成是凝血反应的关键步骤。凝血酶原激活物形成后的几秒钟内，即可激活凝血酶原（FⅡ）生成凝血酶（FⅡ$_a$）。在该反应中，凝血酶原激活物中的FⅩ$_a$是直接发挥水解作用的蛋白酶，FⅤ$_a$作为辅因子可提高凝血酶生成的速度。

3. 纤维蛋白形成过程 FⅡ$_a$催化纤维蛋白原（FⅠ）的分解，生成可溶性纤维蛋白单体。然后在FⅩⅢ$_a$和Ca^{2+}作用下，使纤维蛋白单体互相连接形成牢固的交联纤维蛋白多聚体，即不溶于水的血凝块，凝血过程完成。

（三）影响血液凝固的因素

1. 温度 血液凝固是一系列酶促反应，参与血液凝固的各种酶的最适温度为37℃，因此，在一定范围内，温度降低可使血凝过程中酶活性下降，延缓血凝；温度升高则可使各种凝血酶的活性提高，加速血凝。外科手术中常用温热盐水纱布按压伤口，促进血凝以减少出血。

2. 接触面的光滑程度 光滑容器的表面可减少血小板的聚集和释放，因而延缓血凝的发生；相反，接触粗糙的表面可增加血小板的聚集和释放，故外科手术时常用有粗糙表面的纱布进行压迫止血。

3. 血浆Ca^{2+} 血凝过程的多个环节都需要Ca^{2+}的参与。当去除血浆中游离的Ca^{2+}时，便可延缓和阻止凝血发生。如临床输血时用枸橼酸钠与Ca^{2+}生成不易解离的可溶性络合物以去掉血浆中游离的Ca^{2+}；临床化验检查和实验室中常用的抗凝剂草酸盐或乙二胺四乙酸（EDTA）等可与Ca^{2+}结合生成不溶性的复合物，以阻止血凝。

二、抗凝系统与纤溶系统

在正常人的日常活动中，机体会经常出现血管内皮损伤，从而激活体内的凝血系统，但血液在血管内流动却很顺畅，不发生凝固，这是由于体内还存在着**抗凝系统**（anticoagulative system）和**纤溶系统**（fibrinolytic system）。

（一）抗凝系统

体内生理性的抗凝物质主要有：

1. 丝氨酸蛋白酶抑制物 血浆中含有多种丝氨酸蛋白酶抑制物，其中抗凝血酶（AT）最具代表性。它主要由肝细胞和血管内皮细胞合成，可灭活60%～70%的凝血酶。AT能够封闭因子

Ⅸa、Ⅹa、Ⅺa、Ⅻa 以及凝血酶活性中心的丝氨酸残基，使这些凝血因子失活而抗凝血。正常情况下，抗凝血酶的直接抗凝作用比较慢而弱，但它与肝素结合后，抗凝作用可增强上千倍。

2. 组织因子途径抑制物（tissue factor pathway inhibitor，TFPI） 又称外源性凝血途径抑制物，主要由血管内皮细胞产生。目前认为，TFPI 是机体内主要的生理性抗凝物质。通过与 FⅩa 和 FⅦa 复合物结合，负反馈抑制外源性凝血过程。

3. 肝素 主要由肥大细胞和嗜碱性粒细胞产生，在生理情况下，血浆中**肝素**（heparin）含量甚微。肝素抗凝作用主要通过与血浆中的 ATⅢ结合，增强 ATⅢ与凝血因子的亲和力，迅速灭活活化的凝血因子实现。不论在体内或体外，肝素都具有很好的抗凝作用，临床应用较广泛。

4. 蛋白质 C 系统 关键物质是**蛋白质 C**（protein C，PC），还包括蛋白质 S、凝血酶调节蛋白（TM）和蛋白质 C 抑制物。PC 由肝合成，需要维生素 K 的参与，以无活性酶原的形成存在于血浆中，可被 FⅡ激活。PC 可降解磷脂结合的 FⅤa 和 FⅧa，抑制 FⅩ和 FⅡ的激活。

（二）纤溶系统

纤溶系统即纤维蛋白溶解系统的简称，主要包括纤溶酶原、纤溶酶、纤溶酶原激活物和抑制物。其功能是清除沉积于血管壁的纤维蛋白，溶解血凝块，维持血管通畅。

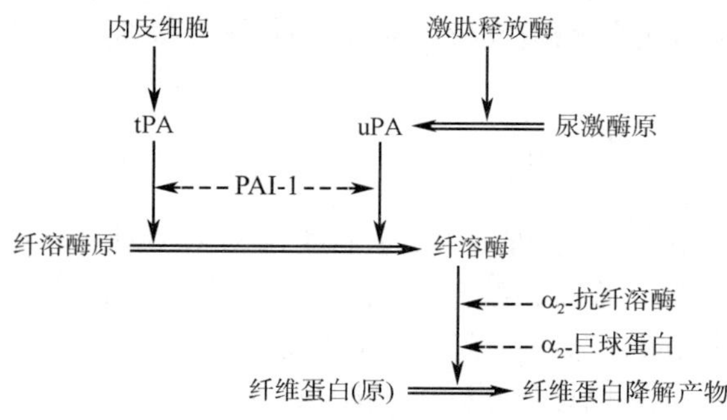

图 3-5 纤溶系统的激活与抑制及作用示意图

——▶ 催化作用；----▶ 抑制作用

tPA：组织型纤溶酶原激活物；uPA：尿激酶型纤溶酶原激活物；PAI-1：纤溶酶原激活物抑制剂 -1

纤维蛋白溶解（fibrinolysis，简称纤溶）是指纤维蛋白或纤维蛋白原被纤溶酶溶解的过程。纤溶可分为纤溶酶原的激活与纤维蛋白（或纤维蛋白原）的降解两个基本过程（图 3-5）。

1. 纤溶酶原的激活 正常情况下，血浆中的纤溶酶是以无活性的**纤溶酶原**（plasminogen）形式存在的。纤溶酶原主要由肝合成。在激活物的作用下，纤溶酶原脱去一段肽链，形成**纤溶酶**（plasmin）。

（1）**外源性激活途径**：是指由组织型纤溶酶原激活物和尿激酶型纤溶酶原激活物对纤溶酶原的激活。

组织型纤溶酶原激活物（tissue-type plasminogen activator，tPA）是机体血液中主要的内源性纤溶酶原激活物，主要由血管内皮细胞分泌。子宫、肾上腺、前列腺、淋巴结等组织含量较高。当上述器官损伤时，tPA 被释放到血液和周围组织中，从而促进血凝块液化。由于子宫内膜在分泌期中所含的 tPA 最多，所以月经血不易凝固。

尿激酶型纤溶酶原激活物（urokinase-type plasminogen activator，uPA）是血液中仅次于 tPA 的生理性活化物，主要由肾小管、集合管上皮细胞合成。在炎症时，血管内皮细胞与单核细胞也可合成 uPA。

uPA 与 tPA 共同完成对纤溶酶原的激活，随后纤溶酶促使纤维蛋白降解。tPA 主要涉及体内纤维蛋白的溶解过程，而 uPA 主要防止血栓形成，在组织修复、创伤愈合中发挥作用。

（2）**内源性激活途径**：是指通过内源性凝血系统的有关凝血因子（如 FⅫa、FⅪa、PK、HK 等）使纤溶酶原转化为纤溶酶。

2. 纤维蛋白的降解 纤溶酶是特异性很差的蛋白酶，不仅能水解纤维蛋白，还能水解纤维蛋白原，以及多种凝血因子（如 FⅡ、FⅤ、FⅧ、FⅩ、FⅪ、FⅫ、FⅩⅢ等）。纤溶酶水解纤维蛋白形成的可溶性小分子多肽不再凝固。

3. 纤溶系统的抑制物

（1）**纤溶酶原激活物的抑制物**：主要是**纤溶酶原激活物抑制剂**（plasminogen activator inhibitor，PAI），包括 PAI-1、PAI-2 和 PAI-3 等 3 种，其中 PAI-1 最重要。

（2）**抗纤溶酶**（antiplasmin）：主要是 α_2- 抗纤溶酶和 α_2- 巨球蛋白，由肝细胞和巨噬细胞产生，二者均可抑制纤溶酶，也能抑制 tPA 和 uPA。

生理情况下，血管内皮细胞表面能够排斥血小板黏附和聚集，内皮细胞也不表达组织因子（TF）。在血管内皮细胞释放的各种物质中，既有促凝因子，也有抗凝物质；既有促纤溶因素，也有抗纤溶物质。凭借这些物质的综合作用，对血凝和抗凝、纤溶和抗纤溶过程进行精细地调节，从而维持着凝血和纤溶之间的动态平衡。

第五节　血　　型

血型（blood group）是指血细胞表面的抗原类型，通常所说的血型是指红细胞膜上特异性抗原的类型。自 1901 年兰德施泰纳（Landsteiner）发现第一个人类血型系统——ABO 血型系统以来，至今已发现 ABO、Rh、MNSs、Lutheran、Iewis、duff 及 Kidd 等 35 个不同的红细胞血型系统。其中，与临床关系最密切的是 ABO 血型系统和 Rh 血型系统。

若将两种血型不相容的血液滴在玻片上混合，在显微镜下可见红细胞凝集成簇，称为**红细胞凝集**（erythrocyte agglutination）。当血型不相容的血液输入人体时，血管内可发生同样的情况，凝集的红细胞可以堵塞毛细血管。在补体的作用下，凝集的红细胞破裂，发生溶血。红细胞凝集的本质是抗原 – 抗体反应，**血型抗原**（blood group antigen）和**血型抗体**（blood group antibody）也分别称为**凝集原**（agglutinogen）和**凝集素**（agglutinin）。

一、ABO 血型系统

ABO 血型系统中有 A 抗原和 B 抗原两种抗原。根据红细胞膜表面是否存在 A 抗原和 B 抗原，ABO 血型系统分为 A 型、B 型、AB 型和 O 型 4 种血型（表 3-2）。

表 3-2　ABO 血型系统的抗原和抗体

血型	亚型	红细胞膜上的抗原	血清中的抗体
A 型	A_1	$A+A_1$	抗 B
	A_2	A	抗 B+ 抗 A_1
B 型		B	抗 A
AB 型	A_1B	$A+A_1+B$	无抗 A，无抗 A_1，无抗 B
	A_2B	A+B	抗 A_1
O 型		无 A，无 B	抗 A+ 抗 B

（一）ABO 血型抗原

ABO 血型系统中，凡是红细胞膜上只含 A 抗原者为 A 型，只含 B 抗原者为 B 型，含有 A 与 B 两种抗原者为 AB 型，A 和 B 两种抗原都没有者为 O 型。

ABO 血型系统还有几种亚型，与临床关系密切的是 A 型中的 A_1 和 A_2 亚型。A_1 型红细胞膜上有 A 和 A_1 两种抗原，而 A_2 型红细胞膜上仅含有 A 抗原。A 型分为 A_1 亚型和 A_2 亚型，使得 AB 型也分为 A_1B 型和 A_2B 型两种亚型。我国汉族人群中，A_2 型和 A_2B 型只占 A 型和 AB 型人群的 1% 以下。

ABO 血型系统中抗原的特异性取决于红细胞膜上的糖蛋白或糖脂上所含的寡糖链。A、B 抗原都是在 H 抗原的基础上形成的。4 种 ABO 血型红细胞上都存在 H 抗原，所以有人也把 ABO 血型系统称为 ABH 血型系统。因 H 抗原的抗原性较弱，故一般血浆中都不含有抗 H 抗体。

（二）ABO 血型抗体

ABO 血型系统中，不同血型的人在其血浆中含有不同的抗体，但在同一个体的血浆中不会含有与自身抗原相对抗的抗体。即 A 型血的血浆中只含有抗 B 抗体；B 型血的血浆中只含有抗 A 抗体；AB 型血的血浆中既没有抗 A 也没有抗 B 抗体；而 O 型血的血浆中含有抗 A 和抗 B 两种抗体。

由于 A_2 型和 A_2B 型血浆中含有抗 A_1 抗体，它们可能在输血时与 A_1 型红细胞发生凝集。另外，A_2 型和 A_2B 型红细胞膜上的 A 抗原性较弱，在血型鉴定时，不易与抗 A 抗体反应，容易将 A_2 型和 A_2B 型误判定为 O 型和 B 型，因此输血时应特别注意 A 亚型的存在。

血型抗体有天然抗体和免疫抗体两类。ABO 血型系统的血型抗体属于天然抗体。新生儿出生时血液尚无 ABO 血型系统的天然抗体，出生后 2 ～ 8 个月开始产生，8 ～ 10 岁时抗体效价达到高峰。天然抗体多属 IgM，分子量大，不能通过胎盘。因此，血型与胎儿血型不合的孕妇，体内的天然 ABO 血型抗体一般不能通过胎盘到达胎儿体内，不会使胎儿的红细胞发生凝集破坏。免疫抗体在人体接受了体内不存在的红细胞抗原之后产生，属于 IgG 抗体，分子量小，能够通过胎盘进入胎儿体内。因此，若母体过去因外源性 A 或 B 抗原进入体内而产生免疫抗体，则可因与胎儿 ABO 血型不合，发生新生儿溶血病。

（三）ABO 血型的遗传

ABO 血型系统的遗传由 9 号染色体的一对等位基因控制。在这对染色体上只能出现上述三个基因中的两个，一个来自父亲，一个来自母亲，它们决定了子代血型的**基因型**（genotype）。A 基因和 B 基因是显性基因，O 基因则为隐性基因。三个基因可组成六组基因型，血型的表现型只有四种。因此，红细胞膜表现 O 型，则其基因型只能是 OO；而表现型是 A 或 B，则基因型分别可能是 AA、AO 和 BB、BO。

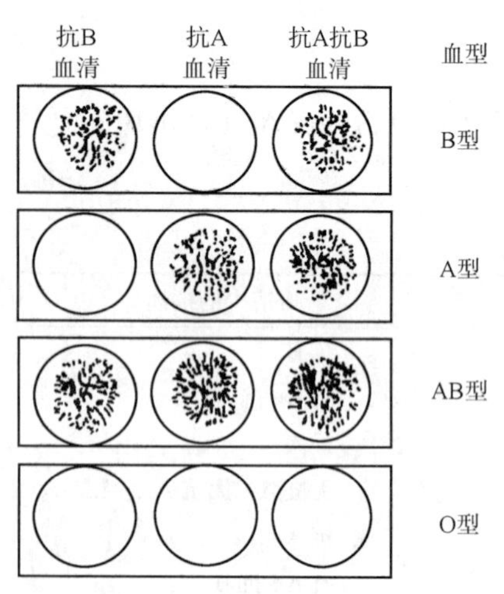

图 3-6 ABO 血型的测定

（四）ABO 血型的测定

正确测定血型是保证输血安全的基础。测定 ABO 血型的方法是在玻片上分别滴上一滴抗 A、一滴抗 B 和一滴抗 A- 抗 B 血清，然后在每种血清中加一滴待测红细胞悬液，轻轻混匀，观察有无凝集现象来判断待测细胞膜上是 A 抗原还是 B 抗原（图 3-6）。这种方法称为正向定型。

二、Rh 血型系统

（一）Rh 血型抗原

1940 年兰德施泰纳（Landsteiner）和威纳（Wiener）共同发现了 Rh 血型系统。他们将**恒河猴**

（Rhesus monkey）的红细胞重复注射入家兔体内，使家兔产生抗恒河猴红细胞的抗体，然后取含有这种抗体的血清与人的红细胞混合，发现在美洲白种人中，约 85% 的人的红细胞可被这种血清凝集，表明这些人的红细胞上具有与恒河猴同样的抗原，故称为 **Rh 抗原**（Rh antigen）。

Rh 血型系统已发现 40 多种 Rh 抗原，与临床关系密切的有 D、C、c、E、e 5 种，其中 D 抗原的抗原性最强，是重要的 Rh 抗原。红细胞膜上有 D 抗原的，称为 **Rh 阳性**（Rh positive）；不含有 D 抗原的，称为 **Rh 阴性**（Rh negative）。在我国各族人群中，汉族和其他大多数民族人群中 Rh 阳性者约占 99%，Rh 阴性只占 1% 左右。但在某些少数民族中，Rh 阴性者比例较高，可达 5% ～ 10%，甚至更多。

（二）Rh 血型抗体

人类血浆中不存在抗 Rh 天然抗体，只有当 Rh 阴性者接受 Rh 阳性血液后，通过体液免疫才能产生抗 Rh 抗体。Rh 阴性的受血者第一次接受 Rh 阳性血液输入时，一般不会发生明显输血反应；但在第二次，或多次再输入 Rh 阳性血液时，即可发生抗原 – 抗体反应，输入的 Rh 阳性红细胞即被凝集而发生溶血反应。因此临床上对于重复输入同一个献血者的血液，也必须作交叉配血试验。

Rh 血型抗体属于免疫抗体，主要是 IgG，分子量较小，能透过胎盘。如果 Rh 阴性妇女孕育了 Rh 阳性胎儿，分娩时胎盘剥离可使胎儿 Rh 阳性红细胞进入母体，刺激母体产生免疫性抗 Rh 抗体。通常抗 Rh 抗体产生量不多，产生速度也慢，需 8 ～ 9 周（不超过 6 个月）才能产生足够的抗 Rh 抗体。而且一旦致敏即不可能恢复到未致敏状态；若 Rh 阴性妇女再次孕育 Rh 阳性胎儿，母体内的抗 Rh 抗体通过胎盘进入胎儿体内，与胎儿的红细胞发生抗原 – 抗体反应，造成新生儿溶血性贫血，严重时可导致胎儿死亡。

三、输血与交叉配血

目前，输血已经成为治疗某些疾病、抢救急性失血伤员生命、保证手术顺利进行的重要方式。无偿献血是指健康适龄的公民自愿献出血液，去挽救他人生命，而不索取任何报酬的行为，这种行为已经成为了衡量一个社会文明程度的标志。正常情况下，每人每次献血量为 200 ～ 400 毫升，献血后血液成分约在一个月内得到恢复，不会减少循环血量，不影响献血者的健康。此外，适当的献血可增强身体的免疫力、刺激骨髓造血、血细胞及时更新，还可以预防心脑血管疾病，是一项利人利己的健康行为。

为了保证输血的安全，必须遵守输血的原则。在准备输血时，首先应鉴定 ABO 血型，保证供血者与受血者的血型相合。对于育龄妇女和需要反复输血的病人，还必须注意 Rh 血型相合，避免受血者在被致敏后产生抗 Rh 抗体。

输血前，即使已知供血者与受血者是同型血，也必须进行**交叉配血试验**（cross-match test）。交叉配血主侧是指供血者的红细胞与受血者血清进行配合，次侧是指受血者的红细胞与供血者的血清进行配合，观察它们是否发生凝集（图 3-7）。这样，既可检验血型测定是否有误，又可发现红细胞或血清中是否还存在其他不相容的抗原或抗体。

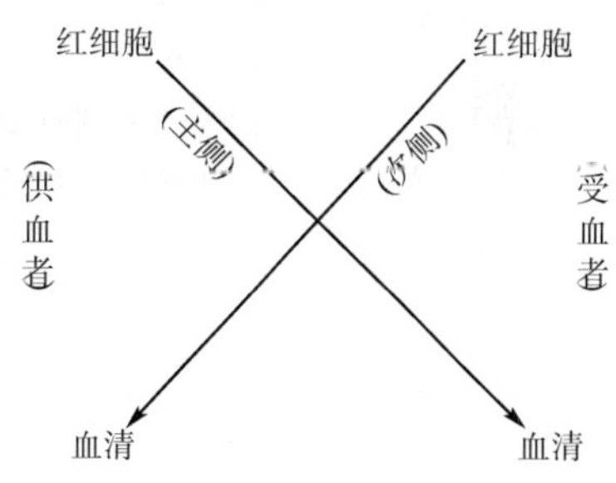

图 3-7 交叉配血试验示意图

如果交叉配血试验的主、次两侧都没有发生凝集反应，即为配血相合，可以进行输血；如果主侧发生凝集反应，则为配血不合，受血者不能接受该供血者的血液；如果主侧不发生凝集反应，而次侧发生凝集反应，则只能在紧急情况下输血。输血时，速度要慢，数量不宜超过 200ml。输血过程中有多个环节，每一个环节上的失误都可导致严重后果。因此，输血时，必须遵守输血原则，密切观察输血过程中患者的表现，如发生输血反应，应立即停止输血。

（陈俞材　王冰梅）

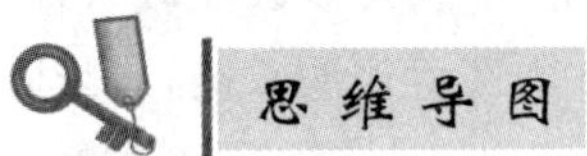

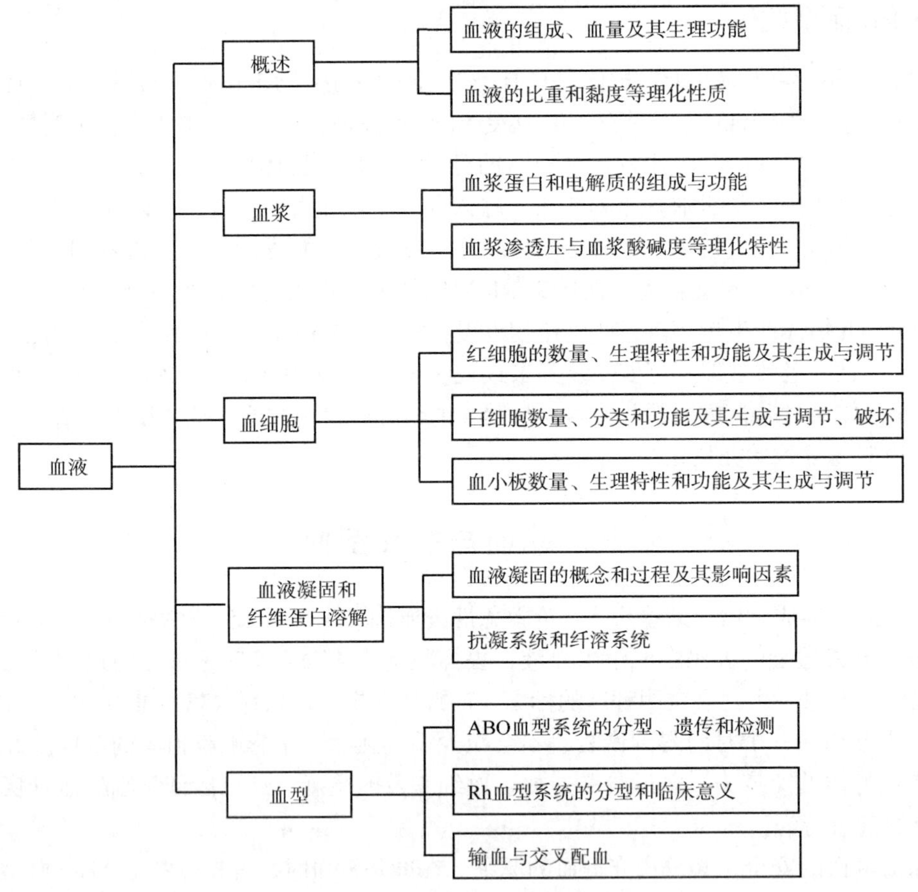

1. 血浆渗透压由哪几部分组成？有何意义？
2. 试述血小板在生理性止血中的作用。
3. 试述内源性凝血和外源性凝血的异同点。
4. 外科手术中为何常用温热的生理盐水纱布进行组织止血？

第四章　血 液 循 环

心和血管构成循环系统，在心搏动的驱动下，血液在循环系统中按一定方向周而复始地流动，称为**血液循环**（blood circulation）。其主要功能是运输体内的物质，并完成物质交换，保证新陈代谢正常地进行；激素或其他体液因素通过血液循环作用于靶细胞，实现体液调节；机体内环境稳态的维持和血液防卫功能的实现，也有赖于血液不断地循环流动。因此，血液循环是维持生命活动的重要条件。血液循环一旦发生障碍，新陈代谢不能正常进行，机体一些重要器官将受到损害，产生功能障碍，甚至危及生命。

心房和心室协调有序的收缩和舒张交替活动，是心实现泵血功能，推动血液循环的必要条件。心肌细胞的兴奋过程则是触发心肌收缩的始动因素，心肌的兴奋及兴奋传导都以心肌细胞的生物电活动为基础。

第一节　心肌细胞的生物电现象

根据心肌细胞的生理特性，心肌细胞可分为两类，一类是**工作细胞**（working cardiac cell），包括心房肌和心室肌细胞。工作细胞含有丰富的肌原纤维，具有兴奋性、传导性和收缩性，主要完成收缩功能。另一类是特殊分化的心肌细胞，构成心的特殊传导系统（包括窦房结、心房传导束、房室交界、房室束和浦肯野纤维网）。它们没有肌原纤维，不具有收缩功能，除具有兴奋性、传导性之外，还具有自动产生节律性兴奋的特性（自律性），又称为**自律细胞**（autorhythmic cell）。

不同类型心肌细胞的跨膜电位和离子流各不相同，具有较大的差异（图 4-1）。

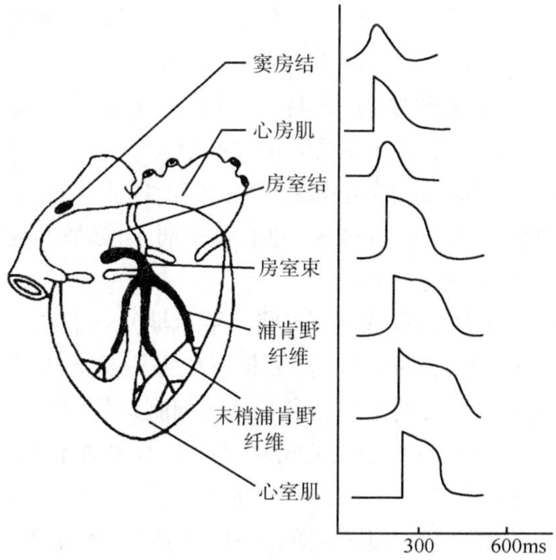

窦房结
心房肌
房室结
房室束
浦肯野
纤维
末梢浦肯野
纤维
心室肌
300
600ms

图 4-1　心各部心肌细胞的跨膜电位示意图

一、工作细胞的跨膜电位及其形成原理

人和哺乳动物的心室肌细胞静息电位为 −80 ～ −90mV。静息电位的产生机制与骨骼肌和神经细胞相同，即细胞膜对 K^+ 有较高通透性，膜内 K^+ 浓度高于膜外，跨膜外流并达到 K^+ 平衡电位。心室肌细胞的动作电位与神经、骨骼肌明显不同，表现为复极过程比较复杂，持续时间较长，分为 5 个时期（图 4-2）。

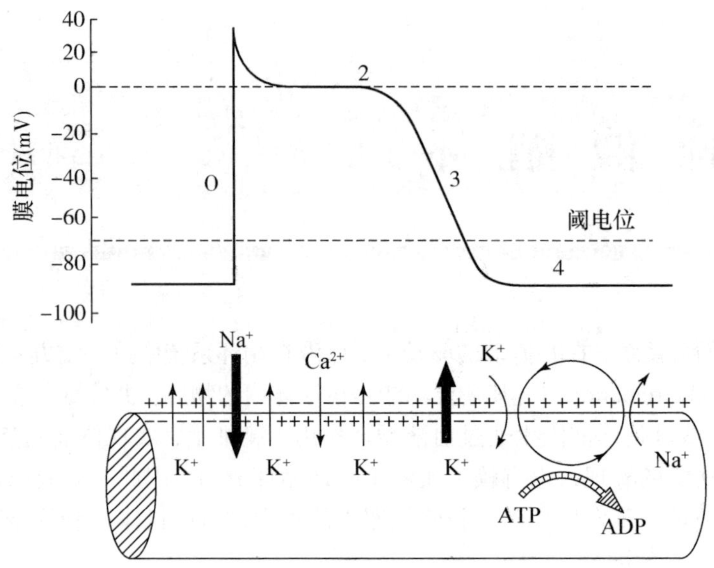

图 4-2 心室肌细胞的跨膜电位及其形成的离子机制

1. 去极期（0 期） 当心肌细胞兴奋时，膜电位可从 –90mV 迅速上升至 +30mV 左右，形成动作电位上升支，上升幅度约 120mV。0 期占时很短，只有 1 ～ 2ms。去极化速度快，膜电位的最大变化速率可达 200mV/s。

0 期形成的机制是 Na^+ 快速内流。与 0 期去极化相关的 Na^+ 通道是一种快通道，其特征是激活快、失活也快，开放时间短暂。该 Na^+ 通道具有电压依赖性，可被河鲀毒素阻断但心肌细胞对河鲀毒素不敏感。与神经纤维相似，心肌细胞受到有效刺激，使膜电位减小达阈电位水平时，Na^+ 通道呈正反馈式开放，产生再生性 Na^+ 内流，这是产生 0 期快速去极化的根本原因。

2. 快速复极初期（1 期） 0 期后，膜内电位由 +30mV 迅速下降至 0mV 左右，占时约 10ms。1 期与 0 期共同构成锋电位。

1 期 Na^+ 通道失活，Na^+ 内流停止。此时有一种一过性外向电流（I_{to}）产生，使膜电位迅速向负值转化。I_{to} 可被 K^+ 通道阻断剂 4- 氨基吡啶阻断，因此，K^+ 是 I_{to} 的主要离子成分，K^+ 外流是形成 1 期的离子基础。

3. 缓慢复极期（2 期、平台期） 膜电位复极缓慢，稳定在 0mV 左右达 100 ～ 150ms，形成复极过程中的平台期。2 期复极缓慢是造成整个心肌动作电位时程较长的主要原因，也是心肌细胞动作电位区别于神经和骨骼肌细胞动作电位的主要特征。

平台期的形成是同时存在的**内向离子流**（inward current）和**外向离子流**（outward current）综合作用的结果。内向离子流为 Ca^{2+} 内流，外向离子流为 K^+ 外流。2 期复极化之初，两种离子流处于相对平衡，随着时间推移，内向离子流逐渐减弱，而外向离子流逐渐增强，因而复极化速度较为缓慢。

Ca^{2+} 通过电压门控的 L 型 Ca^{2+} 通道顺浓度梯度向细胞膜内扩散。L 型 Ca^{2+} 通道的激活阈电位水平为 –40 ～ –50mV，其激活慢，失活也慢，属于**慢通道**（slow channel）。L 型 Ca^{2+} 通道可被 Ca^{2+} 通道阻断剂 Mn^{2+} 和维拉帕米阻断。

外向离子流由 K^+ 经延迟激活的外向 K^+（I_K）通道外流。I_K 通道在去极达 20mV 时激活，I_K 通道在平台期形成逐渐增大的外向 K^+ 电流。

4. 快速复极末期（3 期） 复极化速度加快，膜电位由 0mV 左右较快地复极到 –90mV，完成复极过程。

3 期是由于 L 型 Ca^{2+} 通道失活，Ca^{2+} 内流停止，而 K^+ 外流（I_K）逐渐增大所致。随着膜电位的复极，膜内电位增大，膜对 K^+ 通透性也越大，K^+ 外流不断加强，3 期复极加速，形成再生性复极。

从动作电位 0 期开始至 3 期复极化完毕的这段时间称为**动作电位时程**（action potential duration，APD），心室肌细胞的 APD 为 200 ～ 300ms。APD 的长短与复极化速度、特别是平台期有密切关系，复极化速度减慢则 APD 延长。

5. 静息期（4 期、恢复期） 复极已完毕，膜电位稳定在静息电位水平，但膜内外的离子分布尚未恢复。这种离子分布变化可促进膜上的 Na^+- K^+ 泵、Na^+-Ca^{2+} 交换体和 Ca^{2+} 泵等激活排出 Na^+ 和 Ca^{2+}、摄回 K^+，以恢复膜内外 Na^+、K^+、Ca^{2+} 的分布。Na^+-K^+ 泵将进入细胞内的 Na^+ 泵出，将细胞外的 K^+ 摄回。Na^+-Ca^{2+} 交换体将顺浓度运入 Na^+ 同时逆浓度运出 Ca^{2+}，其能量来源于 Na^+-K^+ 泵。

二、自律细胞的跨膜电位及其形成原理

与工作细胞相比，自律细胞动作电位的特点是 4 期膜电位不稳定。3 期复极达最大值（最大复极电位）后，膜电位开始缓慢去极化，称为 4 期自动去极化。当膜去极化达到阈电位后，则产生新动作电位。如此周而复始，动作电位就不断自动产生。因此，4 期自动去极化是心肌自律细胞产生自动节律性的基础。下面以浦肯野纤维和窦房结细胞为代表进行阐述。

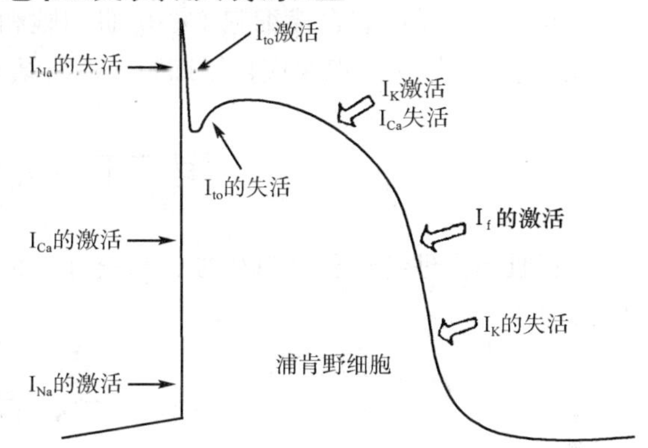

图 4-3 浦肯野纤维动作电位及其主要离子活动示意图

1. 浦肯野纤维 和工作细胞类似，浦肯野纤维动作电位也分为 0、1、2、3、4 期。其中 0、1、2、3 期的波形和机制与心肌工作细胞相似（图 4-3），但在 4 期可记录到一种随时间而逐渐增强的内向离子流（I_f），其成分主要是 Na^+ 内流，也有少量 K^+ 参与，从而导致细胞自动去极化。I_f 通道可被铯（Cs）阻断，不能被河鲀毒素阻断。

2. 窦房结细胞 窦房结 P 细胞是窦房结中具有自律性的细胞，称为起搏细胞。P 细胞的跨膜电位与浦肯野纤维明显不同，分为 0、3、4 期（图 4-4），其特点与机制如下：

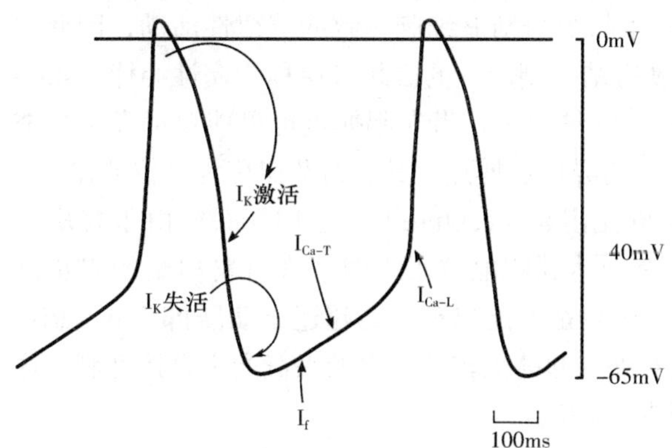

图 4-4 窦房结 P 细胞动作电位和 4 期自动去极化的离子机制

（1）0 期：窦房结 P 细胞去极化速度慢（约 10V /s），幅度低（仅 70mV），时程长（7ms 左右）。0 期时钙通道开放，L 型 Ca^{2+} 内流形成，可被维拉帕米阻断。

（2）3 期：窦房结 P 细胞复极化过程无明显的 1 期和 2 期。随着 L 型钙通道逐渐失活，而 I_K 通道被激活，K^+ 外流开始复极化。3 期复极化末达最大复极电位，移行为 4 期。

（3）4 期：与浦肯野纤维相似，窦房结 P 细胞 4 期膜电位不稳定，自动去极化。窦房结 P 细胞 4 期自动去极化机制复杂，已知有三种跨膜离子流参与（图 4-4）。

1）进行性衰减的 I_K：当3期复极到最大复极电位时，I_K 通道因失活导致 K^+ 外流衰减，使其他内向离子流能超过外向离子流而触发4期自动去极化。因此，4期 K^+ 外流随时间进行性衰减是导致细胞产生自动去极化的最主要原因。

2）进行性增强的 I_f 内向电流：在窦房结P细胞复极4期可记录到 I_f 内向电流，但其作用远不如 K^+ 外流的衰减作用大。

3）T型 Ca^{2+} 通道激活和 Ca^{2+} 内流：T型 Ca^{2+} 通道阈电位为 –50 ～ –60mV。当P细胞4期自动去极化到 –50mV 时，T型 Ca^{2+} 通道激活，引起少量 Ca^{2+} 内流。因此，$I_{Ca\text{-}T}$ 参与4期自动去极化的后期。

三、心肌细胞电生理类型

按照心肌细胞动作电位的电生理特性，特别是去极化速率的不同，心肌细胞可分为快反应细胞和慢反应细胞，前者传导速度较快，而后者较慢。又根据心肌细胞是否有自律性，心肌细胞可进一步分为快反应非自律细胞（心房肌细胞和心室肌细胞）、快反应自律细胞（房室束、左右束支和浦肯野纤维）、慢反应自律细胞（窦房结P细胞、房室交界自律细胞）三类。

第二节　心肌的生理特性

心肌的生理特性包括自律性、兴奋性、传导性和收缩性。前三者称为电生理特性，收缩性为机械特性。

一、自 律 性

心肌细胞能够在没有外来刺激的情况下，自动地按一定节律产生兴奋的能力，称为自动节律性，简称自律性。每分钟内自动产生兴奋的次数是衡量自律性高低的指标。

（一）心的起搏点

心肌的自律性来源于心特殊传导系统的自律细胞，心各部自律细胞的自律性不同，其中窦房结的自律性（100次/分）最高，房室交界（50次/分）和房室束（40次/分）及其分支次之，浦肯野纤维（25次/分）的自律性最低。由于窦房结P细胞自律性最高，它产生的节律性冲动按一定顺序传播，引起心其他各部位心肌细胞兴奋，产生与窦房结P细胞一致的节律性活动，因此，窦房结被称为**正常起搏点**（normal pacemaker）。窦房结控制产生的心跳节律称为**窦性心律**（sinus rhythm）。其他部位的自律组织称为潜在起搏点。异常情况下，潜在起搏点也可能自动发生兴奋而引起心跳动，导致心律失常，这时潜在起搏点就称为异位起搏点，其心搏节律称为异位节律。

窦房结对潜在起搏点的控制有两种方式：①**抢先占领**（capture），也称夺获。由于窦房结的自律性最高，所以在潜在起搏点4期自动去极尚未达到阈电位水平时，来自窦房结的兴奋已抢先到达潜在起搏点，从而使潜在起搏点自身的节律兴奋不能出现。②**超速驱动压抑**（overdrive suppression），是指窦房结P细胞的快速节律活动对潜在起搏点较低频率的兴奋产生直接抑制。这种抑制作用具有频率依从性，即频率差别越大，抑制作用越强。

（二）决定和影响自律性的因素

心肌自律性的产生是自律细胞4期自动去极化到达阈电位而引起的自动兴奋。因此，决定和影响自律性高低的因素如下：

1. 4 期自动去极化速度　如最大复极电位和阈电位之间的差距不变，4 期自动去极化速度快，则到达阈电位的时间短，单位时间内发生兴奋的次数多，自律性升高。反之，4 期自动去极化速度慢，自律性降低。

2. 最大复极电位与阈电位之间的差距　如 4 期自动去极化速度不变，最大复极电位减小和（或）阈电位增大，均使两者差距缩小，则自动去极化到达阈电位所需的时间缩短，自律性增高；反之，则自律性降低（图 4-5）。

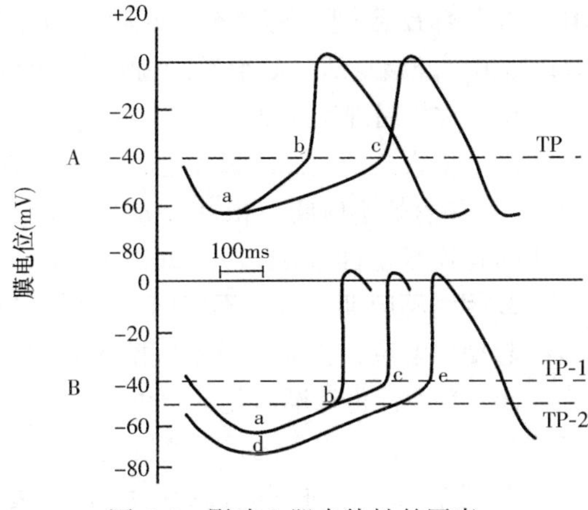

图 4-5　影响心肌自律性的因素

TP：阈电位

A. a～b 正常自动去极化速度；a～c 自动去极化速度减慢；B. a～b 正常自动去极化；a～c 阈电位水平上移时的自动去极化；d～e 最大复极电位水平下移时的自动去极化

二、兴　奋　性

所有心肌细胞都具有兴奋性，即具有受到适宜刺激时产生动作电位的能力。衡量兴奋性高低的最常用指标是阈值，即使膜电位从静息电位（或最大复极电位）去极化到阈电位所需的最小刺激强度。阈值与兴奋性呈反比。

（一）决定和影响兴奋性的因素

1. 静息电位（或最大复极电位）与阈电位之间的差距　若二者之间的差距增大，引起兴奋所需的阈值增大，兴奋性降低。反之，二者之间的差距减小，兴奋性增高。

2. Na^+（Ca^{2+}）通道的状态　快（慢）反应心肌细胞的兴奋都是以 Na^+（Ca^{2+}）通道被激活为前提的。以快反应细胞为例，快钠通道具有**备用**（resting）、**激活**（activation）和**失活**（inactivation）三种状态。当膜电位处于静息电位（–90mV）时，Na^+ 通道处于备用状态，细胞兴奋性正常。给予刺激使膜局部去极化达阈电位（约 –70mV），则 Na^+ 通道被激活、开放，随后迅速失活。处于失活状态的快钠通道不能再次被激活，只有当膜电位恢复到一定电位水平时，Na^+ 通道才恢复到备用状态，可以接受刺激再次兴奋。

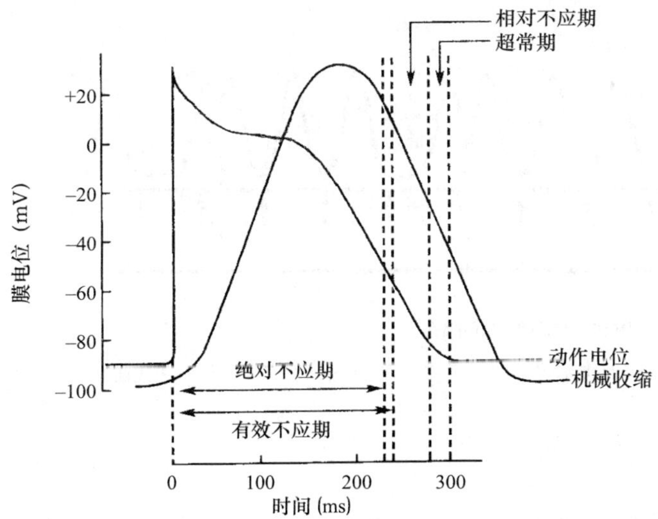

图 4-6　心室肌细胞动作电位期间兴奋性的变化及其与机械收缩之间的关系

（二）心肌细胞兴奋时兴奋性的周期变化

心肌细胞在一次兴奋过程中，其兴奋性随时间的推移和膜电位的变化发生一系列的周期性变化（图 4-6）。

1. 绝对不应期　从动作电位的 0 期去极开始到复极 3 期膜电位达 –55mV 左右的这段时期内，无论给予多强的刺激，细胞都不会发生反应，即兴奋性降低为零，称为绝对不应期。这是由于 Na^+ 通道处于失活状态。

2. 局部反应期 绝对不应期后，动作电位复极从 –55mV 到 –60mV 这段时期内，由于部分 Na^+ 通道刚开始复活，如给予强刺激，可使膜局部去极化，但去极的幅度很小，不能使细胞爆发动作电位，称为局部反应期。

从 0 期去极开始到复极膜电位达 –60mV 这段时期内给予心肌细胞任何刺激，均不能产生动作电位，称为**有效不应期**（effective refractory period，ERP），为绝对不应期和局部反应期的时间总和。心肌的有效不应期特别长，占 200 ～ 300ms，相当于整个心肌收缩期和舒张早期的时间。

3. 相对不应期 有效不应期后，膜电位从 –60mV 复极到 –80mV 这段时期内，用阈上刺激才能引起动作电位，称为**相对不应期**（relative refractory period，RRP）。此期内，大部分 Na^+ 通道已复活，兴奋性也逐渐恢复，但仍低于正常。而且相对不应期引起的动作电位，0 期去极化速度和幅度均小于正常，兴奋的传导速度也较慢。

4. 超常期 相对不应期后，膜电位从 –80mV 复极到 –90mV 的时期内，用阈下刺激也可引起心肌细胞产生动作电位，表明心肌的兴奋性略高于正常，称为**超常期**（supranormal period，SNP）。此期内，Na^+ 通道已基本复活到备用状态，而且膜电位的水平比静息电位更接近阈电位，故兴奋性较高。但此时的动作电位 0 期去极化速度、幅度和传导速度仍低于正常。

最后，复极化完毕，膜电位恢复到静息水平，细胞的兴奋性也恢复正常。

（三）期前收缩和代偿间歇

正常情况下，窦房结发出的每一次兴奋传导到心房肌和心室肌的时间都是在它们前一次兴奋的不应期结束之后，因此整个心能够按窦房结的节律而收缩、舒张。如果在心室肌的有效不应期之后，心肌受到一次人为的刺激或窦房结以外的病理性异常刺激，则可发生一次提前出现的动作电位，称为**期前兴奋**（premature excitation），期前兴奋引起的心肌收缩，称**期前收缩**（premature systole）。期前兴奋也有自己的有效不应期。当紧接在期前兴奋之后的一次窦房结兴奋传至心室肌时，往往落在期前兴奋的有效不应期内，因此不能引起心室肌兴奋，导致一次兴奋和收缩的脱落，要等到再次窦房结兴奋传来时才能发生兴奋和收缩。故在一次期前收缩之后，常常伴有一段较长的心室舒张期，称为**代偿间歇**（compensatory pause）（图 4-7）。

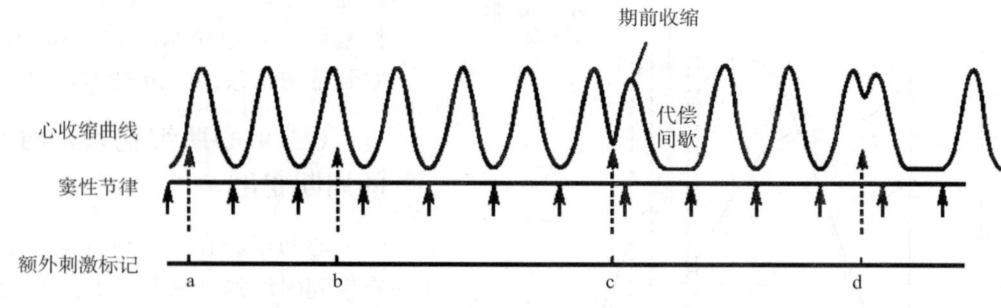

图 4-7 期前收缩和代偿间歇

额外刺激 a、b 落在有效不应期内，不引起反应；额外刺激 c、d 落在相对不应期内，引起期前收缩和代偿间歇

三、传 导 性

所有心肌细胞都具有传导性，即心肌细胞能够把来自窦房结的兴奋不间断地传导下去，直至使整个心兴奋。动作电位沿细胞膜传导的速度可作为衡量传导性的指标。

心肌细胞之间虽然通过闰盘在结构上相互隔开，但闰盘上的缝隙连接使动作电位很容易从一个心肌细胞传导到另一个心肌细胞，因此心肌也称为功能合胞体。左、右心房和左、右心室各自形成一个功能合胞体。这样，在心肌细胞膜任何部位发生的兴奋都将以局部电流的方式迅速扩布到整个细胞及相邻的细胞，以致整个心房肌或整个心室肌能够同步兴奋和收缩。

（一）心内兴奋传导的途径和特点

1. 兴奋在心内传导的途径 心的兴奋传导途径如下：

窦房结→心房肌→左右心房
↘
优势传导通路→房室交界→房室束及左右束支→浦肯野纤维网→心室肌→左右心室

2. 兴奋在心内兴奋传导的特点 由于各种心肌细胞的传导性能并不相同，兴奋在心各部位的传导速度也不相等。在心房，一般心房肌传导速度较慢，约为0.4m/s，而“优势传导通路”的传导速度较快，为1.0～1.2m/s，窦房结的兴奋可沿此通路较快地传到房室交界区。在心室，心室肌的传导速度约为1m/s，而浦肯野纤维的传导速度最快，约4m/s，且浦肯野纤维呈网状分布于心室壁，使由房室交界传入心室的兴奋能迅速传向左、右心室。心室传导迅速的这一特点保证了心室肌能作同步收缩，使收缩力量增强，有利于心室射血。房室交界区的兴奋传导速度最慢，尤其是结区的传导速度仅为0.02m/s，因此兴奋通过房室交界时，占时约0.1s，房室交界内兴奋传导缓慢的这一特点称为**房－室延搁**（atrioventricular delay）。房－室延搁的生理意义在于心室收缩始终发生于心房收缩结束之后，避免心房、心室同时收缩，有利于心室的进一步充盈，也有利于心室射血。

（二）决定和影响心肌传导性的因素

兴奋在心肌的传导是通过局部电流实现的，局部电流越大，形成越快，对邻近未兴奋部位的刺激作用也越大、越快，从而兴奋传导越快。凡影响局部电流大小和形成的因素均影响心肌传导性。

心肌细胞的直径与细胞内电阻呈反比，细胞直径越大，细胞内电阻越小，产生的局部电流越大，兴奋传导速度越快。浦肯野纤维的直径最大（可达70μm），兴奋传导速度最快；房室交界的细胞直径小（3～4μm），兴奋传导速度最慢。通常心肌细胞的直径不会发生明显变化，因此心肌细胞电生理特性是影响传导性的重要因素。

1. 动作电位0期去极化的速度和幅度 0期去极化速度和幅度越大，形成的局部电流也越快越大，对邻近膜的刺激作用越大，达到阈电位的速度越快，使传导速度加快。反之，动作电位0期去极化的速度和幅度越小，则兴奋传导减慢。所以，快反应动作电位比慢反应动作电位的传导速度快。

2. 静息电位（或最大复极电位）水平 Na^+通道的效率是电压依从性的，取决于受刺激前的静息电位值。正常静息电位时，Na^+通道处于备用状态，在此基础上触发0期去极化时，Na^+通道不但开放速度快，而且开放数量也多，动作电位0期去极化的速度快，幅度也高；若静息电位值减小，则产生升支缓慢、幅度低的动作电位（图4-8）。若静息电位值进一步减小到膜内为−55～−60 mV时，去极化速度几乎为0，即Na^+通道已失活而不能开放。如果膜电位大于正常静息电位水平，最大去极化速度并不明显增加，可能是Na^+通道开放已达极限。

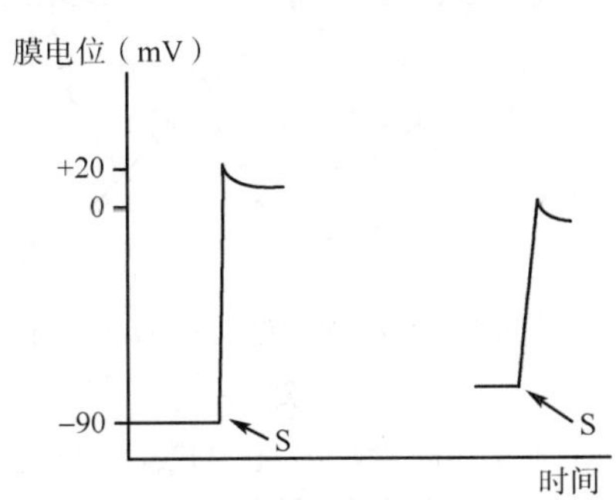

图4-8 静息电位对动作电位升支速度和幅度的影响

3. 邻近未兴奋部位膜的兴奋性 兴奋在心肌细胞上的传导

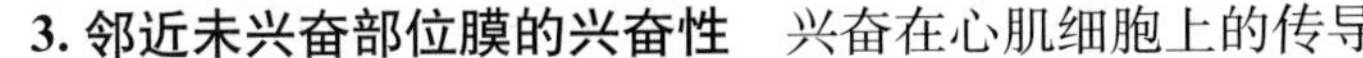

是细胞膜依次兴奋的过程，因此邻近未兴奋部位膜的兴奋性改变，必然会影响兴奋的传导。若邻近未兴奋部位的静息电位与阈电位的差距加大，膜去极化达到阈电位水平所需的时间延长，传导速度减慢。如兴奋部位传来的局部电流落在未兴奋膜的有效不应期内，便不能产生兴奋，导致传导阻滞；若落在相对不应期或超常期内，则引起 0 期去极化的速度和幅度减小，传导速度减慢。

四、收 缩 性

心肌细胞的收缩原理和骨骼肌一样，首先是细胞膜产生动作电位，然后通过兴奋－收缩耦联，引起肌丝滑行，从而使整个肌细胞收缩。心肌细胞的收缩有其自身的特点。

（一）同步收缩

心房和心室内特殊传导组织的传导速度快，兴奋几乎能够同时到达所有的心房肌或心室肌，引起同步收缩。同步收缩力量大，有利于心射血。

（二）不发生强直收缩

心肌细胞兴奋时有效不应期特别长，相当于从收缩期持续到舒张早期。在此时期内，任何刺激都不能使心肌再发生兴奋而收缩。因此，心肌不会像骨骼肌那样发生多个收缩过程的融合，产生强直收缩，而始终保持收缩与舒张交替的节律性活动，从而保证心射血和充盈的正常进行。

（三）对细胞外 Ca^{2+} 的依赖性

Ca^{2+} 是兴奋－收缩耦联的媒介，但心肌细胞的肌质网不发达，Ca^{2+} 存量少。因此，心肌兴奋－收缩耦联所需的 Ca^{2+} 除从肌质网释放外，还需由细胞外液的 Ca^{2+} 通过肌膜和横管膜内流。在一定范围内，细胞外液的 Ca^{2+} 浓度升高，兴奋时内流的 Ca^{2+} 增多，心肌收缩力增强；反之，细胞外液 Ca^{2+} 浓度降低，则收缩力减弱。因此，心肌细胞的收缩对细胞外液 Ca^{2+} 浓度有明显的依赖性。

第三节 心的泵血功能

心的主要功能是泵血，通过心房和心室协调有序的收缩和舒张，完成心室的充盈和射血，推动血液在心血管系统内沿着单一方向循环流动，心泵是人体血液循环动力的来源。心泵的功能指标有频率（心率）、排出量（心输出量）、压力（房内压、室内压）、容量（心房和心室容积）和功率（心功）等。

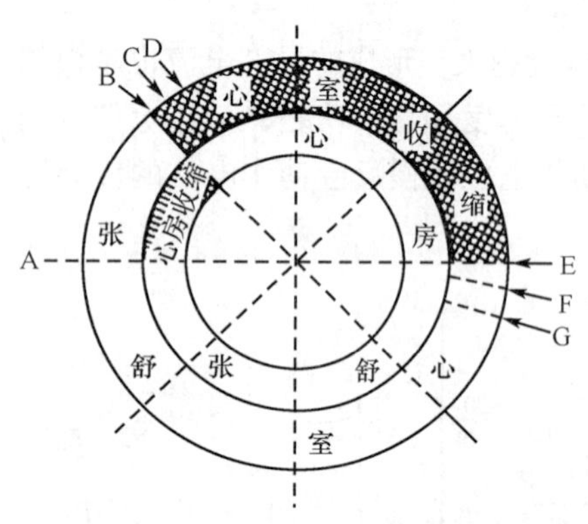

图 4-9 心动周期中房室活动顺序与时间的关系示意图

A：心房开始收缩；B：心房开始舒张，心室开始收缩；C：房室瓣关闭；D：动脉瓣打开；E：心室开始舒张；F：动脉瓣关闭；G：房室瓣打开

一、心动周期和心率

心每收缩和舒张一次构成的机械活动周期，称为**心动周期**（cardiac cycle）。每一个心动周期包括**收缩期**（systole）和**舒张期**（diastole）。若以心率为 75 次 / 分计算，则一个心动周期历时 0.8s，其中心房收缩期 0.1s，心房舒张期 0.7s，心室收缩期 0.3s，心室舒张期 0.5s （图 4-9）。在一个心动

周期中，约有一半的时间心房和心室共同处于舒张状态，称为全心舒张期。通常所说的收缩期和舒张期是指心室的收缩期和舒张期。

正常成年人安静状态下，**心率**（heart rate，HR）为 60 ～ 100 次 / 分。正常人的心率随年龄、生理状态和体质不同而有较大变动范围。新生儿心率较快，可达 130 次 / 分以上，此后随年龄增长逐渐减慢；同一个人，在安静或睡眠时心率减慢，运动或情绪激动时心率加快。

二、心的泵血过程与泵血功能的评价

心泵血功能的完成，主要取决于两个因素：①心室和心房依次节律性收缩和舒张，造成心房 - 心室 - 动脉之间的压力梯度，形成推动血液流动的动力；②房室瓣和动脉瓣规律性的开放与关闭控制着血流的方向，导致心室顺序发生充盈和射血。心泵血功能主要依靠心室完成，包括两个方面：心室收缩完成射血过程，心室舒张完成充盈过程。左右心室是同步收缩与舒张，故其泵血过程基本同步进行。下面以左心室舒缩活动为例来说明心泵血过程（图 4-10）。

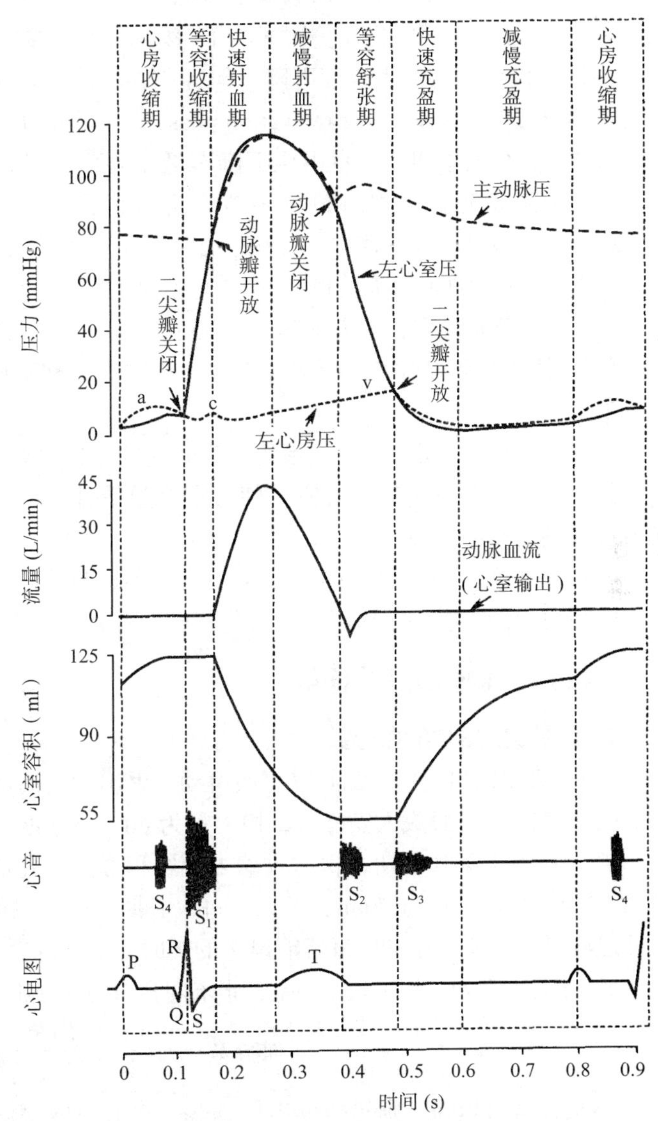

图 4-10　心动周期各时相中左心压力、容积和瓣膜等变化示意图

P、Q、R、S、T：表示心电图基本波形；a、c、v：心动周期中三个向上的心房波；S_1、S_2、S_3、S_4：表示第一、二、三、四心音

（一）心室的射血与充盈过程

1. 心室收缩期（ventricular systole）分为等容收缩期、快速射血期和减慢射血期。

（1）等容收缩期：心室开始收缩，室内压立即上升，迅速超过房内压，使房室瓣关闭。而动脉瓣仍处于关闭状态，心室成为一个封闭的腔。心室肌继续强烈收缩而心室容积并不改变，因此室内压急剧升高。从房室瓣关闭至主动脉瓣被打开的这段时间称为**等容收缩期**（isovolumic contraction phase），历时 0.05s。本期的特点是室内压大幅度升高，并且升高速率很快。

（2）快速射血期：等容收缩期末，室内压升高超过主动脉压时，动脉瓣被打开，进入射血期。射血期的最初 1/3 左右时间内由于心室肌强烈收缩，室内压持续升高并达峰值，大量血液快速由心室射入主动脉（占总射血量的 80% 左右），心室容积明显缩小，这段时期称**快速射血期**（rapid ejection phase），占时 0.10s。

（3）减慢射血期：由于大量血液被射入主动脉，主动脉压增高，射血阻力逐渐增加。与此同时，由于心室内血液减少及心室肌收缩强度减弱，射血速度逐渐减慢，这段时期称为**减慢射血期**（reduced ejection phase），占时0.15s。在快速射血的中期或稍后，乃至整个减慢射血期，室内压实际已稍低于主动脉压，但由于血液受到心室肌收缩的挤压作用而具有较大的动能，依其惯性作用可以继续进入主动脉。一直到本期末，心室容积降低到射血期的最小程度。

2. 心室舒张期（ventricular diastole） 分为等容舒张期、快速充盈期、减慢充盈期和心房收缩期。

（1）等容舒张期：心室肌开始舒张后，室内压急剧下降。主动脉内血液向心室方向逆流，推动主动脉瓣关闭。这时室内压仍明显高于房内压，房室瓣仍关闭，心室又成为封闭的腔。心室肌舒张，使室内压以极快的速度大幅度下降，但容积并不改变。从动脉瓣关闭到房室瓣开启的这段时间，称为**等容舒张期**（isovolumic relaxation phase），历时约0.06s。

（2）快速充盈期：当室内压下降至低于心房压时，积聚在心房内的血液迅速冲开房室瓣进入心室，使心室充盈。房室瓣开启初期，房－室压力梯度较大，而且伴随室内压下降的抽吸作用，大量血液从静脉经心房快速进入心室，心室容积迅速增加，称**快速充盈期**（rapid filling phase），历时0.11 s左右，此期心室充盈血液为总充盈量的2/3。

（3）减慢充盈期：随着血液充盈心室，心室和心房及大静脉之间的压力梯度减小，血液以较慢的速度继续流入心室，心室容积进一步增大，称**减慢充盈期**（reduced filling phase），约占时0.22s。

（4）心房收缩期：心室舒张的最后时期约0.1s，心房开始收缩，使心房内压升高，心房内血液被挤入仍处于舒张状态的心室，使心室充盈量进一步增加。**心房收缩期**（atrial systole）对心室充盈仅起辅助作用。

右心泵血活动的过程与左心基本相同，但肺动脉压仅为主动脉压的1/6，故右心室开始射血时面临的阻力较低，右心室内压力的变化幅度比左心室小得多。

（二）心泵血功能的评价

1. 每搏输出量与射血分数

（1）每搏输出量：一侧心室每次搏动所射出的血液量，称为**每搏输出量**，简称**搏出量**（stroke volume，SV）。健康成人安静时，搏出量为60～80ml。

搏出量等于舒张末期容积与收缩末期容积之差，左心室舒张末期容积约125ml，收缩末期容积约55ml，即搏出量为70ml。可见，每次心搏，心室只射出心室腔内的部分血液。因此，要客观地评定心泵血功能，在考虑每搏输出量的同时，必须综合考虑心舒末期容积。

（2）射血分数：搏出量占心室舒张末期容积的百分比，称为**射血分数**（ejection fraction，EF）。

$$\text{射血分数} = \frac{\text{搏出量}}{\text{心室舒张末期容积}} \times 100\%$$

心肌收缩力越强，则每搏输出量越多，在心室内存留的血量将越少，射血分数也越大。人体安静时，射血分数为55%～65%。在心正常工作时，心舒末期容积增加，每搏输出量也相应增加，射血分数基本不变。但在某些心脏疾病心功能减退时，心室腔异常扩大，使心室舒张末期容积增大，尽管搏出量与正常人相比变化不大，但已不能与增大了的心室舒张末期容积相适应，射血分数明显降低。因此，射血分数能更准确地反映心泵血功能，对早期发现心功能异常有重要意义。

2. 每分输出量与心指数

（1）每分输出量：一侧心室每分钟射出的血液总量，称为**每分输出量**（minute volume），即通常说的**心输出量**（cardiac output，CO），是评定心泵血功能的基本指标。心输出量等于搏出量与心率的乘积。健康成年男性在静息状态下，心率平均为 75 次 / 分，每搏输出量为 60 ～ 80ml，则心输出量为 4.5 ～ 6.0L/min。心输出量与机体的新陈代谢水平相适应，可因性别、年龄及不同生理状态而异。例如，女性比同体重男性的心输出量约低 10%，青年人心输出量高于老年人，体位变换可使心输出量增减 10% ～ 20%，其他生理因素如运动、情绪激动、妊娠等心输出量均增加。由于体循环与肺循环相互串联，左、右两心室的心输出量基本相等。

（2）心指数：人体静息时的心输出量与体表面积成正比，以单位体表面积（m^2）计算的心输出量，称为**心指数**（cardiac index，CI）。安静和空腹情况下的心指数，称为**静息心指数**。中等身材的成年人体表面积为 1.6 ～ 1.7m^2，安静和空腹情况下心输出量为 4.5 ～ 6.0L/min，故静息心指数为 3.0 ～ 3.5L/（min · m^2）。

心指数是分析比较不同个体心功能时常用的评定指标，随不同生理条件而不同。由于女性基础代谢率低，同龄女性的心指数比男性低 7% ～ 10%。10 岁左右时，静息心指数最大，可达 4.0L/（min · m^2）以上，以后随年龄增加而下降，到 80 岁时，接近于 2.0 L/（min · m^2）。肌肉运动时，心指数随运动强度的增加而增高。

3. 心做功量 血液在心血管内流动过程中消耗的能量由心做功提供，即心做功释放的能量转化为压强能和血流的动能，血液才能循环流动。

（1）**每搏功**（stroke work，SW）：是指心每收缩一次所做的功，简称搏功。搏功主要用于维持在一定的压强下（射血期心室内压的净增值）射出一定的血液量（每搏输出量）。此外，还有少量用于增加血液流动的动能，但所占比例很小，故可忽略不计。

射血期心室内压的净增值 = 射血期左室压 – 舒张末期左室压

为简化测算，常以平均动脉压代替射血期左室压，用平均心房压代替舒张末期左室压，得出公式：

搏功（J）= 搏出量（L）× 血液比重 ×（平均动脉压 – 平均心房压）

如左心室搏出量为 0.07L，平均动脉压为 94mmHg，左心房平均压为 6mmHg，血液比重为 1.055，则每搏功约为 0.868J。

（2）**每分功**（minute work，MW）：是指心室每分钟所做的功，等于每搏功乘以心率。若心率为 75 次 / 分，每搏功约为 0.868J，则每分功约为 65.1J/min。

正常情况下，左、右心室的每搏输出量相等，但肺动脉平均压仅为主动脉平均压的 1/6，故左心室做功量为右心室的 6 倍。

三、影响心输出量的因素

心输出量为搏出量和心率二者的乘积，故凡能影响搏出量和心率的因素均可影响心输出量。

（一）搏出量

搏出量的大小取决于心肌收缩的力量和速度（动力）与阻碍心肌缩短的力量（阻力）之间的对比。心肌收缩的力量决定于前负荷的大小和心肌收缩能力的高低；而阻碍心肌缩短的力量主要取决于后负荷的大小。

1. 前负荷－初长度对搏出量的影响 前负荷和初长度是调节搏出量的重要因素。**心室舒张末期压力**（ventricular end-diastolic pressure，VEDP）和**心室舒张末期容积**（ventricular end-diastolic volume，VEDV）分别反映心肌的前负荷与初长度，二者均与静脉回心血量有关。

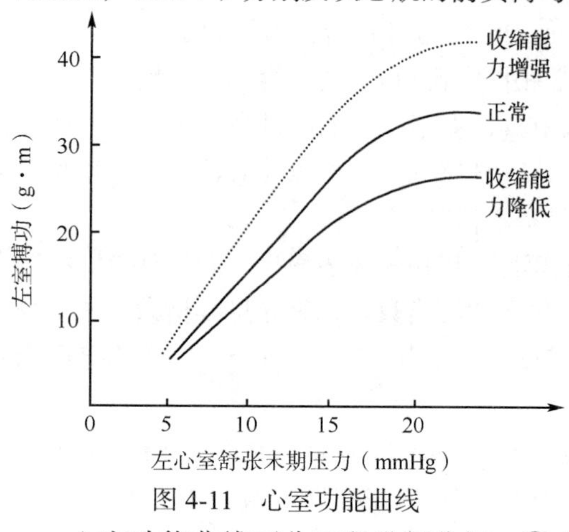

图 4-11 心室功能曲线

心“弗兰克－斯塔林（Frank Starling）”定律揭示了心自动调节搏出量与静脉回心血量的规律。静脉回心血量增多，心在舒张期充盈血量相应增多，使心肌前负荷和初长度增加，心肌收缩力增强，搏出量增多。这种通过心肌细胞初长度的改变，从而引起心肌收缩强度和搏出量改变的调节方式，称为**异长自身调节**（heterometric autoregulation）。

异长自身调节可通过心室功能曲线的测定得到进一步说明。**心室功能曲线**（ventricular function curve，VFC）反映了充盈压（如左心室舒张末期压 LVEDP）和搏出量（或搏功）的关系（图 4-11）。

心室功能曲线可分三段进行分析：①功能曲线的升支段（LVEDP 为 5 ～ 15mmHg）。正常情况下，心室是在曲线升支初段工作 （LVEDP 为 5 ～ 6mmHg），搏功随初长度的增加而增加。此时与前负荷最适水平（LVEDP 在 12 ～ 15mmHg 是人体心室最适前负荷）相距尚远，这表明心室具有较大程度的前负荷－初长度储备。② LVEDP 在 15 ～ 20mmHg 内，曲线逐渐平坦，说明前负荷在此上限范围内时，对搏功的影响变化不大。③随后的曲线仍然平坦，或略有下倾，并不出现明显的降支。说明正常心室的舒张末期压即使超过 20mmHg，搏功仍保持不变或仅略有下降。

2. 后负荷对搏出量的影响 心室射血过程中，大动脉血压起着后负荷的作用。因此，动脉血压的变化将影响心室肌的收缩过程，从而影响搏出量。当动脉压升高即后负荷增加时，心室射血的阻力增加，使心室等容收缩期延长，射血期缩短，与此同时心室肌缩短的速度和幅度降低，射血速度减慢，搏出量减少，使心室内剩余血量增加。若静脉回心血量不变，则心舒末期充盈量增加，即心肌初长度增加，使心肌收缩力增强，直到足以克服增大的后负荷，搏出量恢复到原有水平。可见，动脉血压在一定范围内升高时，心输出量通过心的自身调节仍能维持正常。但动脉血压持续增高时，心室肌长期加强收缩，心做功量增加，心肌将逐渐发生肥大，心的泵血效率降低，最终导致心功能减退。长期高血压病可导致左心室肥厚、扩张直至左心衰竭。

3. 心肌收缩能力对搏出量的影响 **心肌收缩能力**（myocardial contractility）又称心肌收缩性，是指不依赖前、后负荷而能改变其收缩功能（包括收缩的强度和速度）的内在特性。这种调节方式与心肌初长度的改变无关，通过心肌收缩能力改变来调节搏出量的方式，称为**等长调节**（homeometric regulation）。

心肌收缩能力受神经、体液及药物等多种因素的影响，心肌兴奋－收缩耦联的各个环节都能影响其收缩能力，其中活化的横桥数目和肌球蛋白的 ATP 酶活性是调控心肌收缩能力的主要因素。心交感神经兴奋或血中儿茶酚胺浓度增加时，可提高兴奋后胞浆 Ca^{2+} 浓度，增强肌钙蛋白对 Ca^{2+} 亲和力，增加活化横桥的数量，使心肌收缩能力增强，从而加强心肌收缩力量，使搏出量增加；而低氧、酸中毒等情况，可使心肌收缩能力降低，搏出量减少。

（二）心率

当心率在 40 ～ 180 次 / 分范围内时，如搏出量不变，则心输出量随心率加快（减慢）而增多

（减少）；而心率过快（超过 180 次 / 分）时，心动周期缩短，心室舒张不全，充盈不足，使搏出量减少，心输出量减少；心率过慢（低于 40 次 / 分）时，虽舒张期延长，但心室充盈已接近于极限，再增加心室舒张时间也不能相应提高充盈量和搏出量，心输出量亦减少。可见，心率适宜时，心输出量可随心率增减而相应改变，以适应机体的需要。

四、心泵功能的储备

心泵功能的储备又称**心力储备**（cardiac reserve），是指心输出量能随机体代谢需要而增加的能力。健康成年人安静时心输出量约为 5L/min，而高强度的体力劳动或剧烈的运动时，心输出量可达 25 ～ 30L/min，为安静状态的 5 ～ 6 倍，说明健康人有相当大的心力储备。

心泵血功能的储备能力取决于心率和搏出量的储备。心率的最大变化可从 75 次 / 分增加到 180 次 / 分左右，为静息时心率的 2 倍多，称为心率储备。搏出量储备可分为收缩期储备和舒张期储备。静息情况下左心室收缩末期容积约为 55ml，心室作最大量射血后，心室内收缩末期容积（即余血量）不足 20ml。因此，充分动用收缩期储备可使搏出量增加 35 ～ 40ml；而静息情况下舒张末期容积约 125ml，由于心室最大充盈只能达到 140ml 左右，即**舒张期储备**只有 15ml 左右。一般情况下，动用心率储备是提高心输出量的主要途径，而搏出量储备又以动用收缩期储备为主，舒张期储备的意义相对次要。心力储备也是反映心泵功能的一个重要指标，心功能不全患者心力储备明显降低。坚持体育锻炼可促使心肌收缩能力增强，在收缩期搏出量储备增加的同时，心率储备也增加。

第四节　心音与心电图

一、心　　音

心动周期中，由于心肌收缩和舒张、瓣膜启闭、血流冲击心室壁和大动脉壁，以及形成湍流等因素引起的机械振动，通过周围组织传播到胸壁，如将听诊器置于胸壁一定部位，所听到的声音称为**心音**（heart sound）。若用换能器将这些机械振动转换成电信号记录下来即为**心音图**（phonocardiogram，PCG）。正常心在搏动过程中，每个心动周期可产生 4 个心音，即第一、第二、第三和第四心音。通常用听诊的方法只能听到第一和第二心音，在某些青年人和健康儿童可听到第三心音，用心音图可记录到全部 4 个心音（图 4-10）。

1. 第一心音　发生在收缩期之初，标志着心室收缩的开始。其特点是：音调较低，音频为 40 ～ 60Hz，持续时间较长，历时约 0.14s。第一心音形成的原因包括心室肌的收缩、房室瓣突然关闭，以及随后射血入动脉等引起的振动。第一心音听诊的最佳部位在左锁骨中线与第 5 肋间交点内侧 1 ～ 2cm，即心尖搏动处（左房室瓣听诊区）或第 4、5 肋间胸骨左缘（右房室瓣听诊区）（图 4-12）。

2. 第二心音　发生在舒张期之初，标志着舒张期的开始。其特点是：音调较高，频率为 50 ～ 100Hz，持续时间较短，历时约 0.08s。第二心音形成原因是动脉瓣关闭、大动脉中血流减速和室内压迅速下降而引起的振动。第二心音的最佳听诊部位是在第二肋间隙胸骨右缘（主动脉瓣听诊区）和第二肋间隙胸骨左缘（肺动脉瓣听诊区）。

3. 第三心音　发生在快速充盈期末，可能由于心室快速充盈期之末血流速度突然减慢，心室壁和瓣膜发生振动而产生。

4. 第四心音　发生在心房收缩之后和心室收缩之前，故也称心房音。

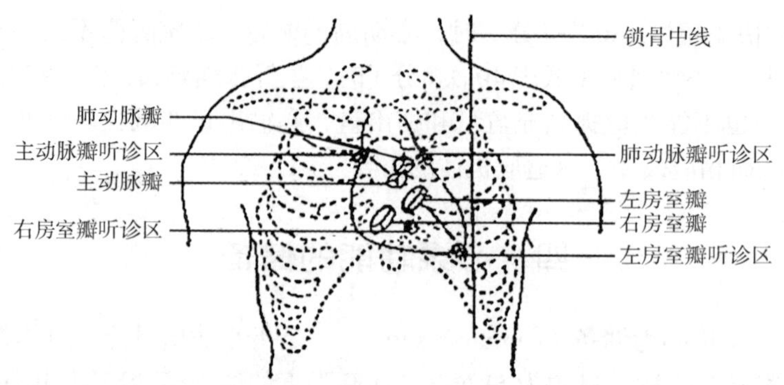

图 4-12　心各瓣膜位置投影及听诊区

二、心　电　图

每个心动周期中，由窦房结发出的一次兴奋，按一定的途径和时程，依次传向心房和心室，引起整个心的兴奋。由于人体是一个**容积导体**（volume conductor），即具有长、宽、厚三维空间的导电体，因此心兴奋产生和传布时所产生的生物电变化，可通过心周围的组织和体液传布到全身，使身体各部位也都发生有规律的电变化。将引导电极安置在人体体表的一定部位记录到的心综合电位变化的波形，称为**心电图**（electrocardiogram，ECG）。心电图只反映心兴奋的产生、传导和恢复过程中的生物电变化，而与心的机械舒缩活动无直接关系。

（一）心电图与心肌细胞生物电变化曲线

心电图曲线与单个心肌细胞生物电变化曲线相比较有明显的区别（图 4-13）：①记录方法不同。单个心肌细胞电变化是采用细胞内记录法，而心电图是采用细胞外记录法。②心肌细胞生物电活动反映的是单个心肌细胞在静息时或兴奋时膜内外电位变化，而心电图反映的是一次心动周期中整个心在兴奋过程中的综合生物电变化，因此，心电图上每一瞬间的电位数值，都是很多心肌细胞电活动的综合效应。

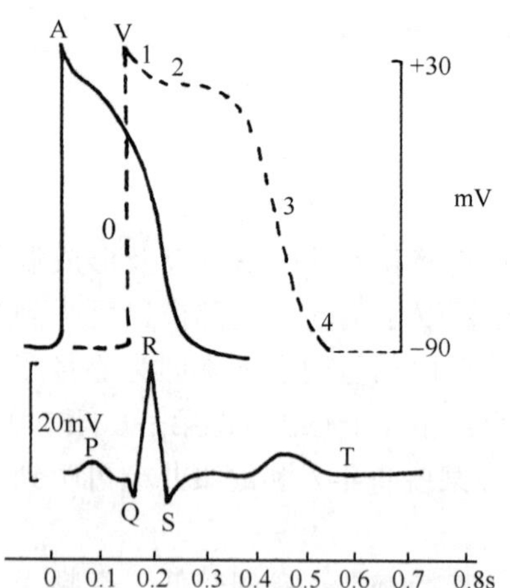

图 4-13　心电图与单个心肌细胞动作电位的比较

A：心房肌细胞动作电位

V：心室肌细胞动作电位

（二）心电图导联方式

体表心电图的电极安置部位和导联方式都有统一的规定。测量电极在体表放置的部位，以及电极与心电图机连接的方式，称为心电图的导联。导联不同，则记录到的心电图波形也有差别。常用体表心电图导联有三种共 12 个导联。

1. 标准导联　共有 3 个标准肢体导联（Ⅰ、Ⅱ、Ⅲ导联），反映心电活动在两个肢体之间的电位差。

2. 加压肢体导联　有 3 个导联（aVR、aVL、aVF），反映心活动在体表某一点的电位变化。

3. 胸导联　因测量电极在胸壁上放置部位不同，共有 6 个导联（V_1 ～ V_6 导联），反映心活动在胸壁某一部位的电位变化。

（三）正常典型心电图的波形及其生理意义

心电图记录纸上有长和宽均为 1mm 的小方格。记录心电图时，首先调节仪器放大倍数，输入 1mV 电压信号时，使描笔纵向移动 10mm，即纵线上每一小格相当于 0.1mV 的电位差。横向小格表示时间，每一小格相当于 0.04s，即走纸速度为 25mm/s。因此，可以测量出心电图各波的电位数值和时间（图 4-14）。

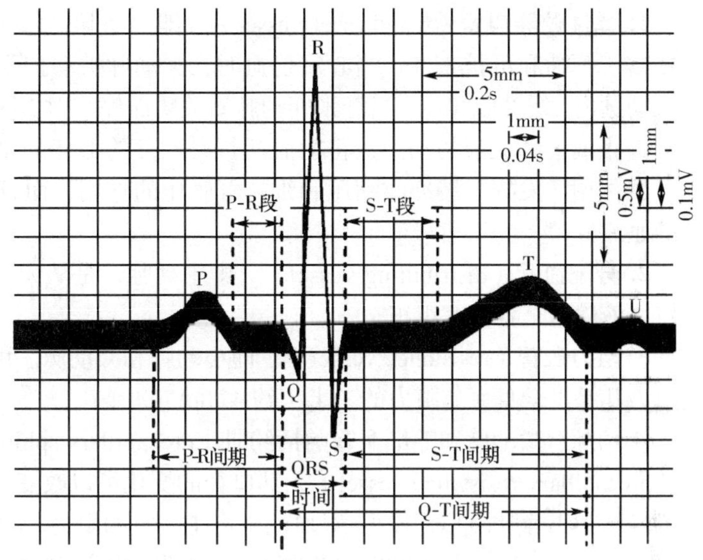

图 4-14　典型心电图的波形模式图

1. P 波　反映左右两心房去极化过程的电位变化。P 波小而圆钝，历时 0.08 ～ 0.11s，波幅不超过 0.25mV。

2. P-R 间期（或 P-Q 间期）　是指从 P 波起点到 QRS 波起点之间的时程，为 0.12 ～ 0.20s。P-R 间期代表从心房开始去极化到心室开始去极化所需要的时间，即兴奋经由心房、房室交界和房室束到达心室，并引起心室开始兴奋所需要的时间，故也称为房室传导时间。房室传导阻滞时，P-R 间期延长。

3. QRS 波群　代表左右两心室去极化过程的电位变化。典型的 QRS 波群包括三个紧密相连的电位波动：第一个向下的波为 Q 波，接着是高而尖峭的向上的 R 波，最后是一个向下的 S 波。但在不同导联中，这三个波不一定都出现，而且各波形状和波幅在不同导联中变化较大。正常 QRS 波群历时 0.06 ～ 0.10s，代表兴奋在心室内传播的过程。

4. S-T 段　从 QRS 波群终点到 T 波起点之间与基线平齐的线段，由于心室各部分心肌细胞均已去极化，心室各部分之间没有电位差，呈水平线。ST 段的异常压低或抬高常表示心肌缺血。

5. T 波　反映左右心室复极化过程中的电位变化，T 波方向与 QRS 波群主波方向相同。波幅一般为 0.1 ～ 0.8mV，在 R 波较高的导联中 T 波波幅不应低于同导联 R 波波幅的 1/10。T 波历时 0.05 ～ 0.25s。

6. Q-T 间期　是指从 QRS 波群的起点到 T 波终点的时间，代表两心室去极化和复极化全过程所需的时间。Q-T 间期的长短与心率有依从性关系，心率越快，Q-T 间期越短。

7. U 波　是 T 波后 0.02 ～ 0.04s 出现的一个低而宽的波，U 波方向一般与 T 波方向一致。U 波的生理意义目前尚不十分清楚，在临床心电图中，U 波的改变对于低血钾、心肌缺血的诊断有一定的意义。

第五节　血管生理

血管系统由动脉、毛细血管和静脉组成，与心共同构成一个密闭的循环管道，其内充满血液。血管系统起着运送血液，分配血量和物质交换的作用。

一、各类血管的结构和功能特点

不论体循环或肺循环，由心室射出的血液都要经由大动脉→中动脉→小动脉→微动脉→毛细血管→微静脉→静脉→腔静脉，再回到心房。血管按功能分为以下 5 类：

1. 弹性贮器血管（windkessel vessel） 即大动脉，包括主动脉和肺动脉主干及其最大分支。管壁富于弹性和可扩张性。当心室射血时，大动脉被动扩张，将射出的一部分血液暂存于被扩张的大动脉内，缓冲收缩压。当舒张期动脉瓣关闭而停止射血时，大动脉内压力降低，管壁弹性回缩，形成舒张期推动血液的动力，将射血期暂时贮存的那部分血液继续推向外周。大动脉的这种“弹性贮器作用”发挥了缓冲收缩压和维持舒张压的作用，而且使心间断性射血转化为血管内连续流动的血流。

2. 分配血管（distributing vessel） 即中动脉，是从大动脉至小动脉之间的动脉管道，其功能是将血液输送至各器官组织。

3. 阻力血管（resistance vessel） 即小动脉和微动脉。由于小动脉和微动脉口径小，形成的血流阻力几乎占全身血流阻力的一半（约 47%）。

小动脉、微动脉和**毛细血管前括约肌**（precapillary sphincter）等血管又称为**毛细血管前阻力血管**（precapillary resistance vessel），其口径的变化可以改变血流的阻力和所在器官组织的血流量；而微静脉和小静脉因其管径小，对血流也产生一定的阻力，又称为**毛细血管后阻力血管**(postcapillary resistance vessel)，其舒缩可影响毛细血管前阻力和毛细血管后阻力的比值，从而改变毛细血管压力，以及体液在血管内和组织间隙内的分配情况。

4. 交换血管（exchange vessel） 即真毛细血管。由于其管壁只有一层内皮细胞，外覆一薄层基膜，故通透性好，而且数量多，与组织细胞的接触面积大，有利于物质交换。

5. 容量血管（capacitance vessel） 即自微静脉至大静脉的整个静脉系统。与相应的动脉相比，其可扩张性大，容量大。循环系统血量有 60% ～ 70% 容纳于静脉系统中。其管壁有一定量的平滑肌，平滑肌的舒缩活动可改变其口径而使静脉容量发生明显变化，故静脉起着贮血库的作用。

二、血管系统中的血流动力学

血流动力学（hemodynamics）是研究血液在血管内流动的力学规律及其原理的科学，其基本内容是研究流量、阻力与压力及其相互关系。

法国生理学家**泊肃叶**（M.Poiseuille）于 1842 年创立了**泊肃叶定律**（Poiseuille's law）：$Q=(P_1-P_2)\pi r^4/8\eta L$，明确了血液流动时血流量和血压、血黏度、血管口径，以及血管长度之间的关系，即血流量（Q）与该段管道两端的压力差（P_1-P_2）和血管半径的 4 次方（r^4）成正比，与血黏度（η）和血管长度（L）成反比，泊肃叶定律是血流动力学研究的主要理论基础。

（一）血流量

1. 血流量（blood flow） 指单位时间内流过血管某一截面的血量，也称**容积速度**（volume velocity）。血流量（Q）的大小与该段血管两端的压力差（ΔP）成正比，与血流阻力（R）成反比，即：$Q=\Delta P/R$。

在体循环中，Q 相当于心输出量，R 相当于总外周阻力，ΔP 相当于主动脉压和右心房压之差，但由于右心房压接近于零，故 ΔP 接近于平均主动脉压（P_A）。因此，三者的关系应为 $Q=P_A/R$，即心输出量与平均主动脉压成正比，而与总外周阻力成反比。

对于某一器官来说，上述公式中的 Q 即为器官血流量，ΔP 为灌注该器官的平均动脉压和静脉压之差，R 为该器官的血流阻力。在整体内，供应不同器官血液的动脉血压基本相同，供应该器官血流量的多少则主要取决于该器官对血流的阻力。因此，器官血流阻力的变化成为调节器官血流量的重要因素。

2. 血流速度（blood velocity） 指血液的一个质点在血流中的前进速度，即线速度。血流速度与血流量成正比，而与同类血管的总横截面积成反比（图 4-15）。因此，主动脉血流速度最快（约 20cm/s），毛细血管血流速度最慢（约 0.03cm/s）。

3. 层流和湍流 血液在血管内流动的方式分为**层流**（laminar flow）和**湍流**（turbulent flow）两类。层流是指血液每个质点的流动方向都是一致的。在血液同一层面各质点的流速相同，但在不同层面各质点的流速是不同的，故其流速呈抛物线分布（图 4-16）。在血管轴心处流速最快，越靠近管壁，流速越慢，最靠外一层与管壁直接接触，流速为零。泊肃叶定律适用于层流的情况。

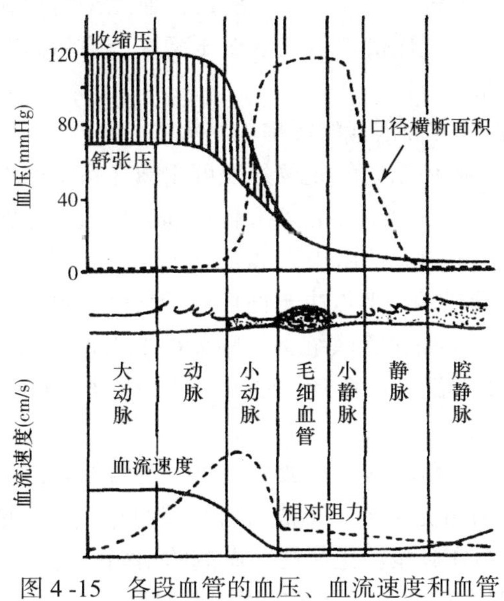

图 4-15 各段血管的血压、血流速度和血管横截面积关系示意图

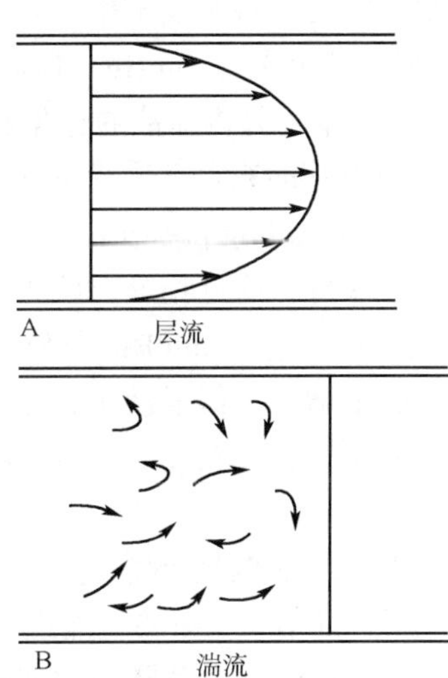

图 4-16 层流与湍流示意图

当血液的流速加快到一定程度后，此时血液中各个质点的流动方向不再一致，出现旋涡，发生湍流。在湍流情况下，泊肃叶定律不再适用。此时，血流量不是与血管两端的压力差成正比，而是与血管两端压力差的平方根成正比。

（二）血流阻力

血流阻力（resistance of blood flow）指血液在血管内流动时遇到的阻力，主要来源是血液黏滞性引起的血液各流层之间的摩擦，消耗的能量一般表现为热能散失，并不能再转化为动能和势能，故血液在血管内流动时血压逐渐降低。

血流阻力可以通过计算得出。将泊肃叶方程式和 $Q = \Delta P/R$ 公式合并，得出计算血流阻力（R）的方程式：

$$R = \Delta P/Q = 8\eta L/\pi r^4$$

公式表明血流阻力与血黏度和血管长度成正比，与血管半径的 4 次方（r^4）成反比。通常，血管长度（L）不会有显著变化，因此，影响血流阻力的主要因素是血管半径（r）和血黏度（η）。

1. 血管口径 是影响血流阻力的最主要因素。机体主要通过神经和体液调节，控制血管口径进而改变外周阻力，从而有效地调节各器官的血流量。

2. 血液黏度 血细胞比容是决定血黏度最重要的因素。生理条件下，血黏度基本维持稳定状态。

病理条件下，血黏度可因多种因素而改变，如红细胞数量增加、红细胞的变形性减退、血浆蛋白和血脂水平升高，血流速度减慢等情况下，使血黏度升高，血流阻力增大。

在整个体循环总外周阻力中，大、中动脉阻力约占 19%，小动脉及微动脉约占 47%，毛细血管约占 27%，静脉约占 7%。因此小动脉及微动脉是产生血流阻力的主要部位，通常所说的外周阻力即指小动脉及微动脉的血流阻力。

（三）血压

血压（blood pressure）是指血管内流动的血液对于单位面积血管壁的侧压力。血管系统各部分都具有血压，分别称为动脉血压、毛细血管血压及静脉血压。通常所说的血压是指动脉血压。测定血压时，以血压与大气压相比较，用血压高于大气压的数值表示血压高度，国际标准计量单位为 kPa，但习惯上采用 mmHg（1mmHg=0.133kPa）。

血压的形成受血管内血液的充盈和心收缩射血两方面因素的影响。

1. 血液对血管的充盈 这是形成血压的前提。循环系统的充盈程度可用**循环系统平均充盈压**（mean circulatory filling pressure，MCFP）来表示。实验条件下使心暂停射血，血流也暂停，循环系统各部压力取得平衡且相等，该压力代表循环系统内单纯由于血液充盈所产生的压力，即循环系统平均充盈压，约为 7mmHg。循环系统平均充盈压的高低取决于循环血量与血管容积是否相适应。若循环血量增加（如输液），或血管容积减小（如血管收缩），则 MCFP 升高；反之，若循环血量减少（如大量失血），或血管容积增加（如广泛微小血管扩张），则 MCFP 下降，严重者血管将会塌陷。

2. 心射血 心射血是产生血压的基本因素。心室肌收缩时释放的能量分为两部分，一部分表现为动能，用于推动一定量的血液进入动脉；另一部分是势能，形成对血管壁的侧压力，并使血管壁扩张。心室舒张时，大动脉弹性回缩，又将一部分势能转化为推动血流的动能，使血液在血管中持续流动。由于心射血是间断的，故在心动周期中动脉血压会发生周期性波动。

由于血液从大动脉经体循环流向右心房的过程中，不断消耗能量，故血压逐渐降低。由于血液在各段血管中遇到的阻力不同，因此各段血管血压的降落不均匀。人体的体循环各段血管中的平均血压，主动脉首端约为 100mmHg，最小的小动脉首端约为 85mmHg，毛细血管首端约为 30mmHg，静脉首端约为 10mmHg，血液最后由大静脉回到右心房时，压力已近于零。

三、动 脉 血 压

（一）动脉血压的概念

动脉血压（arterial pressure）是指流动的血液对动脉血管壁的侧压力。在一个心动周期中，动脉血压随着心室的收缩和舒张而发生规律性波动（图 4-17）。心室收缩时，主动脉压急剧升高，在快速射血期动脉血压达到最高值，称为**收缩压**（systolic pressure）；心室舒张时，主动脉压下降，在心舒末期动脉血压降至最低值，称为**舒张压**（diastolic pressure）。收缩压和舒张压的差值称为**脉搏压**，简称**脉压**（pulse pressure）。在一个

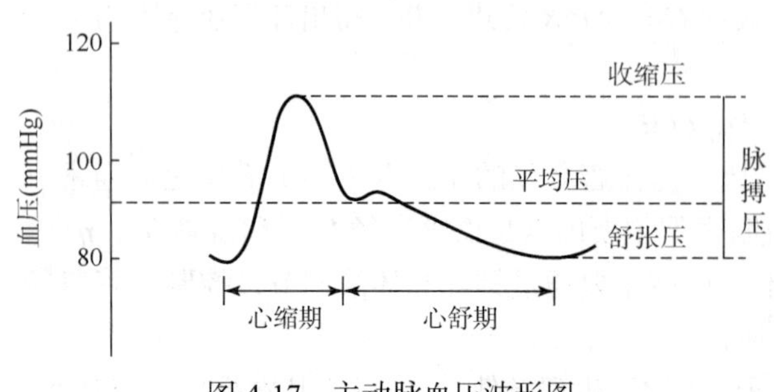

图 4-17 主动脉血压波形图

心动周期中各瞬间动脉血压的平均值，称为**平均动脉压**（mean arterial pressure）。由于舒张期长于收缩期，故平均动脉压接近于舒张压，大约等于舒张压加 1/3 脉压。

通常所说的动脉血压是指主动脉压，以上臂测得的肱动脉压代表主动脉压。我国健康成年人安静状态时的收缩压为 100 ～ 120mmHg；舒张压为 60 ～ 80mmHg；脉压为 30 ～ 40mmHg；平均动脉压在 100mmHg 左右。临床上将成年人收缩压≥ 140mmHg，或舒张压≥ 90mmHg 作为诊断高血压的标准：收缩压＜ 90mmHg，或舒张压＜ 60mmHg 视为低血压。

（二）动脉血压的形成

心血管系统足够的血液充盈和心室收缩射血是形成血压的基本条件。此外，在动脉血压的形成中，外周阻力和大动脉弹性也具有重要作用。由于外周阻力的存在，当心收缩射血时，约有 1/3 的血量流向外周，其余 2/3 暂时贮存在胸腔大动脉中，使动脉血压升高。若仅有心肌收缩做功，而无外周阻力，则心室收缩释放的能量将全部表现为动能，心室每次收缩射入大动脉的血液将全部流至外周，因而不能维持动脉血压。

由于大动脉的弹性贮器作用，使心室收缩时释放的能量中有一部分以势能的形式被贮存在弹性贮器血管壁中。心室舒张时停止射血，贮存在弹性贮器血管壁中的势能转化为动能，继续将血液推向外周，并使主动脉压在舒张期仍能维持在较高的水平（图 4-18）。

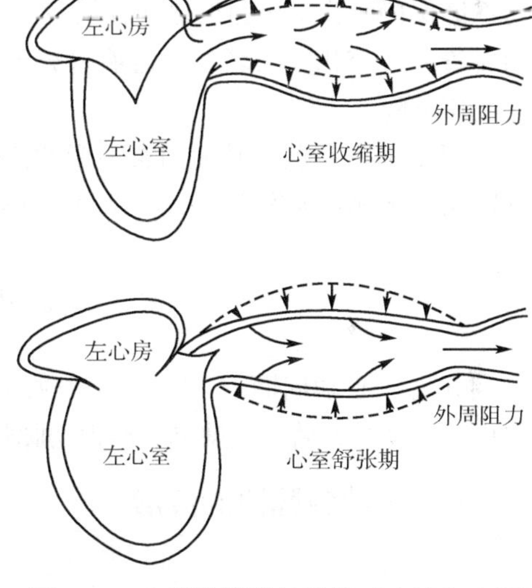

图 4-18 主动脉管壁的弹性对血流和血压的作用

心收缩射血时，大动脉相应发生弹性扩张，可避免收缩压过高；心室舒张时停止射血，大动脉相应发生弹性回缩，可避免舒张压过低，使脉压减小。因此，大动脉的弹性贮器作用可缓冲动脉血压，使每个心动周期中动脉血压的变动幅度不致过大。

（三）影响动脉血压的因素

在生理情况下，心输出量和外周阻力是影响动脉血压的经常性因素；在病理条件下，大动脉弹性和循环系统平均充盈压也将对动脉血压产生一定的影响。

1. 心输出量 心输出量的多少反映心收缩射血的能力。在其他因素不变的条件下，心输出量与动脉血压成正比。

（1）搏出量：对收缩压的影响较舒张压更为显著。当搏出量增多时，收缩期射入主动脉的血量增多，使其管壁所受的压力增大，故收缩压明显升高。动脉血压升高，使血流速度加快，则心舒末期在大动脉内留存的血量增加并不多。因此，舒张压的升高不如收缩压的升高显著，脉压增大；反之，搏出量减少时，则主要使收缩压降低，脉压减小。可见，收缩压的高低主要反映搏出量的多少。

（2）心率：对舒张压的影响较收缩压更为明显。心率加快时，舒张期缩短，在舒张期内流至外周的血液减少，故心舒末期主动脉内留存的血量增多，舒张压升高。由于动脉血压升高可使血流速度加快，因此在收缩期内可有较多的血液流至外周，故收缩压的升高不如舒张压的升高明显，脉压较心率增加前减小；反之，心率减慢时，舒张压降低的幅度比收缩压降低的幅度大，则脉压增大。

2. 外周阻力 对收缩压和舒张压都有影响，但对舒张压影响更为显著。因为舒张期血液流向外周的速度主要决定于外周阻力。当外周阻力增大时，动脉血流向外周的速度减慢，舒张期留在动脉内的血量增多，故舒张压升高；反之，外周阻力减小则舒张压降低。舒张压的高低主要反映外周阻力的大小。

当交感神经兴奋，或血中儿茶酚胺浓度升高时，使小动脉及微动脉收缩，外周阻力增加，使动脉血压升高，舒张压升高更明显。

3. 大动脉管壁的弹性 大动脉管壁的可扩张性和弹性具有缓冲动脉血压变化的作用，防止收缩压过高，维持舒张压在一定水平。老年人由于大动脉硬化，管壁中胶原纤维增生逐渐取代弹性纤维，使血管的可扩张性和弹性减弱，弹性贮器作用减弱，导致收缩压升高，舒张压偏低，脉压增大。

4. 循环血量和血管系统容积的比例 循环血量与血管系统容积相适应，才能使血管有足够的血量充盈，从而产生一定的循环系统平均充盈压，这是形成动脉血压的前提。正常情况下，血管系统的充盈变化不大，循环血量与血管容量相适应。任何原因引起循环血量相对减少或血管系统容积相对增大，都会引起动脉血压下降。大失血时，若失血量超过30%总血量，则体内调控机制已不能保持血管系统的正常充盈状态，故动脉血压会急剧下降，引起休克；反之，若循环血量不变，而血管系统容积大大增加，血液将充盈在扩张的血管中，造成回心血量减少，心输出量减少，动脉血压下降。

以上都是在假设其他因素不变的前提下，讨论某一因素改变对动脉血压的影响。实际上，各种影响因素都可能发生改变。因此，动脉血压的变化往往是多种因素相互作用的综合结果。

四、动脉脉搏

在每一心动周期中，随着心的收缩和舒张，动脉血压发生周期性波动。这种周期性的压力变化可引起动脉血管产生搏动，称为**动脉脉搏**（arterial pulse），一般在身体的浅表动脉均可触摸到。

（一）动脉脉搏的波形

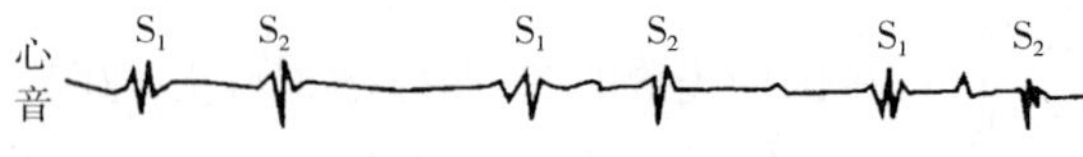

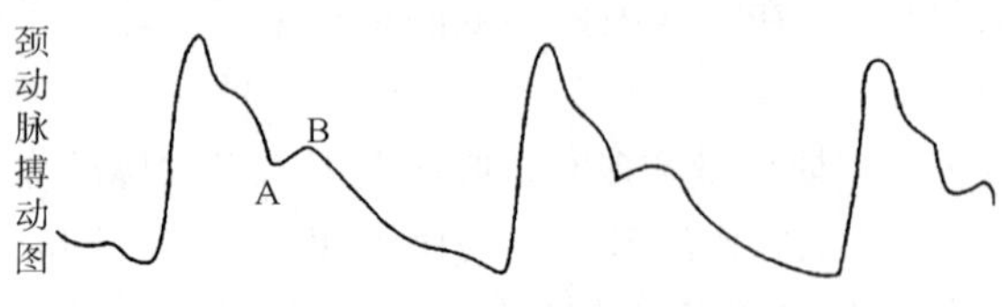

图 4-19 正常人的颈动脉脉搏图

A：降中峡；B：降中波

用脉搏描记仪记录浅表动脉的脉搏波形，称为**脉搏图**（sphygmogram）。动脉脉搏的波形可分为上升支和下降支2个主要组成部分（图 4-19）。

1. 上升支 在心室快速射血期，动脉血压迅速上升，管壁被扩张，形成脉搏波形的上升支。凡是使心输出量增加，射血速度加快，射血阻力减小的因素，均可使上升支上升速度加快，上升支幅度增大；反之，则上升速度减慢，上升支幅度减小。

2. 下降支 心室射血后期，射血速度减慢，进入动脉的血量较流向外周的血量少，动脉血压逐渐下降，形成脉搏波下降支的前段。随着心室舒张，室内压力迅速下降，主动脉内的血液向心室方向逆流，促使主动脉瓣关闭，并使主动脉压急剧下降，在下降支上形成一个切迹，称为**降中峡**（dicrotic notch）。由于倒流的血液撞击在主动脉瓣上而被弹回，使动脉压再次稍有上升，管壁又稍有扩张，因此在降中峡的后面形成一个短暂的向上的小波，称为**降中波**（dicrotic wave）。此后，血液不断流向外周，动脉血压继续下降，形成坡度较平缓的下降支后段。

动脉脉搏波下降支的形状可反映外周阻力的高低。如外周阻力高，血液流向外周速度减慢，则下降支前段下降速度也较慢，降中峡位置较高；反之，外周阻力低时，则下降支的下降速度较快，降中峡的位置较低，降中峡以后的下降支坡度小，较为平坦。

（二）动脉脉搏波的传播

动脉脉搏产生于主动脉根部，并沿着动脉管壁依次向外周传播，传播速度比血流速度快。小动脉和微动脉的血流阻力很大，因而在微动脉以后脉搏搏动大为减弱，到毛细血管时，脉搏已基本消失。动脉管壁的可扩张性也影响脉搏波的传播。主动脉的可扩张性最大，故主动脉的脉搏波传播速度最慢（3 ～ 5m/s）；而小动脉可扩张性较小，其传播速度可加快到 15 ～ 35m/s。老年人主动脉壁的可扩张性减小，脉搏波的传播速度可达 10m/s 左右。

（三）中医脉象与现代研究

脉象是中医诊断疾病的重要依据之一，中医根据切脉（按压桡动脉的脉搏）时手指的主观感觉来判断脉象。现代中医多采用脉搏图研究脉象。根据脉搏波的频率和节律，可以识别迟、数、促、结、代等脉象；根据各种取脉压力下脉搏波振幅变化的规律，可以区分脉象的浮、沉、虚、实（图 4-20）。由于动脉脉搏与心输出量、动脉的可扩张性，以及外周阻力等多种因素密切相关，因此脉搏波反映的是多种心血管功能改变的综合表现。现代中医在研究各种脉象的脉搏图表现的同时，对各种心血管功能参数，如心输出量、搏出量、射血分数、心指数、动脉血压、搏功、每分功、总外周阻力等，进行了多因素同步研究，取得一定的进展。

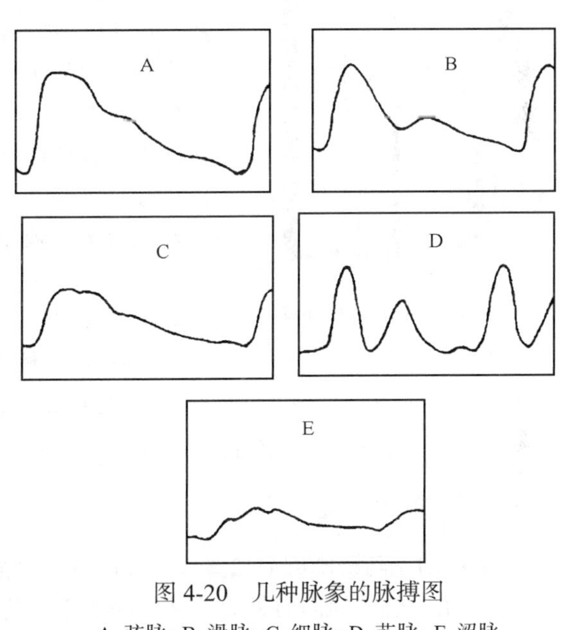

图 4-20　几种脉象的脉搏图

A. 弦脉；B. 滑脉；C. 细脉；D. 芤脉；E. 涩脉

五、静脉血压和静脉回流

静脉是血液回流入心的通道，由于整个静脉系统的容量很大，通过其舒缩可有效地调节回心血量和心输出量。

（一）静脉血压

静脉系统位于毛细血管网与右心房之间，因此，静脉血压既能影响毛细血管的功能，又能影响心的功能。当体循环血液通过毛细血管汇集到小静脉时，血压降低至 15 ～ 20mmHg，流至下腔静脉时，其静脉血压为 3 ～ 4mmHg，最后汇入右心房时，压力已接近于零。

1. 外周静脉压与中心静脉压　各器官静脉的血压称为**外周静脉压**（peripheral venous pressure），而胸腔大静脉或右心房的压力称为**中心静脉压**（central venous pressure）。正常人中心静脉压变动范围为 4 ～ 12cmH_2O（1 cmH_2O = 0.098 kPa）。

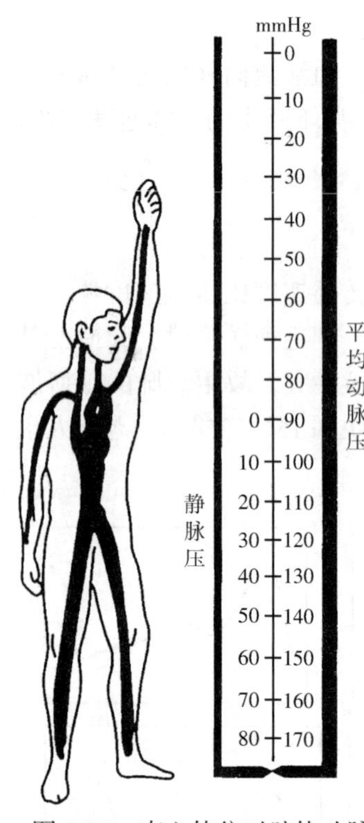

图 4-21 直立体位对肢体动脉和静脉血压的影响

中心静脉压的高低取决于心射血能力和静脉回心血量之间的相互关系。①心射血能力：若心功能良好，能及时将回心的血液射入动脉，则中心静脉压较低；反之，心射血功能减弱，如心肌损伤、心力衰竭时，右心房和腔静脉淤血，则中心静脉压升高。②静脉回心血量：静脉回流速度减慢，静脉回心血量减少，则中心静脉压下降。

中心静脉压可作为临床控制输液速度和输液量的重要指标。若中心静脉压低于 4cmH_2O，提示回心血量不足，是补液的指征；而中心静脉压超过 16cmH_2O 时，提示心射血能力下降，宜慎重输液、甚至停止输液。

2. 重力对静脉压的影响 血管内血液本身的重力作用于血管壁，产生一定的静水压。平卧时，身体各部分血管的位置大致与心同水平，故静水压也大致相同。当人体从平卧位转为直立位时，足部血管内的血压要比卧位时高，其增高的部分相当于从足部至心这段血液柱高度产生的静水压，约 90mmHg，而高于心水平的血管内压力较平卧时低（图 4-21）。静脉管壁较薄，其充盈程度受跨壁压的影响较大。**跨壁压**（transmural pressure）是指血液对血管壁的压力和血管外组织对管壁的压力之差。当跨壁压减少到一定程度时，静脉就容易发生塌陷。

由于大多数容量血管都处于心水平以下，故站立不动时，因重力作用而使身体心水平以下的容量血管都充盈扩张，可比平卧时多容纳约 500ml 血液。因此，当人直立时，足部静脉充盈饱满，而颈部静脉则塌陷。

（二）静脉回流

1. 静脉回流与静脉回心血量 静脉回流指血液自外周返回心房的过程。**静脉回心血量**（venous return）是指单位时间内由外周静脉返回右心房的血流量。由于心血管系统是闭合系统，所以在正常状态下，静脉回心血量与心输出量相等。

2. 影响静脉回心血量的因素

（1）循环系统平均充盈压：当循环血量增加或容量血管收缩时，循环系统平均充盈压升高，静脉回心血量也增多；反之，静脉回心血量减少。

（2）心肌收缩力：心肌收缩时射血入动脉，舒张时促进静脉血向心房回流。心肌收缩力加强，射血量多且速度快，心室排空比较完全，故舒张期心室内压较低，对心房和大静脉中血液的抽吸力量较大，使静脉回心血量增加。

心力衰竭时，由于心肌收缩力减弱，不能及时将静脉回流的血液射入动脉，导致大量血液淤积于心房和大静脉，造成心扩大、静脉高压和静脉回流受阻。右心衰竭患者出现颈静脉怒张、肝脾大、下肢水肿等体循环静脉淤血体征。左心衰竭时，则引起肺循环高压、肺淤血和肺水肿等肺循环静脉系统淤血的体征。

（3）体位改变：人体由平卧转为直立时，重力使心水平以下的容量血管扩张，容纳的血液增多，静脉回心血量减少。

长期卧床的病人，静脉壁紧张性较低，可扩张性较大，加之腹壁和下肢肌肉收缩减弱，对静脉挤压作用减小，故由平卧位突然站立时，可因大量血液容纳于下肢，静脉回流量过少而发生昏厥。

（4）骨骼肌的挤压作用：人体站立位时，如果进行下肢运动，骨骼肌收缩，可使位于肌肉内或肌肉间的静脉受到挤压，静脉回流加快，同时四肢静脉内的静脉瓣保证静脉内的血液只能向心方向流动而不能逆流。这样，骨骼肌与静脉瓣一起发挥了“泵”的作用，以促进静脉回流。

（5）呼吸运动：平静呼吸时，胸膜腔内压为负压，胸腔内大静脉的跨壁压较大，故经常处于充盈扩张状态。吸气特别是用力吸气时，胸膜腔负压进一步增大，使胸腔内的大静脉和右心房更加扩张而压力进一步降低，促使外周静脉血回流。

六、微　循　环

微循环（microcirculation）是指微动脉和微静脉之间的血液循环。其基本功能是向全身各器官、组织和细胞运输营养物质和O_2，转运代谢产物。因此，微循环的缺血和淤血，都将直接损害器官、组织和细胞的正常功能。

（一）微循环的组成及血流通路

典型的微循环由微动脉、后微动脉、毛细血管前括约肌、真毛细血管、通血毛细血管、动－静脉吻合支和微静脉7个部分组成（图4-22）。微循环的血液可通过3条途径从微动脉流向微静脉。

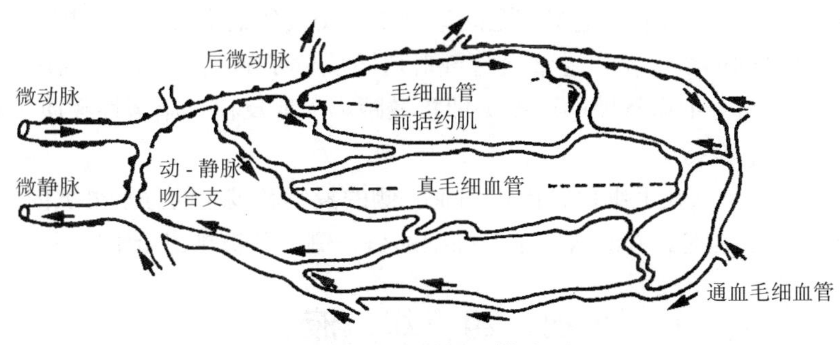

图4-22　微循环模式图

1. 直捷通路　血液循行路径为“微动脉→后微动脉→通血毛细血管→微静脉”。通血毛细血管是后微动脉的直接延伸，管径较一般真毛细血管稍粗。这一通路途径较短，血流速度快，并经常处于开放状态。直捷通路在骨骼肌中较多，主要功能是促使血液迅速通过微循环经静脉回心。

2. 迂回通路　血液循行路径为“微动脉→后微动脉→毛细血管前括约肌→真毛细血管网→微静脉”，是血液与组织细胞进行物质交换的主要场所，又称**营养通路**（nutritional channel）。真毛细血管由单层内皮细胞构成，管壁极薄，通透性大，互相连通成网络，称为真毛细血管网。真毛细血管网迂回曲折，途径较长，血流速度缓慢，有利于物质交换。

3. 动－静脉短路　血液循行路径为“微动脉→动－静脉吻合支→微静脉”。在人的皮肤，特别是手掌、足底、耳郭等处分布较多，主要参与体温调节。当环境温度降低时，动－静脉短路关闭，皮肤血流量减少，有利于保存热量；反之，当环境温度升高时，动－静脉短路开放，皮肤血流量增加，有利于散热。

（二）微循环的调节

1. 神经调节　体内大部分组织与器官的微动脉和微静脉均受交感缩血管神经支配。当交感缩血管神经兴奋时，微血管收缩，微动脉收缩强于微静脉，使毛细血管前阻力增大，微循环血液灌注减少，毛细血管血压降低。

2. 体液调节　大多数微血管，特别是后微动脉和毛细血管前括约肌，对体液因素的调节非常敏感。肾上腺素、去甲肾上腺素、血管紧张素Ⅱ、血管升压素、内皮素，以及 TXA_2 等可使血管平滑肌收缩；而缓激肽、组织细胞的代谢产物（如 CO_2、乳酸、腺苷、H^+ 及 PGI_2 等）可舒张微动脉、后微动脉及毛细血管前括约肌。

真毛细血管轮流交替开放，这是通过局部体液因素的负反馈机制进行的。安静时，肌肉中只有 20% ～ 35% 的真毛细血管处于开放状态。真毛细血管的开放和关闭受毛细血管前括约肌控制，而毛细血管前括约肌的舒缩主要受局部代谢产物的影响。当某处的真毛细血管关闭一段时间后，该处将积聚较多的代谢产物，这些代谢产物将引起该处的毛细血管前括约肌舒张，使相应的真毛细血管开放。与此同时，原处于开放状态的真毛细血管，则由于代谢产物被清除，毛细血管前括约肌收缩，使相应的真毛细血管关闭。如此不断交替进行（5 ～ 10 次 / 分），形成不同部分毛细血管网交替开放的现象。

（三）血液和组织液之间的物质交换

血液和组织细胞之间的物质交换是以组织液为中介，通过扩散和吞饮等方式进行的。细胞通过细胞膜和组织液发生物质交换，组织液与血液之间则通过毛细血管壁进行物质交换。

1. 扩散（diffusion）　是血液和组织液之间进行物质交换的最主要方式。扩散的速率与该溶质分子在血浆和组织液之间的浓度差、毛细血管壁对该溶质分子的通透性、毛细血管壁的有效交换面积等因素成正比，而与毛细血管壁的厚度（即扩散距离）成反比。脂溶性物质（如 O_2 和 CO_2）扩散速率明显大于非脂溶性物质。

2. 吞饮（pinocytosis）　在毛细血管内皮细胞一侧的液体和较大的分子可被内皮细胞膜包围并吞饮入细胞内，形成吞饮囊泡。囊泡被运送至细胞的另一侧，并被排出至细胞外。

七、组　织　液

组织液（interstitial fluid）存在于毛细血管、细胞和毛细淋巴管之间的组织细胞间隙中，故又称细胞间液。组织液绝大部分呈胶冻状，不能自由流动；组织液中的蛋白质浓度明显比血浆少，各种离子成分与血浆基本相同。组织液进入毛细淋巴管即为淋巴液。

（一）组织液的生成与回流

正常情况下，组织液生成与回流保持动态平衡。这种动态平衡取决于 4 个因素，即毛细血管血压、血浆胶体渗透压、组织液静水压和组织液胶体渗透压。其中毛细血管血压和组织液胶体渗透压是推动滤过、生成组织液的力量；而血浆胶体渗透压和组织液静水压是阻止滤过、促进组织液回流的力量。滤过力量与回流力量之差称为**有效滤过压**（effective filtration pressure），决定了组织液进出血管的方向与流量。其计算公式是：

有效滤过压 =（毛细血管血压 + 组织液胶体渗透压）–（血浆胶体渗透压 + 组织液静水压）

从图 4-23 可见，毛细血管动脉端有效滤过压为 13mmHg，而毛细血管静脉端有效滤过压为 –5mmHg。因此，在毛细血管动脉端血浆滤出生成组织液，而在毛细血管静脉端组织液被重吸收回流入血液。血液在流经毛细血管时，液体的滤出和回流是一个逐渐移行的过程。在组织液回流中，90% 左右经静脉端毛细血管重吸收，10% 左右流入毛细淋巴管形成淋巴液。

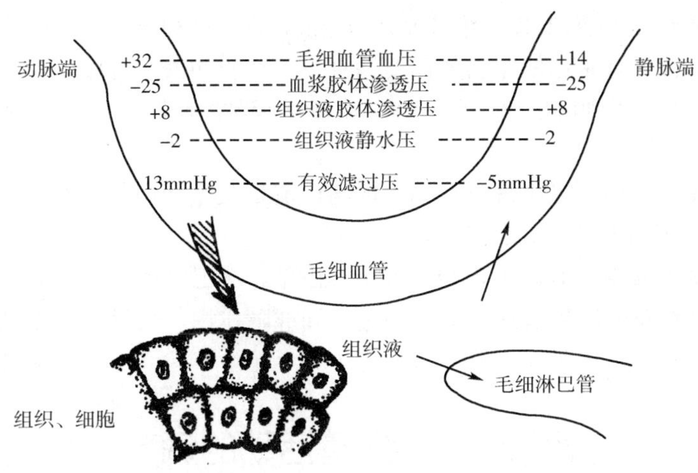

图 4-23　组织液生成与回流示意图

+ 代表使液体滤出毛细血管的力量；– 代表使液体重吸收回毛细血管的力量

（二）影响组织液生成与回流的因素

1. 毛细血管血压　与毛细血管前、后阻力有关。微动脉扩张时，毛细血管前阻力减小，毛细血管血压升高。毛细血管血压升高可使有效滤过压升高，滤过增加而回流减少，组织液生成增加；反之，组织液生成减少。右心衰竭时，静脉回流受阻，静脉淤血，使毛细血管血压逆行性升高，组织液生成的有效滤过压增高，组织液生成增多，导致水肿。

2. 血浆胶体渗透压　由于营养不良，或摄入蛋白质不足，或患有某些肾脏疾病时，大量血浆蛋白随尿排出，以及因肝脏疾病使血浆蛋白合成减少，均可导致血浆胶体渗透压降低，有效滤过压增大，组织液生成增多，造成水肿。

3. 毛细血管壁的通透性　在烧伤、过敏反应等情况下，毛细血管壁的通透性显著升高，透过管壁进入组织液的血浆蛋白增多，使组织液胶体渗透压升高而血浆胶体渗透压下降，导致有效滤过压增高，组织液生成增多，出现水肿。

4. 淋巴回流　部分组织液是经淋巴管回流入血液的，如果因肿瘤压迫或淋巴管炎症使淋巴回流受阻，则导致受阻部位远端的组织间隙中组织液积聚，出现水肿，如丝虫病患者的下肢水肿。

八、淋　巴　液

淋巴系统是组织液向血液回流的重要辅助系统。毛细淋巴管以稍膨大的盲端起始于组织间隙，彼此吻合成网，并逐渐汇合成大的淋巴管。全身的淋巴液经淋巴管收集，最后经由胸导管和右淋巴管导入静脉。

（一）淋巴液的生成与回流

淋巴液来自于组织液，凡是影响组织液生成的因素均可影响淋巴液的生成。正常人在安静情况下，每小时约有 120ml 淋巴液进入血液循环，其中经由胸导管引流入血的约为 100ml，经由右淋巴导管引流入血的约为 20ml。

（二）淋巴液回流的生理意义

1. 回收组织液中的蛋白质　从毛细血管动脉端滤出到组织液的少量血浆蛋白，只能通过毛细淋巴管进入淋巴液，再运回血液，有助于维持血浆蛋白的正常浓度和血管内外正常的蛋白质浓度梯度。

2. 运输脂肪 淋巴循环是运输脂肪的重要途径，长链脂肪酸、乳糜微粒，以及少量的胆固醇和磷脂都是经小肠绒毛的毛细淋巴管吸收入血。由肠道吸收的脂肪，80% ～ 90% 通过淋巴途径转运入血，因此，小肠淋巴液呈乳糜状。

3. 调节液体平衡 人体一天中淋巴液的生成与回流量大致相当于全身血浆总量，可见，淋巴系统在血浆和组织液的平衡中起重要作用。

4. 防御功能 淋巴液在回流途中要经过多个淋巴结，淋巴结的淋巴窦有大量巨噬细胞，可将衰老的红细胞、异物颗粒或细菌清除掉，起到过滤和屏障作用。而且，淋巴结产生的淋巴细胞执行特异性免疫功能。

第六节 心血管活动的调节

机体有神经、体液等多方面调节机制，对心血管系统活动进行有效的调控：①改变心肌收缩力及心率，以调节心输出量；②改变阻力血管口径以调节外周阻力；③改变容量血管口径以改变静脉回心血量。通过调控不仅可使动脉血压的相对稳定得以维持，而且还对各器官的血流量进行调整，从而满足各器官组织在不同情况下对血流量的需要。

一、神经调节

机体对心血管活动的神经调节是通过各种心血管反射来完成的，心和血管接受交感神经和副交感神经支配。

（一）心的神经支配及其作用

心接受心交感神经和心迷走神经双重支配。心交感神经促使心活动加强，而心迷走神经则促使心活动减弱。

1. 心交感神经（cardiac sympathetic nerve） 支配心的交感神经节前纤维起源于脊髓上胸段（T_1 ～ T_5）灰质中间外侧柱，在颈神经节和星形神经节换元。心交感节前神经元为胆碱能神经元，其末梢释放乙酰胆碱（ACh）与节后神经元细胞膜上的 N_1 胆碱能受体结合，引起节后神经元兴奋。

心交感神经节后纤维属肾上腺素能纤维，其末梢释放去甲肾上腺素（NA）。与心肌细胞膜上的 β_1 肾上腺素能受体结合后，通过 G 蛋白（G_S）激活腺苷酸环化酶（AC），进而通过 cAMP-PKA 作用，促使离子通道蛋白磷酸化，改变心肌细胞膜对 Ca^{2+} 通透性，Ca^{2+} 内流增多，心活动加强，具体效应为心率加快、心肌传导性加强、心肌收缩力加强。这些效应分别称为**正性变时作用**（positive chronotropic action）、**正性变传导作用**（positive dromotropic action）、**正性变力作用**（positive inotropic action）。

两侧心交感神经对心的支配有所差别。支配窦房结的交感纤维主要来自右侧心交感神经；而支配房室交界的交感纤维主要来自左侧心交感神经。在功能上，右侧心交感神经兴奋的效应以增加心率为主，而左侧心交感神经兴奋的效应主要是增强心肌收缩力。

2. 心迷走神经（cardiac vagus nerve） 支配心的副交感神经节前纤维行走于迷走神经干中，这些节前神经元的胞体位于延髓的迷走神经背核和疑核。在胸腔内，心迷走神经纤维和心交感神经一起组成心神经丛进入心内，与心内神经节细胞发生突触联系。心迷走神经的节前和节后神经元都是胆碱能神经元，其节后神经纤维支配窦房结、心房肌、房室交界、房室束及其分支。心室肌也有迷走神经支配，但数量较少。

心迷走神经节后纤维末梢释放 ACh，和心肌细胞膜上的 M 型胆碱受体结合，可抑制腺苷酸环化酶（AC），使 cGMP 增多而 cAMP 减少，增强膜对 K^+ 通透性，减小膜对 Ca^{2+} 通透性，导致心活动减弱，具体效应是心率减慢、房室传导速度减慢、心房肌收缩力减弱。这些效应分别称为**负性变时作用**（negative chronotropic action）、**负性变传导作用**（negative dromotropic action）、**负性变力作用**（negative inotropic action）。

两侧心迷走神经对心的支配有一定的差别，右侧迷走神经对窦房结的影响占优势；左侧迷走神经对房室交界的作用占优势。

（二）血管的神经支配及其作用

除真毛细血管外，血管壁都有平滑肌分布，绝大多数血管平滑肌都受自主神经支配。支配血管平滑肌的神经纤维称为血管运动神经纤维，分为**缩血管神经纤维**（vasoconstrictor fiber）和**舒血管神经纤维**（vasodilator fiber）两类。

1. 交感缩血管神经 缩血管神经纤维都是交感神经纤维，故称为**交感缩血管神经**（sympathetic vasoconstrictor nerve）。节前神经元位于脊髓 $T_1 \sim L_3$ 节段灰质中间外侧柱，为胆碱能神经元；节后神经元位于椎旁和椎前神经节内，末梢释放的递质为 NA。

血管平滑肌细胞的肾上腺素能受体有两类，即 α 受体和 β_2 受体。α 受体主要分布在皮肤和内脏等处的血管上；而 β_2 受体则主要分布于骨骼肌和肝血管上。NA 与 α 受体结合，可引起血管平滑肌收缩；与 β_2 受体结合，可使血管平滑肌舒张。NA 与 α 受体结合的能力较强，而与 β_2 受体结合的能力较弱，故交感缩血管神经兴奋时，NA 主要与 α 受体结合，以缩血管效应为主。在机体处于失血等紧急状态时，交感神经高度兴奋，使皮肤和内脏等血管强烈收缩，有利于保证心、脑等重要器官优先得到血液供应。

人体的大部分血管只接受交感缩血管神经的单一支配。中枢神经系统可通过改变交感缩血管神经紧张性的程度来调节血管平滑肌的舒缩，以调控不同器官的外周阻力和血流量。安静状态下，交感缩血管神经的紧张性活动以较低频率的冲动（低于 10 次 / 秒），使血管平滑肌维持一定程度的收缩。当交感缩血管神经紧张性加强时，血管平滑肌可进一步收缩，使口径更小，外周阻力增加，器官血流量减少；反之，紧张性减弱时，血管平滑肌的收缩程度减弱，血管舒张，口径变大，外周阻力减小，器官血流量增加。

2. 舒血管神经 主要作用是调节器官血流量，对总外周阻力影响较小。交感和副交感舒血管神经节后纤维末梢释放的递质都是 ACh，与血管平滑肌细胞上的M型胆碱受体结合。

（1）交感舒血管神经：骨骼肌血管除接受交感缩血管神经支配外，还接受**交感舒血管神经**（sympathetic vasodilator nerve）的支配。交感舒血管神经平时无紧张性活动，只有当机体激动、恐慌，准备做剧烈肌肉活动时才发挥作用，使骨骼肌血管舒张，肌肉血流量大大增加。目前认为交感舒血管神经可能参与机体的防御反应，对防御和运动时血流量的重新分配起重要作用。

（2）副交感舒血管神经：**副交感舒血管神经**（parasympathetic vasodilator nerve）的节前神经元位于脑干的某些核团和脊髓骶段灰质的中间外侧柱内，其节后纤维末梢释放的递质也是 ACh，与血管平滑肌细胞上的 M 受体结合，引起血管舒张，主要支配脑、唾液腺、胃肠道腺体和外生殖器等器官的血管，调节局部器官血流量。

（3）脊髓背根舒血管纤维：皮肤伤害性刺激的感觉信号由一些无髓鞘纤维传入脊髓，这些神经纤维在外周末梢处有分支。当某处皮肤受到伤害性刺激时，感觉信号一方面沿传入纤维向中枢传导；另一方面可在末梢分叉处沿其分支到达受刺激部位邻近的微动脉，使微动脉舒张，局部皮肤出现红晕。该反应也称为**“轴突反射”**（axon reflex）。

（三）心血管中枢

在中枢神经系统中，参与心血管反射的神经细胞群，称为**心血管中枢**（cardiovascular center）。它分布于脊髓到大脑皮层的中枢神经系统各个部位，其中延髓是调节心血管活动的最基本中枢。

1. 脊髓心血管神经元 在脊髓胸、腰段的灰质中间外侧柱中有支配心和血管的交感节前神经元，在脊髓骶段有支配血管的副交感节前神经元。正常情况下，这些神经元活动完全受来自延髓和延髓以上的心血管中枢的控制，是中枢神经系统调节心血管功能的最后传出通路。

2. 延髓心血管中枢 指主导控制心迷走神经、心交感神经和交感缩血管神经的延髓神经元群，分别称为心迷走中枢、心交感中枢和交感缩血管中枢，平时都有紧张性活动。在机体处于安静状态时，心迷走紧张性较强，使心率维持在75次/分左右；而情绪激动或运动时，心交感紧张性和交感缩血管紧张性加强，心血管活动增强。

（1）心血管交感中枢：**延髓腹外侧区**（ventrolateral medulla，VLM）接受并整合外周多种感受器及中枢某些核团传来的心血管信息，并将整合后的指令传至脊髓灰质中间外侧柱的交感神经元。

VLM的心血管神经元主要分布在两个区域，即**延髓头端腹外侧部**（rostral ventrolateral medulla，RVLM）和**延髓尾端腹外侧部**（caudal ventrolateral medulla，CVLM）。目前认为RVLM神经元是维持心交感神经和交感缩血管神经正常紧张性活动的基本部位，电刺激RVLM可使交感神经电活动增强，心率加快，血压升高；而CVLM的神经元，可抑制RVLM神经元的活动，导致心交感和交感缩血管紧张降低，心率减慢、血管舒张、血压降低。

（2）心迷走中枢：位于延髓的**迷走神经背核**（nucleus dorsalis nerve vagi）和**疑核**（nucleus ambiguus）。

（3）心血管反射换元站：**孤束核**（nucleus tractus solitarius，NTS）是多种心血管反射途径传入纤维在中枢更换神经元的部位，它接受压力感受器、化学感受器和心肺感受器传入的信息，然后发出纤维至延髓和中枢神经系统其他部位的神经元。

3. 延髓以上的心血管中枢 延髓以上的中枢广泛部位（如延髓以上的脑干、下丘脑、小脑和大脑）都存在与心血管活动有关的神经元，参与心血管活动的整合功能，使各器官间的血液分配能够满足机体处于不同状态（如睡眠、行走、情绪激动等）时的需求。

（四）心血管活动的反射性调节

神经系统对心血管活动的调节通过各种心血管反射来实现。各种心血管反射的目的是维持血压的相对稳定，调配各器官的血流量以移缓济急，从而使心血管活动适应于当时机体所处的状态和内、外环境中的各种变化。

1. 颈动脉窦和主动脉弓压力感受性反射 颈动脉窦和主动脉弓血管壁的外膜下有丰富的感觉神经末梢，分别称颈动脉窦压力感受器和主动脉弓压力感受器（图4-24）。

当动脉血压突然升高时，颈动脉窦和主动脉弓压力感受器兴奋，分别通过窦神经（加入舌咽神经）和主动脉神经（走行于迷走神经干）传入延髓。传入冲动到达孤束核后，一方面可通过延髓内神经通路的联系，抑制延髓头端腹外侧部的心血管运动神经元，使支配心血管的交感神经紧张性活动减弱；另一方面孤束核经投射纤维与迷走神经背核和疑核发生联系，使心迷走神经的活动加强，导致心率减慢，心肌收缩力减弱，心输出量减少，外周血管舒张，外周阻力降低，结果使动脉血压下降，故该反射又称为**降压反射**（depressor reflex）。颈动脉窦和主动脉弓压力感受性反射对动脉血压可进行双向调节，当动脉血压下降时，通过颈动脉窦和主动脉弓压力感受性反射作用的减弱可使动脉血压回升。

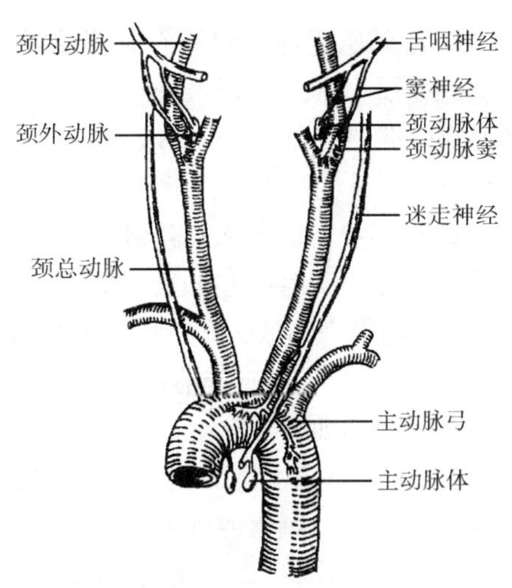

图 4-24　颈动脉窦区和主动脉弓区压力感受器和化学感受器

当颈动脉窦灌注压变动于 60 ～ 180mmHg 时，灌注压越高，窦神经传入冲动越多，主动脉血压就降得越低；反之，灌注压越低，传入冲动越少，主动脉血压也就越高。颈动脉窦压力感受器的刺激阈值为 60mmHg，当窦内灌注压在 60mmHg 以下时，压力感受器无传入冲动（图 4-25）；灌注压在 100mmHg 左右时，窦内压的轻微变化即可引起主动脉血压的明显改变，表明窦内压在这一水平变动，压力感受性反射的调节最灵敏；当灌注压超过 180mmHg 时，压力感受器的传入冲动不再增加，主动脉血压也不再出现明显降低，说明压力感受器的兴奋已达饱和。

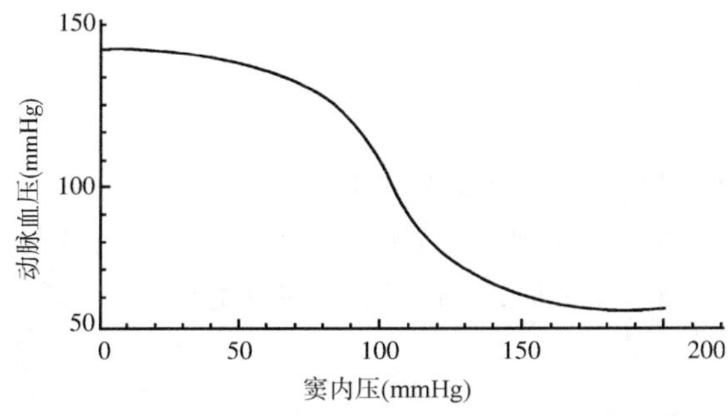

图 4-25　颈动脉窦和主动脉弓压力感受性反射功能曲线

因此，颈动脉窦和主动脉弓压力感受性反射的生理意义在于：①通过负反馈调节机制，使动脉血压保持相对稳定。在平静状态时，动脉血压已高于压力感受器的阈值，因此降压反射起经常性调节作用，以缓冲血压大幅度的波动。②由于颈动脉窦和主动脉弓压力感受器正好位于心和脑供血通路的起始部，因此，降压反射在维持正常血压相对稳定的同时，对保证心和脑等重要脏器的正常血供具有特别重要的意义。

2. 颈动脉体和主动脉体化学感受性反射（chemoreceptor reflex）　颈动脉体和主动脉体能感受血液中某些化学成分的变化（如血液 PO_2 降低、PCO_2 过高或 H^+ 浓度过高等），称之为**化学感受器**（chemoreceptor）。化学感受器兴奋后，其感觉信号分别由窦神经和迷走神经传入至延髓孤束核，然后使延髓内呼吸神经元和心血管活动神经元的活动发生改变。化学感受器兴奋引起的主要效应是呼吸加深加快、肺通气量增大，同时心率加快，心输出量增加，心和脑等重要器官血流量增加，而内脏的血流量减少，动脉血压升高。

在平时，化学感受性反射对心血管活动并不起明显的调节作用，只有在低氧、窒息、失血、酸中毒和动脉血压过低等情况下才起作用，尤其在低氧时对动脉血压的调节具有重要意义，因此化学感受性反射是机体的一种保护性代偿。

当动脉血压低至 40mmHg 时，压力感受器传入冲动很少，但化学感受器反射明显加强。这是由于局部血流量减少导致局部低氧、PCO_2 升高和 H^+ 浓度升高，从而引发化学感受器反射，其心血管效应表现为心输出量增加，动脉血压升高，同时心和脑等重要器官血流量增加。

3. 心肺感受器引起的心血管反射 在心房、心室和肺循环大血管壁存在许多感受器，总称为**心肺感受器**（cardiopulmonary receptor）。心肺感受器的适宜刺激有两类，一类感受机械性牵张刺激，如**心房牵张感受器**（atrial stretch receptor），也称为**容量感受器**（volume receptor）；另一类感受某些化学物质（前列腺素、缓激肽、心房钠尿肽等）的刺激，如**肺感受器**（pulmonary receptor）。

心肺感受器的传入神经纤维行走于迷走神经干内，也有少数经交感神经进入中枢。大多数心肺感受器受刺激时引起的反射效应是交感紧张降低，心迷走紧张加强，导致心率减慢，心输出量减少，外周阻力降低，故动脉血压下降。与此同时，可抑制肾素和血管升压素的释放，使血压下降，排尿排钠增加。心肺感受器反射引起的心血管活动改变，对血容量及细胞外液的调节具有重要意义。

4. 其他心血管反射

（1）躯体感受器引起的心血管反射：刺激躯体传入神经时可引起各种心血管反射，其效应与感受器的性质、刺激的强度和频率等因素有关。用低中强度的低频电脉冲刺激骨骼肌传入神经，常可引起降压效应；而采用高频高强度的电脉冲刺激皮肤的传入神经，则常引起升压效应。通常，肌肉活动、皮肤冷、热及各种伤害性刺激都可引起心血管反射活动。

中医针刺治疗某些心血管疾病的生理机制，就是针刺激活了肌肉或皮肤的一些感受器传入活动，通过中枢神经系统内复杂的调节机制，使异常的心血管活动得到调整。

（2）其他器官感受器引起的心血管反射：上呼吸道感受器受刺激（如呼吸道插管）可导致心跳暂停；压迫眼球可反射性引起心率减慢，即眼心反射；扩张肺、胃、肠、膀胱等器官，常引起心率减慢，外周血管扩张等反应。

二、体液调节

心血管活动的体液调节包括全身性调节和局部性调节。全身性调节有多个系统参与，激素通过血液循环可广泛作用于心血管系统，发挥稳定而持久的调节作用；局部性调节是某些细胞释放的一些活性物质通过旁分泌或自分泌，作用于邻近局部的血管平滑肌，对局部组织的血流起调节作用。

（一）肾上腺素与去甲肾上腺素

肾上腺髓质直接受交感神经胆碱能节前纤维支配，与交感神经构成交感 - 肾上腺髓质系统。交感神经兴奋，促使肾上腺髓质分泌儿茶酚胺类激素，其中肾上腺素约占 80%，去甲肾上腺素约占 20%。

循环血液中的**肾上腺素**（adrenaline，Ad）和**去甲肾上腺素**（noradrenaline，NA；norepinephrine，NE）主要来自肾上腺髓质的分泌。Ad 和 NA 对不同的肾上腺素受体的结合能力不同，因而二者对心血管的作用既有共性，也有各自的特殊性。

Ad 可与 α 和 β 两类肾上腺素能受体结合。在心 Ad 与 β_1 肾上腺素能受体结合，可使心率加快，心缩力增强，心输出量增加；在血管，Ad 的作用取决于血管平滑肌上的 α 和 β_2 肾上腺素能受体分布的情况。在皮肤、肾脏、胃肠道等器官的血管平滑肌上 α 受体占优势，而骨骼肌和肝脏的血管以 β_2 受体占优势，少量 Ad 常以兴奋 β_2 受体的效应为主，引起血管舒张；大剂量时可兴奋 α 受体，引起血管收缩。所以，Ad 对外周血管的调节作用是使全身各器官的血液分配发生变化。由于 Ad 具有明显的强心作用，使心率加快，心肌收缩力加强，心输出量增加，故临床上常作为“强心药”使用。

NA 作用主要是激活 α 与 β_1 肾上腺素受体，与 β_2 肾上腺素能受体结合作用较弱。因此，它对心有兴奋作用，对体内大多数血管具有强烈收缩的作用，动脉血压明显升高；采用 NA 灌注离体心，可使心率加快；但在完整机体内，静脉注射 NA 后，心率减慢。这是由于 NA 引起动脉血压明显升高，进而激活降压反射，使心率减慢，掩盖了 NA 加快心率的直接效应。在临床上 NA 可作为“升压药”。

（二）肾素 - 血管紧张素系统

肾素 - 血管紧张素系统（renin-angiotensin system，RAS）通过连续激活产生各种**血管紧张素**（angiotensin，Ang），包括**血管紧张素Ⅰ**（angiotensin Ⅰ，Ang Ⅰ）、**血管紧张素Ⅱ**（angiotensin Ⅱ，Ang Ⅱ）和**血管紧张素Ⅲ**（angiotensin Ⅲ，Ang Ⅲ）（图 4-26）。其中 Ang Ⅱ和 Ang Ⅲ可作用于血管平滑肌和肾上腺皮质等细胞的血管紧张素受体（AT 受体），引起相应的生理效应。肾素 - 血管紧张素系统是动脉血压长时程调节的重要因素之一。

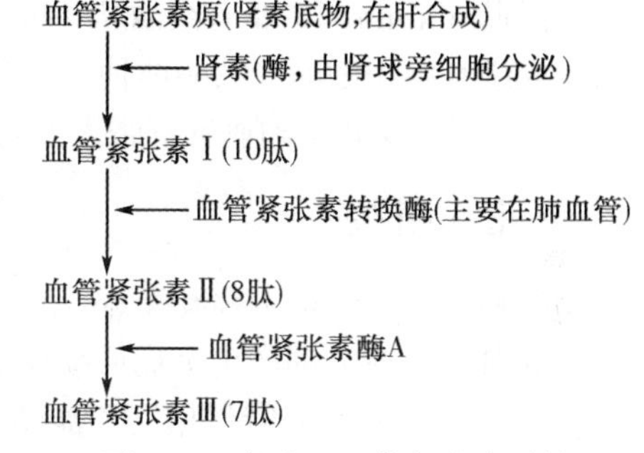

图 4-26 肾素 - 血管紧张素系统

当各种原因引起肾血流灌注减少时，或血浆、肾小管液中 Na^+ 浓度降低时，均可导致肾素分泌增多。Ang Ⅱ作为 RAS 的重要组成，其主要的心血管效应是：①使全身微动脉收缩，动脉血压升高。②使静脉收缩，静脉回心血量增多。③促进交感神经末梢释放递质。Ang Ⅱ作用于交感缩血管纤维末梢上的突触前受体，通过突触前调制，促进 NA 释放增多。④加强交感缩血管紧张性作用。因此，Ang Ⅱ可以通过中枢和外周机制，使外周血管阻力增大，升高动脉血压。

（三）血管升压素

血管升压素（vasopressin，VP）由下丘脑视上核和室旁核神经元合成的 9 肽，经下丘脑 - 垂体束轴浆运输到神经垂体储存，从神经垂体释放入血。

血管升压素受体（VP 受体）有 V_1 受体和 V_2 受体。在生理情况下，血浆中 VP 浓度升高时，与远曲小管和肾集合管 V_2 受体结合，促进水的重吸收，产生抗利尿效应，故 VP 又称抗利尿激素（antidiuretic hormone，ADH）；当血浆 VP 浓度明显高于正常时，VP 与血管平滑肌 V_1 受体结合，引起血管平滑肌收缩，导致动脉血压升高。

（四）心房钠尿肽

心房钠尿肽（atrial natriuretic peptide，ANP）是由心房肌细胞合成和释放的多肽。对心血管的作用是使心率减慢，搏出量减少，心输出量减少，血管平滑肌舒张，外周阻力下降，动脉血压降低。当血容量增加、心房容积增加和动脉血压升高时，心房肌释放心房钠尿肽，作用于肾脏的心房钠尿肽受体，引起强烈的利尿排钠效应。此外，它还有抑制肾素 – 血管紧张素 – 醛固酮系统和血管升压素的作用，促进 Na^+ 和水的排泄。

（五）血管内皮生成的血管活性物质

1. 血管内皮细胞生成的舒血管物质

（1）**一氧化氮**（NO）：血管内皮细胞可以生成并释放舒血管物质称为**内皮源性舒血管因子**（endothelium-derived relaxing factor，EDRF），其化学本质是 NO。NO 可激活血管平滑肌细胞的鸟苷酸环化酶（GC），升高 cGMP 水平，降低 Ca^{2+} 浓度，使血管舒张。NO 参与机体对动脉血压的短暂调节，动脉血压突然升高时，血流对血管的切应力增大，可导致血管内皮细胞释放 NO，NO 使血管扩张，动脉血压下降。

（2）**前列环素**（prostacyclin，PGI_2）：是血管内皮细胞膜磷脂中的花生四烯酸的代谢产物。

PGI_2 半衰期很短，仅为几秒，作为局部激素发挥作用。PGI_2 通过 AC-cAMP-PKA 信号通路舒张血管平滑肌。

2. 血管内皮细胞生成的缩血管物质 血管内皮细胞可合成和释放多种缩血管物质，称为**内皮源性缩血管因子**（endothelium-derived contracting factor，EDCF），其中最主要的是**内皮素**（endothelin，ET）。ET 是已知的最强烈的缩血管物质之一，它缩血管效应是 NA 的 100 倍。ET 的缩血管效应持久，可能参与血压的长期调节。

（六）激肽释放酶 - 激肽系统

激肽（kinin）主要有**缓激肽**（bradykinin）和**血管舒张素**（kallidin）。激肽释放酶包括血浆激肽释放酶和组织激肽释放酶两种，可分别将高分子量（200kDa）和低分子量（60kDa）的激肽原转变为缓激肽（9 肽）和血管舒张素（10 肽），是较强的舒血管物质。

（七）组胺

组胺（histamine）存在于组织中，特别是皮肤和肺的肥大细胞中。当组织受到机械、温度、化学的刺激，在局部产生炎症或损伤，以及抗原抗体反应时，均可释放组胺。组胺与血管 H_1 受体结合，有强烈的舒血管作用，并能使毛细血管和微静脉的管壁通透性增加，血浆滤过进入组织，形成局部组织水肿。

三、自身调节

心肌和血管平滑肌不依赖神经和体液因素的影响，对环境变化产生一定的适应性反应，称为心血管自身调节。心泵血功能的自身调节，已于前述。器官血流量的调节机制有代谢性自身调节和肌源性自身调节两类。

（一）代谢性自身调节机制

当组织代谢活动加强时，局部组织氧分压降低，组织细胞的代谢产物（如 CO_2、H^+、K^+、腺苷、ATP 等）聚积较多，这些代谢产物将引起该处的微动脉和毛细血管前括约肌舒张，使局部血流量增多，从而为组织提供更多的氧，清除代谢产物。

（二）肌源性自身调节机制

当器官血管的灌注压突然升高时，器官血管收缩，血流阻力加大，器官血流量就不致因灌注压增高而增多。反之，则器官血管舒张，血流阻力减小，器官血流量不致因灌注压降低而减少，从而保持器官血流量的相对稳定。

第七节 器官循环

机体各器官的结构和功能各不相同，器官内部的血管分布和血流量调节也各具自身特点。

一、冠脉循环

冠脉循环（coronary circulation）是营养心本身的血液循环，因此，冠脉循环的通畅与否，冠脉血流量的多少，将直接影响心的功能，进而影响整体的功能。

（一）冠脉循环的解剖特点

冠脉是冠状动脉的简称，开口于主动脉的根部，冠脉主干及其大分支走行于心的表面，其小分支常以垂直心表面的方向穿入心肌，并沿途不断分支，最后至心内膜下分支成网。这种分支方式使冠脉血管容易在心肌收缩时受到压迫。

心肌的毛细血管网分布极其丰富。毛细血管数和心肌纤维数的比例为 1 ∶ 1。因此心肌和冠脉血液之间的物质交换可以很快地进行。冠状动脉之间有广泛的侧支吻合，但血流量少。因此，当冠脉突然阻塞时，不易快速建立侧支循环，引起急性心肌梗死；若冠脉阻塞缓慢形成，冠脉侧支可于数周内逐渐扩张，建立有效的侧支循环，改善心肌供血。

（二）冠脉循环的生理特点

1. 血流量大　从主动脉根部起，冠脉血液经全部冠状血管回流至右心房，仅需要几秒钟。安静状态下，中等体重的人，冠脉血流量为 200 ～ 250ml/min，占心输出量的 4% ～ 5%，而心的重量约占体重的 0.5%。

2. 耗氧量大　基础状态下，若以每百克心肌计算，耗氧量为 8 ～ 10ml/min，居全身组织耗氧量之首。

3. 血流量呈周期性波动　由于心肌节律性收缩对冠脉分支的压迫，影响冠脉血流，使之发生周期性的变化（图 4-27）。左冠状动脉受心肌收缩的影响尤为明显。在左心室收缩期，由于心肌收缩的强烈压迫，左冠状动脉血流急剧减少，甚至发生倒流；心肌舒张时，对冠脉血管的压迫解除，故冠脉血流的阻力显著减小，血流量增加。左心室在收缩期冠脉血流量只有舒张期的 20% ～ 30%。因此，舒张压的高低和舒张期的长短是影响冠脉血流量的重要因素。安静情况下，右心室收缩期的冠脉血流量与舒张期的血流量相差不多。

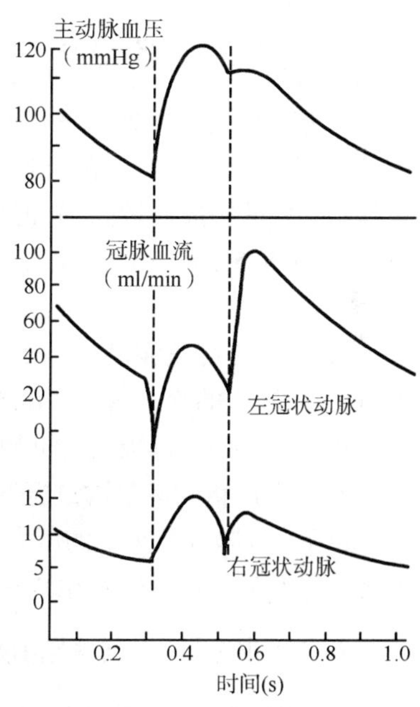

图 4-27　一个心动周期中主动脉血压和冠脉血流量的变化

（三）冠脉血流量的调节

调节冠脉血流量最重要的因素是心肌本身的代谢水平。神经和体液调节相对较为次要。

1. 心肌代谢水平对冠脉血流量的调节　冠脉血流量与心肌代谢水平成正比。安静状态下，冠脉血液流经心肌后，其中 65% ～ 70% 的 O_2 被心肌摄取。运动时，心肌从血液中摄取 O_2 的潜力较小。因此，在肌肉运动、情绪紧张等情况下，心肌代谢活动增强，耗氧量增加，机体主要通过舒张冠脉、增加冠脉血流量，以适应心肌对 O_2 的需求。引起冠脉舒张的原因并不是低氧本身，而是心肌代谢产物，主要是腺苷的作用。腺苷具有强烈扩张冠状小动脉的作用。心肌的其他代谢产物如 H^+、CO_2、乳酸等，虽也能使冠脉舒张，但作用较弱。

2. 神经调节

（1）交感神经：冠脉平滑肌有 α 和 β_2 两种肾上腺素能受体。α 受体激活时，冠脉收缩；β_2 受体激活时，冠脉舒张。

在整体条件下，交感神经兴奋时，可使冠脉先收缩后舒张。初期的冠脉收缩效应是由于交感神经兴奋释放 NA，激活冠脉 α 受体的结果。与此同时 NA 可激活心肌的 β_1 受体，使心活动加强，心肌代谢产物增加，从而使冠脉舒张，血流量增加。可见，交感神经对冠脉的直接收缩效应，在短时间内被心肌代谢产物的舒血管效应所掩盖。

（2）迷走神经：迷走神经兴奋对冠脉的直接作用是舒张，但迷走神经兴奋时又使心活动减弱，心肌代谢产物减少，继而引起冠脉收缩，从而抵消迷走神经对冠脉的直接舒张作用。在整体情况下，刺激迷走神经对冠脉血流量影响不大。

3. 激素调节 Ad 和 NA 可通过增强心肌的代谢活动和耗氧量，使冠脉血流量增加；也可直接作用于冠脉 α 或 β_2 受体，引起冠脉血管收缩或舒张。甲状腺激素增多时，心肌代谢加强，代谢产物和耗氧量增加，使冠脉舒张，冠脉血流量增加。

二、肺 循 环

肺循环（pulmonary circulation）的功能是使右心室射出的静脉血在流经肺泡时和肺泡气之间进行气体交换而成为动脉血。

（一）肺循环的特点

1. 血流阻力小、血压低 肺动脉管壁较薄，厚度仅为主动脉的 1/3，其分支短而管径较粗，总横截面积大。而且，肺循环的全部血管都位于胸腔内，而胸膜腔内压低于大气压。这些结构特点导致肺动脉的顺应性较高，肺循环的血流阻力较小，约为体循环的 1/8。肺动脉压远较主动脉压为低，只有体循环的 1/6 ～ 1/4。正常人的肺动脉收缩压约为 22mmHg，舒张压约为 8mmHg，平均压约为 13mmHg。

2. 肺的血容量波动大 由于肺组织和肺血管的顺应性大，故肺部血容量的变动范围较大。安静时，肺部的血容量约为 450ml，约占全身血量的 9%；用力呼气时，肺部血容量可减少至 200ml 左右，而在深吸气时可增加到 1000ml 左右。可见，肺循环血管起着“贮血库”的作用。

3. 毛细血管的有效滤过压低 肺循环毛细血管压平均约为 7mmHg，而血浆胶体渗透压平均为 25mmHg，故肺部组织液的压力为负压，有效滤过压低，有利于肺组织中的液体回流入毛细血管，使肺泡膜和毛细血管壁互相紧密相贴，有利于肺泡和血液之间的气体交换。

（二）肺循环血流量的调节

由于肺循环血管的口径大，可扩张性好，多数情况下其口径的变化都是被动的，但在一定程度上，仍受神经、体液因素的影响。

1. 低氧 在体循环，**低氧**（hypoxia）使血管舒张；而在肺循环，低氧使血管收缩。该反应称为**低氧性肺血管收缩反应**（hypoxic pulmonary vasoconstriction），其生理意义在于使通气量低下（低氧分压）的肺泡血管收缩，血流量减少，有利于维持适当的通气 / 血流比值。

2. 神经调节 交感神经兴奋可使肺血管收缩，肺血流量减少。刺激迷走神经可引起轻度舒血管作用。

3. 体液调节 Ad、NA、VP、Ang Ⅱ、TXA_2、$PGF_{2\alpha}$ 等能使肺循环的微动脉收缩；组胺、5-HT 能使肺循环的微静脉收缩。ACh 和 PGI_2 可使肺血管舒张。

三、脑 循 环

脑循环（cerebral circulation）是指流经整个脑组织的血液循环。脑的血液供应来自颈内动脉和椎动脉，其分支进入各部脑组织后，通过毛细血管与脑组织进行物质交换；脑静脉汇入静脉窦，继而通过颈内静脉注入腔静脉而回心。

（一）脑循环的特点

1. 血流量大、耗氧量多 在安静情况下，整个脑的血流量为 750 ～ 900ml/min。脑的重量虽仅占体重的 2% 左右，但脑血流量却占心输出量的 15% 左右。脑组织耗氧量大，在安静情况下，整个脑的耗氧量约占全身耗氧量的 20%。

脑组织缺乏无氧代谢机制，只能依赖葡萄糖氧化供能，但葡萄糖的储备也极少，因此，脑组织对血流的依赖程度大，即对缺血的耐受性低。正常体温情况下，脑血流停止 5 ～ 10s 可导致意识丧失，停止 5min 以上将引起不可逆性脑损伤。

2. 血流量变化小 颅腔为脑、脑血管和脑脊液所充满，三者容积的总和是固定的。由于脑组织的不可压缩性，脑血管的舒展受到相当的限制，脑血流量的变化较小。

脑水肿或脑脊液增加时，颅内压升高，将压迫脑血管，脑血流量减少。

（二）脑血流量的调节

1. 脑血流量的自身调节 脑的血流量与脑的动、静脉压力差成正比，与脑的血流阻力成反比。正常情况下，因颈内静脉压已接近于右心房压，且变化不大，故颈动脉血压成为决定脑血流量的主要因素。当平均动脉压在 60 ～ 140mmHg 范围内变动时，通过脑血管的自身调节机制可使脑血流量维持相对稳定；当平均动脉压低于 60mmHg 时，脑血流量显著减少，导致脑功能障碍；当平均动脉压超过自身调节上限时，可因毛细血管血压过高而引起脑水肿。

2. 体液调节 当血液 CO_2 分压升高或 O_2 分压降低时，脑血管舒张，血流量增加；反之，当过度通气时，CO_2 呼出过多，动脉血 CO_2 分压过低，脑血流量减少，可引起头晕等症状。

（三）脑内屏障结构

1. 血 – 脑脊液屏障 脑脊液主要由脉络丛和室管膜细胞分泌，充满脑室和蛛网膜下腔内，相当于脑和脊髓的组织液和淋巴液。与血浆相比，脑脊液中蛋白质的含量极微，葡萄糖含量也较血浆的少，但 Na^+ 和 Mg^{2+} 的浓度较血浆中的高，K^+、HCO_3^- 和 Ca^{2+} 的浓度则较血浆中为低。

血 – 脑脊液屏障（blood-cerebrospinal fluid barrier，BCFB）是指介于血液和脑脊液之间的屏障，其结构基础是无孔的毛细血管壁和脉络丛细胞中运输各种物质的特殊载体系统。O_2 和 CO_2 等脂溶性物质可很容易地通过血 – 脑脊液屏障，但许多离子的通透性则较低。

2. 血 – 脑屏障（blood-brain barrier，BBB） 是指介于血液和脑组织之间的屏障，其结构基础是毛细血管内皮细胞、基膜和星形胶质细胞的血管周足等。

脂溶性物质，如 O_2、CO_2、某些麻醉药及乙醇等，很容易通过血 – 脑屏障。对于水溶性物质来说，其通透性不一定和分子的大小相关。例如，葡萄糖和氨基酸的通透性较高，而甘露醇、蔗糖和许多离子的通透性则很低，甚至不能通透。

血 – 脑脊液屏障和血 – 脑屏障对于保持脑组织周围稳定的化学环境和防止血液中有害物质侵入脑内具有重要的生理意义，如循环血液中的乙酰胆碱、去甲肾上腺素、多巴胺等物质不易进入脑内，防止这些活性物质干扰脑内神经元的正常功能活动。

（饶 芳 蒋淑君 彭 芳）

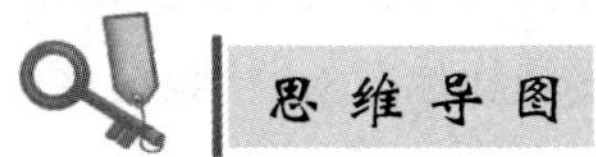

- 血液循环
  - 心肌细胞的生物电现象
    - 工作细胞的跨膜电位及其原理
    - 自律细胞的跨膜电位及其原理
  - 心肌的生理特性
    - 自律性 — 正常和潜在起搏点，窦性心律与异位节律，影响因素
    - 兴奋性 — 影响因素，兴奋性的周期性变化，期前收缩与代偿间歇
    - 传导性 — 心内兴奋传导途径和特点，影响因素
    - 收缩性 — 心肌收缩的特点，影响因素
  - 心的泵血功能
    - 心动周期和心率
    - 心泵血过程 — 心室收缩期（3个）和心室舒张期（4个）
    - 心泵血功能评价 — 搏出量与射血分数，心输出量与心指数
    - 影响心输出量的因素 — 心率，搏出量（前负荷、后负荷、心肌收缩能力）
    - 心力储备 — 心率储备，搏出量储备（收缩期储备、舒张期储备）
  - 心音与心电图
    - 心音组成与特点
    - 心电图的波形及其生理意义
  - 血管生理
    - 各类血管的结构和功能特点
    - 血流动力学 — 血流量、血流阻力、血压
    - 动脉血压 — 概念，形成机制，影响因素
    - 动脉脉搏
    - 静脉血压和静脉回流 — 概念，影响静脉回心血量的因素
    - 微循环 — 典型的7个组成，3条血流通路
    - 组织液 — 生成与回流，有效滤过压，影响因素
    - 淋巴液 — 生成与回流，生理意义
  - 心血管活动的调节
    - 神经调节 — 心、血管的神经支配及其作用；降压反射过程及生理意义
    - 体液调节 — 肾上腺素、去甲肾上腺素、肾素-血管紧张素系统，血管升压素，心房钠尿肽的来源及生理作用
  - 器官循环 — 冠脉循环、肺循环、脑循环的特点和调节

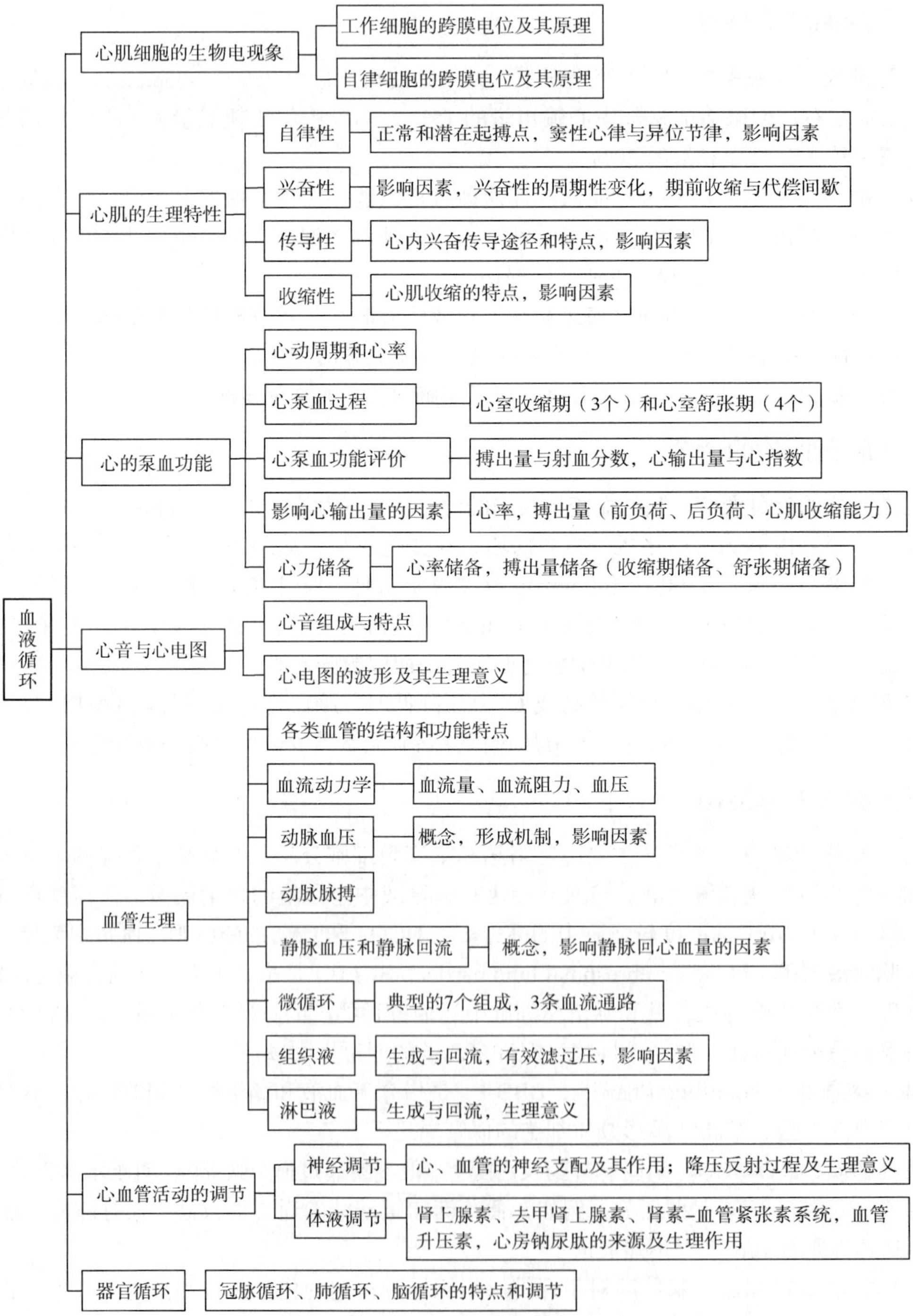

1. 何谓房室延搁，其意义是什么？
2. 心室肌细胞的动作电位有何特征？各时相产生的离子机制是什么？
3. 简述心肌细胞兴奋后，其兴奋性发生哪些变化？有何生理意义？
4. 在心动周期中，左心压力、容积、瓣膜和血流方向各有何变化？
5. 心房和心室在心泵血功能中各起什么作用？
6. 影响心输出量的因素有哪些？各有何影响？
7. 如何用无创法测量动脉血压？动脉血压是如何形成的，受到哪些因素的影响？
8. 颈动脉窦综合征患者出现晕厥的机制是什么？

第五章 呼　　吸

呼吸（respiration）是指机体与外界环境之间的气体交换过程。通过呼吸摄取 O_2，排出 CO_2，因而呼吸是维持机体新陈代谢的基本生理过程之一。

人的呼吸过程由三个相互连接的环节完成（图 5-1）：①**外呼吸**（external respiration），包括肺通气和肺换气。②气体在血液中的运输。通过血液的运输，把外界进入到肺的 O_2 运送到组织细胞，供组织细胞代谢利用，把组织细胞代谢产生的 CO_2 运送到肺排出体外。③**内呼吸**（internal respiration），即组织换气，在血液与组织、细胞之间的气体交换。有时将细胞内生物氧化过程包括在内。

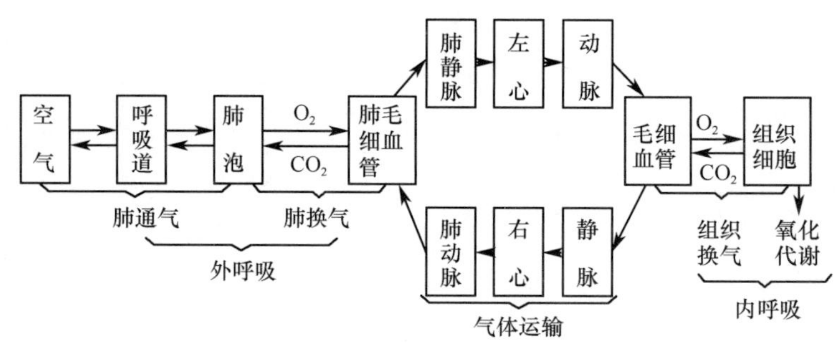

图 5-1　呼吸过程三个环节示意图

第一节　肺　通　气

肺通气（pulmonary ventilation）是指外界环境与肺之间的气体交换过程。实现肺通气的器官包括呼吸道、肺泡和胸廓等。呼吸道是肺泡与外界之间的气体通道，肺泡是气体交换的场所，呼吸肌舒缩所引起的胸廓节律性运动是实现肺通气的原动力。

一、肺通气功能的结构基础

（一）呼吸道

呼吸道包括鼻、咽、喉、气管和支气管及其在肺内的分支，直至终末细支气管的整个通道。通常将鼻、咽、喉称为上呼吸道；气管、支气管及其在肺内的各级分支称为下呼吸道。终末细支气管以后逐级分支为**呼吸性细支气管**（respiratory bronchiole）、肺泡管、肺泡囊和肺泡，为肺换气的场所。

1. 呼吸道的功能　呼吸道是气体进出肺的通道，是实现肺通气的基本结构。在神经和体液调节下，通过呼吸道平滑肌的舒缩活动，改变呼吸道的口径，引起气道阻力的变化，影响进出肺的气量和气流速度。同时，呼吸道对吸入气体进行加温、湿润、过滤和清洁，还可通过引起防御反射保护肺的功能。

2. 呼吸道平滑肌的调节 从气管到细支气管，软骨组织逐渐减少，平滑肌逐渐增多。因此，呼吸道口径容易受平滑肌舒缩的影响，并受神经和体液调节。

（1）神经调节：呼吸道平滑肌主要受交感神经和迷走神经双重调节。

交感神经末梢释放 NA，与呼吸道平滑肌 β_2 受体结合，促使平滑肌舒张，减少气道通气阻力，增加肺通气量。迷走神经末梢释放 ACh，与呼吸道平滑肌 M 受体结合，可促使平滑肌收缩，增加通气阻力，减少肺通气量。

（2）体液调节：肾上腺素、PGE_2 可促使支气管平滑肌舒张；而组胺、5-HT、缓激肽、白三烯、$PGF_{2\alpha}$ 等可促使支气管平滑肌强烈收缩。

（二）肺泡

肺泡（alveolus）是肺部气体交换场所，成年人有 3 亿个左右肺泡，总面积约 70 m^2。肺泡内壁由单层上皮细胞构成。肺泡上皮细胞主要分为两型：Ⅰ型细胞构成肺泡的内表面层；Ⅱ型细胞分散在Ⅰ型细胞之间，具有分泌功能。相邻肺泡之间有毛细血管网、弹性纤维等，使肺泡具有一定的弹性。

1. 呼吸膜 是肺泡与肺毛细血管血液间气体分子进行交换所通过的组织结构。呼吸膜由 6 层组成，自肺毛细血管向肺泡，依次为毛细血管内皮细胞、基膜、间质、肺泡上皮基膜、肺泡上皮细胞和含肺表面活性物质的液体分子层（图 5-2）。

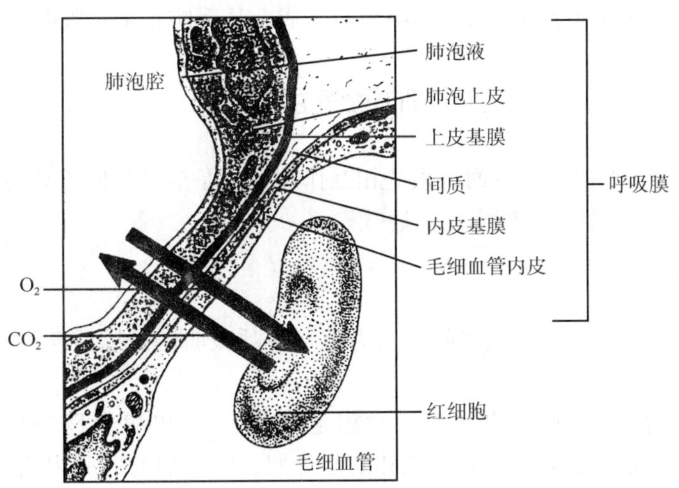

图 5-2 呼吸膜结构示意图

2. 肺泡表面张力与肺表面活性物质 肺泡内壁存在极薄的液体层，与肺泡中的气体形成液－气界面，产生**肺泡表面张力**（alveolar surface tension），使肺泡趋于缩小，肺通气阻力增大。

肺表面活性物质（pulmonary surfactant）是由肺泡Ⅱ型细胞合成并分泌，其主要化学成分为**二棕榈酰卵磷脂**（dipalmitoyl phosphatidyl choline，DPPC）和**表面活性物质结合蛋白**（surfactant-associated protein，SP）。DPPC 分子一端是非极性疏水的脂肪酸，不溶于水，另一端是极性基团，易溶于水。DPPC 以单分子层形式垂直排列于肺泡液－气界面，非极性端伸向肺泡腔，极性端插入液体层的液体分子之间，使液体分子间吸引力减小，从而能起到降低肺泡表面张力的作用。肺表面活性物质降低肺泡表面张力有重要的生理意义：

（1）降低吸气阻力，减少吸气做功：肺通气阻力主要来源于弹性阻力，其中 2/3 由肺泡表面张力形成的肺回缩力构成。肺表面活性物质降低肺泡表面张力的作用，可使肺通气阻力减小，从而可防止肺萎陷发生。

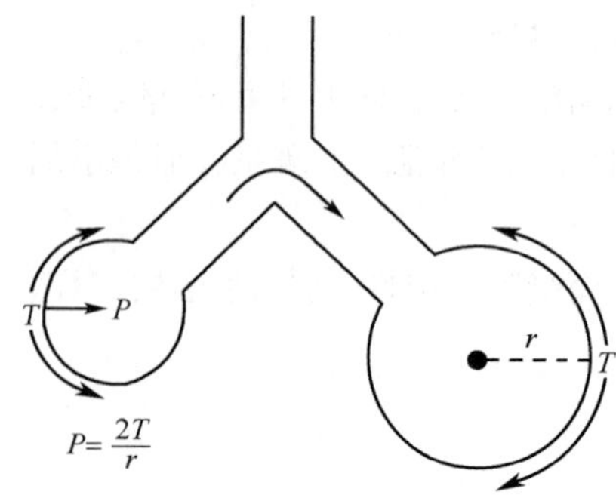

图 5-3　大、小相连通的肺泡间气流方向示意图

（2）维持肺泡容积的相对稳定：根据 Laplace 定律，肺泡回缩力（P）、肺泡表面张力（T）及肺泡半径（r）三者的关系为：$P = 2T/r$（图 5-3）。若肺泡表面张力（T）不变，则肺泡回缩力（P）随着肺泡半径（r）的减小而增大。由于大、小肺泡是相连通的，半径大的肺泡回缩力小，半径小的肺泡回缩力大，气体势必顺压强差流入大肺泡，导致小肺泡塌陷大肺泡膨胀。但在正常的情况下，由于肺表面活性物质的存在，并不会出现上述现象。

肺表面活性物质的密度随肺泡半径变小而增大，肺泡半径增大则减小，所以小肺泡肺表面活性物质密度大，降低表面张力作用强，使肺泡内压不致过高，防止了小肺泡的塌陷；大肺泡则因肺表面活性物质稀疏降低表面张力作用小，而表面张力相对较大，从而使大肺泡内压与小肺泡内压基本相等而不会过度膨胀，维持了大小不同肺泡容积的相对稳定。

（3）减少肺组织液生成，防止肺水肿：表面张力的合力指向肺泡中央，肺组织间隙增大，静水压降低，使肺泡毛细血管有效滤过压增加，组织液生成增多而形成肺水肿。肺表面活性物质降低肺泡表面张力，减小肺泡回缩力，减少肺组织液生成，从而防止肺水肿的发生。

二、肺通气的原理

气体进出肺的运动，取决于两方面因素的相互作用：一是推动气体流动的动力；一是阻止气体流动的阻力。动力必须克服阻力才能实现肺通气。

（一）肺通气动力

肺通气的直接动力是肺泡与大气之间的压力差，由呼吸肌的舒缩活动产生，肺通气的原动力是呼吸运动。

1. 呼吸运动的过程　呼吸肌的舒缩活动引起胸廓扩大和缩小称为**呼吸运动**（respiratory movement）。参与呼吸运动的吸气肌有膈肌和肋间外肌，呼气肌有肋间内肌和腹肌，辅助吸气肌有斜角肌、胸锁乳突肌等。

（1）**平静呼吸**（eupnea）：即安静状态下的呼吸，频率为 12 ～ 18 次/分。平静吸气为主动过程，平静呼气为被动过程。

平静吸气时，吸气肌收缩，胸廓扩大，肺被牵拉而扩大，导致肺容积增加，肺内压降低，当肺内压低于大气压时，空气进入肺；平静呼气时，吸气肌舒张，胸廓回位，肺容积缩小，肺内压升高，当肺内压高于大气压时，便推动气体呼出。

（2）**用力呼吸**（forced breathing）：吸气和呼气均为主动过程。

用力吸气时，除肋间外肌和膈肌的收缩加强外，辅助吸气肌也参与收缩，使胸廓进一步扩大，胸腔和肺容积明显增大，肺内压大幅下降，吸入大量气体；用力呼气时，除上述吸气肌舒张外，呼气肌也参与收缩，使胸廓进一步缩小，胸腔和肺容积明显缩小，呼出大量气体。

2. 呼吸运动的类型 呼吸运动分为胸式呼吸与腹式呼吸。肋间外肌舒缩活动为主的呼吸运动称为**胸式呼吸**（thoracic breathing），呼吸时以胸壁起伏为其主要特征；以膈肌舒缩活动为主的呼吸运动称为**腹式呼吸**（abdominal breathing），呼吸时以腹壁起伏为其主要特征。

成年人呼吸运动是胸式和腹式的混合式呼吸。婴幼儿的肋骨倾斜度小，位置趋于水平，主要表现为腹式呼吸；而妊娠后期、腹腔疾患（如腹腔肿瘤、腹水）等情况使膈肌运动受阻，以胸式呼吸为主。

3. 呼吸过程中肺内压变化 肺内压（intrapulmonary pressure）是指肺泡内的气压。平静呼吸时，呼吸平稳，肺内压变化程度较小。吸气时肺内压低于大气压 1 ～ 2mmHg，在平静呼气时肺内压高于大气压 1 ～ 2mmHg。紧闭声门，用力呼气时，肺内压可比大气压高 60 ～ 140mmHg；用力吸气时，肺内压可比大气压低 30 ～ 100mmHg。

在吸气末或呼气末，肺内压等于大气压，气流停止，并转入下一时相（图 5-4B）。人工呼吸的原理就是用人工的方法造成肺泡与外界压力差周期性变化，以维持肺的通气功能。

4. 胸膜腔及胸膜腔内压 胸膜腔是一个密闭的潜在腔隙，有少量浆液。这些液体在呼吸时起润滑作用，减少两层胸膜之间的摩擦，而且可使两层胸膜互相紧贴，不会因胸廓增大或减小而分开，保证肺能随胸廓的运动而变化。

（1）胸膜腔内压的测定：胸膜腔内的压力称**胸膜腔内压**（intrapleural pressure），有两种测压方法。在动物实验中采用直接测定法，将连接有检压计的注射针头插入胸膜腔，胸膜腔内压直接从检压计的液面显示出来（图 5-4A）；在人体则采用间接测定法，由于食管位于肺和胸壁之间，

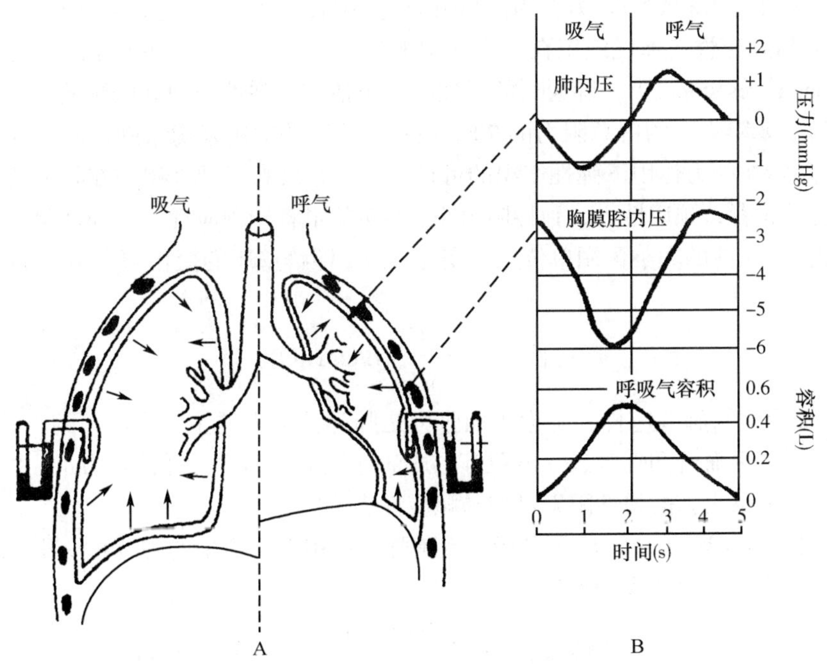

图 5-4 呼吸时，肺内压、胸膜腔内压变化示意图

A. 胸膜腔内压直接测量示意图；B. 肺内压、胸膜腔内压及呼吸气容积的变化过程

食管壁薄而软，在呼吸过程中压力与胸膜腔内压基本一致。因此，可通过食管插管，测量呼吸过程中食管内压变化来间接地反映胸膜腔内压变化。

在平静呼吸全过程中胸膜腔内压始终都低于大气压。在平静呼气末胸膜腔内压较大气压低 3 ～ 5mmHg，平静吸气末低 5 ～ 10mmHg。若关闭声门同时用力吸气，胸膜腔内压可降至 –90mmHg，关闭声门同时用力呼气时，胸膜腔内压可升高到 110mmHg。

（2）胸膜腔内负压的形成：胎儿出生后自第一次呼吸开始，肺即充气而处于扩张状态，同时胸廓生长的速度比肺快，胸廓经常牵引着肺，使肺处于一定程度的扩张状态。而肺具有一定的回缩力，这样就形成了胸膜腔内压。在吸气末或呼气末，肺内压等于大气压，此时作用于胸膜腔的力有两个：①肺内压：使肺泡扩张；②肺的弹性回缩力：使肺泡缩小。胸膜腔内的压力实际上是这两种方向相反的力的代数和，即：

胸膜腔内压 = 大气压 – 弹性回缩力

设大气压值为 0，则胸膜腔内压 =– 肺弹性回缩力。如果平静呼气时肺弹性回缩力为 5mmHg，则胸膜腔内压为 –5mmHg，实际值是 755mmHg。

可见，胸膜腔内负压是肺弹性回缩力形成的。吸气时，肺扩张，肺的弹性回缩力增大，胸膜腔内负压增大；呼气时则相反，负压减小。

（3）胸膜腔内负压的生理意义：①维持肺泡和小气道处于扩张状态。不因肺的弹性回缩力而塌陷，为肺通气和肺换气提供了必要的条件。②有利于静脉血和淋巴的回流。位于胸腔内的腔静脉、胸导管等由于管壁薄，胸膜腔内负压可使其被动扩张，有利于回流。

（二）肺通气阻力

肺通气过程中遇到的阻力称为肺通气阻力，包括弹性阻力和非弹性阻力两部分。非弹性阻力包括气道阻力、惯性阻力和黏滞阻力，约占总阻力的 30%，其中又以气道阻力为主。

1. 弹性阻力与顺应性 弹性组织在外力作用下变形时，产生对抗外力作用引起变形的力，称为**弹性阻力**（elastic resistance）。肺通气的弹性阻力包括肺的弹性阻力和胸廓的弹性阻力两部分，是平静呼吸时的主要阻力，约占总阻力的 70% 左右。顺应性常用来衡量弹性阻力的大小。**顺应性**（compliance）是指在外力作用下弹性组织的可扩张性，它反映了弹性组织在外力的作用下变形的难易程度。容易扩张者，顺应性大，弹性阻力小；不易扩张者，顺应性小，弹性阻力大。弹性阻力与顺应性成反比，顺应性的大小可用单位压力变化（ΔP，即跨壁压的变化）所引起的容积变化（ΔV）来表示，即：

$$\text{顺应性}\ (C) = \frac{\Delta V}{\Delta P}\ (\text{L/cmH}_2\text{O})$$

（1）肺弹性阻力与肺顺应性：肺泡表面张力是肺弹性阻力的主要来源，约占肺弹性阻力 2/3 左右。肺内弹性纤维、血管和呼吸道平滑肌等形成的弹性阻力约占肺弹性阻力 1/3 左右，两者共同形成阻止肺扩张的力量。肺的弹性阻力可用肺顺应性表示。

肺顺应性（lung compliance，C_L）是指一定跨肺压作用下所产生的肺容积变化。跨肺压是指肺内压与胸膜腔内压之差。用公式表示为：

$$\text{肺顺应性}\ (C_L) = \frac{\text{肺容积变化}\ (\Delta V)}{\text{跨肺压变化}\ (\Delta P)}\ (\text{L/cmH}_2\text{O})$$

（2）胸廓弹性阻力与胸廓顺应性：胸廓在自然位置时，不表现弹性阻力，此时肺容量约相当于肺总量的 67%。当肺容量小于肺总量 67% 时，胸廓被牵引向内而缩小，胸廓的弹性回缩力向外，是吸气的动力，呼气的弹性阻力；肺容量大于肺总量 67% 时，胸廓向外扩大，其弹性回缩力向内，成为吸气的弹性阻力，呼气的动力。胸廓的弹性阻力可用胸廓顺应性表示。

胸廓顺应性（compliance of chest wall，C_{chw}）指在一定跨壁压作用下胸腔容积的变化。跨壁压是指胸壁外大气压与胸膜腔内压之差的变化。用公式表示为：

$$胸廓的顺应性\ (C_{chw})=\frac{胸腔容积变化\ (\Delta V)}{跨壁压变化\ (\Delta P)}\ (L/cmH_2O)$$

（3）肺通气总弹性阻力与总顺应性：由密闭的胸膜腔耦联在一起的肺和胸廓呈串联关系，因此，肺通气总弹性阻力为肺弹性阻力和胸廓弹性阻力之和，可用肺和胸廓的总顺应性（C_{L+chw}）表示，具体计算公式是：

$$\frac{1}{C_{L+chw}}=\frac{1}{C_L}+\frac{1}{C_{chw}}$$

2. 非弹性阻力 约占总阻力的 30%。**非弹性阻力**（inelastic resistance）包括气道阻力、惯性阻力和黏滞阻力，其中气道阻力占非弹性阻力的 80% ～ 90%。

气道阻力是指气流通过呼吸道时，气体分子之间以及分子与气道壁的摩擦力。随气体的流速、气流形式和呼吸道管径大小的变化而变化；惯性阻力是气流在发动、变速、换向时因气流和组织的惯性所产生的阻止肺通气的力；黏滞阻力是呼吸时组织相对位移所产生的摩擦力。在正常情况，惯性阻力和黏滞阻力较小，可以忽略不计。

（三）呼吸功

呼吸功（work of breathing）是指在呼吸过程中，为克服肺通气阻力实现肺通气呼吸肌所做的功。呼吸功以单位时间内压力变化乘以容积变化来计算，单位是 J。平静呼吸时，每分钟呼吸功为 2.94 ～ 5.88J，占全身总能耗的 3%，其中 2/3 用以克服弹性阻力，1/3 用来克服非弹性阻力。劳动或运动时，非弹性阻力增加，而且呼气也有主动过程参与，消耗能量增加，则呼吸功增加。剧烈运动或劳动时，呼吸耗能可升高 25 倍，但由于全身总耗能也增大 15 ～ 20 倍，所以呼吸耗能仍只占 3% ～ 4%。

三、肺通气功能的评价

肺通气是呼吸过程中的一个重要环节，受呼吸肌舒缩活动、肺和胸廓的弹性、顺应性及气道阻力等多方面因素的影响。通过测定肺容积、肺容量和肺通气量等指标可以衡量肺通气的功能。

（一）肺容积

肺容积（pulmonary volume）是指在不同状态下肺所容纳的气体量，包括 4 种互不重叠的气体量，全部相加等于肺总容量（图 5-5）。

1. 潮气量（tidal volume，TV） 是指每次呼吸时吸入或呼出的气量。平静呼吸时，为 400 ～ 600ml。与年龄、性别和运动等有关，运动时，潮气量将增大。

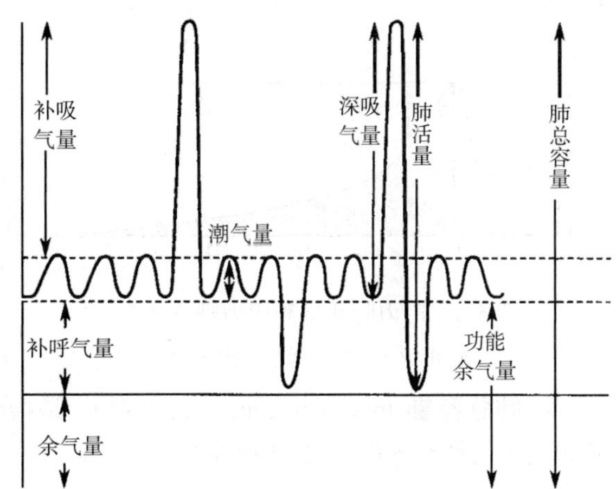

图 5-5 肺容积和肺容量组成及其关系示意图

2. 补吸气量（inspiratory reserve volume，

IRV） 是指平静吸气末，再尽力吸气所能吸入的气量，是吸气的储备量。正常成年人为 1500 ～ 2000ml。

3. 补呼气量（expiratory reserve volume，ERV） 是指平静呼气末，再尽力呼气所能呼出的气量，是呼气的储备量。正常成年人为 900 ～ 1200ml。

4. 余气量（residual volume，RV） 是指最大呼气末存留于肺内的气量，也称残气量。正常成年人约为 1000 ～ 1500ml。

（二）肺容量

肺容量（pulmonary capacity）是指肺容积中两项或两项以上联合的气体量。

1. 深吸气量（inspiratory capacity，IC） 是指在平静呼气末做最大吸气时所能吸入的气量，等于潮气量和补吸气量之和，是衡量最大通气潜力的一个重要指标。胸廓、胸膜、肺组织和呼吸肌等的病变可使深吸气量减少，而降低最大通气潜力。

2. 功能余气量（functional residual capacity，FRC） 是指平静呼气末肺内存留的气量，等于补呼气量和余气量之和。正常成年人为2500ml。肺气肿患者FRC增加，肺实质病变患者则FRC降低。

功能余气量的作用在于缓冲呼吸过程中肺泡气体成分的过度变化，以保证 PO_2 和 PCO_2 的相对稳定。这样肺泡气和动脉血中 PO_2 和 PCO_2 不会随呼吸周期发生大幅度波动，有利于气体交换。

3. 肺活量（vital capacity，VC） 是指尽力最大吸气后，用力呼气所能呼出的气量。等于潮气量、补吸气量和补呼气量之和。肺活量反映一次呼吸中肺的最大通气能力，是静态肺功能的重要指标之一，也常作为健康检查的指标。肺活量与身材大小、性别、年龄、体位和呼吸肌强弱等因素有关。正常成年男性平均约为 3.5L，女性约为 2.5L。

由于测定肺活量时，不限制呼出的时间，故不能充分反映肺组织的弹性状态和气道的通畅程度，即不能充分反映肺通气功能的好坏。用力肺活量和用力呼气量能更好地说明肺功能的好坏。

（1）**用力肺活量**（forced vital capacity，FVC）：是指尽力最大吸气后，再尽力尽快呼气所能呼出的气体量。在正常情况下，FVC 与 VC 值相近，但气道狭窄和阻塞的患者 FVC 值明显小于 VC 值。

（2）**用力呼气量**（forced expiratory volume，FEV）：即**时间肺活量**（timed vital capacity），是指尽力最大的吸气后，再尽力尽快呼气，分别测定第 1 秒、2 秒、3 秒末呼出的气体量（分别用 FEV_1、FEV_2 和 FEV_3 表示）。通常以它占用力肺活量的百分数来表示。正常成年人 FEV_1% 为 83%、FEV_2% 为 96%、FEV_3% 为 99%。用力呼气量是一项动态指标，不仅反映肺活量的大小，也反映了呼吸遇到阻力的变化，是评价肺通气功能的较好指标。阻塞性肺疾患的患者 FVC 可能变化不明显，但 FEV 降低，特别是 FEV1 明显降低，即往往需要更长的时间才能呼出尽力吸入的气量（图 5-6）。

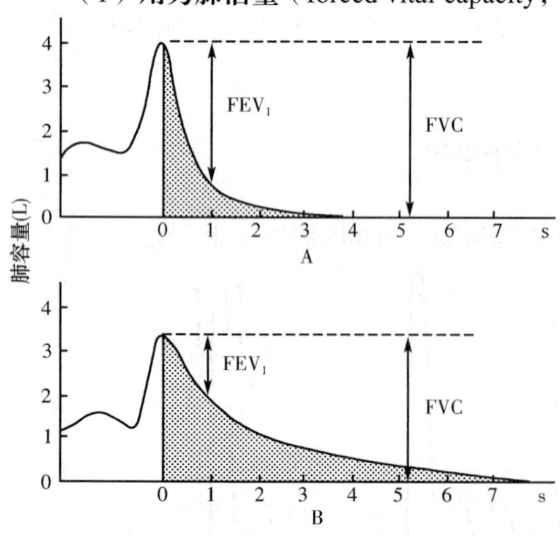

图 5-6 用力肺活量和用力呼气量

A. 正常人；B. 气道狭窄患者

4. 肺总容量（total lung capacity，TLC） 是指肺所能容纳的最大气量，等于肺活量和余气量之和。正常成年男性约 5.0L，女性约 3.5L。

（三）肺通气量

1. 每分通气量（minute ventilation volume） 是指每分钟吸入或呼出的气量。等于潮气量乘以呼吸频率。正常成年人呼吸潮气量约为500ml，以呼吸频率12～18次/分计，则每分通气量为6～9L。

$$每分通气量 = 潮气量 \times 呼吸频率$$

2. 最大通气量与通气储量百分比 尽力做最深、最快的呼吸时，每分钟吸入或呼出的气体量，称**最大随意通气量**（maximal voluntary ventilation capacity），简称最大通气量。它反映了单位时间内呼吸器官发挥了最大潜力后能达到的通气量，是评定一个人所能进行的最大运动量的生理指标之一。通常只测15s最快最深的呼出或吸入的气体量，再乘以时间，换算成每分钟的最大通气量，正常成年人可达150L/min。比较平静呼吸时的每分通气量和最大通气量，可以了解通气功能的储备能力，用通气储量百分比表示：

$$通气储量百分比 = \frac{最大通气量 - 每分平静通气量}{最大通气量} \times 100\%$$

正常值等于或大于93%，说明正常人肺通气存在很大的储备能力。小于70%为通气功能严重损害。

3. 肺泡通气量（alveolar ventilation） 在肺通气过程中，每次吸入的气体并非完全进入肺泡，潮气量的1/3将留在从上呼吸道至呼吸性细支气管以前的呼吸道内，这部分气体不参与肺泡和血液之间的气体交换，故将这一部分呼吸道容积称为**解剖无效腔**（anatomical dead space），成年人约为150ml。

进入肺泡的气体也可因血液在肺内分布不均匀，而不能都与血液进行气体交换，未能发生气体交换的这部分肺泡容量称为**肺泡无效腔**（alveolar dead space）。肺泡无效腔与解剖无效腔合称**生理无效腔**（physiological dead space）。正常人在平卧位时，生理无效腔接近或等于解剖无效腔。

由于无效腔的存在，每次吸入的新鲜空气不能都到达肺泡进行气体交换，因此，从气体交换角度来看，有效的气体交换量应去除无效腔气量部分，以肺泡通气量为准。肺泡通气量是指每分钟进入肺泡的气量。即：

$$肺泡通气量 = （潮气量 - 无效腔气量） \times 呼吸频率$$

如果潮气量为500ml，解剖无效腔气量为150ml，则每次吸入肺泡的新鲜空气量是350ml，若呼吸频率为12次/分，则肺泡通气量为4.2L/min。在潮气量减半而呼吸频率加倍或潮气量加倍而呼吸频率减半时，肺通气量不变，但肺泡通气量却发生明显变化（表5-1），故从气体交换的效果来看，浅而快的呼吸对机体不利，而适当深而慢的呼吸有利于气体的交换。

表5-1 不同呼吸频率和潮气量时的每分通气量和肺泡通气量

呼吸频率（次/分）	潮气量（L）	肺通气量（L/min）	肺泡通气量（L/min）
8	1.0	8.0	6.8
16	0.5	8.0	5.6
32	0.25	8.0	3.2

第二节 呼吸气体的交换

通过呼吸运动，肺通气连续进行，使肺泡气不断更新，保持了肺泡气 O_2 分压、CO_2 分压的相对稳定，这是气体得以顺利进行交换的前提。呼吸气体交换包括肺换气和组织换气，均以扩散的方式进行。

一、气体交换的原理

气体分子总是不停地在进行非定向的运动，结果是气体从高分压处向低分压处发生净转移，这一过程称为**气体扩散**（diffusion）。

（一）气体扩散速率及其影响因素

单位时间内气体的扩散量称为**气体扩散速率**（gas diffusion rate），受多种因素的影响。下式表示气体扩散速率的相关因素：

$$扩散速率 \propto \frac{分压差 \times 温度 \times 气体溶解度 \times 扩散面积}{扩散距离 \times \sqrt{分子量}}$$

1. 气体的分压差 混合气体中，各组成气体所具有的压力称为该气体的**分压**（partial pressure，P）。混合气体的总压力等于各组成气体分压之和。在温度恒定时，每一气体的分压取决于气体总压力和它自身的浓度。在海平面，空气的压力约为760mmHg。空气中 O_2 约占20.96%，CO_2 约占0.04%，故 O_2 和 CO_2 的分压分别为159mmHg和0.3mmHg。

混合气体中各气体扩散的动力是气体分压差，气体分压差决定着气体扩散的方向。分压差大，则扩散快，扩散速率大；反之，则扩散速率小。从表5-2可知，肺泡气与静脉血之间，O_2 的分压差为62mmHg，CO_2 的分压差为6 mmHg。单从分压差看，O_2 的扩散速率约为 CO_2 的10倍。

表5-2 肺泡气、血液和组织内 PO_2 和 PCO_2 值（mmHg）

气体分压	肺泡气	动脉血	静脉血	组织
PO_2	102	100	40	30
PCO_2	40	40	46	50

2. 扩散系数（diffusion coefficient） 为气体溶解度与气体分子量平方根之比，该系数是反映气体分子本身特性的指标之一。O_2 和 CO_2 在血浆的溶解度分别为21.4ml/L和515ml/L，CO_2 的溶解度是 O_2 的24倍。而 CO_2 的分子量是44，O_2 的分子量是32，CO_2 分子量的平方根是 O_2 的1.14倍。因此，单从气体分子本身特性看，CO_2 的扩散系数约是 O_2 的20倍。若综合考虑影响气体扩散速率的溶解度、分子量和气体的分压差等因素后，在肺泡内 CO_2 的实际扩散速率约是 O_2 的2倍。故临床上，肺换气功能障碍的患者往往缺氧显著，而 CO_2 潴留不明显，其原因之一就是 CO_2 的扩散速率比 O_2 快。

3. 气体扩散面积、扩散距离和温度 是影响气体扩散的外部因素。气体扩散速度与扩散面积成正比，而与扩散距离成反比，与温度成正比。在生理条件下，人体的体温相对恒定，而气体扩散面积和气体扩散距离也相对稳定。因此，气体本身的性质和特征是影响气体扩散速率的主要因素。

（二）环境和人体不同部位气体的分压

1. 呼吸气及肺泡气的成分和分压 人体吸入的空气，主要成分是 O_2、CO_2 和 N_2，只有 O_2 和 CO_2 在气体交换中起作用。吸入的气体经上呼吸道加温和湿化作用，到气管时已被水蒸气饱和，所以呼吸道内吸入气的成分已不同于大气，各成分的分压也发生了改变。由于无效腔的存在，呼出气体混有上次吸气的存留于无效腔中的新鲜气体，而吸入的气体混有上次未排出的残旧气体。所以，肺泡中 PO_2 和 PCO_2 在呼吸过程中也有微小的波动。

2. 血液和组织的气体分压 气体与液体相遇时，气体分子既可在其分压作用下溶解于液体中，而溶解于液体中的气体也可从液体中逸出。溶解的气体从液体中逸出的力称为张力。当分压和张力相等时，气体的溶解量保持稳定。因此，张力就是液体中的气体分压。从表 5-2 可见血液（静脉血和动脉血）与组织中的 PO_2 和 PCO_2 均有所不同。即使是同一组织，气体分压还将受该组织代谢水平的影响。

二、肺 换 气

（一）肺换气过程

当混合静脉血流经肺毛细血管时，血液的 PO_2（40 mmHg）比肺泡 PO_2（102 mmHg）低，而血液的 PCO_2（46mmHg）比肺泡 PCO_2（40 mmHg）高，血液和肺泡气体之间存在分压差，促使 O_2 和 CO_2 进行交换。O_2 由肺泡扩散入血液，CO_2 由血液扩散入肺泡（图 5-7）。O_2 和 CO_2 的扩散速度极快，仅需 0.3s 即可完成肺部气体交换，而血液流经肺毛细血管的时间约为 0.7s。实际上当血液流经肺毛细血管全长约 1/3 时，肺换气过程已基本完成。

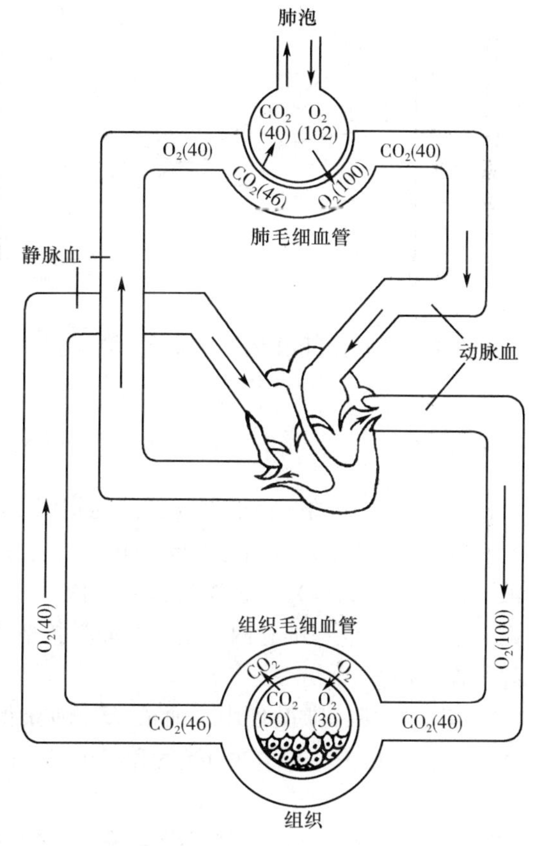

图 5-7 气体交换示意图

图中数字为气体分压，单位：mmHg

（二）影响肺换气的因素

除前述影响气体扩散速率的有关因素外，影响肺换气的重要因素是呼吸膜的状态和通气 / 血流比值，特别是在病理条件下更为重要。

1. 呼吸膜

（1）呼吸膜的面积：气体扩散速率与扩散面积成正比。正常成年人约有 3 亿个肺泡，总扩散面积约为 70m²。而在安静状态下，只有 40m² 的呼吸膜用于气体交换，因此呼吸膜有相当大的储备面积。在运动时，肺毛细血管开放的程度和数量增加，气体扩散面积增加；肺气肿时，由于肺泡壁破坏，气体扩散面积减少。

（2）呼吸膜的厚度：呼吸膜的平均厚度不足 1μm，最薄处只有 0.2μm，对气体通透性极大，气体很容易扩散交换。因此，正常情况下，呼吸膜的厚度不影响气体的扩散。在病理情况下，如肺纤维化、肺水肿使呼吸膜增厚，气体扩散距离增加，扩散速度减慢。新型冠状病毒肺炎会引起肺泡损伤，肺水肿，呼吸膜增厚，最后导致患者获得氧气困难。我国充分发挥中医药优势，运用中西医结合方案治疗新冠肺炎，延缓肺部炎症反应过程，减缓并阻止重症转危，降低病亡率，取得了很好的疗效。

2. 通气 / 血流比值 要实现肺内的气体交换，除了有足够的肺泡通气量和肺毛细血管血流量之外，还要求二者有适宜的比值，气体交换才能正常进行。肺泡通气量和肺血流量之比值（$\dot{V}_A/\dot{Q}$），称为**通气 / 血流比值**（ventilation/perfusion ratio）。正常成人安静状态时，肺泡通气量为 4.2L/min，肺血流量为 5.0L/min（等于心输出量），$\dot{V}_A/\dot{Q}$ 为 0.84。混合的静脉血流经肺毛细血管时，与肺泡进行了充分的气体交换，全部成为动脉血，即 $\dot{V}_A/\dot{Q}$ 为 0.84 是最佳匹配值，肺换气效率最高。

如 $\dot{V}_A/\dot{Q}$ 明显大于 0.84，表明肺通气过度或肺血流量减少，导致部分肺泡气未能与血液气充分交换，造成肺泡无效腔增大；如果 $\dot{V}_A/\dot{Q}$ 明显小于 0.84，则意味着通气不足或血流过剩，混合静脉血中的气体未能得到充分更新，未能成为动脉血，形成功能性的动－静脉短路。因此决定气体交换效率的因素是肺泡通气量和肺血流量的比值，而不是其绝对数值。

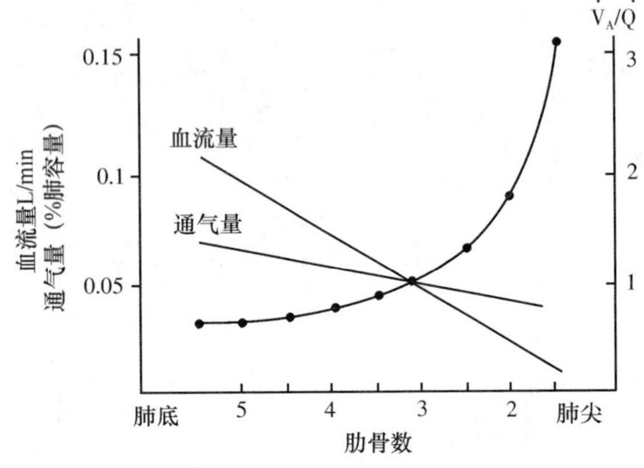

图 5-8　肺通气和血流量分布的不均示意图

生理条件下，肺各个局部区域的肺泡通气量和肺血流量的分布是不均匀的，因而肺各部分的 $\dot{V}_A/\dot{Q}$ 存在着区域性差异。人体在直立时，由于重力和气体分子活动特性等因素的作用，肺尖部的通气量和血流量都比肺底部为少，但以血流量减少更为显著，故肺尖部的 $\dot{V}_A/\dot{Q}$ 较大，可达 3.3；而肺底部 $\dot{V}_A/\dot{Q}$ 较小，可低至 0.6（图 5-8）。虽然正常情况下存在着肺泡通气和血流的不均匀分布，但从总体上看，由于呼吸膜面积大大超过气体交换的实际需要，所以并未影响 O_2 的摄取和 CO_2 的排出。

三、组织换气

气体在组织的交换机制与肺泡处相似。细胞不断代谢消耗 O_2，产生 CO_2。故组织内 PO_2 可低至 30mmHg，PCO_2 可高达 50mmHg。当动脉血流经组织毛细血管时，在气体分压作用下，O_2 由血液扩散到组织，CO_2 由组织扩散到血液。影响组织换气的因素与肺换气相似，不同的是交换发生在血液、组织液和细胞内液之间，而且扩散膜两侧的 O_2 和 CO_2 分压差因细胞内氧化代谢的强弱和组织血流而异。

综上所述，肺循环中，血液从肺泡获得 O_2，并释放出 CO_2；体循环中，血液向组织释放出 O_2，并获得 CO_2。这样，肺换气和组织换气同步进行，相互协调，共同完成机体的气体交换过程。

第三节　气体在血液中的运输

通过肺泡扩散入血液的 O_2 必须经过血液循环运输，才能到达组织，供组织代谢利用；而组织代谢产生的 CO_2，也必须由血液循环运输到肺泡才能排出体外。

O_2 和 CO_2 在血液的运输形式有物理溶解和化学结合两种形式。O_2 和 CO_2 在血液中物理溶解的量很少，主要是以化学结合的形式存在。在温度 38℃，1 个大气压的条件下，血液中 O_2 和 CO_2 物理溶解和化学结合的量如表 5-3。

表 5-3　血液 O_2 和 CO_2 的含量（ml/100ml 血液）

	动脉血			静脉血		
	物理溶解	化学结合	合计	物理溶解	化学结合	合计
O_2	0.31	20.00	20.31	0.11	15.20	15.31
CO_2	2.53	46.40	48.93	2.91	50.00	52.91

虽然物理溶解形式的O_2、CO_2量很少，但非常重要，因为必须先有物理溶解才能发生化学结合。而且，无论是在肺，还是组织，只有物理溶解形式的气体才能进行自由交换。

一、氧的运输

血液中，物理溶解的O_2量仅约占血液O_2总运输量的1.5%，化学结合量占98.5%左右。

100ml血液中Hb能结合的最大O_2量称为**Hb氧容量**（oxygen capacity of Hb），而100ml血液中Hb实际结合的O_2量称为**Hb氧含量**（oxygen content of Hb）。Hb氧含量和Hb氧容量的百分比称为**Hb氧饱和度**（oxygen saturation of Hb）。例如，Hb浓度在15g/100ml血液时，Hb氧容量是20.1ml/100ml血液，那么如果测得Hb氧含量是20.1ml，则Hb氧饱和度为100%；如果Hb氧含量是15ml，则Hb氧饱和度约为75%。通常情况下，血液中溶解的O_2极少，可忽略不计，因此，Hb氧容量、Hb氧含量和Hb氧饱和度可分别视为血氧容量、血氧含量和血氧饱和度。

（一）Hb与O_2结合

该反应迅速、不需酶的催化而且方向可逆。反应方向取决于PO_2的高低，当血液流经PO_2高的肺部时，**血红蛋白**（hemoglobin，Hb）与O_2结合形成**氧合血红蛋白**（oxyhemoglobin，HbO_2）；当血液流经PO_2低的组织时，HbO_2迅速解离，释放O_2，成为**去氧血红蛋白**（deoxyhemoglobin）。

$$Hb+O_2 \underset{PO_2\text{低（组织）}}{\overset{PO_2\text{高（肺）}}{\rightleftharpoons}} HbO_2$$

Hb是红细胞内以血红素为辅基的结合蛋白质，血红素为原卟啉与一个Fe^{2+}构成的基团。Fe^{2+}与O_2结合后不涉及电子的转移，所以Hb与O_2的结合是**氧合**（oxygenation）作用，而不是**氧化**（oxidation）反应。同样，氧合血红蛋白解离释放O_2的过程是去氧过程，也不是还原反应。因此，释放O_2之后的Hb称为去氧Hb。

HbO_2呈鲜红色，去氧Hb呈紫蓝色。当体表浅表毛细血管血液中去氧Hb含量达5g/100ml以上时，皮肤、黏膜呈浅蓝色，称为**发绀**（cyanosis）。

（二）氧解离曲线

氧解离曲线（oxygen dissociation curve）或氧合血红蛋白解离曲线是表示血氧分压与Hb氧饱和度关系的曲线（图5-9）。该曲线为S形，既表示不同PO_2下O_2与Hb的解离情况，也反映不同PO_2下Hb与O_2的亲和力、Hb与O_2的结合情况。

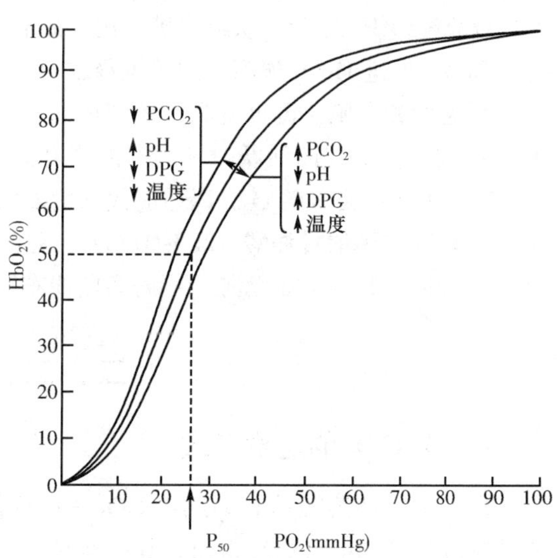

图5-9 氧解离曲线及其主要影响因素示意图

1. 氧解离曲线上段 当血PO_2在60～100mmHg范围时，曲线较平坦。在这一区间内，当血PO_2改变时，Hb氧含量和Hb氧饱和度变化很小。这表明Hb与O_2的亲和力较高，保证了血液流经肺泡时能够充分氧合，代表Hb与O_2的结合段。

正常人血PO_2为100mmHg时（相当于动脉血的PO_2），Hb氧饱和度为97.4%。当血PO_2下降到 70mmHg 时，Hb 氧饱和度为 94.1%，仅降低了 3.3%。而且，只要血 PO_2 不低于 60mmHg，Hb 氧饱和度还保持在 90% 以上，血液仍可携带足够量的 O_2。因此，生活在高原、高空或某些呼吸系统疾患的人，吸入气和肺泡气 PO_2 有所降低，但只要 PO_2 不低于 60mmHg，机体就不会发生明显的低氧血症。

2. 氧解离曲线中段 当血 PO_2 在 40 ～ 60mmHg 范围时，曲线较陡。在此范围内，Hb 氧饱和度随着 PO_2 的下降迅速降低，即大量结合在 Hb 上的 O_2 被释放，说明 Hb 与 O_2 的亲和力较低，有利于 HbO_2 释放 O_2，即中段是 HbO_2 的释放段。

PO_2 在 40mmHg 时相当于混合静脉血的 PO_2，此时 Hb 氧饱和度为 75%，每 100ml 静脉血中含 O_2 量约 14.4ml，动脉血氧含量为 19.4ml/100ml，即每 100ml 动脉血液流经组织时释放了 5ml O_2 供组织利用。

3. 氧解离曲线下段 当血 PO_2 在 15 ～ 40mmHg 范围时，曲线坡度最陡。在此范围内，PO_2 稍有降低，Hb 氧饱和度就明显下降，即大量 HbO_2 解离，释放出大量的 O_2。

当组织活动加强时，PO_2 可降至 15mmHg，HbO_2 进一步解离，Hb 氧饱和度降至更低的水平，每 100ml 静脉血中含 O_2 量约为 4.4ml，即当 100ml 动脉血流经组织时释放了 15ml 的 O_2 供组织利用。可见下段是 O_2 释放的储备段。

（三）影响氧解离曲线的因素

Hb 与 O_2 的结合和解离可受多种因素影响，使氧解离曲线的位置发生偏移（图 5-9），即 Hb 对 O_2 的亲和力发生变化。通常用 P_{50} 表示 Hb 与 O_2 的亲和力。P_{50} 是使 Hb 氧饱和度达 50% 时的 PO_2，正常情况下为 26.5mmHg。P_{50} 增大即氧解离曲线右移，表明 Hb 对 O_2 的亲和力降低；P_{50} 减小氧解离曲线左移，表示 Hb 对 O_2 的亲和力增加。

1. pH 和 PCO_2 的影响 pH 降低或 PCO_2 升高，Hb 对 O_2 的亲和力降低，氧解离曲线右移；反之，氧解离曲线左移。PCO_2 的影响，一方面是 PCO_2 改变时，可通过 pH 改变产生间接效应；另一方面可通过 CO_2 与 Hb 结合而直接影响 Hb 与 O_2 的亲和力。

酸碱度对 Hb 与氧亲和力的影响称为**波尔效应**（Bohr effect）。当血液流经肺时，CO_2 从血液向肺泡扩散，血液 PCO_2 下降，H^+ 浓度也降低，均使 Hb 对 O_2 的亲和力增大，血液结合的 O_2 量增加。当血液流经组织时，CO_2 从组织扩散进入血液，血液 PCO_2 和 H^+ 浓度升高，Hb 对 O_2 的亲和力降低，曲线右移，促进 HbO_2 解离，向组织释放 O_2。

2. 温度的影响 温度升高，氧解离曲线右移，促进 O_2 的释放；温度降低，曲线左移，不利于 O_2 的释放。组织代谢活跃时，局部温度升高，CO_2 和酸性代谢物增加，都有利于 HbO_2 解离，使活动组织可获得更多的 O_2，以适应代谢增强的需要。

3. 2, 3- 二磷酸甘油酸（2, 3-DPG） 是红细胞无氧糖酵解的产物。在缺 O_2 的情况下，糖酵解加强，红细胞 2, 3-DPG 增加，氧解离曲线右移，有利于 O_2 的释放。

二、二氧化碳的运输

（一）CO_2 的运输形式

血液中物理溶解的 CO_2 约占 CO_2 总运输量的 5%，化学结合量占 95%。化学结合形式主要是碳酸氢盐和氨基甲酰血红蛋白，其中碳酸氢盐形式占 CO_2 总运输量的约 88%，氨基甲酰血红蛋白形式占 7% 左右。

1. 碳酸氢盐　从组织扩散进入血液的 CO_2，大部分进入红细胞。在碳酸酐酶催化下，CO_2 与 H_2O 反应生成 H_2CO_3，进一步解离为 HCO_3^- 和 H^+（图 5-10）。反应如下：

$$CO_2+H_2O \xrightleftharpoons{\text{碳酸酐酶}} H_2CO_3 \rightleftharpoons HCO_3^- + H^+$$

上述反应中产生的 HCO_3^-，在红细胞内主要与 K^+ 结合形成 $KHCO_3$，在血浆则主要与 Na^+ 结合生成 $NaHCO_3$，碳酸氢盐随血液流向肺部；而反应产生的 H^+，大部分与去氧 Hb 结合形成 HHb。

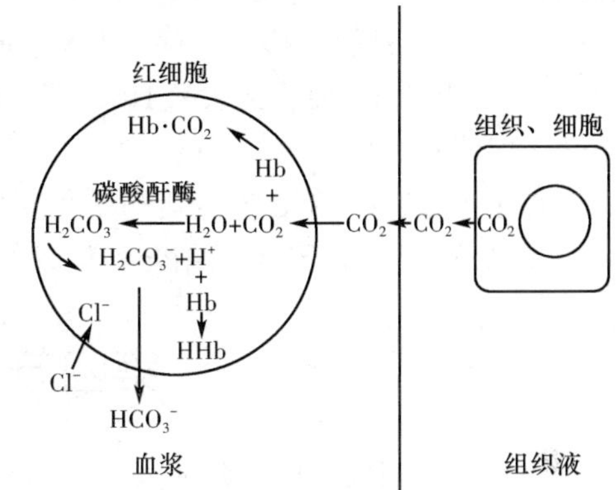

图 5-10　CO_2 在血液中的运输示意图

红细胞内碳酸酐酶浓度较高，因此该反应在红细胞内进行迅速。随着红细胞内 HCO_3^- 浓度不断增加，HCO_3^- 便通过红细胞膜扩散进入血浆。与此同时，Cl^- 由血浆扩散进入红细胞，这一现象称为**氯转移**（chloride shift）。这样，HCO_3^- 便不会在红细胞内堆积，有利于反应向右进行，便于 CO_2 的运输。

当静脉血液流经肺部时，反应向左进行。碳酸氢盐解离形成 HCO_3^- 和阳离子。血浆中的 HCO_3^- 进入红细胞以补充消耗了的 HCO_3^-，Cl^- 则返回到血浆。与此同时，红细胞内碳酸酐酶催化 H_2CO_3 分解成 CO_2 和 H_2O，CO_2 由红细胞扩散入血浆。因为肺泡气 PCO_2 比静脉血 PCO_2 低，血浆中溶解的 CO_2 扩散进入肺泡。这样，以碳酸氢盐形式运输的 CO_2 在肺部被释放并被排出。

2. 氨基甲酰血红蛋白　一部分 CO_2 与 $HbNH_2$ 的氨基结合生成**氨基甲酰血红蛋白**（carbamino-hemoglobin）。这一反应无需酶的催化，反应迅速、可逆。

$$HbNH_2O_2+H^++CO_2 \xrightleftharpoons[\text{肺部}]{\text{组织}} HHbNHCOOH+O_2$$

HbO_2 与 CO_2 结合形成 HHbNHCOOH 的能力比去氧 Hb 的小。在组织，HbO_2 解离释出 O_2，部分 HbO_2 变成去氧 Hb，与 CO_2 结合生成 HHbNHCOOH。此外，去氧 Hb 酸性较 HbO_2 弱，去氧 Hb 与 H^+ 结合，也促进反应向右进行，并缓冲 pH 变化。在肺部 HbO_2 生成增多，促使 HHbNHCOOH 解离释放 CO_2 和 H^+，反应向左进行。虽然以氨基甲酰血红蛋白形式运输的 CO_2 仅约占总运输量的 7%，但在肺排出的 CO_2 中却有 17.5% 是从氨基甲酰血红蛋白释放出来的。

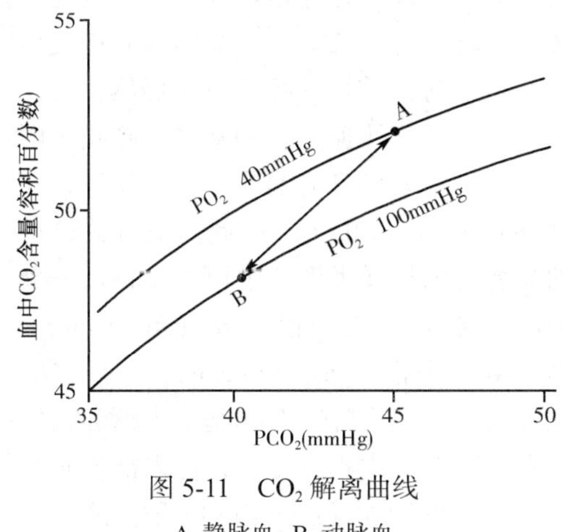

图 5-11　CO_2 解离曲线

A. 静脉血；B. 动脉血

（二）CO_2 解离曲线

CO_2 解离曲线（carbon dioxide dissociation curve）是表示血液中 CO_2 含量与 PCO_2 关系的曲线。血液 CO_2 含量随 PCO_2 上升而增加。与氧解离曲线不同，二者之间接近线性关系，而且没有饱和点。因此，CO_2 解离曲线的纵坐标不用饱和度而用浓度表示。

图 5-11 的 A 点是静脉血 PO_2 为 40mmHg、PCO_2 为 45mmHg 时的 CO_2 含量，每 100ml 血液中约有 52ml CO_2；B 点是动脉血 PO_2 为 100mmHg、PCO_2 为 40mmHg 时的 CO_2 含量，每 100ml 血液中约为 48ml CO_2。可见，血液流经肺时每 100ml 血液释出 4ml CO_2。

（三）O_2 与 Hb 的结合对 CO_2 运输的影响

O_2 与 Hb 结合可促使 CO_2 释放，这一现象称为**霍尔丹效应**（Haldane effect）。从图 5-11 可以看出，在相同的 PCO_2 下，动脉血携带的 CO_2 比静脉血少。因为 HbO_2 酸性较强，而去氧 Hb 酸性较弱，所以去氧 Hb 容易与 CO_2 结合而生成 HHbNHCOOH，也容易与 H^+ 结合，使 H_2CO_3 解离过程中产生的 H^+ 被及时移去，有利于反应向右进行，可提高血液运输 CO_2 的量。因此，在组织中，由于 HbO_2 释出 O_2 而成为去氧 Hb，霍尔丹效应可促使血液摄取并结合 CO_2；在肺，则因 Hb 与 O_2 结合，促使 CO_2 释放。

综上所述，O_2 和 CO_2 的运输是相互影响的。CO_2 通过波尔效应影响 O_2 的结合和释放，O_2 又通过霍尔丹效应影响 CO_2 的结合和释放。

第四节　呼吸运动的调节

当机体受到内外环境各种因素的影响时，在中枢神经系统的主导控制下，可反射性地引起呼吸频率和深度的改变，从而改变肺通气量以适应机体的需要。

一、呼吸中枢与呼吸节律的形成

（一）呼吸中枢

呼吸中枢（respiratory center）是指中枢神经系统内产生和调节呼吸运动有关的神经元群，分布在大脑皮层、间脑、脑桥、延髓和脊髓等部位。中枢各级部位在呼吸节律产生和调节中所起作用不同。正常呼吸运动是在各级呼吸中枢的相互配合下进行的。

1. 脊髓　支配呼吸肌的运动神经元位于第 3 ～ 5 颈段（支配膈肌）和胸段（支配肋间肌和腹肌等）前角。在动物的延髓和脊髓间横断，则呼吸停止。可见，节律性呼吸运动不是在脊髓产生的。脊髓只是联系上位脑与呼吸肌的中继站和整合某些呼吸反射的初级中枢。

2. 低位脑干

（1）呼吸中枢学说：1923 年，英国生理学家 Lumsden 进行了猫脑干逐段切除的实验，结果表明（图 5-12）：在脑桥头端横切脑干时，动物的呼吸基本正常（图 5-12A）；在脑桥中上部横切时，呼吸变深而慢，但在迷走神经切断后表现为长吸式呼吸（图 5-12B）；在脑桥和延髓交界处横切脑干时，动物的呼吸节律仍然存在，出现吸气和呼气快速交替的喘息式呼吸（图 5-12C）；而在延髓和脊髓交界处横切时，呼吸则终止（图 5-12D）。据此，把有关结构分别命名为脑桥**呼吸调整中枢**（pneumotaxic center），脑桥**长吸中枢**（apneustic center）和延髓**喘息中枢**（gasping center）。后来的研究肯定了延髓有呼吸节律基本中枢和脑桥上部有呼吸调整中枢的结论，但未能证实脑桥中下部存在着结构上特定的长吸中枢。

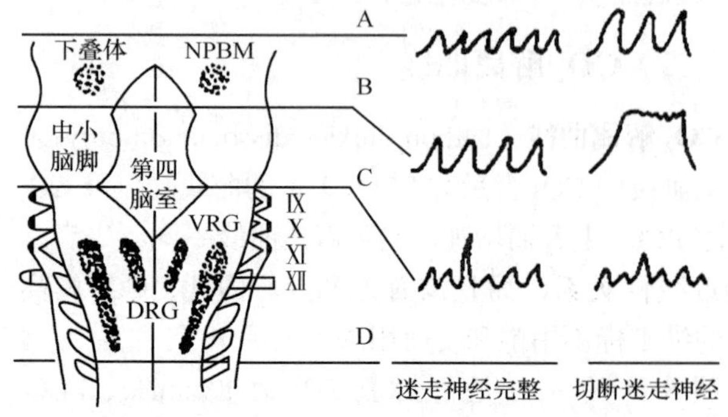

图 5-12　Lumsden 切割猫脑干实验示意图

左图示脑桥延髓背面观；右图表示呼吸变化

NPBM：臂旁内侧核；DRG：背侧呼吸组；VRG：腹侧呼吸组

（2）呼吸神经元：20 世纪 70 年代，神经电生理学研究发现，在中枢神经系统内有的神经元呈节律性放电，并和呼吸周期相关，称之为呼吸神经元。在吸气相放电的为吸气神经元，在呼气相放电的为呼气神经元，在吸气相放电并延续至呼气相的为吸气 – 呼气神经元，在呼气相放电并延续到吸气相者，为呼气 – 吸气神经元，后两类神经元均为跨时相神经元。

延髓和脑桥集中存在呼吸神经元的部位，分别称为**延髓背侧呼吸组**（dorsal respiratory group，DRG）、**延髓腹侧呼吸组**（ventral respiratory group，VRG）和**脑桥呼吸组**（pontine respiratory group，PRG）。

延髓背侧呼吸组：神经元分布在延髓的背内侧部（相当于孤束核的腹外侧部），主要含吸气神经元。其主要作用是使吸气肌收缩，引起吸气。

延髓腹侧呼吸组：神经元分布在延髓的腹外侧区，从尾端到头端相当于后疑核、疑核和面神经后核，以及它们的邻近区域，含有多种类型的呼吸神经元（吸气神经元、呼气神经元和跨时相神经元）。其主要作用是引起呼气肌收缩，产生主动呼气，还可调节咽喉部辅助呼吸肌的活动。近年来通过动物实验发现，在 VRG 的头端部和中间部之间，存在着一个包含各类呼吸中间神经元的过渡区，称之为**前包钦格复合体**（pre-Bötzinger complex，PBC）。PBC 是新生哺乳类动物呼吸节律起源的关键部位，在呼吸节律的产生中起关键性作用。

脑桥呼吸组：神经元分布在脑桥头端的背侧部，相当于臂旁内侧核（NPBM）和与其相邻的 Kölliker-Fuse（KF）核，二者合称 PBKF 核群，即呼吸调整中枢所在的部位，主要含呼气神经元，其作用是抑制吸气神经元，限制吸气，促使吸气向呼气转换。

3. 高位脑 呼吸还受脑桥以上部位的影响，如下丘脑、边缘系统和大脑皮层等。大脑皮层对呼吸运动具有重要作用，可以控制呼吸运动随意进行，如说话、唱歌，在一定范围内随意屏气和加快加深呼吸等。

总之，以大脑皮层为中心的呼吸调节系统是随意调节系统，可使呼吸及时适应机体特定功能需求；低位脑干的呼吸调节系统是自主节律呼吸调节系统，通过反馈性调节，可经常性地维持血液中 PO_2、PCO_2 和 pH 的相对稳定。

（二）呼吸节律形成的机制

基本呼吸节律起源于延髓，但其确切机制尚未完全清楚。目前，对正常呼吸节律的产生机制的解释有两种学说。

1. 神经元网络学说 基本观点是延髓内存在一些起着中枢吸气活动发生器和吸气切断机制作用的呼吸神经元，通过相互兴奋和抑制形成复杂的神经元网络。目前认为脑桥 PBKF 核群和肺牵张感受器 – 迷走神经传入活动可促进吸气切断机制的活动，从而促使吸气转为呼气。

2. 起步细胞学说 基本观点是延髓内存在有类似心脏窦房结起搏细胞的神经元，它们能自发产生节律性兴奋，并驱动其他呼吸神经元，从而引起节律性呼吸活动。在新生大鼠离体脑片制备的研究表明，前包钦格复合体内存在有产生呼吸节律的电压依赖性起步神经元。

二、呼吸的反射性调节

呼吸节律虽然产生于呼吸中枢，但其活动可受来自呼吸器官本身，以及其他感受器传入冲动的反射性调节，下述其中的一些重要反射。

（一）呼吸的化学感受性调节

血液或脑脊液中的 O_2、CO_2 和 H^+ 等化学因素引发的化学反射性调节，通过改变呼吸的频率和深度，调节血液中的 O_2、CO_2 和 H^+ 的水平，是维持机体正常代谢的重要调节机制。

1. 化学感受器 根据所在部位的不同，化学感受器分为**外周化学感受器**（peripheral chemoreceptor）和**中枢化学感受器**（central chemoreceptor）。

（1）外周化学感受器：颈动脉体和主动脉体是调节呼吸和循环的重要外周化学感受器。当动脉血 PO_2 降低、PCO_2 升高或 H^+ 浓度升高时兴奋，冲动经窦神经和迷走神经干传入延髓，反射性地引起呼吸加深加快和心血管活动改变。颈动脉体主要参与呼吸功能调节，而主动脉体在循环调节方面较为重要。

当灌流液 PO_2 下降、PCO_2 浓度升高或 H^+ 浓度升高时，颈动脉体传入神经纤维的放电频率增加；但在贫血或 CO 中毒时，血 O_2 含量虽然下降，但 PO_2 正常，只要血流量充足，化学感受器传入冲动并不增加。

PO_2 下降，PCO_2 升高或 H^+ 浓度升高等三种刺激对化学感受器有相互增强的作用。两种刺激同时作用时比单一刺激的效应强。这种协同作用有重要意义，加强了代偿性呼吸兴奋的反应，因为机体发生循环或呼吸衰竭时，总是 PCO_2 升高和 PO_2 降低同时存在。

（2）中枢化学感受器：位于延髓腹外侧浅表部位，左右对称，可以分为头、中、尾三个区（图 5-13A）。头区和尾区都有化学感受性，中间区域不具有化学感受性，是头区和尾区冲动传向脑干呼吸中枢投射的中继站。

中枢化学感受器的生理刺激是脑脊液和局部细胞外液的 H^+。在体内，血液中的 CO_2 能迅速通过血－脑屏障，使脑脊液中的 H^+ 浓度升高，从而刺激中枢化学感受器，引起呼吸中枢的兴奋（图 5-13B）。可是，脑脊液中碳酸酐酶含量很少，CO_2 与 H_2O 的结合很慢，所以对 CO_2 的反应有一定的时间延迟。血液中的 H^+ 不易通过血脑屏障，故血液 pH 的变化对中枢化学感受器的直接作用不大，也较缓慢。

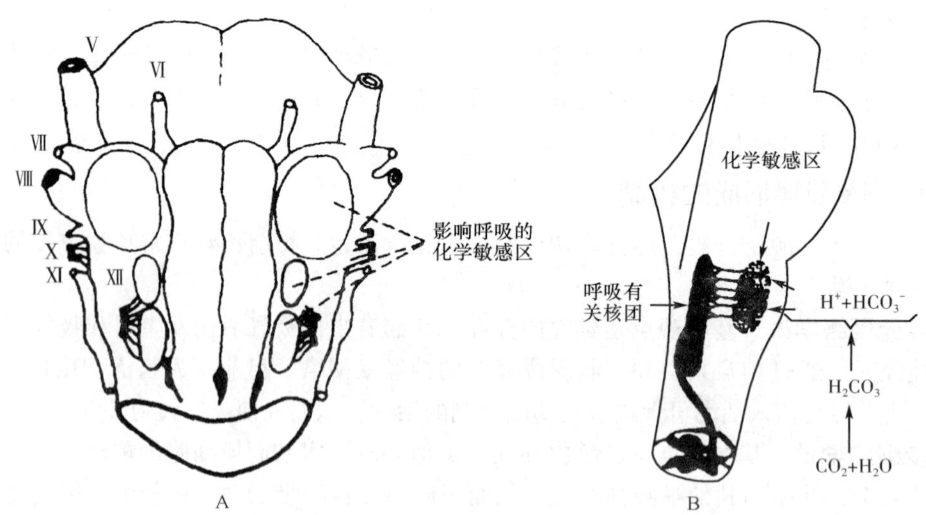

图 5-13 中枢化学感受器

A. 延髓腹外侧的化学敏感区；B. 血液或脑脊液 PCO_2 升高时，刺激呼吸的中枢机制

中枢化学感受器与外周化学感受器不同，它不感受缺 O_2 的刺激，但对 CO_2 的敏感性比外周化学感受器高，反应潜伏期较长。中枢化学感受器的作用可能是调节脑脊液的 H^+ 浓度，使中枢神经系统有一稳定的 pH 环境；而外周化学感受器的作用主要是在机体低 O_2 时，维持对呼吸的驱动。

2. CO_2、H^+ 和低 O_2 对呼吸的影响

（1）CO_2 对呼吸的影响：CO_2 是调节呼吸的最重要的生理性因素，经常发挥作用。在麻醉的动物或人，当动脉血液 PCO_2 降得很低时可发生呼吸暂停。可见，一定水平的 PCO_2 对维持呼吸和呼吸中枢的兴奋性是必要的。

吸入含 CO_2 的混合气，将使肺泡气 PCO_2 升高，动脉血 PCO_2 也随之升高，反射性使呼吸加深加快，肺通气量增加（图 5-14）。当吸入气中 CO_2 含量增加至 1% 时，肺通气量即有所增加；吸入气中 CO_2 含量增加至 4% 时，肺通气量比安静时的肺通气量增加 1 倍。通过肺通气量的增大不仅能增加 CO_2 的排出，还能使肺泡气和动脉血 PCO_2 重新恢复至接近正常水平。但是，当吸入气中 CO_2 含量超过 7% 时，肺通气量已不能随之平行上升，肺泡气和动脉血中 PCO_2 明显升高。CO_2 过多可抑制中枢神经系统（包括呼吸中枢）的活动，造成呼吸困难、头痛、头昏等症状，严重者甚至昏迷，称为 CO_2 麻醉。

CO_2 刺激呼吸是通过两条途径实现的：①刺激中枢化学感受器，再兴奋呼吸中枢；②刺激外周化学感受器，冲动经窦神经和迷走神经传入延髓中枢，反射性地使呼吸加深、加快，肺通气量增加。但两条途径中以前者为主。动脉血 PCO_2 只需升高 2mmHg 就可刺激中枢化学感受器，出现通气加强反应，而刺激外周化学感受器，则需升高 10mmHg。

由于中枢化学感受器的反应慢，所以当动脉血 PCO_2 突然大增时，外周化学感受器在引起快速呼吸反应中可起重要作用；当中枢化学感受器受到抑制，对 CO_2 的反应降低时，外周化学感受器也起重要作用。

（2）H^+ 对呼吸的影响：动脉血 H^+ 浓度升高，呼吸加深加快，肺通气量增加；H^+ 浓度降低，呼吸则受到抑制（图 5-14）。H^+ 对呼吸的调节也是通过外周化学感受器和中枢化学感受器两条途径实现的，但是，血液中的 H^+ 主要是通过刺激外周化学感受器兴奋呼吸。虽然中枢化学感受器对 H^+ 的敏感性较外周化学感受器高，但由于血液中的 H^+ 不容易通过血－脑屏障，限制了它对中枢化学感受器的作用。

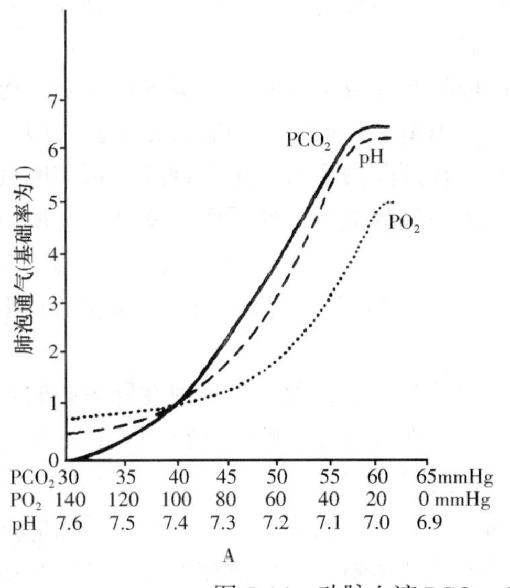

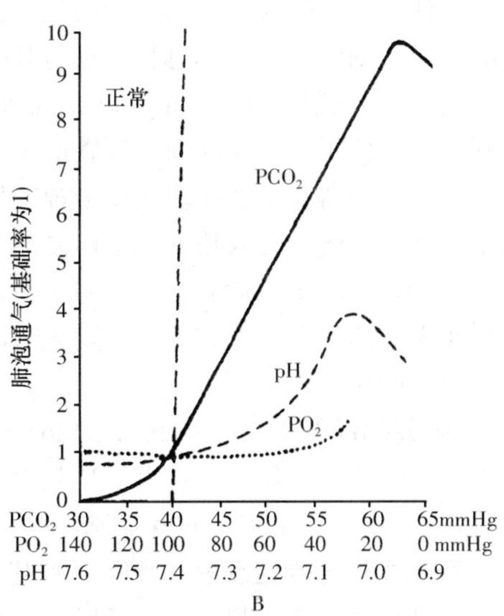

图 5-14 动脉血液 PCO_2、PO_2、pH 改变对肺泡通气的影响

A. 仅改变一种体液因素控制另两种因素于正常水平；
B. 改变一种体液因素不控制另两种因素

（3）低 O_2 对呼吸的影响：吸入气中 PO_2 降低时，肺泡气和动脉血 PO_2 都随之降低，呼吸加深、加快，肺通气量增加（图 5-14）。一般在动脉血 PO_2 下降到 80mmHg 以下时，肺通气才出现可觉察的增加，可见动脉血 PO_2 对正常呼吸的调节作用不大，仅在特殊情况下低 O_2 刺激才有重要意义。如严重肺气肿、肺心病患者，肺换气功能障碍，导致低 O_2 和 CO_2 潴留。长时间 CO_2 潴留使中枢化学感受器对 CO_2 的刺激作用产生适应，而外周化学感受器对低 O_2 刺激适应很慢，这时低 O_2 对外周化学感受器的刺激成为驱动呼吸的主要刺激。

低 O_2 对呼吸的刺激作用完全是通过外周化学感受器实现的。切断动物外周化学感受器的传入神经，低 O_2 的呼吸刺激反应完全消失。而低 O_2 对中枢的直接作用是抑制性的。通常，低 O_2 可以通过对外周化学感受器的刺激而兴奋呼吸中枢，这样在一定程度上可以对抗低 O_2 对中枢的直接抑制作用。但在严重低 O_2 时，外周化学感受性反射效应已不足以克服低 O_2 对中枢的抑制作用，终将导致呼吸功能严重衰竭。

3. CO_2、H^+ 和 O_2 在影响呼吸中的相互作用 上述 CO_2、H^+ 和 O_2 对呼吸的影响，均在只改变一个因素而其他两个因素不变的条件下进行。如图 5-14A 所示，三者引起的肺通气效应大致相近。实际上，在自然呼吸的条件下，三种因素往往相互影响，肺通气效应既可因相互总和而加大，也可因相互抵消而减弱。从图 5-14B 可见，CO_2 对呼吸运动的刺激作用最强，只要 PCO_2 稍有升高，肺通气量即显著增高。这是因为 PCO_2 升高时，H^+ 浓度也随之升高，二者作用总和，使肺通气效应较单独 PCO_2 升高时为大；而 H^+ 浓度增加时，因肺通气增加，使 CO_2 排出增加，PCO_2 下降，抵消了一部分 H^+ 的刺激作用；同样，PO_2 下降时，也因肺通气量增加，呼出较多的 CO_2，使 PCO_2 和 H^+ 浓度下降，从而减弱了低 O_2 刺激对呼吸的调节作用。

（二）呼吸的机械性反射调节

1. 肺牵张反射（pulmonary stretch reflex） 如果使麻醉动物肺扩张或向肺内充气，则抑制吸气；而肺萎陷或从肺中抽气，则使吸气加强。切断迷走神经，上述反应消失，说明迷走神经参与其中的反射。这种由肺扩张或肺萎陷引起的吸气抑制或兴奋的反射称为肺牵张反射，也称**黑－伯反射**（Hering-Breuer reflex），包括肺扩张反射和肺萎陷反射。

（1）**肺扩张反射**（pulmonary inflation reflex）：是肺充气或扩张时抑制吸气的反射。感受器是牵张感受器，位于从气管到细支气管的平滑肌中，阈值低，适应慢。当肺扩张牵拉呼吸道使之扩张时，牵张感受器兴奋，冲动经迷走神经传入延髓，在延髓内通过一定的神经联系使吸气切断机制兴奋，终止吸气，转入呼气。这样便加速了吸气和呼气的交替，使呼吸频率增加，所以切断迷走神经后，吸气延长、加深，呼吸变得深而慢。

在成年人，潮气量超过 1500ml 时才能引起肺扩张反射。所以，平静呼吸时，肺扩张反射一般不参与人的呼吸调节。

（2）**肺萎陷反射**（pulmonary deflation reflex）：又称肺缩小反射。该反射在肺萎陷时促进呼气转为吸气。感受器也位于呼吸道平滑肌内。肺萎陷反射在肺明显萎陷时才出现，它在平静呼吸调节中意义不大，对阻止呼气过深和肺不张等可能起一定作用。

2. 呼吸肌本体感受性反射 呼吸肌和其他骨骼肌一样，具有肌梭装置。肌梭是呼吸肌的本体感受器，当肌梭受到牵张刺激时，可反射性地引起呼吸运动加强。该反射在维持正常呼吸运动中起一定的作用，尤其在运动状态或气道阻力增大时，可反射性地加强呼吸肌的收缩力，克服气道阻力以维持正常肺通气功能。癌症晚期病人，为了解除疼痛，切断脊髓背根，术后相应的呼吸肌活动也减弱，说明呼吸肌本体感受性反射也参与正常呼吸运动的调节。

（伍冠一　包怡敏）

思维导图

呼吸
肺通气
肺通气功能的结构基础
呼吸道
呼吸道功能
呼吸道平滑肌调节
肺泡
呼吸膜
表面活性物质
肺通气原理
通气动力
呼吸运动过程，形式
肺内压，胸膜腔内压
通气阻力
弹性阻力，顺应性
非弹性阻力
呼吸功
功能评价
肺容积
互不重叠
肺容量
两项以上联合
肺通气量
每分通气量，最大随意通气量
肺泡通气量
气体交换
气体交换的原理
气体扩散速率及其影响因素
不同部位气体的分压
肺换气
过程
影响因素：面积、厚度、通气/血流比值
组织换气
气体在血液中运输
氧的运输
Hb与O_2结合
发绀
氧解离曲线及影响因素
pH、CO_2、温度、2,3-DPG
CO_2的运输
CO_2运输形式
CO_2解离曲线
O_2与Hb的结合对CO_2运输的影响
呼吸运动调节
呼吸中枢与节律起源
呼吸中枢
脊髓、低位脑干、高位脑
呼吸节律机制
神经元网络学说、起步细胞学说
呼吸运动反射性调节
化学感受性调节
化学感受器
CO_2、H^+和O_2对呼吸的影响
CO_2、H^+和O_2在影响呼吸中的相互作用
机械性反射调节
肺牵张反射
本体感受反射

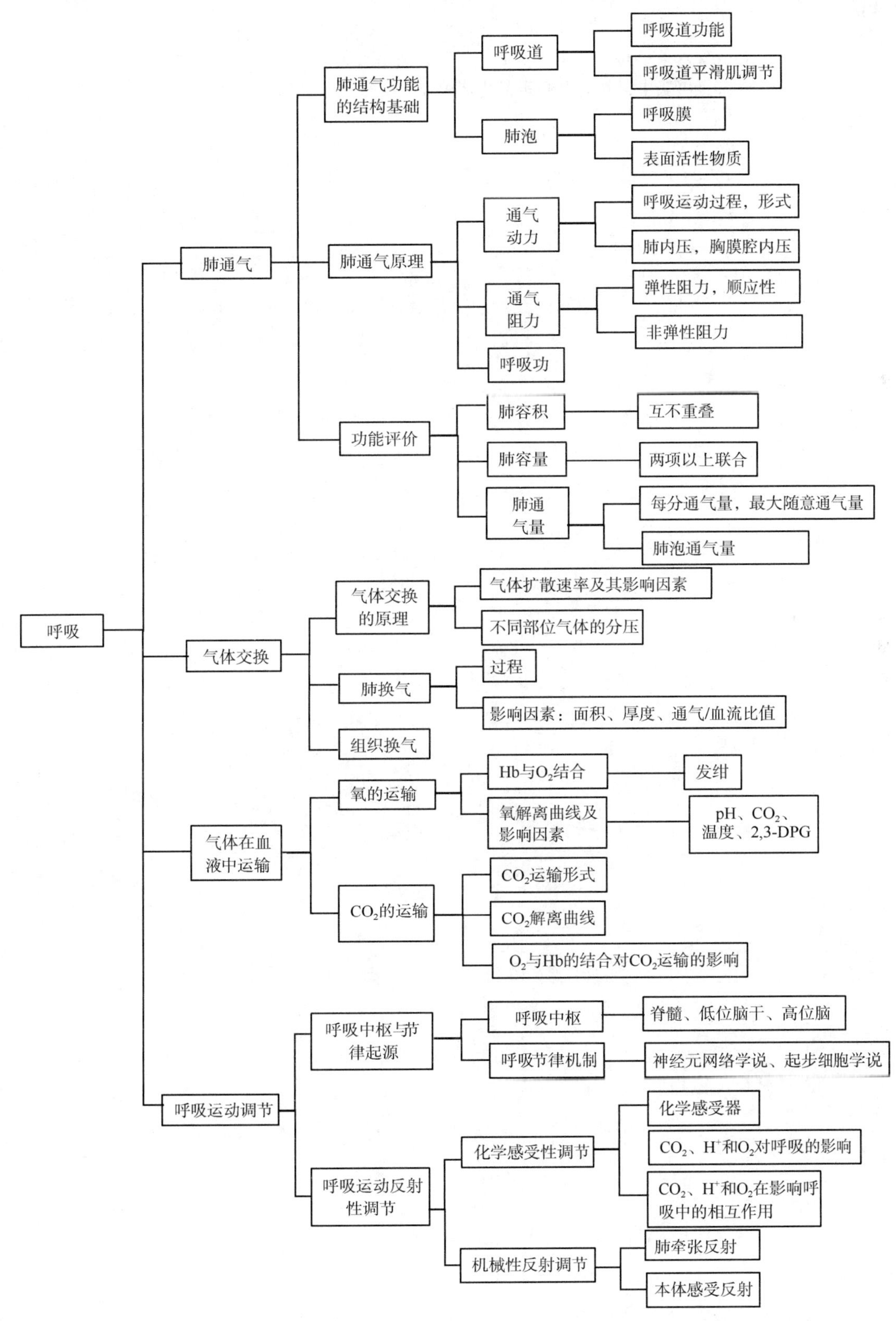

1. 胸膜腔负压是如何形成的？有何生理意义？
2. 为什么说在一定范围内深而慢的呼吸对机体更有利？
3. 为什么通气/血流比值增大或减小都使肺泡气体交换效率下降？
4. 当吸入气中 CO_2 浓度增加时，对呼吸运动有何影响？其机制是什么？
5. 家兔实验中，切断双侧颈部迷走神经后其呼吸有何变化？为什么？

第六章　消化与吸收

人体在生命活动过程中，不断进行新陈代谢，需要从外界摄取营养物质。机体所需的营养物质来源于食物，而食物中主要营养物质糖、脂肪和蛋白质都是复杂的有机大分子物质，不能被人体直接吸收和利用，必须由消化系统分解为结构简单的小分子物质才能被吸收。

消化（digestion）是指食物在消化道内被分解为可吸收的小分子物质的过程。消化过程包括机械性消化和化学性消化两种方式。机械性消化是指通过消化道肌肉的收缩和舒张活动，将食物磨碎，并使之与消化液充分混合，以及将食物不断地向消化道的远端推送的过程；化学性消化是指消化腺分泌的消化液（含有各种消化酶），分解蛋白质、脂肪和糖类等物质，使之成为小分子物质的过程。正常情况下，机械性消化和化学性消化是同时进行而又密切配合的。

吸收（absorption）是指食物经过消化被分解为简单的小分子物质后，通过消化道黏膜，进入血液或淋巴液的过程。不能被吸收的食物残渣被推向大肠，形成粪便排出体外。

第一节　概　　述

一、消化道平滑肌的特性

消化道中除口腔、咽、食管上段的肌肉和肛门外括约肌是骨骼肌外，其余部分都是由平滑肌构成。消化道平滑肌具有肌肉组织的一般生理特性，如兴奋性和收缩性等，同时又有自己的特点。

（一）一般生理特性

1. 兴奋性低，收缩缓慢　与心肌和骨骼肌相比，消化道平滑肌收缩的潜伏期、收缩期和舒张期均较长。一次收缩和舒张过程可达 20s 以上。

2. 富有伸展性　消化道平滑肌具有很大的伸展性，使中空的消化器官容纳大量食物而不发生明显的压力变化和运动障碍。

3. 紧张性收缩　是指消化道平滑肌经常保持微弱的持续收缩状态。紧张性是消化道各种运动形式的基础。紧张性使消化道管腔内经常保持一定的基础压力，对消化道维持一定的形态和位置具有重要意义。

4. 自动节律性　消化道平滑肌离体后，在适宜的环境中仍能进行节律性收缩和舒张，但节律慢而不稳定。

5. 对机械牵张、温度和化学刺激较敏感　消化道平滑肌对电刺激不敏感，但对温度的变化、机械牵拉和化学刺激敏感。例如，少量的乙酰胆碱、温度升高或机械牵拉可引起其强烈的收缩，而微量的肾上腺素则使其舒张。

（二）电生理特性

1. 静息电位 消化道平滑肌细胞的静息电位较低（–50 ～ –60mV）。其形成原因主要为 K^+ 外流，但也有 Na^+-K^+ 泵，以及少量的 Na^+、Ca^{2+} 内流和 Cl^- 外流的参与。

2. 慢波电位（slow wave） 是指消化道平滑肌细胞在静息电位基础上产生自发性去极化和复极化的节律性电位波动，其频率较低。由于慢波电位决定平滑肌的收缩节律，又称**基本电节律**（basic electrical rhythm，BER）。消化道不同部位平滑肌慢波电位的频率不同，人胃平滑肌慢波电位频率为每 3 次 / 分，十二指肠为 12 次 / 分，回肠末端为 8 ～ 9 次 / 分。慢波电位波幅为 5 ～ 15mV，持续几秒至十几秒，切断支配消化道的外来神经后 BER 依然存在，表明其产生可能是肌源性的。

慢波电位起源于消化道纵行肌和环行肌之间的 **Cajal 间质细胞**（interstitial cells of Cajal，ICC）。这是一种兼有成纤维细胞和平滑肌细胞特性的间质起搏细胞，它发出多个长突起相互连接，并通过缝隙连接与平滑肌细胞相连，把去极化信号迅速传导到消化道平滑肌。慢波电位产生的离子机制尚未清楚，可能与细胞内的钙波有关，当细胞内 Ca^{2+} 浓度升高时，激活细胞膜上钙激活的氯通道，Cl^- 外流，膜电位去极化。通过 ICC 扩布到平滑肌细胞，引起平滑肌电压门控钙通道开放，Ca^{2+} 内流。以前认为消化道平滑肌的收缩只能在慢波电位的基础上触发动作电位后产生。现已证实，慢波电位也可以触发平滑肌收缩。研究表明，消化道平滑肌细胞有两个临界膜电位水平，机械阈和电阈。只要慢波电位去极化达到机械阈水平，细胞内 Ca^{2+} 浓度增加，就能产生收缩。当去极化达到电阈时可触发动作电位产生，平滑肌收缩进一步增强。

3. 动作电位 消化道平滑肌细胞动作电位可以是自发的，也可以由刺激产生。当慢波电位去极化达阈电位时，在慢波基础上会产生一个或数个锋电位。峰电位时程比骨骼肌长，为 10 ～ 20ms，幅值也较低，包括去极化和复极化两个时相。去极化是 Ca^{2+} 内流产生，复极化是 K^+ 外流产生。

慢波电位、动作电位和肌肉收缩三者联系密切，在慢波电位去极化基础上产生的动作电位，Ca^+ 内流多，收缩幅度大。而慢波电位去极化达到机械阈的 Ca^+ 内流少，收缩幅度小（图 6-1）。消化道平滑肌细胞的收缩主要由动作电位引起，而动作电位是在慢波电位的基础上发生的，故认为慢波电位是平滑肌的起步电位，它控制着动作电位的周期性产生，从而决定着平滑肌运动的方向、节律和速度。

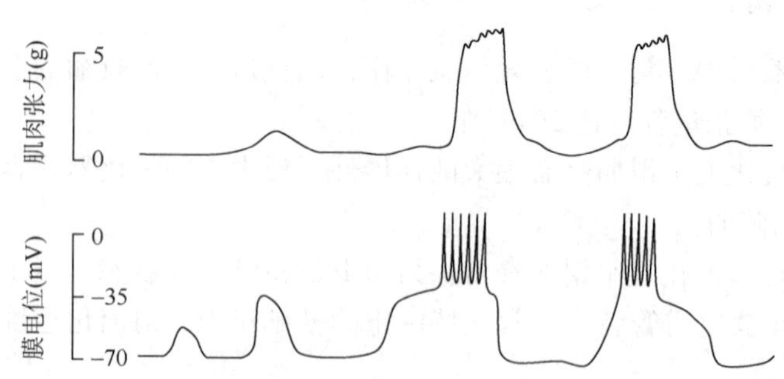

图 6-1 消化道平滑肌的生物电活动示意图

慢波电位去极化幅度达到机械阈时，平滑肌出现小幅度收缩；慢波电位去极化达到电阈时，产生动作电位，平滑肌产生较强的收缩

二、消化腺的分泌功能

人体每天由各种消化腺分泌的消化液总量多达 6 ～ 8L，其有机成分主要是消化酶和黏液蛋白；

无机成分主要是水和各种电解质（表 6-1）。

表 6-1 消化液的分泌量、pH 和主要消化酶及其作用

消化液	分泌量（L）	pH	主要消化酶	酶的底物	酶的水解产物
唾液	1.0 ～ 1.5	6.6 ～ 7.1	唾液淀粉酶	淀粉	麦芽糖
胃液	1.5 ～ 2.5	0.9 ～ 1.5	胃蛋白酶（原）	蛋白质	多肽（脲、胨）
胰液	1.0 ～ 2.0	7.8 ～ 8.4	胰淀粉酶	淀粉	麦芽糖、寡糖
			胰脂肪酶	甘油三酯	脂肪酸、甘油、甘油一酯
			胆固醇酯酶	胆固醇酯	脂肪酸、胆固醇
			胰蛋白酶（原）	蛋白质	小肽、氨基酸
			糜蛋白酶（原）	蛋白质	小肽、氨基酸
			羧基肽酶	肽	氨基酸
			核糖核酸酶	RNA	单核苷酸
			脱氧核糖核酸酶	DNA	单核苷酸
胆汁	0.8 ～ 1.0	6.8 ～ 7.4	无消化酶		
小肠液	1.0 ～ 3.0	7.8 ～ 8.0	肠激酶	胰蛋白酶（原）	胰蛋白酶
大肠液	1.0 ～ 1.5	7.5 ～ 8.0	少量二、三肽酶	二、三肽	氨基酸

消化腺分泌消化液是腺细胞的主动活动，包括从血液中摄取原料，在细胞内合成并浓缩，以酶原颗粒和囊泡等形式储存起来，需要时从细胞分泌等复杂的过程。腺细胞膜上有多种受体，当不同的配体（神经递质或激素）与相应的受体结合时，通过受体后信号转导机制，最终以出胞的方式排出分泌物。

消化液的主要作用为：①分解食物中的各种成分；②为各种消化酶提供适宜的 pH 环境；③稀释食物，使其渗透压与血浆的渗透压接近，以利于吸收；④保护消化道黏膜免受理化因素的损伤。

三、消化道的神经支配

消化道的神经支配包括自主神经系统和内在神经系统两部分。二者相互协调，共同调节消化道功能。

（一）自主神经系统

消化道平滑肌受**自主神经系统**（autonomic nervous system）的支配（图 6-2）。自主神经也称消化道的外来神经，除口腔、食管上段和肛门外括约肌外，几乎整个消化道都受交感神经和副交感神经双重支配。

1. 交感神经 节前纤维来自第 5 胸段到第 2 腰段脊髓灰质侧角，在腹腔神经节、肠系膜下神经节更换神经元后，发出节后纤维，分布到消化道内在神经元上，抑制其兴奋性；交感神经节后纤维也可直接支配消化道平滑肌、血管平滑肌及消化道腺细胞。节后纤维释放去甲肾上腺素，对消化道运动和腺体分泌起抑制作用，但对消化道括约肌则促使其收缩。

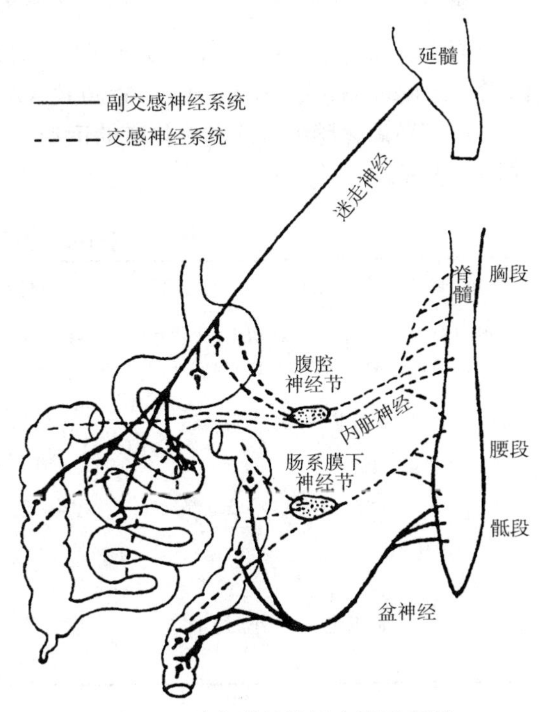

图 6-2 消化道的神经支配示意图

2. 副交感神经 主要是迷走神经和盆神经。副交感神经节前纤维与消化道内在神经元形成突触，副交感神经节后纤维支配腺细胞、上皮细胞和平滑肌细胞。支配消化道的副交感神经末梢主要释放乙酰胆碱，对消化道运动和腺体分泌起促进作用，但对消化道括约肌则促使其舒张。此外，还有一部分副交感神经的节后纤维末梢释放的递质是肽类物质，如血管活性肠肽、生长抑素、脑啡肽、P 物质等，故这类纤维称为肽类纤维，可使消化道和血管平滑肌舒张。

（二）内在神经系统

消化道**内在神经系统**（intrinsic nervous system）是由食管中段到直肠的消化道管壁内大量神经元和神经纤维组成的复杂神经网络系统，又称**肠神经系统**（enteric nervous system）或壁内神经丛。根据其所在位置不同分为**黏膜下神经丛**（submucosal plexus）和**肌间神经丛**（myenteric plexus）。前者位于消化道黏膜下，主要作用是调节消化道腺细胞的分泌和局部血流量。后者位于环行肌和纵行肌之间，主要功能是参与消化道平滑肌运动的调节，调控胃肠紧张性收缩及节律性收缩的频率和强度。

内在神经系统的神经元按功能分为三种：感觉神经元、运动神经元和中间神经元，构成一个完整的、相对独立的整合系统，具有复杂多样的神经递质和调质，包括 ACh、5-HT、GABA、肽类物质和 NO 等。内在神经系统可以独立完成反射活动，但在完整的机体内，其活动受外来神经活动的调节。

四、消化道的内分泌功能

消化道不仅是体内的消化器官，也是迄今已知的内分泌细胞最多、功能最复杂的内分泌器官。

（一）消化道内分泌细胞与胃肠激素

消化道黏膜存在 40 多种内分泌细胞，合成和释放多种具有生物活性的化学物质，统称为**胃肠激素**（gastrointestinal hormone）。胃肠激素对消化器官的主要作用有下列三方面。

1. 调节消化腺的分泌和消化道的运动 胃肠激素对消化腺、平滑肌和括约肌产生不同的调节作用（表 6-2）。

表 6-2 四种主要胃肠激素比较

激素名称	分泌细胞	分布部位	引起释放的主要因素	主要生理作用
促胃液素	G 细胞	胃窦，十二指肠、空肠上段	迷走神经兴奋，蛋白质分解产物，扩张胃	促进胃液、胰液、胆汁分泌，促进胃肠运动和胆囊收缩，促进消化道黏膜生长
促胰液素	S 细胞	小肠上部	盐酸，蛋白质分解产物，脂肪酸钠	促进胰液（H_2O、HCO_3^-）和胆汁分泌，抑制胃运动和胃液分泌
缩胆囊素	I 细胞	小肠上部	蛋白质，脂肪分解产物	促进胆囊收缩和 Oddi 括约肌舒张，促进胰液（酶）分泌，抑制胃排空，增强幽门括约肌收缩，增强小肠和结肠运动
抑胃肽	K 细胞	小肠上部	脂肪及其分解产物、葡萄糖和氨基酸	抑制胃分泌和胃运动，促进胰岛素分泌

2. 调节其他激素的释放 某些胃肠激素对其他胃肠内分泌细胞或体内其他内分泌腺的分泌具

有调节作用。例如，**抑胃肽**（gastric inhibitory polypeptide，GIP）有很强的刺激胰岛素分泌的作用。

3. 营养作用　一些胃肠激素具有促进消化道组织的代谢和生长的作用，称为营养作用。例如，促胃液素能刺激胃泌酸部位黏膜和十二指肠黏膜细胞的 DNA、RNA 和蛋白质的合成。

（二）脑－肠肽

一些最初在消化道发现的激素或肽类也存在于中枢神经系统中，而原来认为只存在于中枢神经系统的肽类，也在消化道中被发现。这些双重分布的肽类被统称为**脑－肠肽**（brain-gut peptide）。已知的脑－肠肽有促胃液素、缩胆囊素、P 物质、生长抑素、神经肽 Y 等 20 余种。

第二节　口腔内消化

食物的消化过程从**口腔**（oral cavity）开始。食物经过咀嚼，被磨碎后，与唾液混合形成食团，通过吞咽进入食管和胃。

一、唾液分泌

人的口腔内主要有三对大唾液腺，即腮腺、颌下腺和舌下腺。此外，还有众多散在的小唾液腺。每天唾液分泌量为 1.0 ～ 1.5L。

（一）唾液的性质、成分及作用

唾液（saliva）是近中性（pH 6.6 ～ 7.1）的低渗或等渗液体，其中水分约占 99%；有机物主要为黏蛋白，还有免疫球蛋白、**唾液淀粉酶**（salivary amylase）、溶菌酶等；无机物有 Na^+、K^+、Cl^- 和一些气体分子。

唾液具有多种生理作用：①湿润和溶解食物，引起味觉并易于吞咽。②清洁和保护作用。清除口腔中食物的残渣，冲淡并中和进入口腔的有害物质；溶菌酶和免疫球蛋白有杀灭细菌和病毒的作用。③消化作用。唾液淀粉酶可将淀粉分解为麦芽糖，最适 pH 为 7.0。唾液淀粉酶随食物进入胃后，还可以继续作用一段时间，直至胃酸浸入食团，使食团 pH 降至 4.5 以下才彻底失活。

（二）唾液分泌的调节

安静状态下，有少量稀薄的唾液分泌，主要起润滑口腔作用。进食时，唾液分泌明显增多，神经系统对唾液的调节包括非条件反射和条件反射两种。

1. 感受器与传入神经

（1）非条件反射：食物对口腔产生机械、化学和温度的刺激，兴奋口腔黏膜和舌的感受器，引起非条件反射。传入冲动经第Ⅴ、Ⅶ、Ⅸ、Ⅹ对脑神经传入到神经中枢。

（2）条件反射：食物的颜色、形状、气味、进食环境及相关的语言描述等都能产生条件反射，其传入神经为Ⅰ、Ⅱ、Ⅷ对脑神经。

2. 唾液分泌中枢　延髓是调节唾液分泌的基本中枢。条件反射调控的唾液分泌要在大脑皮层的参与下完成。

3. 传出神经与效应　自主神经支配唾液腺，以副交感神经为主。副交感神经兴奋时，其末梢释放乙酰胆碱与腺细胞膜 M 受体结合，能引起大量稀薄的唾液分泌；交感神经兴奋时，其末梢释放去甲肾上腺素与腺细胞膜 β 受体结合，引起少量黏稠的唾液分泌。

二、咀　嚼

咀嚼（mastication）是由各咀嚼肌按一定的顺序收缩组成的复杂反射性动作。咀嚼的作用是：①将食物切碎；②将切碎的食物与唾液混合形成食团，便于吞咽；③使食物与唾液淀粉酶充分接触而产生化学消化作用。此外，咀嚼还能加强食物对口腔内各种感受器的刺激，反射性地引起消化道、胰、肝、胆囊等活动加强，为下一步的消化及吸收做好准备。

三、吞　咽

吞咽（swallowing）是可以随意发动的复杂反射活动，其作用是将口腔内的食物经咽和食管推送入胃。根据食团经过的部位，可将吞咽动作分为三期：

1. 口腔期　是指食团由口腔到咽的过程。舌从舌尖至舌后部依次上举，抵触硬腭并后移，将食团挤向软腭后方至咽部。这是在大脑皮层控制下随意启动的动作。

2. 咽期　是指食团由咽到食管上端的过程。由于食团刺激了软腭和咽部的触觉感受器，引起一系列反射动作，包括软腭上升，咽后壁向前突出，封闭鼻咽通路，声带内收，喉头升高并向前紧贴会厌，封闭咽与气管的通路，呼吸暂停，食管上括约肌舒张，食团被挤入食管。

3. 食管期　是指食团沿食管下行至胃的过程。当食团通过食管上括约肌后，该括约肌即反射性收缩，食管随即产生由上而下的**蠕动**（peristalsis），将食团向下推送。蠕动由两部分组成：一是腔内食团近端的兴奋性反应，表现为环行肌收缩和纵行肌舒张；另一是食团远端的抑制性反应，表现为纵行肌收缩和环行肌舒张。

食管下段有一段平滑肌（长 2 ～ 4cm）经常处于收缩状态，使该段食管腔内的压力比胃内压高 5 ～ 10mmHg，可阻止胃内容物逆流入食管。该生理高压区被称为**食管下括约肌**（lower esophageal sphincter，LES），LES 舒缩活动受迷走神经抑制性和兴奋性纤维双重调控。当食团刺激食管壁时，首先抑制性纤维发放冲动增加，末梢释放血管活性肠肽（VIP）或 NO 引起 LES 舒张，使食团得以通过；随后兴奋性纤维发放冲动增加，末梢释放 ACh，引起 LES 收缩。此外，食物进入胃后，促胃液素、胃动素等释放，也可加强 LES 的收缩。

第三节　胃内消化

胃（stomach）是消化道中最膨大的部分，容量为 1 ～ 2L。其功能为暂时储存食物，同时对食物进行初步的消化，包括胃液的化学消化和胃壁肌肉运动的机械消化，形成**食糜**（chyme），逐渐排入十二指肠。

一、胃液的分泌

胃黏膜是一个复杂的分泌器官，有三种外分泌腺（贲门腺、泌酸腺和幽门腺）和多种内分泌细胞。胃液由外分泌腺和胃黏膜上皮细胞的分泌物构成，胃黏膜内还含有多种内分泌细胞，如分泌促胃液素的 **G** 细胞、分泌生长抑素的 **D** 细胞、分泌组胺的肠嗜铬样细胞等。

（一）胃液的性质、成分和作用

胃液是无色透明的酸性液体，pH 为 0.9 ～ 1.5。正常成年人每天分泌量为 1.5 ～ 2.5L。胃液中的无机物主要有盐酸、钠和钾的氯化物；有机物主要是胃蛋白酶原、黏蛋白及内因子等。

1. 盐酸 即通常所说的**胃酸**（gastric acid），由泌酸腺的壁细胞分泌。盐酸以两种形式（游离酸和蛋白结合酸）存在于胃液中，二者合称总酸度。正常人空腹时基础分泌量为 0 ～ 5mmol/h，有昼夜节律性，上午 5 ～ 11 时分泌率最低，下午 6 时至次日凌晨 1 时最高。在食物的刺激下，盐酸最大分泌量可增至 20 ～ 25mmol/h。

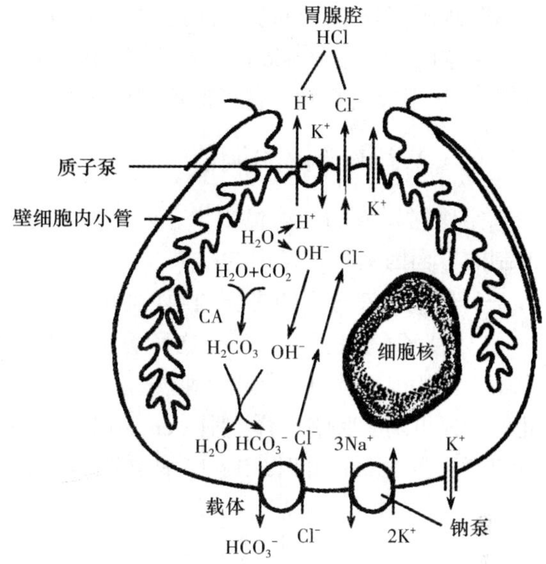

图 6-3 壁细胞分泌盐酸模式图

（1）盐酸的分泌机制：壁细胞分泌的 H^+ 来自于细胞内水的解离，H^+ 依靠细胞顶端膜上质子泵进行主动分泌。质子泵是细胞膜内能转运 K^+ 和 H^+ 的 ATP 酶。H^+ 靠小管膜上的质子泵与 K^+ 交换，逆着浓度差被转运入小管内。细胞内的 CO_2 和水在碳酸酐酶的作用下迅速形成 H_2CO_3，H_2CO_3 随即又解离为 H^+ 和 HCO_3^-，H^+ 便和由水解离的 OH^- 中和，而 HCO_3^- 与 $C1^-$ 进行交换后进入血液。$C1^-$ 进入细胞后，通过细胞顶端膜上特异的通道转运至小管内，与 H^+ 结合形成 HCl 并进入胃腺腔（图 6-3）。HCO_3^- 与 Cl^- 交换进入血液后，致使胃静脉血液中 pH 高于动脉血，并使尿中 pH 升高，称为“餐后碱潮”。

（2）盐酸的作用 ①激活胃蛋白酶原，使之转变为有活性的胃蛋白酶，并为胃蛋白酶发挥作用提供必要的酸性环境；②促进食物中蛋白质的变性，使之易于分解；③可杀灭随食物进入胃内的细菌；④盐酸进入小肠后，可以引起促胰液素的释放，从而促进胰液、胆汁和小肠液的分泌；⑤盐酸造成的酸性环境有助于小肠对铁和钙的吸收。

2. 胃蛋白酶原（pepsinogen） 由泌酸腺的主细胞合成并分泌，颈黏液细胞、贲门腺和幽门腺的黏液细胞也能分泌胃蛋白酶原，无活性。在盐酸或已有活性的胃蛋白酶作用下，转变为有活性的**胃蛋白酶**（pepsin）。胃蛋白酶能水解食物中的蛋白质，主要产物为蛋白朊和蛋白胨。胃蛋白酶的最适 pH 为 1.8 ～ 3.5，pH 大于 5.0 时即失去活性。

3. 黏液和碳酸氢盐 胃的**黏液**（mucus）由胃黏膜上皮细胞、泌酸腺的颈黏液细胞、贲门腺和幽门腺共同分泌，主要成分为糖蛋白，具有较高的黏滞性和形成凝胶的特性。在正常人，黏液覆盖在胃黏膜的表面，形成一个厚约 500μm 的凝胶层。它具有润滑作用，可减少粗糙的食物对胃黏膜的机械性损伤。

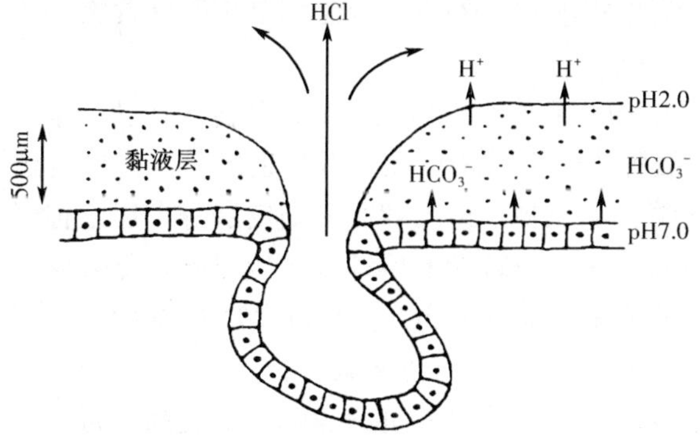

图 6-4 胃黏液－碳酸氢盐屏障模式图

胃内 HCO_3^- 主要是由胃黏膜的非泌酸细胞分泌的。黏液与 HCO_3^- 结合在一起形成**黏液－碳酸氢盐屏障**（mucus-bicarbonate barrier）（图 6-4）。由于黏液的黏稠度为水的 30 ～ 260 倍，当胃腔中的 H^+ 经黏膜表面的黏液层向上皮细胞扩散时，其移动速度将明显减慢，并不断与黏膜层向表面扩散的 HCO_3^- 相遇，发生中和反应，使黏液层中出现 pH 梯度，即胃腔侧 pH 较低（2.0 左右），而靠近上皮细胞侧 pH 较高（7.0 左右），可有效地阻挡H^+的逆向扩散；而且中性的pH环境还能使胃蛋白酶失去作用，从而有效地保护了黏膜。

4. 内因子（intrinsic factor） 是由壁细胞分泌的一种糖蛋白。内因子可与进入胃内的维生素B_{12}结合，形成复合物。它可保护维生素B_{12}在小肠内不被消化酶破坏，并有利于其在回肠被吸收。

（二）胃液分泌的调节

空腹时胃液的分泌量很少，而且酸度也很低。进食后胃液分泌增多。正常胃液分泌是兴奋和抑制两方面因素相互作用的结果。

1. 影响胃液分泌的主要内源性物质

（1）**乙酰胆碱**：大部分支配胃的副交感神经节后纤维末梢释放ACh。ACh直接作用于壁细胞膜上的胆碱能受体，促进盐酸分泌。ACh也能促使主细胞分泌胃蛋白酶原及黏液细胞分泌黏液。此外，还可刺激**肠嗜铬样细胞**（enterochromaffin-like cell，ECL细胞）和G细胞，分别引起组胺和促胃液素的释放，进而间接引起壁细胞分泌盐酸。ACh的作用可被胆碱能受体阻断剂（如阿托品）阻断。

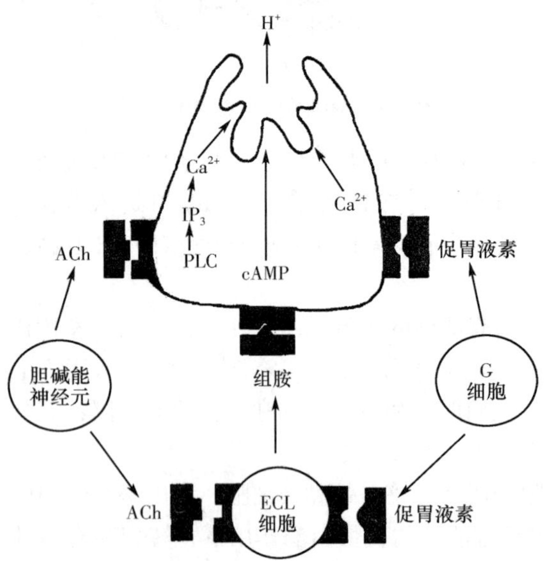

图6-5 内源性物质对壁细胞的作用及其相互关系

（2）**促胃液素**（gastrin）：是由胃窦、十二指肠及空肠上段黏膜内G细胞分泌的一种胃肠激素。胃内机械刺激、肠腔内化学物质及迷走神经兴奋（其末梢释放的递质是促胃液素释放肽）都可刺激G细胞分泌促胃液素。促胃液素可直接作用于壁细胞，刺激盐酸分泌。促胃液素还可作用于ECL细胞引起组胺释放，进而刺激壁细胞分泌盐酸。

（3）**组胺**（histamine）：由胃的泌酸区黏膜中的ECL细胞分泌。组胺是胃酸分泌的强刺激剂，ACh和促胃液素都可刺激ECL细胞释放组胺。组胺以旁分泌方式作用于邻近壁细胞上的组胺H_2型受体，刺激胃酸大量分泌。**雷尼替丁**（ranitidine）及其类似药物可阻断组胺与壁细胞受体的结合，从而减少胃酸的分泌（图6-5）。

（4）**生长抑素**（somatostatin，SS）：SS由胃窦、胃底和小肠黏膜内的D细胞分泌，对胃酸的分泌具有很强的抑制作用。SS可通过直接抑制壁细胞，以及抑制促胃液素和组胺的分泌等多种途径来减少胃酸的分泌。

2. 消化期的胃液分泌 为了研究方便，一般人为地将消化期的胃液分泌调节按感受食物刺激的先后部位分为三个时期，即头期、胃期和肠期（图6-6）。

（1）头期胃液分泌：由进食活动引起的条件反射和非条件反射胃液分泌，其传入冲动均来自头部感受器（眼、耳、鼻、口腔、咽、食管等），故称为头期胃液分泌。其反射的传入途径与进食活动引起唾液分泌的途径相同，反射中枢包括延髓、下丘脑、边缘叶和大脑皮层等。迷走神经是这些反射共同的传出神经。迷走神经兴奋时，一方面通过胆碱能节后纤维直接引起胃腺分泌，另一方面还可通过非胆碱能节后纤维释放**铃蟾肽**（**蛙皮素**，bombesin），兴奋胃窦G细胞，分泌促胃液素，间接刺激胃腺分泌。头期的胃液分泌既有神经调节，又有体液调节。

头期胃液分泌的特点：持续时间长，胃液分泌量大，约占分泌总量的30%，酸度高，胃蛋白酶含量更高，分泌反应的强弱与情绪、食欲有很大关系。

（2）胃期胃液分泌：食物进入胃后，对胃产生机械性和化学性刺激，继续引起胃液分泌。胃期胃液分泌主要通过三个途径：①扩张刺激胃底、胃体部的感受器，通过**迷走－迷走神经反射**（vagovagal reflex）和内在神经丛的局部反射，引起胃腺分泌；②扩张刺激胃幽门部，通过内在神经丛，作用于G细胞，引起促胃液素的释放；③食物的化学成分，主要是蛋白质的消化产物（肽类和氨基酸等）直接作用于G细胞，引起促胃液素的释放。

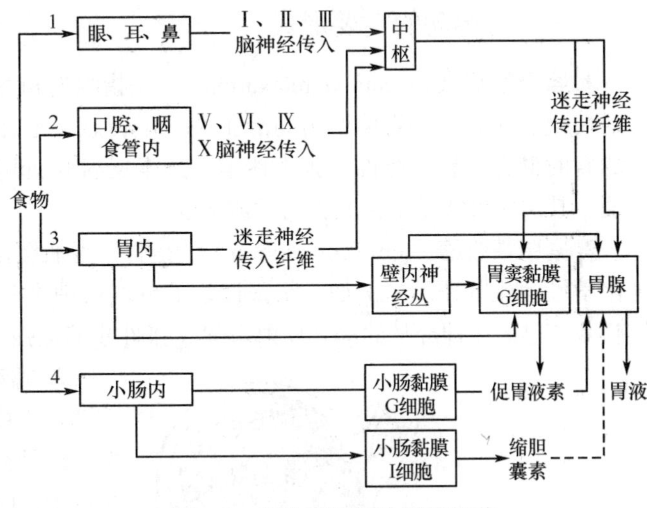

图 6-6　消化期胃液分泌的调节

胃期胃液分泌的特点：分泌量大，约占消化期总分泌量的60%，胃液的酸度很高，但胃蛋白酶含量较头期低。

（3）肠期胃液分泌：是指食物进入小肠继续引起胃液的分泌。食物的机械性或化学性刺激作用于小肠黏膜，可促使其分泌和释放促胃液素、肠泌酸素等激素，通过血液循环作用于胃，促进胃液分泌。肠期胃液分泌也存在神经调节，但不起主要作用。

肠期胃液分泌的特点：分泌量较少，仅占胃液总分泌量的10%，总酸度和胃蛋白酶含量均较低。

3. 胃液分泌的抑制性调节　抑制胃液分泌的因素中除来自精神、情绪、进食环境等不良刺激外，主要还有以下几种：

（1）盐酸：是胃液的主要成分，但其本身又是抑制胃酸分泌的因素，这是维持胃酸水平的一种负反馈调节机制。当胃窦内pH为1.2～1.5时，则可抑制胃酸分泌。其机制主要是：①盐酸直接抑制胃窦黏膜中的G细胞，减少促胃液素的释放；②盐酸引起胃窦黏膜内D细胞释放生长抑素，抑制促胃液素和胃酸的分泌。

当十二指肠内的pH降低到2.5以下时，对胃酸分泌也产生抑制作用。盐酸刺激十二指肠黏膜分泌促胰液素，从而抑制促胃液素引起的胃酸分泌；盐酸也可通过刺激十二指肠球部黏膜释放**球抑胃素**（bulbogastrone），来抑制胃酸的分泌。

（2）脂肪：是抑制胃液分泌的另一个重要因素。其作用发生在脂肪进入小肠后，而不是在胃内。20世纪30年代，林可胜等从小肠黏膜中提取出抑制胃分泌和胃运动的物质，命名为**肠抑胃素**（enterogastrone）。但肠抑胃素至今尚未被提纯，近年来认为，它可能不是一种独立的激素，而是一类激素的总称。小肠黏膜中存在的抑胃肽、促胰液素等激素，都具有肠抑胃素的特性。

（3）高张溶液：十二指肠内的高张溶液对胃液分泌的抑制作用可能通过两种途径来实现，即激活小肠内渗透压感受器，通过**肠－胃反射**（entero-gastric reflex）抑制胃酸的分泌；或者通过刺激小肠黏膜释放抑制性激素而抑制胃液分泌。

二、胃的运动

进食活动引起的胃运动主要完成3方面的功能：①容纳和储存食物；②对食物进行机械性消化；③推送食糜进入十二指肠。此外，在消化间期胃还进行移行性复合运动。

（一）胃运动的主要形式

1. 容受性舒张（receptive relaxation） 是指咀嚼和吞咽时，食物刺激了咽和食管等处的感受器，反射性地引起胃底和胃体肌肉的舒张。其生理意义是容纳食物，而胃内压变化却不大，有利于食物的暂时储存。胃容受性舒张由迷走－迷走反射和肌间神经丛完成。在反射中，传出纤维是抑制性的，其递质可能是某种肽类物质或 NO。

2. 紧张性收缩（tonic contraction） 是胃平滑肌缓慢而持续的收缩运动，具有调节胃内压和促进化学性消化等作用。例如，紧张性收缩减弱或消失时，可引起胃下垂或胃扩张等。食物对胃壁的刺激通过内在神经丛的局部反射可使紧张性收缩加强。

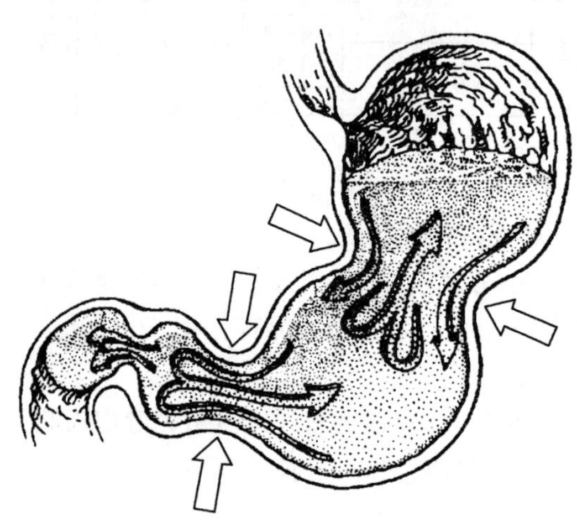

图 6-7 胃的蠕动

3. 蠕动 食物进入胃 5min 左右，蠕动即开始。蠕动从胃中部开始，向幽门方向扩布，频率每分钟 3 次。蠕动初起时较弱，传播过程中逐渐加强加快，当接近幽门时明显加强，可将 1 ～ 2ml 的食糜排入十二指肠，这种作用被称为幽门泵。蠕动波的前进速度通常比胃内容物向前推移的速度快，当蠕动波超过胃内容物到达幽门终末部时，由于终末部平滑肌的有力收缩，大部分胃内容物可被反向推回到近侧胃窦或胃体部（图 6-7）。食糜的这种推进、后退的过程非常有利于食物和胃液的混合，充分研磨、粉碎食物。

胃蠕动受胃平滑肌基本电节律的控制。胃的基本电节律起自胃大弯上部，沿纵行肌向幽门方向传播，一般为 3 次 / 分。胃肌收缩通常出现在基本电节律后 6 ～ 9s，动作电位后 1 ～ 2 s。神经和体液因素可通过影响基本电节律和动作电位来影响胃蠕动。迷走神经兴奋、促胃液素和**胃动素**（motilin，MOT）增加基本电节律和动作电位出现的频率，从而增加蠕动的频率和幅度；相反，交感神经兴奋、促胰液素和抑胃肽等使蠕动频率和幅度降低。

（二）胃排空

胃排空（gastric emptying）是指食糜由胃排入十二指肠的过程。食物入胃后约 5min 即有部分食糜被排入十二指肠。混合食物由胃完全排空通常需要 4 ～ 6 小时。

胃的排空主要决定于幽门两侧的压力差。当胃内压大于十二指肠内压时，食糜可由胃排入十二指肠。胃运动是产生胃内压的来源，是胃排空的动力。凡是能刺激胃运动的因素均能加速排空。如胃的内容物作为扩张胃的机械刺激，通过壁内神经反射或迷走－迷走神经反射，促进胃运动；促胃液素也能刺激胃的运动，提高幽门泵的活动，并使幽门舒张，对胃排空有重要的促进作用。而十二指肠内容物，如酸、脂肪、高渗溶液及食糜对肠壁的扩张刺激，均可通过神经（肠－胃反射）及体液（肠抑胃素等）机制抑制胃的运动和排空。十二指肠内抑制胃运动的因素并不是经常存在，随着盐酸在肠内被中和，食物消化产物被吸收，它们对胃的抑制性影响便渐渐消失，胃运动又逐渐增强，继续推送另一部分食糜进入十二指肠。因此，胃排空是间断进行的，而且与十二指肠内消化和吸收的速度相适应。

在非消化期，胃排空的内容物为咽下的唾液、胃黏液、胃黏膜的脱落物和食物残渣，以及未被消化的固体物质等。非消化期的排空作用与消化期的不同，当蠕动波到达幽门时，幽门并不关闭，仍保持开放状态，胃内容物可连续进入十二指肠，直至排完。

（三）消化间期消化道移行性复合运动

在消化间期（空腹）时，消化道将发生间歇性强力收缩伴有较长的静息期为特征的周期性运动，称之为**移行性复合运动**（migrating motor complex，MMC）。MMC可分为4个时相：①Ⅰ相（静止相）：只能记录到慢波电位，不出现消化道收缩，持续45～60 min；②Ⅱ相：不规则地出现锋电位，消化道开始出现散发的蠕动，持续时间为30～45 min；③Ⅲ相：在每个慢波电位上均叠加成簇的锋电位，消化道出现规则的收缩，持续5～10 min；④Ⅳ相：是从Ⅲ相转至下一个周期Ⅰ相之间的短暂过渡期，持续约5 min。胃的MMC起始于胃体的上1/3部，其Ⅲ相收缩波以5～10cm/min的速度向远端扩布，约90 min后可达回肠末端。MMC使整个消化道在消化间期仍有断续的运动，特别是Ⅲ相强烈的收缩通过消化道时，可将消化道内上次进食后遗留的残渣、脱落的细胞碎片和细菌等清除干净，因而起着"清道夫"的作用。

第四节　小肠内消化

小肠（small intestine）内消化是整个消化过程中最重要的阶段。在这里，食糜将受到胰液、胆汁和小肠液的化学性消化，以及小肠运动的机械性消化。许多营养物质被分解成小分子物质后也都在小肠内被吸收。因此，食物通过小肠后，消化吸收过程基本完成，未被消化吸收的食物残渣则被推送到大肠。

一、胰液的分泌

胰液由**胰腺**（pancreas）外分泌部的腺泡细胞和小导管管壁的上皮细胞分泌，最后由胆总管排入十二指肠。

（一）胰液的性质、成分及作用

胰液（pancreatic juice）是无色、无味的碱性液体，pH为7.8～8.4，渗透压与血浆近乎相等。正常成年人每日分泌量为1～2L。胰液中的无机物主要是水、HCO_3^-、Cl^-，以及各种阳离子。有机物主要是各种消化酶。

1. HCO_3^-　是胰液中的主要无机成分，由胰腺小导管上皮细胞分泌。导管细胞内含有较高浓度的碳酸酐酶，可催化CO_2与水生成H_2CO_3，后者经过解离而产生HCO_3^-，其浓度随分泌速度的增加而增加。HCO_3^-的主要作用是：①中和进入十二指肠的胃酸，使肠黏膜免受胃酸侵蚀；②为小肠内各种消化酶的活动提供最适pH。

2. 胰酶　胰液中的各种消化酶均为胰腺的腺泡细胞分泌。

（1）**胰淀粉酶**（pancreatic amylase）：以活性的形式分泌，其最适pH为6.7～7.0，可将淀粉分解为糊精、麦芽糖及麦芽寡糖。

（2）**胰脂肪酶**（pancreatic lipase）：可分解甘油三酯为脂肪酸、甘油一酯和甘油，最适pH为7.5～8.5。胰脂肪酶需在**辅酯酶**（colipase）存在时才能发挥作用。辅酯酶与脂肪酶在甘油三酯表面形成高亲和力的复合物，紧紧地黏附在脂肪颗粒的表面，避免胆盐把胰脂肪酶从脂肪表面置换下来。胰液中还含有一定量的胆固醇酯酶和磷脂酶A_2，它们分别水解胆固醇酯和卵磷脂。

（3）**胰蛋白酶原**（trypsinogen）和**糜蛋白酶原**（chymotrypsinogen）：胰蛋白酶和糜蛋白酶均以无活性的酶原形式存在于胰液中。当胰液进入小肠后，胰蛋白酶原可被小肠液中的**肠激酶**（enterokinase）激活为胰蛋白酶。胰蛋白酶可激活糜蛋白酶原。这两种酶的作用相似，都能将蛋白质分解为际和胨，当二者共同作用于蛋白质时，可将蛋白质分解为小分子的多肽和氨基酸。

正常的胰液中，还含有羧基肽酶、核糖核酸酶、脱氧核糖核酸酶等水解酶。羧基肽酶可作用于多肽末端的肽键，释放出具有自由羧基的氨基酸，后两种酶则可使相应的核酸部分水解为单核苷酸。

胰液是所有消化液中最重要的一种，含有水解三种主要营养物质的消化酶。当胰液分泌障碍时，即使其他消化腺的分泌功能正常，食物中的脂肪和蛋白质仍不能完全被消化，从而也影响了吸收的正常进行，但糖的消化和吸收一般不受影响。

（二）胰液分泌的调节

在非消化期，胰液几乎不分泌或很少分泌。进食后胰液开始分泌，可见食物是兴奋胰腺的自然因素。进食时胰液分泌受神经和体液双重控制，但以体液调节为主（图 6-8）。

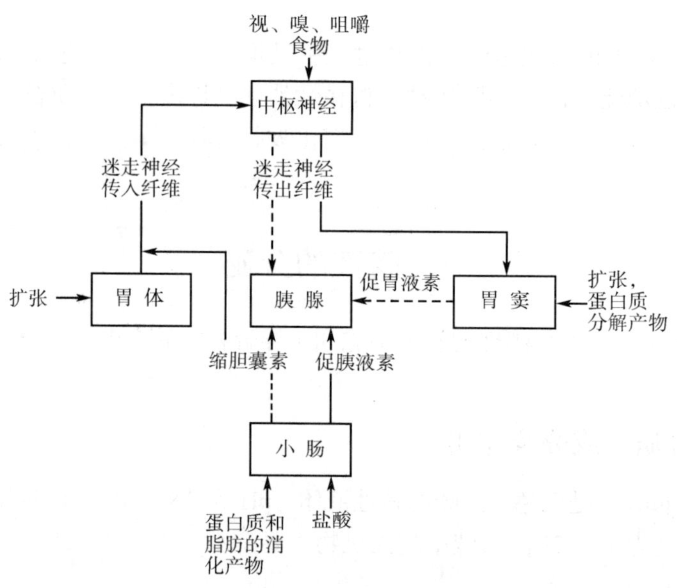

图 6-8　胰液分泌的神经体液调节

实线代表水样分泌；虚线代表酶的分泌

1. 神经调节　食物的性状、气味，以及食物对口腔、食管、胃和小肠的刺激，都可通过神经反射（包括条件反射和非条件反射）引起胰液分泌。反射的传出神经主要是迷走神经。迷走神经可通过其末梢释放 ACh 直接作用于胰腺，也可通过引起促胃液素的释放，间接地引起胰腺分泌。迷走神经主要作用于胰腺的腺泡细胞，对导管细胞作用较弱。因此，迷走神经兴奋引起胰液分泌的特点是：水分和碳酸氢盐含量很少，而酶的含量却很丰富。

2. 体液调节

（1）促进胰液分泌的激素：主要有促胰液素、缩胆囊素，此外还有促胃液素、血管活性肠肽等。

1）**促胰液素**（secretin）：由小肠 S 细胞分泌。盐酸是其最强的刺激因素，其次为蛋白质分解产物和脂肪酸，糖类几乎没有作用。促胰液素通过血液循环主要作用于胰腺小导管上皮细胞，使

其分泌大量的水和 HCO_3^-，因而使胰液的分泌量大为增加，但酶的含量却很低。

2）**缩胆囊素**（cholecystokinin，CCK）：又称**促胰酶素**（pancreozymin），是小肠黏膜中 I 细胞释放的一种肽类激素。促进其释放的因素由强至弱为：蛋白质分解产物、脂肪酸、胃酸、脂肪，糖类没有作用。CCK 的作用主要是促进胰液中各种酶的分泌，而对胰液中水和 HCO_3^- 的影响很小。CCK 还能促进胆囊平滑肌强烈收缩，促进胆囊胆汁排出。此外，CCK 对胰腺组织具有营养作用，可促进胰腺组织中蛋白质和核糖核酸的合成。

（2）抑制胰液分泌的激素：种类很多，生长抑素是抑制胰液分泌最强的激素；胰多肽可抑制基础胰腺分泌及迷走神经引起的胰腺分泌；降钙素基因相关肽（CGRP）可抑制生理剂量 CCK 刺激的胰腺分泌。

二、胆汁的分泌与排出

（一）胆汁的性质、成分及作用

胆汁（bile）是一种较浓的具有苦味的有色液体。成人每日分泌胆汁为 800 ～ 1000ml。肝胆汁（由肝细胞直接分泌的胆汁）呈金黄色，pH 为 7.4，胆囊胆汁（在胆囊储存过的胆汁）因浓缩而颜色变深，并因 HCO_3^- 被胆囊吸收而呈弱酸性（pH 为 6.8）。

胆汁除水和钠、钾、钙、碳酸氢盐等无机成分外，还有**胆盐**（bile salt）、胆色素、脂肪酸、胆固醇、卵磷脂和黏蛋白等有机成分。胆汁中没有消化酶。胆盐是在肝细胞中由胆固醇转变而来。在正常情况下，胆汁中的胆盐（或胆汁酸）、胆固醇和卵磷脂的适当比例是维持胆固醇呈溶解状态的必要条件。当胆固醇分泌过多，或胆盐、卵磷脂合成减少时，胆固醇易沉积而形成胆结石。

胆汁对于脂肪的消化和吸收具有重要意义，其作用主要来自胆盐，包括：①乳化作用。胆盐可降低脂肪的表面张力，使脂肪乳化成微滴，分散于水溶液中，从而增加了胰脂肪酶的作用面积，加速脂肪分解。②胆盐达到一定浓度后，可与卵磷脂聚合成**微胶粒**（micelle）。肠腔中脂肪的分解产物如脂肪酸、甘油一酯等掺入到微胶粒中，形成水溶性复合物即混合微胶粒。因此，胆盐便成为运载不溶于水的脂肪分解产物的工具，通过肠上皮表面静水层到达肠黏膜表面，促进脂肪消化产物的吸收。胆汁的这一作用，也有助于脂溶性维生素 A、D、E、K 的吸收。③胆汁进入小肠后可中和部分胃酸，同时促进胆汁自身分泌。

（二）胆汁分泌与排出的调节

肝细胞是不断分泌胆汁的。在非消化期，由于**奥狄括约肌**（Oddi sphincter）收缩和胆囊舒张，肝胆汁流入胆囊储存。胆囊可吸收胆汁中的水和无机盐，使胆汁浓缩 5 ～ 10 倍。在消化期，胆囊收缩，奥狄括约肌舒张，胆汁可直接由肝，以及由胆囊大量排至十二指肠。因此，食物进入消化道是促进胆汁分泌和排出的自然因素。其中蛋白食物刺激最强，其次为高脂肪或混合食物，糖类食物的作用最弱。

1. 神经调节　自主神经对胆汁分泌和胆囊收缩的调节作用均较弱。进食动作或食物对胃、小肠的刺激，可通过迷走神经引起肝胆汁的少量增加，胆囊收缩也轻度加强。迷走神经还可通过促胃液素间接引起肝胆汁的分泌和胆囊收缩。

2. 体液调节

（1）促胃液素：对肝胆汁的分泌及胆囊的收缩均有一定的刺激作用。它可通过血液循环作用于肝细胞和胆囊；也可先引起胃酸的分泌，后者再作用于十二指肠黏膜引起促胰液素释放，从而促

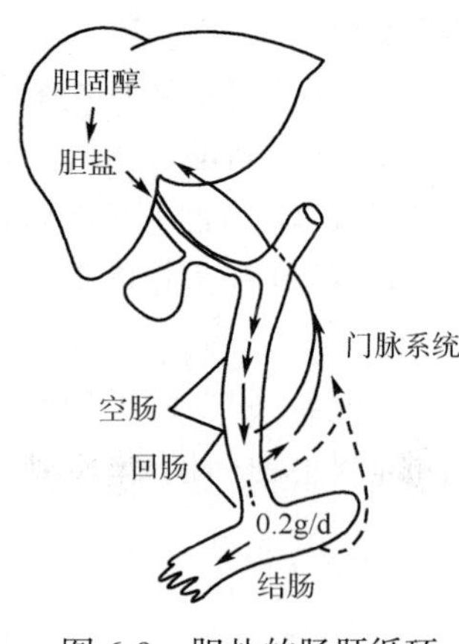

图 6-9 胆盐的肠肝循环

进肝胆汁分泌。

（2）促胰液素：主要作用于胆管上皮细胞，引起大量的水和 HCO_3^- 分泌，胆盐的分泌并不增加。

（3）缩胆囊素：可通过血液循环兴奋胆囊平滑肌，引起胆囊的强烈收缩，而奥狄括约肌紧张性降低，促使胆囊胆汁排出。缩胆囊素对直接刺激胆汁分泌的作用较弱。

（4）胆盐：利胆作用最强，可刺激肝细胞分泌胆汁。胆盐对胆囊的运动并无明显的影响。胆汁中的胆盐或胆汁酸排至小肠后，绝大部分仍可由回肠末端吸收入血，经门静脉回到肝脏，再形成胆汁重新分泌入肠，这一过程称为胆盐的**肠肝循环**（enterohepatic circulation）（图 6-9）。胆盐每循环一次约损失 5%，每次进食后可进行 2 ～ 3 次肠肝循环。

三、小肠液的分泌

小肠液由小肠腺和十二指肠腺分泌，其分泌是经常性的。在不同的条件下，分泌量变化很大，成人每日分泌量为 1 ～ 3L。

（一）小肠液的性质、成分及作用

小肠液是一种弱碱性液体，pH 约为 7.6，渗透压接近血浆渗透压。小肠液中除含有大量水分外，还有钠、钾、钙、氯和碳酸氢盐等离子。小肠液中的有机成分主要是黏蛋白、IgA 和肠激酶。

小肠液的主要作用是稀释消化产物，降低其渗透压以促进吸收。黏蛋白具有润滑作用，在黏膜表面形成屏障以抵抗机械损伤。碱性的小肠液、胰液和胆汁一起为小肠内的多种消化酶提供最适 pH 环境，并对保护小肠黏膜抵御胃酸的侵蚀有重要作用。小肠液中的肠激酶能激活胰蛋白酶原，促进蛋白质的消化分解。

此外，小肠上皮细胞还能分泌肽酶、二糖酶（如蔗糖酶、麦芽糖酶、异麦芽糖酶和乳糖酶等）及脂肪酶等多种消化酶在肠上皮细胞刷状缘和细胞内起消化作用。

（二）小肠液分泌的调节

食糜对肠黏膜的局部机械刺激和化学刺激都可引起小肠液的分泌，其中小肠黏膜对扩张刺激最为敏感，小肠内食糜的量越多，小肠液的分泌量也越多。这些刺激是通过肠壁内神经丛的局部反射引起肠腺分泌的。参与调节的递质包括 ACh、NA、多种肽类和 NO 等。另外，刺激迷走神经可引起少量小肠液分泌。在胃肠激素中，促胃液素、促胰液素、缩胆囊素和血管活性肠肽等，对小肠液的分泌也有较弱的刺激作用。

四、小肠的运动

进食活动引起的小肠运动形式多样而复杂，主要完成以下功能：①进行机械消化；②促进化学消化；③促进吸收；④推送食糜进入大肠。在消化间期发生的移行性复合运动（MMC）可驱使小肠内残留物进入结肠，并使小肠肌肉保持良好的功能状态。

（一）小肠运动的主要形式

1. 紧张性收缩　是其他运动形式有效进行的基础。若小肠的紧张性降低，则肠腔易于扩张，肠内容物的混合和转运减慢；相反，当小肠紧张性升高时，食糜在小肠内的混合和运转过程就加快。

2. 分节运动（segmentation）　是一种以环行肌为主的节律性收缩和舒张交替进行的运动。在有食糜的一段肠管内，环行肌有多处同时收缩，将肠内的食糜分割成许多节段，随后，收缩的部位舒张，原来舒张的部位收缩，如此反复进行，使食糜不断地被分开，又不断地合拢（图 6-10）。

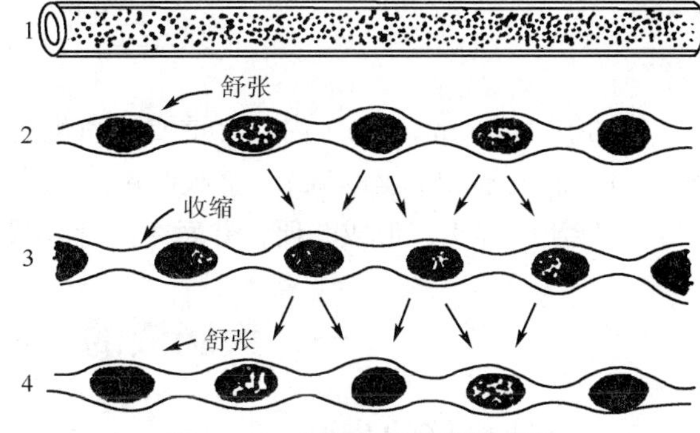

图 6-10　小肠分节运动模式图

分节运动的推进作用很小，其作用在于使食糜与消化液充分混合，便于进行化学消化，还使食糜与肠壁紧密接触，为吸收创造良好的条件。另外，分节运动还能挤压肠壁促进血液和淋巴液的回流。

分节运动的节律受小肠基本电节律的控制。小肠的基本电节律起步于十二指肠近胆管入口处的纵行肌细胞。分节运动在空腹时几乎不出现，进食后才逐渐变强。小肠各段分节运动的频率呈梯度式递减，即小肠上段的分节运动频率较高，小肠下段的频率较低。例如，人十二指肠分节运动频率为 11 次 / 分，回肠末端的频率为 8 ～ 9 次 / 分。

3. 蠕动　可发生在小肠的任何部位，其速度为 0.5 ～ 2.0cm/s，近端小肠的蠕动速度大于远端。小肠的蠕动波很弱，只进行几厘米的短距离后即消失。蠕动的意义在于使经过分节运动作用后的食糜向前推进到达一个新肠段，再开始分节运动。通常食糜从幽门到回盲瓣需 3 ～ 5 小时。

在回肠末端出现一种与蠕动方向相反的**逆蠕动**（reversed peristalsis）可使食糜在肠管内来回移动，有利于充分消化和吸收。在小肠还有一种进行速度快（2 ～ 25cm/s）、传播较远的蠕动，称为**蠕动冲**（peristaltic rush）。蠕动冲可把食糜从小肠始端一直推送到末端，有时还可推送到大肠。蠕动冲可能是由于进食时吞咽动作或食糜进入十二指肠引起的。

（二）小肠运动的调节

小肠运动是由食糜的机械和化学刺激引起的，是肠壁内在神经系统局部反射的结果。在整体内，小肠运动还受外来神经和胃肠激素的调节。副交感神经兴奋能加强小肠运动，而交感神经兴奋则使小肠运动减弱。体液因素中促胃液素、缩胆囊素、P 物质、5-HT 等促进小肠的运动；促胰液素和抑胃肽等抑制小肠的运动。

（三）回盲括约肌的作用

回肠末端与盲肠交界处的环行肌显著加厚，称为回盲括约肌。对盲肠黏膜的机械或化学刺激，可通过肠肌局部反射，引起回盲括约肌收缩，防止回肠内容物过快的进入大肠，延长食糜在小肠内的停留时间，因此有利于小肠内容物的完全消化和吸收。此外，回盲括约肌还具有活瓣样作用，可阻止大肠内容物向回肠倒流。进食时，食物入胃，通过胃 − 回肠反射引起回肠蠕动，当蠕动波到达回肠末端几厘米时，回盲括约肌便舒张，可推送 4ml 左右食糜进入结肠。正常情况下每天有 450 ～ 500ml 食糜进入大肠。

第五节 大肠内消化

大肠（large intestine）内没有重要的消化活动，其主要生理功能为：①吸收水和电解质，参与机体对水、电解质平衡的调节；②吸收由结肠内微生物产生的维生素 B 复合物和维生素 K；③完成对食物残渣的加工，形成粪便，并暂时贮存，最终排出体外。

一、大肠液的分泌及肠内细菌的作用

（一）大肠液的分泌

大肠液是由大肠黏膜的柱状上皮细胞和杯状细胞分泌的一种碱性液体，主要成分为黏液和碳酸氢盐，pH 为 8.3 ～ 8.4。大肠液的主要作用是：①黏液可保护肠黏膜，润滑粪便使其易于下行；②碳酸氢盐可中和大肠内细菌产生的酸类物质，并阻止其扩散，保护大肠壁免受侵蚀。

食物残渣通过壁内神经丛的局部反射刺激大肠液分泌。副交感神经兴奋可使黏液分泌明显增加，交感神经兴奋可使大肠液分泌减少。

（二）大肠内细菌的作用

大肠内细菌种类很多，主要是大肠杆菌和葡萄球菌，粪便中细菌占粪便固体重量的 20% ～ 30%。大肠内细菌的主要作用是：①对食物的残渣进行分解。细菌对糖和脂肪的分解称为发酵，细菌对蛋白质的分解称为腐败，主要产物有 CO_2、乳酸、甲烷、脂肪酸、甘油、胆碱、多肽、氨基酸、吲哚、硫化氢等；②利用肠内简单的物质合成维生素 B 复合物和维生素 K，并在大肠内被吸收，为人体所利用。

二、大肠的运动和排便反射

大肠的运动少而慢，对刺激的反应也较迟缓，这些特点都适应于大肠暂时贮存和推移粪便。

（一）大肠的运动形式

1. 袋状往返运动 是空腹时最常见的一种运动形式，由环行肌无规律的收缩引起，使结肠袋内容物向两个方向作短距离运动，但不向前推进，有利于肠黏膜与内容物接触，促进水和无机盐的吸收。

2. 分节或多袋推进运动 是一个结肠袋或一段结肠收缩，其内容物被推进到下一段的运动。进食后这种运动增多，可将肠内容物向肛门推进。

3. 蠕动 大肠的蠕动由一些稳定向前的收缩波组成。收缩波前方的肌肉舒张，往往充有气体；收缩波的后面则保持在收缩状态，使这段肠管闭合并排空，其作用是将肠内容物向远端推送。

在大肠还有一种进行快，而且前进很远的蠕动，称为**集团蠕动**（mass peristalsis）。开始于横结肠，可将一部分大肠内容物推送到降结肠或乙状结肠。集团蠕动常见于进食后，最常发生于早餐后 60min 内，可能是食物充胀胃和十二指肠，通过胃－结肠反射和十二指肠－结肠反射而引起。其作用是将结肠内容物迅速向肛门端推进，当推至直肠时，可产生便意。

（二）排便反射

排便（defecation）是受意识控制的脊髓反射。人的直肠内没有粪便，当胃－结肠反射发动的集团蠕动将粪便推入直肠时，可刺激直肠壁感受器，冲动经盆神经和腹下神经到达脊髓腰骶段的初级排便中枢，并上传至大脑皮层的高级排便中枢引起便意。如果条件许可，传出冲动经盆神经引起降结肠、乙状结肠和直肠收缩，肛门内括约肌舒张；同时阴部神经传出冲动减少，肛门外括约肌舒张，粪便被排出体外。此外，腹肌、膈肌收缩，腹内压增加也促进粪便排出。如果条件不许可，大脑皮层发出冲动抑制初级排便中枢的活动，则可抑制排便。

第六节　吸　　收

一、概　　述

消化是吸收的前提，吸收为机体提供了营养物质，具有重要的生理意义。

（一）吸收的部位

消化道不同部位的吸收能力差异很大，口腔和食管基本上没有吸收功能；胃仅吸收少量的水和乙醇；小肠是营养物质吸收的主要部位，蛋白质、脂肪和糖类的消化产物大部分在十二指肠和空肠吸收；胆盐和维生素 B_{12} 在回肠吸收，回肠主要是吸收功能的储备（图 6-11）；大肠主要吸收食物残渣中的水和无机盐，结肠可吸收进入其中的 80% 的水、90% 的 Na^+ 和 $C1^-$。

（二）小肠吸收的有利条件

小肠成为吸收主要部位的有利条件是：①糖类、蛋白质、脂类等物质在小肠已被各种消化酶分解成可吸收的小分子物质；②有巨大的吸收面积（200 ～ 250m^2）。小肠长 5 ～ 7m，小肠黏膜上环状皱襞、绒毛、微绒毛等结构非常发达，使小肠的表面积增加约 600 倍（图 6-12）；③食物在小肠内停留时间较长（3 ～ 8h），营养物质有足够的时间被吸收；④小肠平滑肌的舒缩可使绒毛产生节律性伸缩与摆动，促进绒毛内血液和淋巴的流动，有助于吸收。

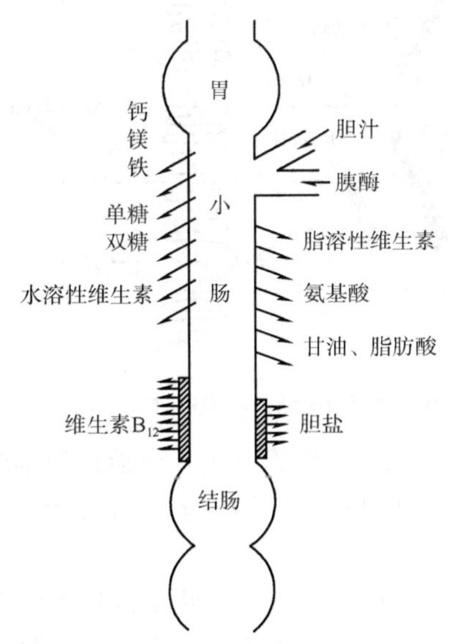

图 6-11　各种主要营养物在消化道的吸收部位

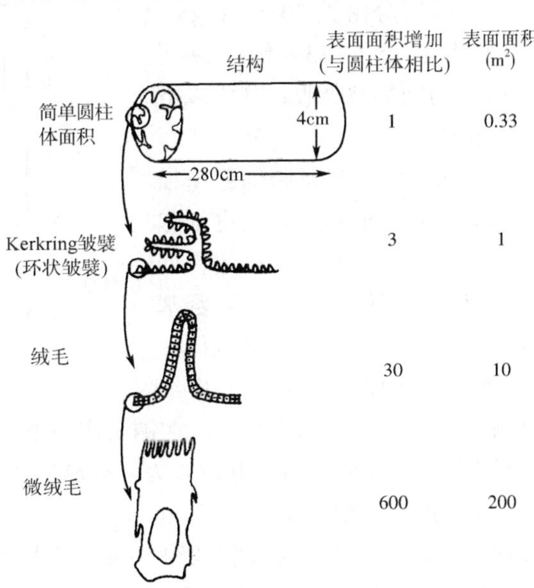

图 6-12　小肠黏膜表面积增加机制示意图

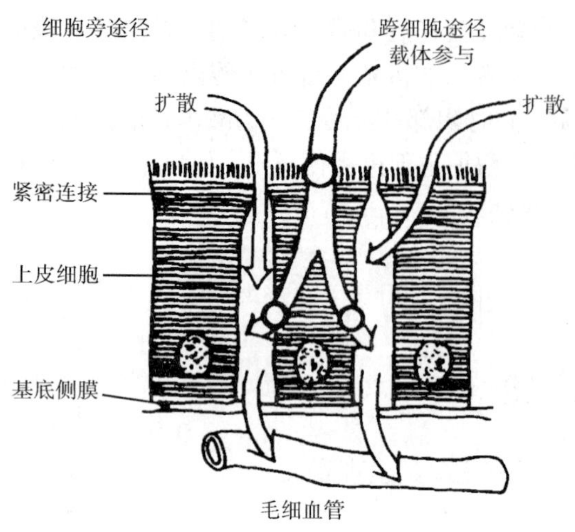

图 6-13 小肠黏膜吸收水和小分子溶质的两条途径

（三）小肠吸收的途径与机制

1. 吸收的途径 小肠内水和营养物质的吸收主要通过两种途径：①跨细胞途径。通过小肠绒毛上皮细胞的顶端膜进入细胞内，再穿过细胞的基底侧膜进入细胞间隙，最后进入血液或淋巴。②细胞旁途径。通过小肠上皮细胞之间的紧密连接进入细胞间隙，再进入血液（图 6-13）。

2. 吸收的机制 ①被动转运，包括滤过、渗透、扩散和易化扩散等方式。②主动转运，在肠黏膜的上皮细胞膜上存在着多种泵，如 Na^+ 泵等。通过这些泵的作用，不仅使 Na^+、K^+ 等主动吸收，还可促进其他物质，如葡萄糖、氨基酸的继发性主动转运而被吸收。

二、小肠内主要营养物质的吸收

（一）水的吸收

正常人体每天摄入的水量约 1.5 ～ 2.0L，分泌的消化液约 6.0 ～ 8.0L，随粪便排出的水仅为 0.1 ～ 0.2L，因此消化道每天吸收约 8L 水。水以渗透的方式被动吸收，各种溶质，特别是 NaCl 吸收后产生的渗透压梯度是水吸收的主要动力。

（二）无机盐的吸收

1. 钠的吸收 成年人每天摄入钠 5 ～ 8g，肠道分泌钠 20 ～ 30 g 。小肠每天吸收 25 ～ 35 g 钠，说明 95% ～ 99% 的钠都被吸收，其中以空肠吸收量最大。

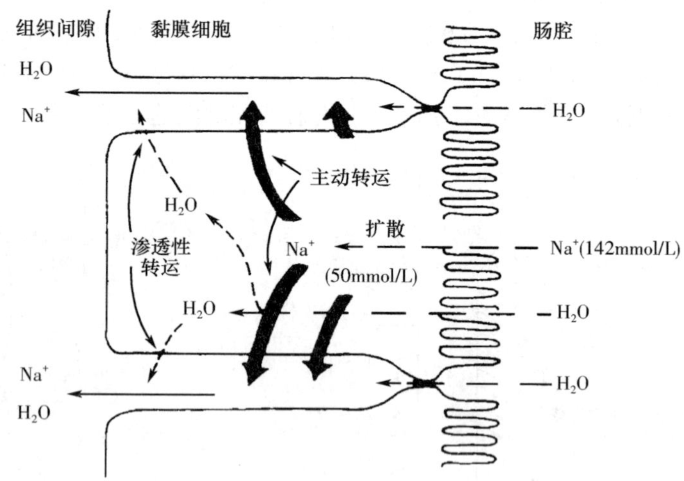

图 6-14 小肠黏膜对钠和水的吸收示意图

小肠对 Na^+ 的吸收是跨细胞途径的主动转运过程。小肠黏膜上皮细胞的微绒毛上存在着多种 Na^+ 载体，如 Na^+– 葡萄糖同向转运体、Na^+– 氨基酸同向转运体、Na^+–$C1^-$ 同向转运体、Na^+–H^+ 逆向转运体。在小肠上皮细胞基底侧膜上有钠泵（图 6-14）。在钠泵作用下，可将 Na^+ 主动泵出细胞并进入血液，使细胞内 Na^+ 浓度降低。而且细胞内外电位差为 –40mV，肠腔内的 Na^+ 便可借助微绒毛上的各种 Na^+ 载体顺电 – 化学梯度进入细胞。

2. 铁的吸收 人体每天吸收铁约 1mg，仅为每天摄入量的 5% ～ 10%。食物中的铁绝大部分是三价的高铁，不易被吸收，须还原为亚铁后方可被吸收。胃酸可促进铁溶解，维生素 C 能将高铁还原为亚铁，二者均可促进铁的吸收。

铁（Fe^{2+}）吸收的主要部位是十二指肠和空肠，是主动转运过程。在肠腔，Fe^{2+} 与肠上皮细胞释放的**转铁蛋白**（transferrin）结合成复合物，并以受体介导的入胞形式进入细胞内，转铁蛋白释放出 Fe^{2+} 后可重新进入管腔。进入胞内的 Fe^{2+}，一部分从基底侧膜以主动转运形式入血；一部分与胞内的**铁蛋白**（ferritin）结合，储存在胞内。

3. 钙的吸收　食物中的钙仅有一小部分被吸收，大部分随粪便排出。钙的吸收受维生素 D 和甲状旁腺激素的调节。小肠各部都有吸收钙的能力，十二指肠吸收能力最强。进入小肠的胃酸可促进钙游离，有助于钙的吸收。

Ca^{2+} 的吸收是主动过程，Ca^{2+} 与小肠黏膜上皮细胞微绒毛上的**钙结合蛋白**（calcium-binding protein，CaBP）结合进入胞内，Ca^{2+} 可由基底侧膜上 Ca^{2+} 泵及 Na^+–Ca^{2+} 交换体转运到细胞间隙，再进入血液。

（三）糖的吸收

糖类必须分解为单糖后才能被吸收，肠道内的单糖主要是葡萄糖，约占总量的 80%，其余的是半乳糖、果糖和甘露糖等。各种单糖吸收的速率不同，以半乳糖和葡萄糖最快，果糖次之，甘露糖最慢。糖的吸收是逆浓度差进行的继发性主动转运，其能量来自钠泵。转运过程是：肠黏膜上皮细胞基底侧膜上有钠泵，肠腔面刷状缘上有 Na^+– 葡萄糖同向转运体，基底侧膜上有转运葡萄糖的载体，能选择性把葡萄糖从刷状缘的肠腔面转入细胞内再易化扩散入血。

（四）蛋白质的吸收

蛋白质分解产物（包括二肽、三肽及氨基酸）的吸收与葡萄糖的吸收相似，为继发性主动转运。肠黏膜上皮细胞顶端膜上，存在多种 Na^+– 氨基酸和 Na^+– 肽同向转运体，分别转运中性、酸性、碱性氨基酸，以及二肽、三肽进入细胞。进入细胞内的氨基酸及少量二肽、三肽，再经基底侧膜上氨基酸或肽的载体以易化扩散方式进入细胞间液，然后进入血液。少数氨基酸的吸收可不依赖 Na^+ 转运体，而是通过易化扩散的方式进入上皮细胞内。

（五）脂类的吸收

食物中的脂肪多为甘油三酯，在小肠被水解成脂肪酸、甘油一酯和胆固醇。它们与胆汁中的胆盐结合形成水溶性混合微胶粒，然后穿过覆盖在小肠绒毛表面的静水层到达微绒毛。在这里，脂肪酸、甘油一酯和胆固醇又逐渐从混合微胶粒中释出，通过微绒毛进入黏膜细胞，胆盐则留在肠腔并于回肠末端吸收。

长链脂肪酸（含 12 个以上碳原子）和甘油一酯进入细胞后，在肠上皮细胞的内质网中大部分重新合成为甘油三酯，并与细胞中的载脂蛋白合成**乳糜微粒**（chylomicron，CM）。CM 在高尔基复合体包装成分泌颗粒，从基底侧膜通过出胞形式进入绒毛内

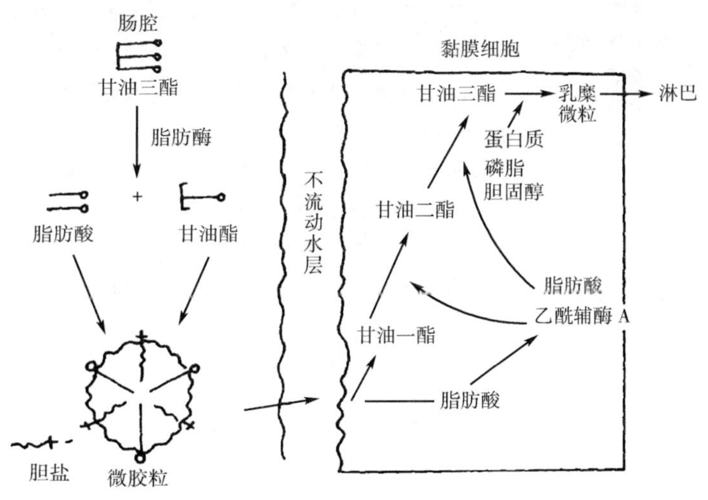

图 6-15　脂肪在小肠内消化和吸收的主要方式

的乳糜管（图 6-15）。中、短链脂肪酸（含 12 个以下碳原子）的脂溶性高，不需酯化可直接扩散入毛细血管。

肠中胆固醇有两种来源：一是来自食物，二是来自胆汁。影响胆固醇吸收的因素很多：①食物中胆固醇含量越多吸收越多，但不呈直线关系；②食物中脂肪和脂肪酸能促进胆固醇吸收；③食物的植物固醇（如豆固醇、β- 谷固醇）抑制胆固醇吸收；④食物中纤维素、果胶、琼脂等能抑制胆固醇吸收。

（六）维生素的吸收

维生素分为脂溶性维生素和水溶性维生素两类。水溶性维生素以扩散方式在小肠上段被吸收，但维生素 B_{12} 必须与内因子结合成水溶性复合物才能被回肠吸收。脂溶性维生素 A、D、E、K 的吸收与脂类物质消化产物的吸收相同。

（周乐全　呼　唤）

思维导图

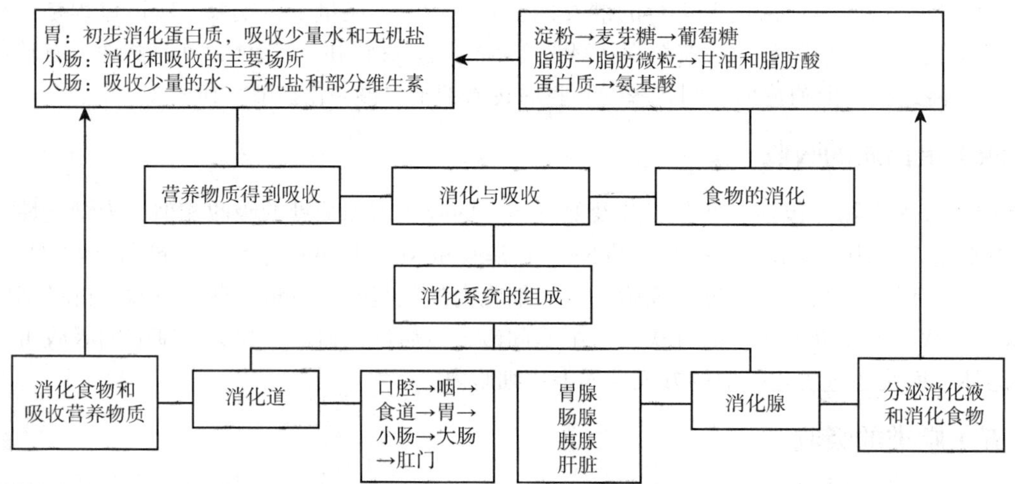

1. 什么是消化道平滑肌的基本电节律，其起源和产生原理是什么？有什么生理意义？
2. 胃液的主要成分各有什么作用？为什么胃不会自身消化？
3. 萎缩性胃炎或行胃大部分切除术后的患者有可能出现贫血，为什么？其贫血属于哪一种类型？
4. 胰液在消化中起什么作用？分泌过少对机体会产生什么影响？
5. 如果患者由于疾病治疗的需要，可能会把胃或小肠大部分切除，请从消化和吸收两个方面讨论两者术后对机体的影响，有什么不同？
6. 脂类物质为什么大部分通过淋巴途径吸收？

第七章　能量代谢与体温

人体不断地进行着新陈代谢，摄入营养物质，经同化作用合成自身的新物质，并储备能量；同时将自身原有物质经异化作用分解为代谢产物，并释放能量。这种物质代谢中伴随的能量释放、储存、转移和利用的过程称为**能量代谢**（energy metabolism）。

第一节　能量代谢

一、机体能量的来源、转化与平衡

（一）能量的来源

人体生命活动所需的能量，均来源于糖、脂肪和蛋白质三大营养物质中蕴藏的化学能。这些营养物质在体内经生物氧化后生成二氧化碳、水，同时释放出能量。机体所需能量约70%由糖提供，其余能量由脂肪、蛋白质提供。

1. 糖　分解供能的途径，因供氧情况而异。氧供充足时，通过有氧氧化供能则较多；氧供不足时，通过无氧酵解则供能较少。糖供应充足，消耗较少时，糖还以肝糖原和肌糖原的形式储存于肝脏和肌肉中。肌糖原是骨骼肌随时可以动用的能量储备，肝糖原主要用于维持血糖水平的相对稳定。

2. 脂肪　是人体巨大的能源储备库。正常人体内脂肪的储存量可占体重的20%。脂肪释放的能量较多，1g脂肪氧化释放的能量约为糖或蛋白质释放能量的2倍。因此，脂肪是体内主要的储能物质，也是重要的供能物质。

3. 蛋白质　是构成机体组织的重要物质，不是主要的能源物质。在糖和脂肪供能不足的情况下，如长期不能进食或消耗极大时，体内蛋白质才被分解供能，以维持必要的生命活动。

（二）能量的转化与平衡

各种能源物质在体内氧化释放的能量，其中50%以上迅速转化为热能，以维持体温，并不断地散发于体外；其余部分转化为可以被机体利用的自由能，这部分能量以高能磷酸键的形式储存于**三磷酸腺苷**（ATP）中。在生命活动中，机体不能直接利用物质分解释放的能量，所需能量均由ATP提供。因此，ATP既是机体的储能物质，又是直接的供能物质。

除ATP外，体内还有一种重要的储能物质**磷酸肌酸**（creatine phosphate，CP），主要存在于肌肉组织中。磷酸肌酸可看作ATP的储存库，但不能直接供能。例如，当物质氧化释放的能量过多，不仅可储存于ATP，还可将ATP中的高能磷酸键转移给肌酸，生成CP储存能量；当细胞耗能增加，CP又将储存的能量转移给**二磷酸腺苷**（ADP），生成新的ATP，维持细胞内ATP含量的相对稳定（图7-1）。从能量代谢的整个过程来看，ATP的合成与分解是体内能量转换和利用的

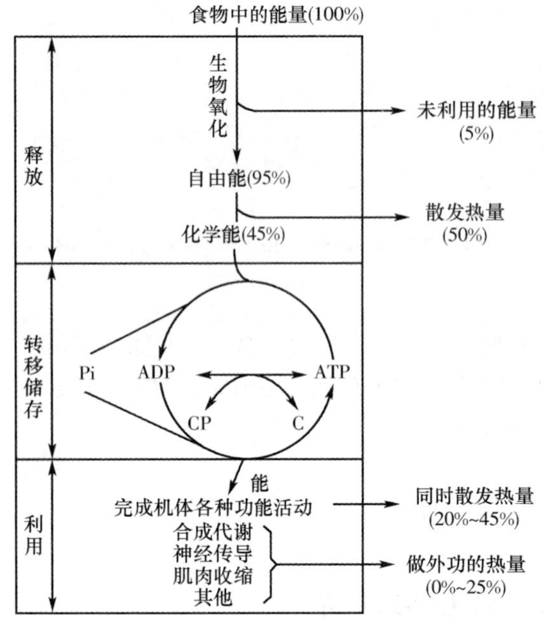

图 7-1 体内能量的释放、转移、储存和利用示意图

C：肌酸；Pi：磷酸；CP：磷酸肌酸

关键环节。

机体细胞利用 ATP 完成各种生理活动。例如，合成各种细胞成分、生物活性物质及其他物质的化学功、物质通过生物膜进行主动转运的转运功、肌肉进行收缩活动的机械功等。除骨骼肌收缩完成的机械功以外，其余在体内完成的功最终都转变为热能。在机体内，热能是能量的最低级形式，它不能再转化为其他形式的能，因而也不能用来做功，但在维持机体的体温方面有重要作用。

健康成年人的能量来源与去路保持动态平衡。机体能量摄入与消耗之间的平衡，称为能量平衡。在一段时间内，如果摄入的化学能与消耗能基本相等，体重不变，即机体的能量达到了“收支”平衡；若能量摄入大于消耗，则以脂肪形式贮存起来，体重增加；反之，摄入小于消耗，则体内储备的能源物质被分解，体重减轻。

二、能量代谢的测定

（一）能量代谢测定的原理

能量代谢率是指机体在单位时间内的能量消耗量，是评价能量代谢水平的常用指标。机体的能量代谢遵循能量守恒定律，即机体在整个能量转化过程中，所利用的食物化学能等于它最终转化的热能和所做的外功。如果避免做外功，测定单位时间内机体的散热量，就可测出机体的能量代谢率。

（二）能量代谢测定的方法

测定机体单位时间内散热量有两种方法，即**直接测热法**（direct calorimetry）和**间接测热法**（indirect calorimetry）。

1. 直接测热法 让被测试者处于特制的隔热测量装置内并保持安静状态，直接测定机体在一定时间内发散到外界环境的总热量。由于该测量装置结构复杂，操作困难，已很少使用。

2. 间接测热法 根据物质化学反应的定比定律，即反应物的量与产物的量之间呈一定的比例关系。据此，只要测定机体在安静状态下一定时间内的耗 O_2 量和 CO_2 产量，间接推算出这一段时间内各类食物的氧化量和产热量，即可计算出能量代谢率。采用间接测热法，必须了解热价、氧热价和呼吸商的概念。

（1）**食物的热价**（thermal equivalent of food）：是指 1g 某种食物氧化（或在体外燃烧）时所释放的热量。热价有物理热价和生物热价之分，前者指食物在体外燃烧时释放的热量，后者指食物在体内氧化时产生的热量。三种主要营养物质的热价不同（表 7-1），其中只有蛋白质的生物热价与物理热价不相同，这是因为蛋白质在体内氧化不完全，有部分代谢产物以尿素、肌酐等形式从尿中排出，因而其生物热价小于物理热价。

表 7-1　三种营养物质氧化时的相关数据

营养物质	产热量（kJ/g）			耗氧量（L/g）	CO_2 产量（L/g）	氧热价（kJ/L）	呼吸商
	物理热价	生物热价	营养学热价 ※				
糖	17.15	17.15	16.74	0.83	0.83	20.66	1.00
蛋白质	23.43	17.99	16.74	0.95	0.76	18.93	0.80
脂肪	39.75	39.75	37.66	2.03	1.43	19.58	0.71

※ 营养学中常用该数值计算食物的热价。

（2）食物的氧热价：某种食物氧化时消耗 1L O_2 所产生的热量，称为该种食物的**氧热价**（thermal equivalent of oxygen）。氧热价在能量代谢的测算方面有着重要的意义，可根据机体在一定时间内的耗 O_2 量与产热量之间的关系推算出它的能量代谢率。

（3）呼吸商：机体通过呼吸从外界环境中摄取 O_2，以满足机体生理活动的需要，同时将 CO_2 呼出体外。机体在一定时间内 CO_2 生成量与耗 O_2 量的比值（CO_2/O_2）称为**呼吸商**（respiratory quotient，RQ）。

$$RQ = \frac{CO_2\text{产量（mol 或 ml）}}{\text{耗 }O_2\text{ 量（mol 或 ml）}}$$

糖、脂肪和蛋白质无论是在体内氧化还是在体外燃烧时产生的 CO_2 量和耗 O_2 量各不相同，因而它们具有不同的呼吸商（表 7-1）。糖氧化时产生的 CO_2 量与消耗的 O_2 量是相等的，所以糖的呼吸商等于 1。脂肪和蛋白质的呼吸商则分别为 0.71 和 0.8。在日常生活中，人们的膳食多为糖、脂肪、蛋白质混合食物，混合膳食的呼吸商一般在 0.85 左右。

体内能量主要来自糖和脂肪的氧化，蛋白质的因素可忽略不计。为了计算方便，可根据糖和脂肪按不同比例混合氧化时所产生的 CO_2 量，以及消耗 O_2 的量计算出相应的呼吸商（表 7-2），这种呼吸商称为**非蛋白呼吸商**（non-protein respiratory quotient，NPRQ）。根据 NPRQ，可从表 7-2 查出相对应的氧热价，计算出能量代谢率。

表 7-2　非蛋白呼吸商与氧热价

非蛋白呼吸商	氧化的百分比（%）		氧热价（kJ/L）	非蛋白呼吸商	氧化的百分比（%）		氧热价（kJ/L）
	糖	脂肪			糖	脂肪	
0.707	0.00	100.0	19.61	0.86	54.10	45.90	20.41
0.71	1.10	98.90	19.64	0.87	57.50	42.50	20.46
0.72	4.76	95.20	19.69	0.88	60.80	39.20	20.51
0.73	8.40	91.60	19.72	0.89	64.20	35.80	20.56
0.74	12.00	88.00	19.79	0.90	67.50	32.50	20.60
0.75	15.60	84.40	19.83	0.91	70.80	29.20	20.67
0.76	19.20	80.80	19.89	0.92	74.10	25.90	20.71
0.77	22.80	77.20	19.95	0.93	77.40	22.60	20.77
0.78	26.30	73.70	19.99	0.94	80.70	19.30	20.82
0.79	29.90	70.10	20.03	0.95	84.00	16.00	20.87
0.80	33.40	16.60	20.10	0.96	87.20	12.80	20.93
0.81	36.90	63.10	20.15	0.97	90.40	9.58	20.98
0.82	40.30	59.70	20.20	0.98	93.60	6.37	21.03
0.83	43.80	56.20	20.26	0.99	96.80	3.18	21.08
0.84	47.20	52.80	20.31	1.00	100.0	0.00	21.13
0.85	50.70	49.30	20.36				

3. 简便测热法 临床和劳动卫生工作实践中多采用简便测热法。首先采用代谢测定仪测出单位时间内的耗 O_2 量，将混合膳食的呼吸商定为 0.82，其相应的氧热价为 20.20kJ/L，以此氧热价乘以所测的耗 O_2 量（V_{O_2}）即可求出该时间内的产热量：产热量 =20.20 kJ/L × V_{O_2}

三、影响能量代谢的主要因素

（一）肌肉活动

肌肉活动是影响能量代谢的最主要因素。机体任何轻微的活动都可提高代谢率。人在剧烈运动时，骨骼肌的耗 O_2 量显著增加，通过呼吸、循环等活动的加强仍不能满足机体对氧的需要时，造成骨骼肌的相对缺氧，即产生**氧债**（oxygen debt）。肌肉活动停止后一定时间内，为偿还氧债，机体的耗 O_2 量仍维持在较高的水平。因此，测定能量代谢时，应避免肌肉运动。

（二）精神活动

人在平静思考问题时，能量代谢受到的影响并不大，产热量增加一般不超过 4%。但当机体处于激动、恐惧和焦虑等紧张状态时，能量代谢显著增加。尽管脑组织本身的代谢率无明显改变，可是由于无意识的肌紧张增强，交感神经兴奋以及甲状腺、肾上腺髓质分泌的激素增多，使机体代谢水平增高，产热量显著增加。

（三）食物的特殊动力效应

人在进食之后 1 小时左右开始，延续 7 ～ 8 小时，虽然同样处于安静状态，但所产生的热量却比进食前有所增加。这种由食物引起机体产生额外热量的现象，称为食物的**特殊动力效应**（specific dynamic effect）。蛋白质的食物特殊动力效应最为显著，可达 30%；糖和脂肪分别为 6% 和 4%；混合性食物为 10% 左右。食物的特殊动力效应可能与肝脏处理氨基酸或合成糖原等过程有关。

（四）环境温度

机体在安静状态下，环境温度为 20 ～ 30℃时，能量代谢最为稳定。当环境温度低于 20℃时，代谢率即开始增加；在 10℃以下时，则显著增加，其原因主要是寒冷刺激反射性地引起战栗及肌肉紧张度增强，产热增加。当环境温度超过 30℃时，机体代谢率也会逐渐增加，可能与细胞内酶活性增强、化学反应速度加快，发汗，以及呼吸、循环功能增强等因素有关。

四、基 础 代 谢

（一）基础代谢的概念

基础代谢（basal metabolism）是指人体在基础状态下的能量代谢。基础状态是指清醒、安静、静卧、空腹 12 小时以上、室温保持在 20 ～ 25℃时人体的状态。此时由于排除了肌肉活动、精神活动、食物的特殊动力效应及环境温度等因素对能量代谢的影响，体内能量的消耗只用于维持一些基本的生命活动，能量代谢比较稳定。

基础代谢率（basal metabolic rate，BMR）是指单位时间内的基础代谢。BMR 比一般安静时的代谢率要低，但不是最低代谢率，因为熟睡时代谢率会更低。

（二）基础代谢率的衡量标准

能量代谢率的高低与体重不成比例关系，而与体表面积成正比，所以，BMR 以单位时间内每平方米体表面积的产热量为单位，即以 kJ/（m^2·h）来表示。

1. 体表面积的计算　人体体表面积的大小，可用下列公式计算：

体表面积（m^2）= 0.0061 × 身高（cm）+ 0.0128 × 体重（kg）－ 0.1529

在实际应用中，根据受试者的身高和体重，可从图 7-2 查出其体表面积。

2. BMR 的测算　通常采用简便测热法来测定 BMR，即通过测定单位时间内的耗氧量来计算产热量，然后将产热量除以体表面积，计算出每平方米、每小时的产热量。我国人正常的 BMR 水平，男女各年龄组的平均值如表 7-3 所示。

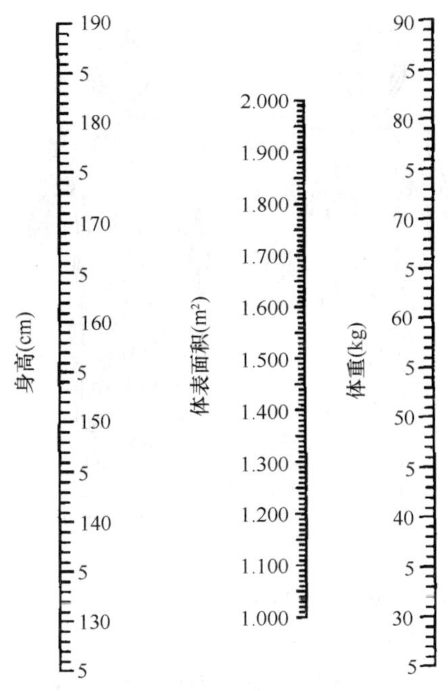

图 7-2　体表面积测算图

注：将受试者的身高和体重两点连成直线，直线与体表面积标尺的交点即为受试者的体表面积

表 7-3　我国人正常的 BMR 平均值 [kJ/（m^2·h）]

年龄（岁）	11 ～ 15	16 ～ 17	18 ～ 19	20 ～ 30	31 ～ 40	41 ～ 50	51 以上
男性	195.5	193.4	166.2	157.8	158.6	154.0	149.0
女性	172.5	181.7	154.0	146.5	146.9	142.4	138.6

临床上在评价 BMR 时，通常将实测值和表 7-3 中同年龄和同性别的正常平均值进行比较，采用相对值来表示，即：

$$\text{BMR（相对值）} = \frac{\text{实测值} - \text{正常平均值}}{\text{正常平均值}} \times 100\%$$

BMR 的相对值在 ± 15% 以内属于正常。相对值超过 20% 时，有可能是病理变化。甲状腺功能改变对基础代谢的影响最明显。甲状腺功能亢进时 BMR 可比正常值高出 25% ～ 80%；甲状腺功能低下时，BMR 可比正常值低 20% ～ 40%。此外，肾上腺皮质、脑垂体功能的改变也常伴有 BMR 的改变。

第二节　体　　温

体温（body temperature）是人体的重要生命体征之一。体温保持相对稳定是人体进行新陈代谢和生命活动的必要条件。体温过高或过低，均会降低生物酶的活性，影响新陈代谢的正常进行，甚至危及生命。

一、人体正常体温及其生理变动

（一）人体的温度

人体分为核心和外壳两个层面，其核心的温度称为**体核温度**（core temperature），而外壳的温

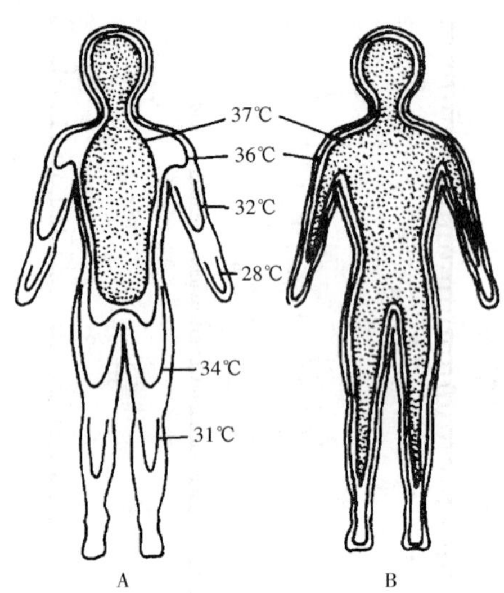

图 7-3 不同环境温度下人体体温分布图

A. 环境温度 20 ℃；B. 环境温度 35℃

度称为**体表温度**（shell temperature）（图 7-3）。

1. 体表温度 包括皮肤、皮下组织和肌肉等部位的温度。体表温度低于体核温度，而且由表及里存在着比较明显的温度梯度。体表温度（特别是皮肤温度）易受环境温度、衣着及局部血流量等因素的影响。

2. 体核温度 主要是指心、脑、肺、腹腔脏器的温度。机体体核温度相对稳定，而且通过血液循环传递热量，可使体内各器官温度经常趋于一致，因此机体体核血液的温度可代表内脏器官温度的平均值。

（二）体温的测量

体温是指机体深部的平均温度。深部温度特别是血液温度很难测量，临床上通常用腋窝、口腔和直肠等处的温度来代表体温。测定**腋窝温度**（axillary temperature）时，腋窝处应保持干燥，不得有汗。由于腋窝皮肤表面温度较低，不能正确反映体温，因而在测量时，要让被测者将上臂紧贴胸廓，使腋窝密闭形成人工体腔，这样深部的热量才能逐渐传导过来，使腋窝的温度逐渐升高至接近体核温度的水平。因此，测定腋窝温度的时间需 10min，才能达到相当于体核温度的稳定值。腋窝温度的测定是最常用的一种体温检测方法，其正常值为 36.0 ～ 37.4℃。测定**口腔温度**（oral temperature）时，将体温计置于舌下部，测定方便且较为准确，但容易受吸入空气与冷热饮食的影响，口腔温度的正常值为 36.7 ～ 37.7℃。测定**直肠温度**（rectal temperature）时，要将温度计插入直肠 6cm 以上，所测的温度才能接近体核温度，直肠温度的正常值为 36.9 ～ 37.9℃。此外，临床上有时也通过检测鼓膜温度来监测体温。

（三）体温的生理变动

1. 昼夜波动 人的体温存在昼夜节律变化，在清晨 2 ～ 6 时最低，午后 1 ～ 6 时最高，昼夜变化的幅度一般不超过 1℃。

2. 性别 成年女性的平均体温比男性高 0.3℃，而且其基础体温随月经周期呈现节律性波动（图 7-4），即排卵前期体温较低，排卵日最低，排卵后（黄体期）体温升高 0.3 ～ 0.6℃。因此，每天测定基础体温，有助于了解受试者有无排卵和排卵日期。排卵后体温升高可能与黄体期分泌的孕激素作用于下丘脑有关。

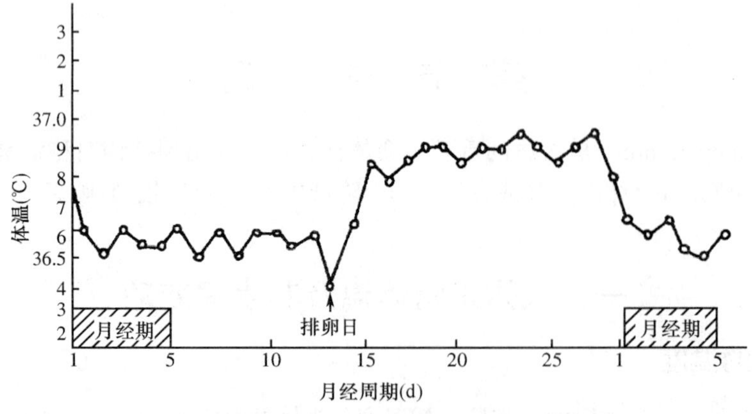

图 7-4 女子月经周期中基础体温曲线

3. 年龄 新生儿，特别是早产儿，由于体温调节机制还不完善，调节能力差，体温易受外界环境温度的影响而变动，因此，对婴幼儿应加强保温护理。儿童、青少年的体温较高，老年人因其代谢水平降低而体温偏低。

4. 肌肉活动 肌肉活动时，产热量明显增多，导致体温升高。因此，测定体温时，应让受试者安静休息一段时间后再进行。

此外，在测量体温时，还要注意精神紧张、情绪激动、进食和环境温度等因素的影响。

二、体热平衡

体热平衡（body thermal equilibrium）是指机体产热和散热两个过程之间处于相对平衡的状态，这是体温维持相对稳定的基础。当机体产热量多于散热量时，体温升高；反之，当机体产热量少于散热量时，则体温降低。

（一）产热过程

1. 产热器官 机体的主要产热器官是内脏、骨骼肌和脑。安静时，主要产热器官是内脏和脑。在内脏中，以肝产热量最多，心、脾、肾、肠等次之。运动或劳动时，骨骼肌便成为主要产热器官，剧烈运动时其产热量可达总产热量的 90% 左右。

2. 产热形式 人体内产热的基本形式，主要包括基础代谢产热、食物特殊动力效应产热、骨骼肌运动产热，以及战栗与非战栗产热。下面仅讨论战栗与非战栗产热形式。

（1）**战栗产热**（shivering thermogenesis）：战栗是指骨骼肌不随意的节律性收缩，其节律为 9 ～ 11 次 / 分。战栗的特点是屈肌和伸肌同时收缩，不做外功，能量全部转化为热量。发生战栗时，代谢率可增加 4 ～ 5 倍。机体在寒冷刺激下，先出现**战栗前肌紧张**（preshivering tone），此时产热量即有所增加。当寒冷刺激继续增强时，便可在此基础上出现战栗，从而大大地增加产热量，以维持寒冷环境中的体热平衡。

（2）**非战栗产热**（non-shivering thermogenesis）：在寒冷环境中，机体通过提高组织代谢率来增加产热的现象称为非战栗产热，又称代谢产热。非战栗产热以**褐色脂肪组织**（brown fat tissue，BFT）的产热量最大（约占 70%）。BFT 是高度特化的产热器官，分布于腹股沟、腋窝、肩胛下区及颈部大血管的周围等处。在寒冷环境中，交感神经兴奋，促使 BFT 细胞内的脂肪小滴氧化分解，通过解耦联蛋白使代谢反应中释放的能量不用于合成 ATP，而是转化成热量散发出来。在寒冷环境中适应几周后，BFT 的产热能力可提高几倍到十几倍。成年人体内仅有少量 BFT，新生儿体内则较多，新生儿因体温调节机制不完善，不能发生战栗，故非战栗产热对新生儿的体温调节尤为重要。

3. 产热调节

（1）神经调节：寒冷刺激可兴奋下丘脑后部的战栗中枢，引起战栗，使机体产热量增加；寒冷刺激还可促进下丘脑分泌促甲状腺激素释放激素，继而通过下丘脑 – 腺垂体 – 甲状腺轴，引起甲状腺激素分泌增加，使机体产热量增加；寒冷刺激亦可使交感神经系统兴奋，继而肾上腺髓质活动增强，肾上腺素和去甲肾上腺素分泌增加，使机体产热增加。

（2）体液调节：甲状腺激素是调节非战栗产热的最重要体液因素。寒冷刺激可使甲状腺激素分泌增加，使机体产热量增加。此外，肾上腺素、去甲肾上腺素、生长激素等也可促进机体产热。

（二）散热过程

1. 散热器官 人体的主要散热器官是皮肤。在环境温度为 18 ～ 30℃时，经皮肤散发的热量约占 85%，经呼吸道随气体散失热量约占 14%，随粪、尿等散失热量约为 1%。

2. 散热形式 人体散热的形式主要有辐射、传导、对流和蒸发四种。前三种形式的散热，只在体表温度高于外界环境温度时才有意义。一旦环境温度接近或高于体表温度时，蒸发便成为唯一的散热形式。

（1）**辐射散热**（radiative heat dissipation ）：指机体以热射线的方式将体热传给外界的一种散热形式。散热量的多少取决于皮肤与环境间的温差，以及人体有效辐射面积等因素。环境温度越低，皮肤的有效辐射面积越大，散热量越多。由于四肢的面积较大，因而在辐射散热中起重要的作用。辐射散热是机体在常温和安静状态下的最主要散热形式，占总散热量的 60% 左右。

（2）**传导散热**（convective heat dissipation）：指机体的热量直接传给与之接触的温度较低物体的一种散热形式，其散热量的多少与所接触物体的面积、温度差和物体的导热性能有关。导热性越好，散热量越多；反之，则散热量少。由于水的导热性能较好，因而临床上常用冰袋、冰帽等措施为高热病人降温。

（3）**对流散热**（convective heat dissipation）：机体通过气体交换热量的一种散热方式。人体周围总有一薄层空气，当人体体温高于环境时，人体散发的热量传给这一层空气，由于空气不断流动，将体热散发出去。对流散热量的多少，受空气流速的影响极大。空气流速越快，对流散热量也越多。风扇可使空气对流速度加快，有利于机体的散热。棉毛衣物能够御寒，就是因为棉毛纤维间形成不易流动的空气层，阻碍对流散热而保温。

（4）**蒸发散热**（evaporative heat dissipation）：指机体通过水分从体表汽化时吸收热量而散失体热的一种散热形式。常温下，蒸发 1g 水可使机体散失 2.4 kJ 热量。因此，体表水分蒸发是一种有效的散热途径。蒸发散热可分为不感蒸发和发汗两种形式。

不感蒸发（insensible perspiration）指体内水分从皮肤和呼吸道黏膜表面不断渗出而被气化的过程。这种蒸发形式不被人们所觉察，无论外界环境温度高或低均可进行。人体不感蒸发的水分每天可达 1000ml 左右，其中通过皮肤蒸发水分 600 ～ 800ml。因此，临床计算补液时，应考虑到这部分丢失的体液量。婴幼儿不感蒸发的速率较成人大，因而在缺水时，婴幼儿更易出现严重脱水。

发汗（sweating）：是指汗腺主动分泌汗液的过程。人体皮肤上有大汗腺和小汗腺两种，与蒸发散热有关的是小汗腺，广泛分布于全身皮肤，额、颈、躯干前面和手背的汗腺分泌汗液能力较强。

汗液中水分占 99% 以上，溶质成分不到 1%，其中大部分为 NaCl，还有少量 KCl、尿素和乳酸等物质。汗腺分泌时汗腺导管内的压力可高达 250 mmHg 以上，可见，汗液不是简单的血浆滤出液，而是由汗腺细胞主动分泌的。刚刚从汗腺细胞分泌出来的汗液与血浆等渗，但在流经汗腺导管时，汗液中 NaCl 部分被重吸收，最后排出的汗液是低渗的。炎热时醛固酮分泌的增多可促进汗腺导管对 NaCl 的重吸收，所以大量发汗时，机体丢失的水分比电解质多，可造成高渗性脱水。如果发汗速度过快，汗腺导管来不及重吸收 NaCl，以致汗液中的 NaCl 浓度增加，机体除丧失大量水分外，也丧失大量 NaCl。因此，应注意在补充水分的同时补充 NaCl。

发汗可分为两类：①**温热性发汗**（thermal sweating）是由温热性刺激引起全身广泛性出汗，其生理意义在于散失体热，调节体温。温热性发汗中枢位于下丘脑。②**精神性发汗**（mental sweating）是由精神紧张、情绪激动等刺激引起的局部性出汗，主要见于手掌、足底和前额等处，与体温调节无关，精神性发汗中枢位于大脑皮层运动前区。两种形式的发汗不能截然分开，多以混合形式出现。

3. 散热反应的调节

（1）皮肤血流量改变：机体可通过交感神经系统调控皮肤血管口径，增减皮肤血流量，以改变皮肤温度来控制散热。在寒冷环境中，交感神经紧张性增强，皮肤小动脉收缩，微循环动静脉短路关闭，皮肤血流量减少，体热散失减少；在炎热环境中，交感神经紧张性降低，皮肤小动脉舒张，微循环动静脉短路开放，皮肤血流量增多，大量体热通过血流从机体深部带到体表，皮肤温度升高，散热作用显著增加。

此外，四肢深部的静脉和动脉相伴行，而且深部的静脉呈网状围绕着动脉，形成一个热量的逆流交换系统，即从四肢远端回流的静脉血温度较低，可从与其伴行的动脉摄取热量，带回机体深部，而动脉血在流向四肢远端过程中温度逐渐降低，可减少热量的散失。

（2）汗腺活动的调节：小汗腺的活动受神经和体液双重调节。小汗腺主要受交感胆碱能纤维支配，当交感神经兴奋时，末梢释放的 ACh 作用于 M 受体，促进汗液分泌。胆碱能 M 受体阻断剂阿托品可阻止其分泌。小汗腺的分泌还受体液因素的影响，如肾上腺素可加强 ACh 对汗腺分泌的刺激作用。

汗腺分泌除受神经体液因素调节外，发汗量与发汗速度还受环境温度、劳动或运动强度、空气湿度及风速大小等因素的影响。人在安静状态下，当环境温度达 30℃以上时便开始发汗；若空气湿度较大，且衣着较多时，气温 25℃时便可发汗；在劳动或运动时，气温即使在 20℃以下也可出现发汗。在高温、空气湿度大，风速小时，汗液蒸发困难，会感到闷热，容易造成体热聚积，引起中暑。先天性汗腺缺乏症、大面积烧伤的病人，由于汗腺分泌障碍，不能蒸发散热，所以在热环境中体温可明显升高。

三、体温调节

人的体温相对稳定，这有赖于自主性体温调节和行为性体温调节。**自主性体温调节**（autonomic thermoregulation）是在体温调节中枢的控制下，通过增减皮肤血流量、发汗、战栗等生理反应，调节产热与散热过程的平衡，使体温维持在相对稳定的水平；**行为性体温调节**（behavioral thermoregulation）是指机体在不同温度环境中出现的不同姿势和行为反应以调节体温。例如，随环境温度变化增减衣着、蜷缩或伸展肢体等行为。自主性体温调节是基础，行为性体温调节是对自主性体温调节反应的补充。下面主要讨论自主性体温调节。

（一）温度感受器

温度感受器按其分布的位置可分为**外周温度感受器**（peripheral temperature receptor）和**中枢温度感受器**（central temperature receptor）两种，前者为游离神经末梢，后者则是神经元。

1. 外周温度感受器　广泛分布于皮肤、黏膜和内脏等处。皮肤温度感受器可分为**冷感受器**（cold receptor）和**热感受器**（warm receptor）两类，分别感受皮肤温度下降和皮肤温度升高的刺激，并反射性引起产热反应和散热反应的变化。皮肤冷感受器的数量比热感受器多 4 ～ 10 倍，这表明皮肤温度感受器的作用主要是监测皮肤温度降低。

2. 中枢温度感受器　是指存在于脊髓、延髓、脑干网状结构、下丘脑和大脑皮层等处对温度变化敏感的神经元。其中**热敏神经元**（warm-sensitive neuron）在局部脑组织温度升高时冲动发放频率增加；而**冷敏神经元**（cold-sensitive neuron）在局部脑组织温度下降时冲动发放频率增加。在脑干网状结构和下丘脑弓状核中冷敏神经元较多，而在**视前区－下丘脑前部**（preoptic-anterior hypothalamus，PO/AH），热敏神经元数量较冷敏神经元多（约为 3 : 1），因此 PO/AH 中枢温度的作用侧重于监测深部温度的升高。

（二）体温调节中枢

体温调节的基本中枢位于下丘脑。下丘脑 PO/AH 是体温调节中枢的关键部位，主要依据是：损毁 PO/AH 区，体温调节的产热和散热反应都将明显减弱或消失；② PO/AH 区既能感受所在部位局部温度的微小变化，又能整合处理不同部位传入的温度信息而引起相应的体温调节反应；③致热原等多种化学物质能直接作用于 PO/AH 区，产生体温调节反应。

（三）体温调节的自动控制原理

人体自主性体温调节是通过体温调节的自动控制系统来完成的，该系统是由温度感受器、体温调节中枢和效应器等组成的自动控制环路（图 7-5）。人体正常体温的调定点是 37℃。若体温偏离 37℃，则由反馈系统将偏差信息传输到下丘脑体温调节中枢，进而调节产热和散热过程，使体温维持在 37℃左右。而且，机体的监测装置（如皮肤温度感受器）感受环境温度变化后，将以前馈方式作用于下丘脑体温调节中枢，直接驱动体温调节机制。

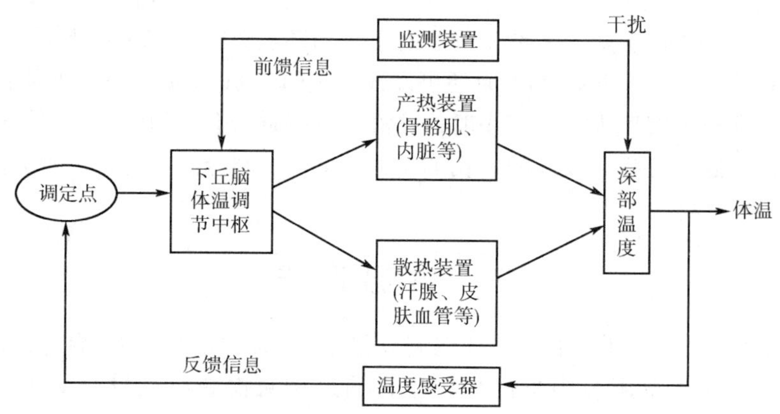

图 7-5　体温调节自动控制原理

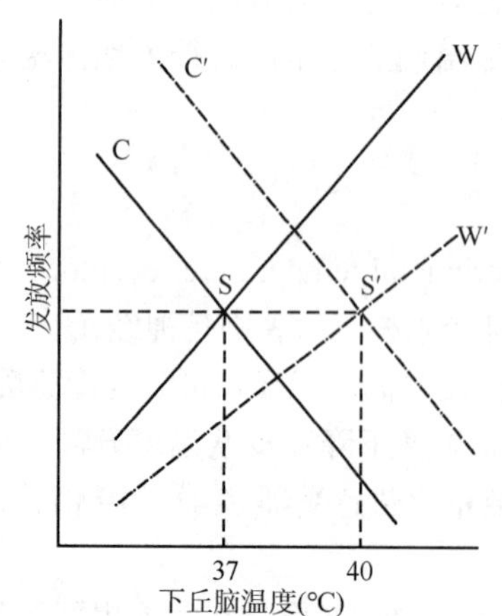

图 7-6　下丘脑温度变化与温度敏感神经元放电频率关系示意图

W：热敏神经元；C：冷敏神经元；S：正常情况下 W 和 C 发放频率的均衡点，调定点为 37℃；W′ 热敏神经元兴奋性降低；C′：冷敏神经元兴奋性升高；S′ 调定点移位为 40℃

PO/AH 中的热敏神经元与冷敏神经元具有温度敏感特性，即两种温度敏感神经元具有随温度变化而改变放电频率的特性，从而决定了体温调定点的高低。如图 7-6 所示，冷敏神经元和热敏神经元的放电频率反应曲线相交于一点，交点所对应的温度值即体温的调定点数值。在某些致病因素作用下，体温调定点可发生移动，导致调定点重调定。如果某种原因使调定点向高温侧移动，机体便出现**发热**（fever）。

在不同的环境温度下，来自外周和中枢温度感受器的信息在下丘脑的 PO/AH 体温调节中枢进行整合，主要的调节活动有：①通过躯体运动神经的活动，引起行为性体温调节，或调控骨骼肌的产热活动；②通过交感神经活动，调节皮肤血流量、汗腺分泌，以及褐色脂肪组织的代谢活动，影响产热、散热过程；③通过改变甲状腺激素、肾上腺素、去甲肾上腺素、生长激素等激素分泌，调节机体的代谢水平，影响产热过程。

机体进行体温调节时各效应器反应的温度阈值并不相同，包括引起皮肤血管的舒缩、发汗、战栗与非战栗产热的温度阈值等。因此，在不同的环境温度下，机体整合调控中，各种效应器反应的侧重也有所不同。

（张雨薇）

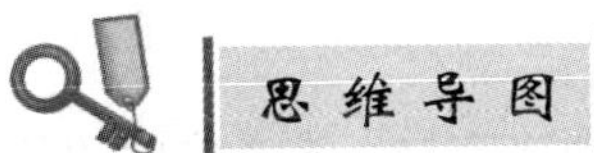

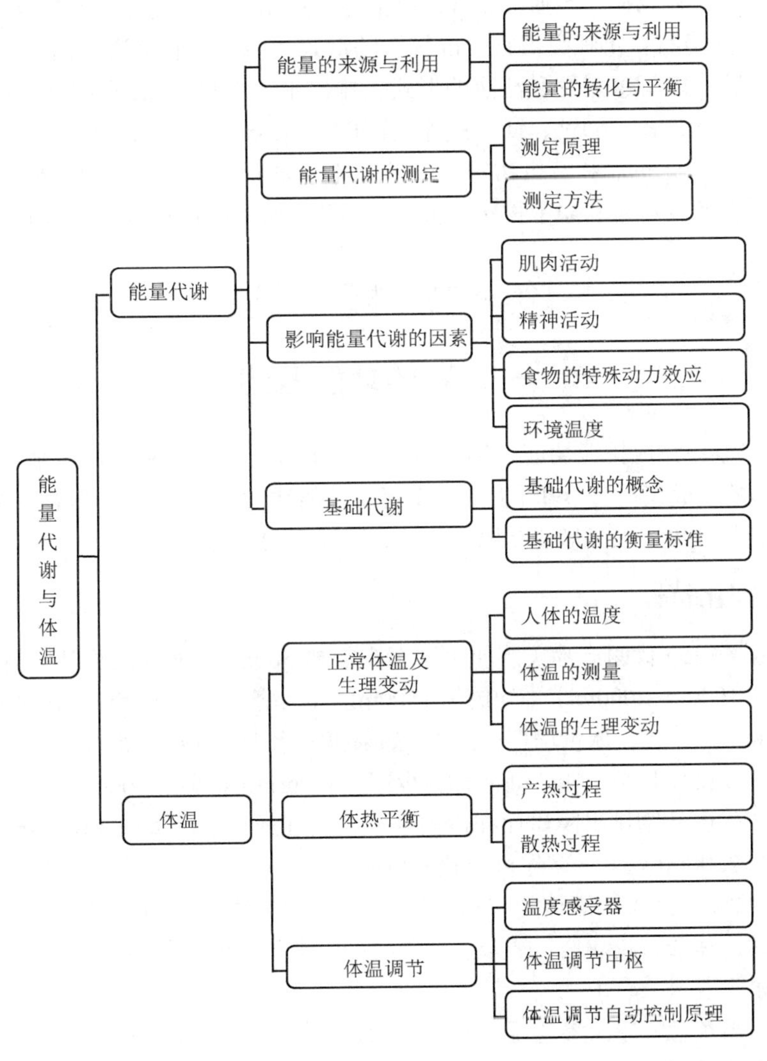

试述机体的散热方式有几种？临床上给高热病人降温经常采用哪种方式？

第八章　尿的生成与排出

肾的主要功能是生成尿液。通过尿液的生成与排出，机体将新陈代谢终产物、进入体内的各种异物（如药物）和过剩物质，经血液循环由排泄器官排出体外的过程称为排泄。

机体主要排泄途经有：①呼吸器官：以气体的形式，由肺经呼吸道排出二氧化碳、少量水和挥发性物质；②皮肤：以不感蒸发和汗液的形式，排出水、少量 NaCl 和尿素等；③消化道：随粪便排出胆色素和一些无机盐（如钙、镁、铁等）；④肾：以**尿液**（urine）的形式，排出大部分代谢产物、多余的水、各种无机盐和有机物等。由于人体经尿液排泄的物质种类最多、数量最大，而且可随着机体的需要改变尿量和尿中物质排出量。因此，肾是机体最重要的排泄器官。

第一节　概　　述

一、肾的功能概述

肾通过生成尿液，完成排泄功能，调节体内水、电解质、酸碱和渗透压平衡，参与维持机体内环境的稳定。尿的生成包括三个基本过程：①肾小球的滤过；②肾小管和集合管选择性的重吸收；③肾小管和集合管的分泌，最终形成终尿。此外，肾还有内分泌功能。

（一）尿的理化特性

人体每天产生约 35g 代谢产物（溶质），至少需要 500ml 尿液才能将其溶解排出。正常成人每昼夜排出尿量为 1000 ～ 2000ml，平均约为 1500ml。生理条件下，尿量可以出现较大幅度的变化，如果摄入的水多或出汗少时，尿量增多；反之，如果摄入水少，或出汗很多时，尿量减少。

临床上把每昼夜排尿量小于 400ml 的称为**少尿**（oliguria），小于 100ml 的称为**无尿**（anuria），少尿或无尿可导致代谢产物排出障碍而在体内堆积，引起尿毒症。**多尿**（polyuria）则是指每昼夜排尿量长期持续在 2500ml 以上，多尿可导致机体脱水。

尿中水分占 95% ～ 97%，固体物仅占 3% ～ 5%，固体物可分为无机盐和有机物两大类。无机盐主要是氯化钠，其余为硫酸盐、磷酸盐、硝酸盐、钾盐和铵盐等；有机物主要是尿素，其余为马尿酸、肌酐、尿胆素等。

正常人尿液呈淡黄色。尿液渗透压一般 50 ～ 1200 mOsm/kg · H_2O。尿量多时，尿液被稀释，颜色变浅，渗透压降低；尿量少时，尿液被浓缩，颜色变深，渗透压相应升高。

正常人的尿液一般呈酸性，pH 介于 5.0 ～ 7.0，最大变动范围为 4.5 ～ 8.0。尿液 pH 主要受食物成分的影响，荤素杂食的人，尿呈酸性，而素食者尿呈碱性。

（二）肾的内分泌功能

肾也是一个内分泌器官，可分泌多种激素和生物活性物质，主要有**促红细胞生成素**（EPO）、**前列腺素**（prostaglandin，PG）和羟化维生素 D_3 等，参与骨髓红细胞生成、血管活动和血钙水平等功能的调节。

二、肾的功能结构基础

（一）肾单位和集合管

肾单位（nephron）是生成尿液的基本结构和功能单位，与集合管共同完成尿液的生成。肾单位由肾小体和肾小管构成。**肾小体**（renal corpuscle）包括肾小球和肾小囊，主要分布于肾皮质。**肾小管**（renal tubule）长而弯曲，可深入到肾髓质内，管壁均由单层上皮细胞构成。肾小管可分为近端小管、髓袢细段和远端小管三部分。远端小管末端与集合管相连（图 8-1）。

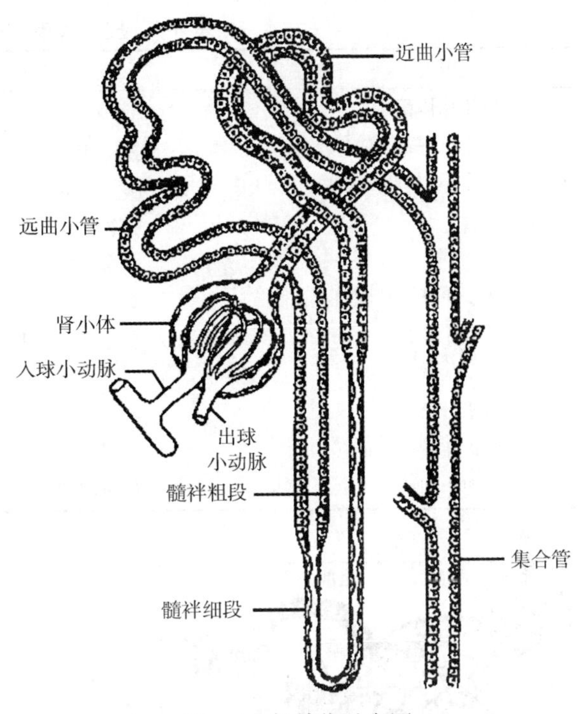

图 8-1　肾单位示意图

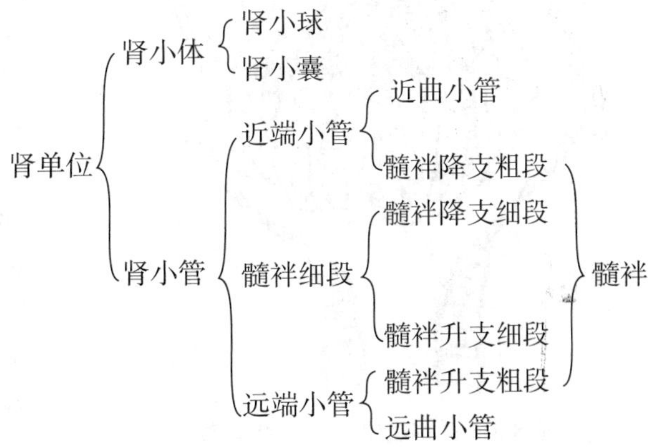

集合管不包括在肾单位内，但在功能上和远曲小管联系密切，在尿液生成过程中，特别是在尿液浓缩与稀释过程中起着重要作用。每一条集合管收集多条远曲小管运输来的尿液，许多集合管又汇入乳头管，最后形成的尿液经肾盏、肾盂、输尿管进入膀胱。

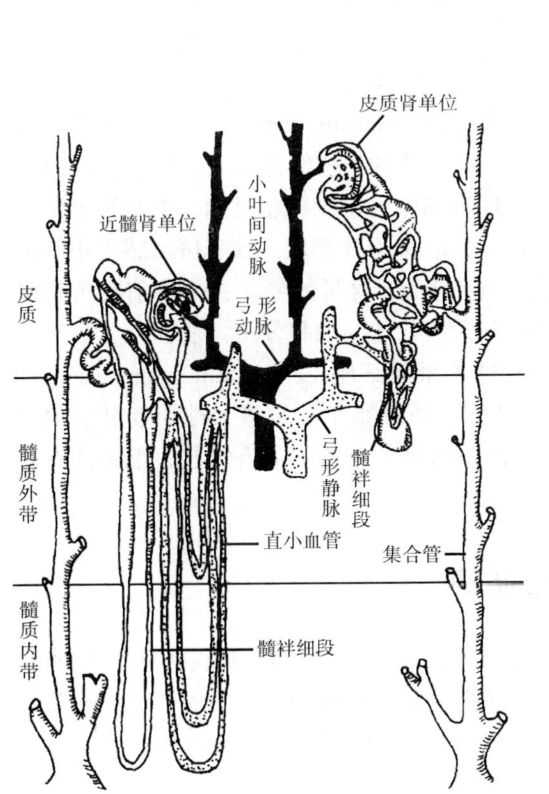

图 8-2　皮质肾单位、近髓肾单位示意图

（二）皮质肾单位和近髓肾单位

肾单位按其肾小体所在的部位，可分为**皮质肾单位**（cortical nephron）和**近髓肾单位**（juxtamedullary nephron）两种类型（图 8-2，表 8-1）。

表 8-1 皮质肾单位和近髓肾单位的区别

	皮质肾单位	近髓肾单位
肾小球体积	较小	较大
肾小体分布	外、中皮质层	内皮质层
数量	多，占 85% ~ 90%	少，占 10% ~ 15%
髓袢	短，只达外髓质层 甚至不到髓质	长，可达内髓质层 甚至达乳头部
入、出球小动脉口径比	2 ∶ 1	1 ∶ 1
出球小动脉分支	肾小管周围毛细血管	（1）肾小管周围毛细血管 （2）U 形直小血管
肾素分泌	多	几乎没有
肾血流量	量多，流速快	量少，流速慢
主要生理功能	生成尿液	浓缩与稀释尿液

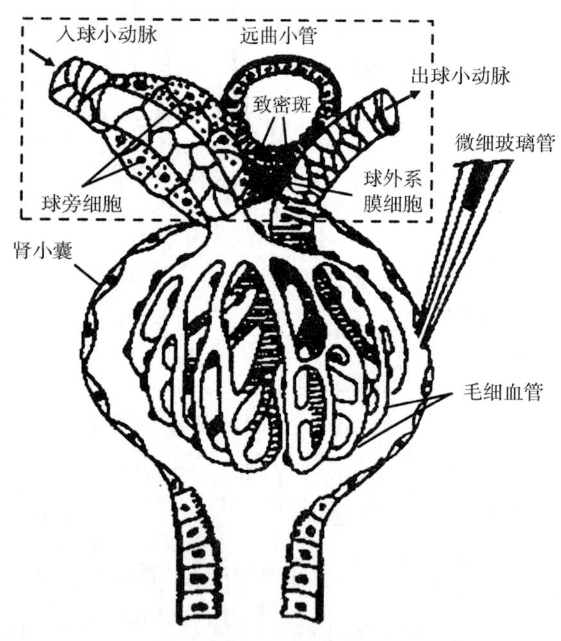

图 8-3 肾小囊微穿刺和球旁器示意图（虚线方框示球旁器）

（三）球旁器

球旁器（juxtaglomerular apparatus）主要分布在皮质肾单位，由球旁细胞、致密斑和球外系膜细胞三种特殊细胞群组成（图 8-3）。

1. 球旁细胞（juxtaglomerular cell） 是指入球小动脉中膜内一些特殊分化的平滑肌细胞，胞质内有含肾素的分泌颗粒，能合成、储存和分泌**肾素**（renin）。球旁细胞受交感神经支配，交感神经兴奋促进肾素分泌。

2. 致密斑（macula densa） 是由远曲小管起始部特殊分化的上皮细胞形成，细胞呈高柱状，在贴近球旁细胞处呈现斑状隆起，细胞核聚集且染色较深，故称为致密斑。致密斑可感受小管液流量及其中 NaCl 含量的变化，并将信息传递至球旁细胞，调节球旁细胞分泌肾素。

3. 球外系膜细胞（extraglomerular mesangial cell，又称间质细胞） 是指入球小动脉、出球小动脉和致密斑构成的三角区之间的一群细胞，细胞形态不规则，细胞表面有突起，细胞内有较多的微丝，具有收缩和吞噬功能。

三、肾的血液循环

肾动脉由腹主动脉垂直分出，短而粗，经肾门进入肾内后依次分支形成叶间动脉→弓状动脉→小叶间动脉→入球小动脉→肾小球毛细血管网→出球小动脉→肾小管和集合管的周围毛细血管网或直小血管→小叶间静脉→弓状静脉→叶间静脉→肾静脉，而后经下腔静脉返回心脏。

（一）肾的血液循环特点

1. 肾的血流量大且分布不均　正常成人安静时每分钟约有 1200ml 血液流经两侧肾脏，相当于心输出量的 20% ～ 25%。其中 94% 左右的血液供应肾皮质，5% ～ 6% 供应外髓部，其余不到 1% 供应内髓。通常所说的肾血流量主要是指肾皮质血流量。肾血流量大，有利于完成尿液生成功能。

2. 肾血流要经过两次毛细血管网

（1）肾小球毛细血管网：介于入球和出球小动脉之间，皮质肾单位入球小动脉的口径大，血流阻力小。因此，肾小球毛细血管血压较高，有利于肾小球滤过。

（2）肾小管周围毛细血管网：由于出球小动脉口径小，血流阻力大，故肾小管周围毛细血管血压相对较低。而且，血浆经肾小球滤过后，水减少，胶体渗透压较高，二者的综合作用有利于肾小管的重吸收。

（二）肾血流量的调节

1. 肾血流量的自身调节　在离体肾实验中观察到，当肾动脉灌注压在 80 ～ 180mmHg 范围内变动时，肾血流量可保持稳定；当肾动脉灌注压的变化超出这一范围，肾血流量将随灌注压的改变而发生相应变化（图 8-4）。这种在没有神经、体液影响的条件下，肾血流量在一定的动脉血压变动范围内保持稳定的现象，称为**肾血流量的自身调节**（autoregulation of renal blood flow）。肾血流量的这种调节，可使肾小球滤过率保持相对稳定，有利于肾对水、钠等物质的排泄不至于因动脉血压的波动而出现太大的变化。

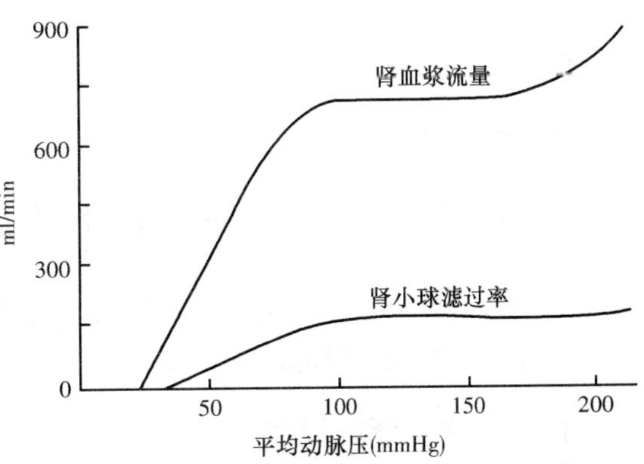

图 8-4　肾血浆流量和肾小球滤过率与动脉血压的关系示意图

2. 肾血流量的神经和体液调节

（1）神经调节：支配肾的神经主要是交感神经，分布于入球小动脉和出球小动脉，当交感神经兴奋时，其末梢释放 NA，作用于血管平滑肌 α 受体，可使肾血管强烈收缩，使肾血流量减少，肾小球滤过率下降。

（2）体液因素：调节肾血流量的体液因素很多，其中 Ad、NA、Ang、VP、ET 等激素均能使肾血管收缩，肾血流量减少；而 NO、PGI_2、PGE_2、缓激肽和心房钠尿肽等物质则可使肾血管扩张，肾血流量增加。

总之，在一定的动脉血压变动范围内，肾依靠自身调节维持血流量的相对稳定。在紧急情况下，则通过交感神经和体液因素来减少肾血流量，保证心和脑等重要器官的血液供应。

第二节　肾小球的滤过功能

肾小球滤过（glomerular filtration）是指循环血液流经肾小球毛细血管网时，在有效滤过压的作用下，血浆中的水和小分子溶质通过滤过膜被滤过进入肾小囊腔内形成超滤液的过程。这是肾脏产生尿液的第一步，所形成的超滤液称为原尿。用微穿刺法从两栖类动物蝾螈或蛙，以及哺乳类大鼠或豚鼠的肾小囊中直接抽取滤液发现，其中除了蛋白质含量甚少之外，各种晶体物质如葡萄糖、氯化物、无机磷酸盐、尿素、尿酸、肌酐等的浓度都与血浆中的非常接近(表8-2),而且囊内液的渗透压及酸碱度也与血浆相似。由此证明囊内液就是无蛋白的血浆超滤液。

表 8-2 血浆、原尿和终尿成分比较

成分	血浆(g/L)	原尿(g/L)	终尿(g/L)	尿中浓缩倍数
水	900.00	980	960	1.10
蛋白质	70 ~ 90	0.30	微量	—
葡萄糖	1.00	1.00	极微量	—
Na^+	3.30	3.30	3.50	1.10
K^+	0.20	0.20	1.50	7.50
Cl^-	3.70	3.70	6.00	1.60
$H_2PO_4^-$, HPO_4^{2-}	0.04	0.04	1.50	37.5
尿素	0.30	0.30	18.0	60.0
尿酸	0.04	0.04	0.50	12.5
肌酐	0.01	0.01	1.00	100.0
氨	0.001	0.001	0.40	400.0

一、肾小球滤过率与滤过分数

肾小球滤过率与滤过分数是衡量肾小球滤过功能的重要指标。临床上常用肾小球滤过率与滤过分数评价肾功能的损害程度。

(一)肾小球滤过率

肾小球滤过率(glomerular filtration rate,GFR)是指单位时间(每分钟)内两肾生成的超滤液量。GFR 与体表面积有关,体表面积为 1.73m^2 的正常人,其 GFR 为 125ml/min 左右。依此计算,两肾每昼夜从肾小球滤出的超滤液总量可高达 180L。

(二)肾小球滤过分数

滤过分数(filtration fraction,FF)是肾小球滤过率和**肾血浆流量**(renal plasma flow,RPF)的比值。肾血浆流量是指单位时间内(每分钟)流经两肾的血浆量,若肾血浆流量为 660 ml/min,则 FF 为 $125/660 \times 100\% \approx 19\%$。这表明当血液流经肾脏时,约有近 1/5 的血浆经肾小球滤过进入了肾小囊腔,形成超滤液。

二、滤 过 膜

滤过膜(filter membrane)是肾小球毛细血管内的血液与肾小囊超滤液之间的结构,由内向外依次由毛细血管内皮细胞、基膜、肾小囊脏层上皮细胞三层组织构成。它是肾小球滤过作用的结构屏障,包括机械屏障和电学屏障两种。

(一)机械屏障

在电镜下观察,毛细血管内皮细胞有缺乏细胞质的部分,称为**窗孔**(fenestration)。大多数窗孔的孔隙上无隔膜,孔径为 50 ~ 100nm。水和小分子溶质,以及小分子量蛋白质可自由地通过，但分子量大的蛋白质和血细胞不能通过。中间的基膜层较厚，是由水合凝胶构成的微纤维网，其上有直径为4～8nm的多角形网孔。其网孔的大小决定可以滤过的溶质分子大小，是滤过膜中主要的屏障。外层的肾小囊脏层上皮细胞层的细胞有许多足状突起，称为足细胞。足突之间形成栅栏状的小裂隙，裂隙表面覆盖一层薄膜，称**滤过裂隙膜**（filtration slit membrane），膜上有直径为4～6nm的小孔（图8-5）。

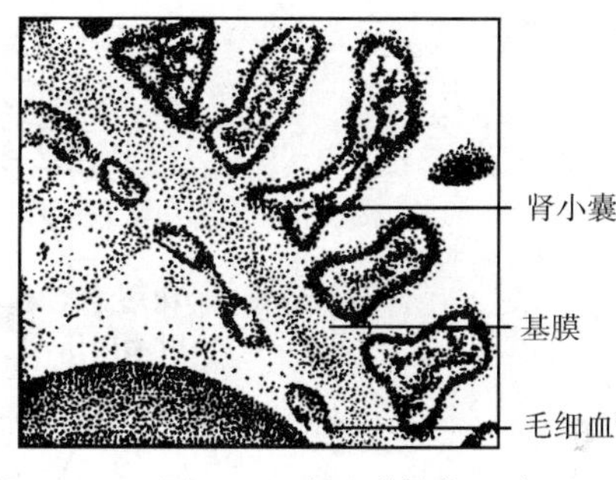

图8-5 滤过膜结构示意图

滤过膜结构的孔径起到机械屏障作用，既能让血浆中许多物质滤出，又能阻止血细胞和血浆中的大分子物质滤出。对于电中性的物质来说，其通透性主要取决于物质分子的有效半径大小。分子有效半径小于2.0nm的物质（如葡萄糖分子有效半径为0.36nm）可自由通过滤过膜；分子有效半径大于4.2nm的物质则不能滤过；有效半径介于2.0～4.2nm之间的各种物质，随着有效半径的增加，在滤液中的浓度逐渐降低，即滤过量与有效半径成反比。

（二）电学屏障

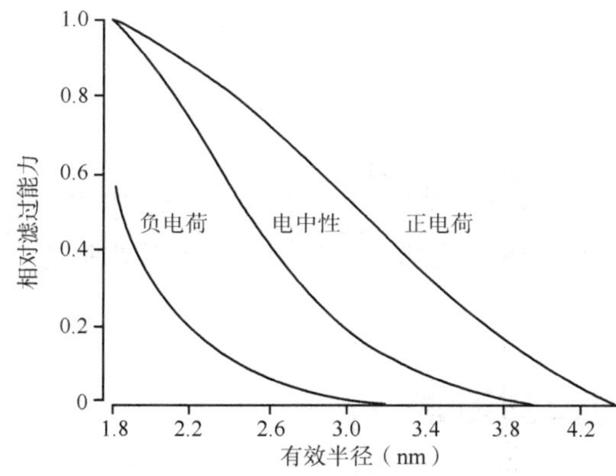

图8-6 分子半径和所带电荷对右旋糖酐滤过能力的影响

纵坐标：1.0表示能自由滤过；0表示不能滤过

滤过膜三层结构的表面都覆盖有带负电荷的糖蛋白（唾液蛋白），能排斥带负电荷的物质滤过，形成了肾小球滤过的电学屏障。有效半径相同的右旋糖酐，带正电荷的右旋糖酐较容易被滤过，而带负电荷的右旋糖酐则较难通过滤过膜（图8-6）。血浆中的白蛋白虽然有效半径为3.6nm，但因为带负电荷，所以仍很难被滤过。以上结果表明滤过膜的通透性不仅取决于滤过膜孔的大小，还取决于滤过膜所带的电荷。

综上，血浆中的物质通过滤过膜时，既受滤过膜机械屏障结构的影响，又受电学屏障状态的控制。二者相比，机械屏障作用更为重要。

三、有效滤过压

有效滤过压（effective filtration pressure，EFP）是肾小球滤过的动力，是促进滤过的动力与对抗滤过的阻力的差值。因肾小囊内超滤液中蛋白质浓度极低，故EFP由肾小球毛细血管血压、血浆胶体渗透压和囊内压三者构成。其中肾小球毛细血管血压是滤出的主要动力，血浆胶体渗透压和囊内压是对抗滤过的阻力，其关系可表示为：

有效滤过压＝肾小球毛细血管血压－（血浆胶体渗透压＋囊内压）

用微穿刺法直接测得大鼠肾小球毛细血管血压平均值为45mmHg，肾小球毛细血管从入球端到出球端，血压下降不多，但毛细血管内血浆胶体渗透压则呈递增性升高（图8-7）。这是由于血管内的水不断滤出，而血浆蛋白不能滤出，血浆蛋白浓度逐渐升高的缘故。随着血浆胶体渗透压不断升高，有效滤过压随之不断下降。当滤过阻力等于滤过动力时，有效滤过压则为零，称为**滤过平衡**（filtration equilibrium），滤过即停止。

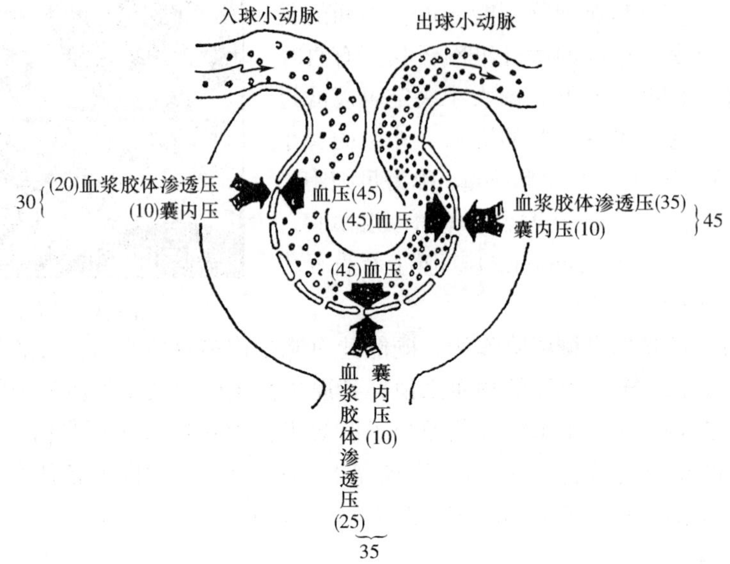

图 8-7 肾小球有效滤过压（mmHg）的变化示意图

根据测定数值计算的肾小球有效滤过压结果是：

入球端：有效滤过压 = 45– (20 + 10) = 15mmHg

出球端：有效滤过压 = 45– (35 + 10) = 0 mmHg

由此可见，当有效滤过压为正值时，滤过的动力大于对抗滤过的阻力，就发生滤过；当有效滤过压为零时，则无超滤液的生成。因此，尽管肾小球毛细血管全段都有滤过功能，但并非都能发生滤过，只有从入球小动脉端到滤过平衡这一段才有滤液产生。

四、影响肾小球滤过率的因素

决定肾小球滤过的因素主要有：①肾小球滤过膜通透性是滤过的结构基础；②肾小球有效滤过压是滤过的动力；③肾血浆流量是滤过的前提，也是物质基础。因此，凡是影响这三方面的因素，均可影响肾小球滤液的质和量。

（一）有效滤过压

有效滤过压是肾小球滤过的动力，因此形成有效滤过压的任一因素发生变化时，均可影响肾小球滤过率（GFR）。

1. 肾小球毛细血管血压 正常情况下，当动脉血压变动于 80 ～ 180mmHg 范围内时，由于肾血流量的自身调节作用，肾小球毛细血管血压相对稳定，对有效滤过压无明显的影响，GFR 基本不变。

当某些原因（大失血或休克）引起平均动脉血压降到 80mmHg 以下时，超过了肾自身调节能力范围，肾小球毛细血管血压将相应下降，于是有效滤过压降低，GFR 减少，尿量减少；当动脉血压降至 50mmHg 以下时，有效滤过压降低为零，肾小球滤过随之停止，出现无尿现象。

2. 血浆胶体渗透压 正常情况下，人体血浆胶体渗透压变动不大。但是当血浆蛋白的浓度明显降低时，血浆胶体渗透压降低，有效滤过压升高，GFR 也随之增加。例如，经静脉快速注入大量生理盐水时，血液被稀释，血浆蛋白浓度下降，血浆胶体渗透压降低，有效滤过压升高，GFR

增加，尿量增多。

3. 肾小囊内压　正常情况下，肾小囊内压一般比较稳定。当肾盂或输尿管结石、肿瘤压迫或其他原因引起输尿管阻塞时，小管液或终尿不易排出，可引起压力逆行升高，导致囊内压升高，有效滤过压和 GFR 降低，尿量减少。

（二）滤过膜的面积与通透性

1. 滤过膜的面积　正常成人的两肾全部肾小球总滤过面积达 1.5m^2 以上，足以保证肾小球持续而稳定滤过。但在急性肾小球肾炎早期，由于肾小球毛细血管内皮细胞增生、肿胀，使毛细血管管腔变窄或完全阻塞，以致活动的肾小球数量减少，有效滤过面积急剧减少，从而使 GFR 降低，而致少尿，甚至无尿。

2. 滤过膜的通透性　生理情况下滤过膜的通透性比较稳定，但在病理情况下，滤过膜的通透性可发生较大的变化。某些肾疾病如急慢性肾小球肾炎、肾病综合征等，可使滤过膜各层的糖蛋白减少，或基膜损伤、破裂，或足突融合及消失，使电学屏障、机械屏障作用减弱，滤过膜的通透性大大增加，使原来不能滤过的大分子物质或带负电荷的血浆蛋白大量滤出，甚至红细胞也能滤出，从而出现蛋白尿和血尿。

（三）肾血浆流量

肾血浆流量对肾小球滤过率的影响并不是通过改变有效滤过压，而是通过改变滤过平衡的位置来实现的。例如，肾的血浆流量增多时，肾小球毛细血管中血浆胶体渗透压上升速度缓慢，滤过平衡向出球小动脉端移动，具有滤过作用的毛细血管增长，有效滤过面积增大，GFR 将随之增加。在大失血等病理状态下，交感神经兴奋，使肾脏小血管收缩，肾血浆流量减少时，血浆胶体渗透压的上升速度加快，从而使滤过平衡的位置靠近入球小动脉端，具有滤过作用的毛细血管缩短，有效滤过面积减小，GFR 也因之显著降低。

第三节　肾小管和集合管的重吸收功能

肾小球滤过形成的原尿流入肾小管与集合管后，称为小管液。**肾小管和集合管的重吸收**（reabsorption of renal tubule and collecting duct）是指肾小管和集合管上皮细胞将小管液中的水及各种溶质重新转运回血液的过程。成人每天生成的原尿量约有 180L，但终尿每天只有 1.5L 左右，表明肾小管的重吸收量高达 99%，排出量只占原尿的 1% 左右。与小管液相比，终尿的质和量都发生了很大的变化。

一、肾小管与集合管重吸收的部位、途径和方式

（一）重吸收的部位

肾小管和集合管的重吸收功能与小管上皮细胞的结构相关，肾小管上皮细胞呈柱状，其细胞顶部之间形成紧密连接。上皮细胞面向管腔的细胞膜为顶端膜，即管腔膜；细胞周壁和底部的细胞膜为基底侧膜，即侧膜和管周膜。这两部分细胞膜上都分布着不同的转运体，对物质的转运有着不同的特性。其中，近曲小管顶端膜上有大量的微绒毛形成刷状缘，增加了重吸收的表面积，有利于物质的转运。

在各段肾小管中，近曲小管对各种物质的重吸收能力占首位，原尿中水和溶质绝大部分在此段被重吸收；髓袢主要重吸收余下的水和无机盐，髓袢与近曲小管重吸收基本不受神经和体液因素影响，所以该处的重吸收量对终尿基本不产生直接影响。远曲小管和集合管可继续重吸收部分水、尿素和 Na^+ 等，其重吸收量较少（图 8-8），但受到血管升压素和醛固酮等体液因素的调节，因此决定了终尿的质和量。

（二）重吸收的途径

肾小管与集合管重吸收的途径有**跨细胞途径**（transcellular pathway）和**细胞旁途径**（paracellular pathway）（图 8-9）。

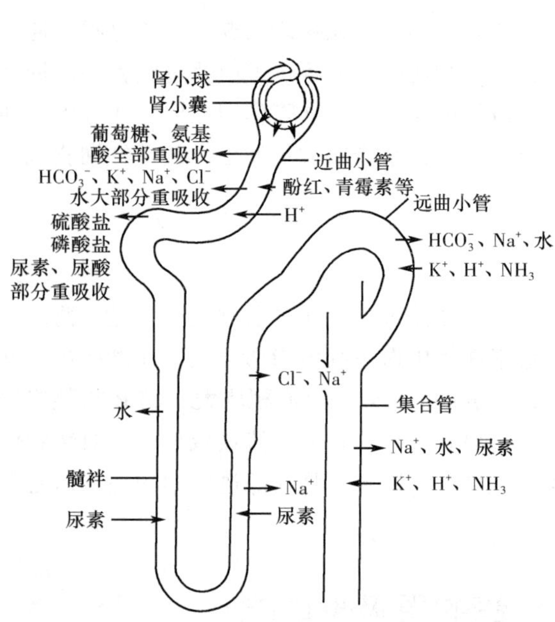

图 8-8 肾小管和集合管对各类物质的重吸收和分泌示意图

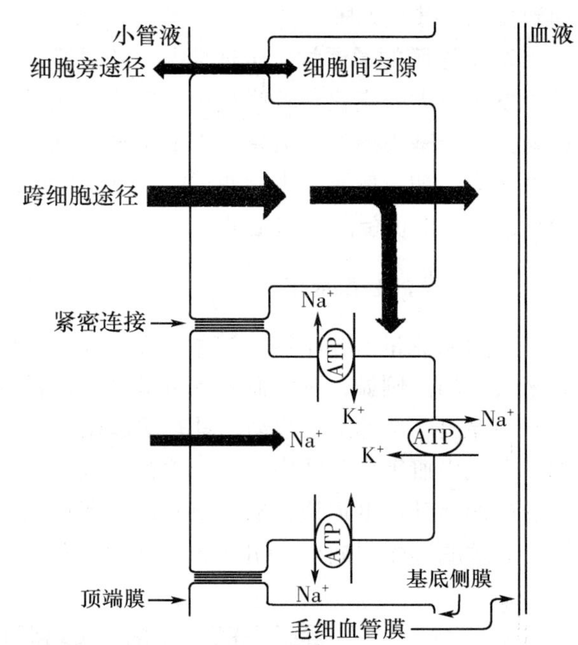

图 8-9 近端肾小管重吸收的跨细胞途径和细胞旁途径示意图

1. 跨细胞途径 是以细胞内液为中介的两次跨膜转运，即小管液内的物质先通过肾小管上皮细胞的顶端膜转运到细胞内液，然后再从细胞内液通过肾小管上皮细胞的基底侧膜转运到组织液中，进而通过毛细血管壁回到血液。

2. 细胞旁途径 是指小管液中的 Na^+、Cl^- 和水通过肾小管上皮细胞之间的紧密连接直接进入上皮细胞间隙的组织液，随后进入毛细血管。在重吸收水时，有些溶质（如 K^+、Ca^{2+} 等）可随水的转移以溶剂拖曳形式被重吸收。

（三）重吸收的方式

肾小管与集合管重吸收的方式有主动重吸收和被动重吸收两种。主动重吸收包括原发性主动转运（如钠泵、质子泵、钙泵等）、继发性主动转运（同向、反向转运）和入胞等方式。小管液中各种对机体有用的物质（如葡萄糖、氨基酸、Na^+ 等）主要通过主动重吸收，即小管上皮细胞通过消耗能量，逆着电－化学梯度将小管液中溶质转运到细胞间液进行重吸收；被动重吸收是指小管液中的水和溶质顺电化学梯度转运到细胞间液进而重吸收。对水而言，被动重吸收的动力是渗透压差；对溶质而言，则是浓度差和电位差。此外，溶剂拖曳也属于被动重吸收。

（四）重吸收的选择性

肾小管和集合管的重吸收具有选择性，既能保留对机体有用的物质，又可有效地清除对机体有害的和过剩的物质，从而维持机体内环境稳态。葡萄糖和氨基酸全部被肾小管重吸收；水和电解质，如 Na^+、K^+、Cl^- 等大部分被重吸收，尿素只有小部分被重吸收，肌酐则完全不被重吸收。

二、几种重要物质的重吸收

由于肾小管和集合管各段的结构和功能不同，小管液的成分也不同，故肾小管各段的物质转运方式、转运量和转运机制亦不相同。以下讨论几种重要物质在肾小管和集合管的重吸收。

（一）Na^+ 和 Cl^- 的重吸收

成人每日从肾小球滤过的 Na^+ 达 500g 以上，但每日经尿排出的 Na^+ 仅有 3 ～ 5g，说明肾小球滤过的 Na^+ 有 99% 在肾小管被重吸收。

1. 近端小管 有 65% ～ 70%Na^+ 和 Cl^- 在近端小管处被重吸收，其中约 2/3 通过跨细胞途径主动重吸收，1/3 通过细胞旁途径被动重吸收。

（1）近端小管前半段：主要通过跨细胞途径重吸收 Na^+。在肾近端小管上皮细胞的顶端膜上，存在 Na^+- 葡萄糖同向转运体、Na^+- 氨基酸同向转运体及 Na^+-H^+ 反向转运体。小管液中的 Na^+ 是通过与葡萄糖、氨基酸同向转运的方式，以及与 H^+ 反向转运的方式，经跨细胞途径而主动重吸收的（图 8-10A）。

在肾近端小管上皮细胞的基底侧膜上有钠泵，上皮细胞内的 Na^+，被钠泵泵入细胞间隙，一方面使细胞内 Na^+ 的浓度降低，促使小管液中 Na^+ 通过前述转运体顺着电 – 化学梯度通过顶端膜不断地进入细胞内。另一方面可引起细胞间隙中 Na^+ 的浓度和渗透压升高，通过渗透作用，水也随之进入细胞间隙，使其中的静水压升高，此压力可促使 Na^+ 和水进入相邻的毛细血管，也可使部分 Na^+ 和水通过紧密连接再返回小管内，后一现象称为**回漏**（back-leak）。此模式称**泵 – 漏模式**（pump-leak model）。

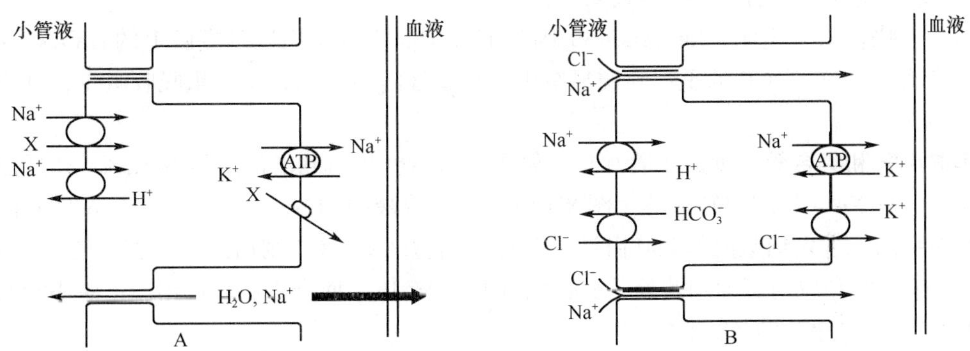

图 8-10 近端小管重吸收物质机制示意图

A. 近端小管前半段；B. 近端小管后半段；X：葡萄糖、氨基酸、磷酸盐等

（2）近端小管后半段：NaCl 的重吸收通过两条途径进行（图 8-10B）。①跨细胞途径。在近端小管的后半段，有 Na^+-H^+ 和 Cl^--HCO_3^- 两种反向转运体，其转运结果是 Na^+ 和 Cl^- 进入

细胞内，H^+ 和 HCO_3^- 进入小管液，HCO_3^- 可以 CO_2 形式重新进入细胞。进入细胞内的 Cl^- 由基底侧膜上的 K^+- Cl^- 转运体转运至细胞间隙，再吸收入血。②细胞旁途径。进入近端小管后半段的小管液，葡萄糖、氨基酸的重吸收已经基本完毕。由于近端小管的起始段中 Cl^- 不被重吸收，因此近端小管后段的 Cl^- 的浓度明显高于小管周围组织液，因此 Cl^- 顺着浓度梯度经细胞旁途径被重吸收。由于 Cl^- 重吸收使小管周围组织间隙中负电荷的数目急剧增加，因而在管壁两侧的电位差驱动下，Na^+ 顺着电位梯度经紧密连接而被动重吸收。可见，Na^+ 和 Cl^- 经细胞旁途径重吸收都属于被动转运。

2. 髓袢 肾小球滤过的 NaCl 大约 20% 在髓袢中重吸收，主要是在升支粗段的主动重吸收。

（1）髓袢细段对 Na^+、Cl^- 的重吸收：髓袢降支细段对 Na^+ 和 Cl^- 的通透性极低，而对水的通透性较高。由于水不断地渗透至肾小管周围组织液，因而使小管液中的 NaCl 浓度逐渐升高，至降支细段顶端时达到最高。髓袢升支细段对水不易通透，而对 Na^+ 和 Cl^- 通透性很高，小管液中高浓度的 Na^+ 和 Cl^- 顺浓度梯度扩散到组织液，参与肾内髓组织液高渗梯度的形成。

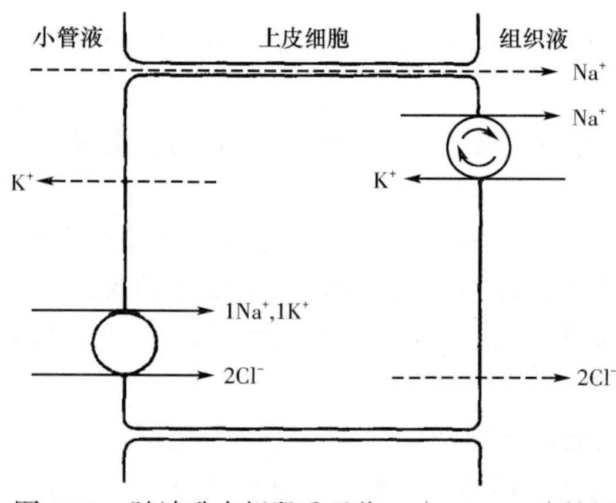

图 8-11 髓袢升支粗段重吸收 Na^+、Cl^-、K^+ 的机制示意图

（2）髓袢升支粗段对 Na^+、Cl^- 的重吸收：髓袢升支粗段是 Na^+ 和 Cl^- 在髓袢中重吸收的主要部位，其机制主要是跨细胞转运途径的主动重吸收，也有细胞旁途径。

髓袢升支粗段的顶端膜上存在有 Na^+-$2Cl^-$-K^+ 同向转运体，Na^+ 和 Cl^- 可经 Na^+-$2Cl^-$- K^+ 同向转运体，转运进细胞内，进而重吸收入血。进入上皮细胞内的 Na^+ 在基底侧膜上钠泵的作用下，泵入细胞间隙。细胞内 Na^+ 浓度下降，形成管腔与上皮细胞内的浓度梯度，成为顶端膜上 Na^+-$2Cl^-$-K^+ 同向转运体活动的动力；进入上皮细胞内的 Cl^- 可经 Cl^- 通道，进入细胞间隙；而 K^+ 顺浓度梯度经顶端膜返回小管腔内，继续参与 Na^+、K^+、Cl^- 的同向转运（图 8-11）。由于 K^+ 返回小管腔中造成小管液带正电位，该电位差可促使小管液中的 Na^+、K^+、Ca^{2+} 等经细胞旁途径以被动转运的形式重吸收。

临床上，**呋塞米**（**速尿**，furosemide）因其能抑制髓袢升支粗段顶端膜上的 Na^+-$2Cl^-$-K^+ 同向转运体，使该段对 Na^+、Cl^- 的重吸收明显减少，小管液溶质增加，水的重吸收减少，从而产生强大的利尿效应。

3. 远曲小管和集合管 远曲小管和集合管重吸收 Na^+ 约占超滤液总量的 12%。在远曲小管初段的顶端膜上有 Na^+-Cl^- 同向转运体（图 8-12A）。小管液中的 Na^+、Cl^- 通过 Na^+-Cl^- 同向转运体进入小管细胞内。进入细胞内的 Na^+ 由钠泵转运入细胞间隙，Cl^- 则通过基底侧膜的 Cl^- 通道进入细胞间隙。噻嗪类利尿药可抑制此处的 Na^+-Cl^- 同向转运体，而产生利尿作用。远曲小管和集合管对 Na^+ 重吸收主要受醛固酮的调节。

远曲小管后段及集合管含两类细胞：①主细胞的顶端膜有 Na^+ 通道，小管液中的 Na^+ 可通过此通道进入细胞内，然后被 Na^+ 泵泵入细胞间隙而重吸收，小管液中 Na^+ 的重吸收可造成管腔内电位变负，从而促进小管内 Cl^- 经细胞旁途径重吸收；②闰细胞的顶端膜有质子泵，可主动分泌 H^+，调节体内酸碱平衡（图 8-12B）。

（二）水的重吸收

正常情况下，小管液中的水约有 99% 被重吸收，仅有 1% 排出体外。除髓袢升支对水不通透外，其余各段肾小管和集合管均能重吸收水。水的重吸收都是被动的，取决于小管内外的渗透压差和管壁对水的通透性。水孔蛋白（AQP）是介导水分子跨膜转运的主要方式，主要分布在近曲小管、髓袢的细段和集合管。

1. 近端小管　水 65% ～ 70% 在近端小管被重吸收。近端小管对水的重吸收是一种等渗定比率的重吸收，与体内是否缺水无关，也不受血管升压素的调控。因此此段水的重吸收率虽大，但对尿量影响较小。在近端小管，水主要依靠溶质中的 Na^+、Cl^-、HCO_3^-、葡萄糖等重吸收产生的渗透压差而被重吸收。

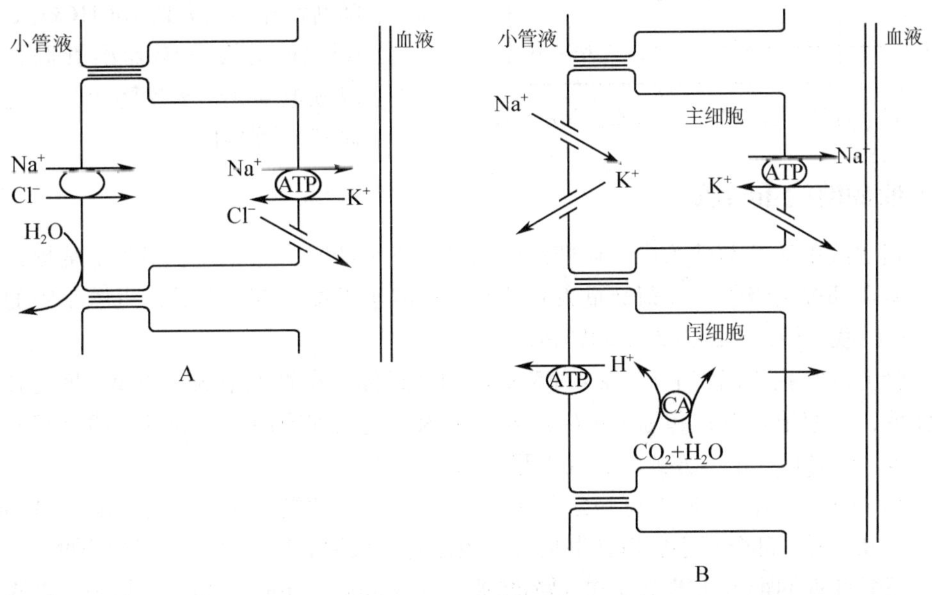

图 8-12　远曲小管和集合管重吸收 NaCl 和分泌 K^+、H^+ 示意图

A. 远曲小管初段；B. 远曲小管后段和集合管；CA：碳酸酐酶

2. 髓袢　小管液中约 15% ～ 20% 的水在髓袢降支细段以渗透方式被重吸收。髓袢升支对水不通透。

3. 远曲小管和集合管　对水的通透性很低，但受血管升压素的调控，因此此处水的重吸收率与体内是否缺水有关。当机体缺水时，血管升压素释放增加，可促进远曲小管和集合管对水的重吸收增加，使尿量减少。反之，当体内水增多时，血管升压素释放减少，上皮细胞对水的通透性降低，水的重吸收减少，尿量明显增多。

（三）K^+的重吸收

每日从肾小球滤过的 K^+ 约为 35g，而每日尿中排出的 K^+ 仅有 2 ～ 4g。肾小球超滤液中的 K^+ 绝大部分在近端小管被重吸收回血，而终尿中的 K^+ 主要是由远曲小管和集合管分泌的。其分泌量的多少与血 K^+ 浓度有关，并受醛固酮的调节。近端小管对 K^+ 的重吸收是主动转运过程。因为小管液中 K^+ 浓度远低于上皮细胞内 K^+ 浓度，同时管腔内电位较管周液低，所以 K^+ 的重吸收是逆电位差和浓度差进行的。顶端膜是主动重吸收 K^+ 的关键部位。

（四）HCO_3^-的重吸收

从肾小球滤过的HCO_3^-几乎全部被肾小管和集合管重吸收。由于顶端膜对HCO_3^-通透性低，因此小管液中的HCO_3^-是以CO_2的形式被重吸收的。HCO_3^-在肾小管内先与H^+结合生成H_2CO_3，H_2CO_3在顶端膜上的碳酸酐酶作用下分解为CO_2和水，脂溶性的CO_2很容易通过顶端膜进入细胞内。在细胞内碳酸酐酶的作用下，CO_2再与细胞内的水结合生成H_2CO_3，随后解离成H^+和HCO_3^-，H^+通过Na^+-H^+交换分泌到小管腔，HCO_3^-可以顺电－化学梯度随Na^+一起被转运回血液（图 8-13）。

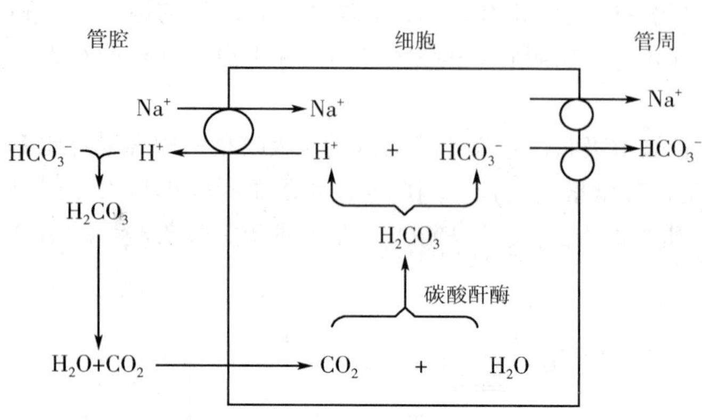

图 8-13　近端小管HCO_3^-重吸收机制示意图

（五）葡萄糖的重吸收

肾小球超滤液中的葡萄糖浓度与血糖浓度相等。正常情况下尿中几乎不含葡萄糖，说明超滤液中的葡萄糖全部被重吸收。葡萄糖重吸收的部位仅限于近端小管，尤其是近端小管的前半段，与Na^+重吸收耦联进行，属继发性主动转运。

近端小管上皮细胞顶端膜上有Na^+-葡萄糖同向转运体，小管液中Na^+和葡萄糖与转运体结合形成复合体后，迅速地将Na^+和葡萄糖转运入细胞内。进入细胞内的葡萄糖，通过基底侧膜上的葡萄糖转运体，以易化扩散的方式转运入细胞间隙。

近端小管对葡萄糖的重吸收有一定的限度。当血液中葡萄糖浓度超过 160 ～ 180mg/100ml（9 ～ 10mmol/L）时，部分肾小管对葡萄糖的吸收已达到极限，尿中开始出现葡萄糖，产生糖尿。这种尿中出现葡萄糖的最低血糖浓度称为**肾糖阈**（renal glucose threshold）。超过肾糖阈后的血糖浓度再继续升高，尿中葡萄糖含量也将随之增加；当血糖浓度超过约 300mg/100ml 后，全部肾小管对葡萄糖的重吸收均已达到极限。此时，尿中葡萄糖排出率则随血糖浓度升高而增加。肾之所以对葡萄糖重吸收有极限量，与近端小管顶端膜Na^+-葡萄糖同向转运体数量有限有关。

（六）氨基酸及其他物质的重吸收

小管液中氨基酸的重吸收与葡萄糖的重吸收机制相同，主要在近端小管的前半段主动重吸收，也是与Na^+重吸收耦联的继发性主动转运。另外，Ca^{2+}、HPO_4^{2-}、SO_4^{2-}的重吸收也是与Na^+耦联同向转运而进行，其中Ca^{2+}的重吸收和排泄受甲状旁腺激素调节。小管液中的尿素在近端小管髓袢细段和内髓部集合管有不同程度的重吸收。正常情况下进入滤液中的微量蛋白质，则通过肾小管上皮细胞的入胞作用而被重吸收。

第四节　肾小管和集合管的分泌功能

肾小管和集合管的**分泌**（secretion）功能，是指肾小管和集合管的上皮细胞将自身代谢产生的物质分泌到小管液中的过程。小管上皮细胞将血液中原有的某些物质排入小管液的过程则称为**排泄**（excretion）。由于分泌和排泄都通过小管细胞进行，故两者不作严格区分，统称为分泌。从肾小管和集合管上皮细胞分泌的物质主要有 K^+、H^+ 和 NH_3 等。

一、K^+的分泌

小管液中的 K^+ 绝大部分在近端小管被重吸收回血，而尿中排出的 K^+ 主要是由远端小管和集合管的主细胞分泌的。在远曲小管和集合管主细胞主动重吸收 Na^+ 时，在小管内外建立起了电位差，小管腔内为负（–10 ～ –40mV），这是促使 K^+ 从组织液被动扩散入管腔的动力。另外，在主细胞的基底侧膜上的钠泵将 Na^+ 泵出的同时，K^+ 被泵入细胞内，使细胞内的 K^+ 浓度升高，进而 K^+ 顺浓度差分泌进入小管液。这种 K^+ 的分泌与 Na^+ 的主动重吸收相联系的过程，称为 Na^+-K^+ 交换。

远端小管和集合管除有 Na^+-K^+ 交换外，还存在 Na^+-H^+ 交换，Na^+-K^+ 交换和 Na^+-H^+ 交换相互竞争抑制。例如，在酸中毒时，小管细胞内碳酸酐酶活性增强，H^+ 生成量增加，于是 Na^+-H^+ 交换增强，而 Na^+- K^+ 交换则减弱，K^+ 的分泌减少，导致血 K^+ 浓度升高，故酸中毒时常伴有高钾血症；同理，碱中毒时可产生低钾血症。

二、H^+的分泌

肾小管和集合管上皮细胞有三种分泌 H^+ 的机制，即 Na^+-H^+ 交换、质子泵和 H^+-K^+ 交换。Na^+-H^+ 交换是继发性主动转运，质子泵和 H^+-K^+ 交换体都是 ATP 酶。不同小管分泌 H^+ 的方式各有不同，其中近端小管是分泌 H^+ 的主要部位，约占分泌 H^+ 总量的 80%。

近端小管、远端小管和集合管都能以 Na^+-H^+ 交换机制分泌 H^+。小管上皮细胞内的 CO_2 在碳酸酐酶的催化下与 H_2O 结合生成 H_2CO_3，生成的 H_2CO_3 又迅速解离成 H^+ 和 HCO_3^-。通过小管上皮细胞 Na^+-H^+ 反向转运体，小管细胞内的 H^+ 与小管液内的 Na^+ 发生 Na^+-H^+ 交换，Na^+ 进入细胞内，H^+ 被分泌到小管液中，随后 Na^+ 经基底侧膜上的钠泵转运到细胞间隙，HCO_3^- 经基底侧膜上的 Cl^--HCO_3^- 交换等方式转运入细胞间隙而重吸收（图 8-14）。因而，肾小管每分泌一个 H^+，就可重吸收一个 Na^+ 和 HCO_3^- 入血。这一交换过程对维持机体的酸碱平衡具有重要的意义。此外，远曲小管远端一直到集合管，小管闰细胞中的质子泵可将细胞内 H^+ 通过原发性主动转运分泌入管腔。远曲小管上皮细胞还存在 H^+-K^+ 交换的分泌机制，通过消耗能量，将小管液中的 K^+ 转运入细胞，将细胞内 H^+ 分泌到小管腔。

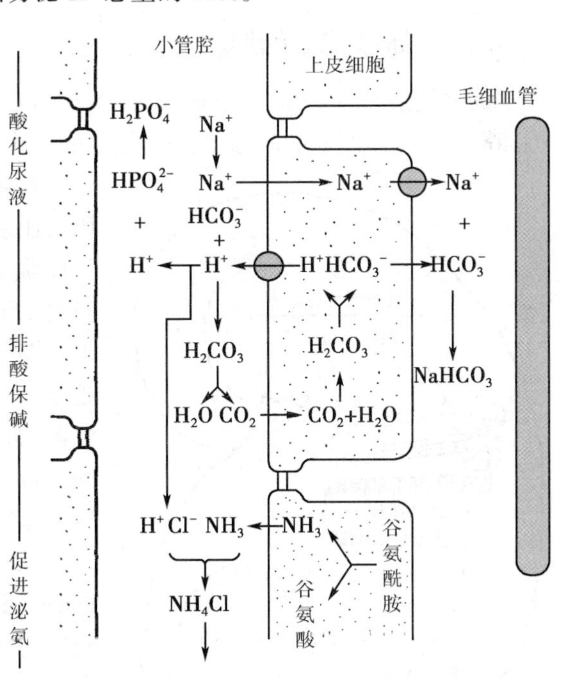

图 8-14　肾小管分泌 H^+ 和 NH_3 的机制示意图

三、NH_3的分泌

在近端小管、髓袢升支粗段、远端小管和集合管上皮细胞内，谷氨酰胺在谷氨酰胺酶等酶的

作用下可生成 NH_4^+ 和 NH_3。近端小管上皮细胞内的 NH_3 能与 H^+ 结合生成 NH_4^+，通过顶端膜上的 Na^+-H^+（由 NH_4^+ 替代 H^+）转运体，将 NH_4^+ 分泌到小管液中。NH_3 具有脂溶性，能通过细胞膜向小管周围组织液和小管液中自由扩散，进入小管液中的 NH_3 与 H^+ 结合生成 NH_4^+，NH_4^+ 进一步与小管液中强酸盐（如 NaCl）的负离子结合生成铵盐（如 NH_4Cl 等）随尿排出，强酸盐的正离子（如 Na^+）通过 Na^+-H^+ 反向转运体与 H^+ 交换而进入小管细胞，而后和细胞内 HCO_3^- 一起转运回血（图 8-14）。集合管的 NH_3 分泌有所不同，上皮细胞的顶端膜对 NH_3 高度通透，但对 NH_4^+ 的通透性较低，故细胞内的 NH_3 以扩散方式分泌，随后与 H^+ 结合生成 NH_4^+ 随尿排出。

由此可见，NH_3 的分泌与 H^+ 的分泌密切相关，肾小管细胞分泌的 NH_3，不仅由于铵盐的生成促进了分泌 H^+，而且也促进了 $NaHCO_3$ 的重吸收，对维持体内的酸碱平衡具有重要意义。

第五节 尿液的浓缩和稀释

在机体调节水平衡的活动中，肾对尿液的浓缩与稀释功能起了很重要的作用。当体内缺水时，机体将排出**高渗尿**（hypertonic urine），尿液被浓缩；而体内水过剩时，排出**低渗尿**（hypotonic urine），尿液被稀释。如果肾浓缩和稀释尿的功能严重受损，则不论体内水缺乏或是过剩，终尿的渗透压将与血浆相差无几，即为**等渗尿**（isoosmotic urine）。

一、尿液的浓缩

（一）尿液浓缩的原理

尿液浓缩（urine concentration）是由于小管液中的水被重吸收而溶质仍存留在小管液中形成的，因而小管周围组织液的高渗状态是尿液浓缩必需的条件之一。

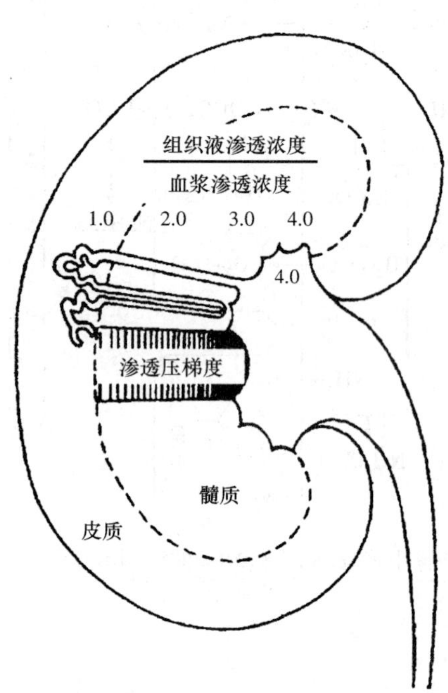

图 8-15 肾髓质渗透压梯度示意图

1. 肾髓质组织液高渗梯度现象 肾皮质组织液的渗透压与血浆的渗透压相等，而肾髓质组织液的渗透压却远远高于血浆，从外向内，越接近肾乳头，渗透压越高，比血浆高出 2 倍、3 倍甚至 4 倍，这种现象称为肾髓质高渗梯度现象（图 8-15）。在不同动物的实验中发现，动物的肾髓质越厚，内髓部的渗透压越高，尿的浓缩能力也越强。例如，沙鼠的肾髓质层特别厚，它的肾能产生 20 倍于血浆渗透压的高渗尿。人的肾髓质具有中等厚度，最多能产生 4 ～ 5 倍于血浆渗透压的高渗尿。

采用**微穿刺技术**（micropuncture technique）的研究也证明，小管液在近曲小管内为等渗，在髓袢降支变为高渗，到达髓袢顶时渗透压达到最高。在髓袢升支内，渗透压又逐渐下降，到髓袢升支粗段直至远曲小管时，小管液已变为低渗，但到达集合管后，又转为高渗。通过集合管的小管液，基本上与终尿的渗透压相等。

2. 肾髓质组织液高渗梯度的形成原理 肾髓质高渗梯度的形成与维持，与肾小管的特殊结构和各段小管对水及溶质的通透性不同有关，可以用物理学中的**逆流交换**（counter-current exchange）和**逆流倍增**（counter-current multiplication）现象解释。

物理学中，两个下端相连通而并列的U形管道，其中液体流动的方向相反，称为逆流（图8-16）。由图8-16A可见，U形管的升、降支之间不能进行热量交换，所以降支中的冷水在流到热源以前得不到加温，升支中的水温在离开热源以后也不能降低。这样，冷水流过U形管时，则从热源中带走大量热量，使热源的热量损失较多。在图8-16B中，U形管升、降支之间能够进行热量交换，所以降支中的冷水在进入热源以前就被升支管壁透过来的热量加温，而升支中的水则因热量不断透入降支而逐步降温。这样，冷水流过U形管时，从热源带走的热量就很有限，因此热源损失掉的热量也很少。这种升、降支管壁相接触并能够相互进行热能交换的现象称为逆流交换。

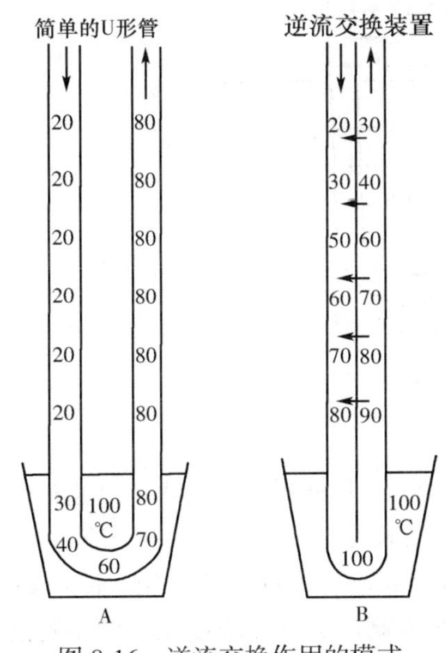

图8-16 逆流交换作用的模式

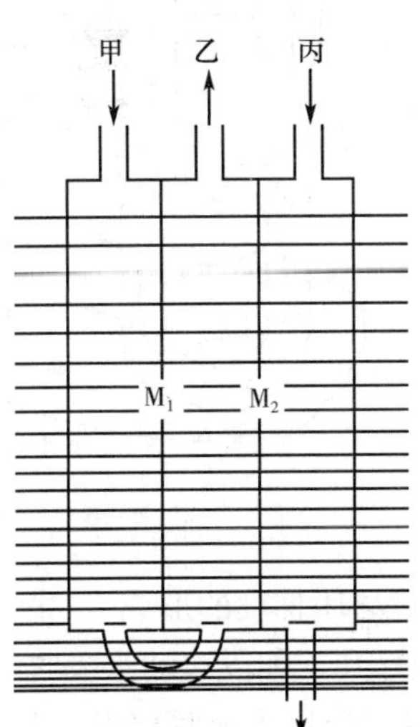

图8-17 逆流倍增作用的模式图

甲管内液体向下流，乙管内液体向上流，丙管内液体向下流。M_1膜能将液体中的Na^+由乙管泵入甲管，且对水不易通透，M_2对水易通透

如果上述的U形管管壁由细胞构成，而且管壁细胞又能够主动将升支中的溶质单向转运入降支，则降支溶液浓度由上而下逐渐升高，到达U形管返折处达最高值；而升支中的小管液则因为失去了溶质，使小管液内溶液浓度自下而上逐渐降低。于是，不管是U形管的升支还是降支，从上而下，溶液的浓度都逐渐升高，从而形成浓度梯度，这种现象称为逆流倍增（图8-17）。

髓袢、集合管的结构排列与上述逆流倍增的模型很相似，且管壁细胞对水和溶质又有选择性通透的特点（表8-3），因此肾髓质高渗梯度的形成是通过髓袢的逆流交换和逆流倍增来实现的。

表8-3 髓袢、远曲小管和集合管对溶质和水的通透性

肾小管部位	水	NaCl	尿素
髓袢降支细段	易通透	不易通透	中等通透
髓袢升支细段	不易通透	易通透	中等通透
髓袢升支粗段	不易通透	Na^+主动重吸收 Cl^-继发主动重吸收	不易通透
远曲小管	有VP时易通透	主动重吸收	不易通透
集合管	有VP时易通透	主动重吸收	皮质、外髓部不易通透 内髓部易通透

（1）外髓部渗透压梯度的形成：由于位于外髓部的髓袢升支粗段能主动重吸收 NaCl，而对水不易通透，因此，升支粗段内小管液流向皮质时，随着管腔内 NaCl 的重吸收，小管液中的渗透压逐渐降低，而外髓部组织液中的 Na^+ 和 Cl^- 浓度升高，渗透压也相应升高（图 8-18）。

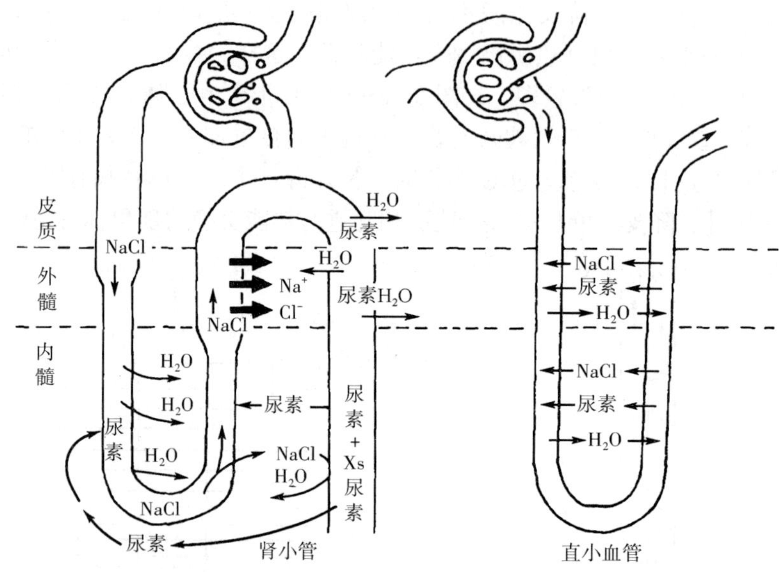

图 8-18 肾髓质渗透压梯度形成示意图

（2）内髓部渗透压梯度的形成

1）NaCl 在髓袢升支细段被动重吸收：由于髓袢升支细段对 NaCl 易通透，而对水不易通透，NaCl 将顺浓度梯度扩散进入内髓部组织液，增加内髓部组织液高渗梯度。

2）尿素再循环：①远曲小管、皮质部和外髓部的集合管对尿素都不易通透，尿素不能重吸收；但在血管升压素作用下，水被重吸收，导致小管液尿素浓度逐渐升高。②含高浓度尿素的小管液进入内髓部集合管时，由于管壁对尿素易通透，尿素迅速扩散到内髓部组织液，促使内髓部组织液的高渗状态。③髓袢细段对尿素具有中等的通透性，所以内髓部组织液中的高浓度尿素可顺浓度梯度扩散入髓袢细段，然后再经髓袢升支粗段、远曲小管、皮质部和外髓部集合管，又回到内髓部集合管，再扩散到内髓部组织液中，如此形成**尿素再循环**（urea recycling）。尿素再循环有助于内髓部组织液高渗梯度的形成。

综上所述，肾髓质渗透压梯度的形成，在外髓部是由髓袢升支粗段主动重吸收 NaCl 形成的，在内髓部由髓袢升支细段被动重吸收 NaCl 和尿素在集合管与髓袢细段间的再循环形成。

3. 直小血管在维持肾髓质高渗梯度中的作用 与 U 形髓袢伴行的 U 形直小血管位于高渗髓质中，形成逆流系统。直小血管壁对水和小分子溶质（如 NaCl 和尿素）均具有通透性。直小血管降支流经肾髓质时，周围组织液中的 Na^+ 和尿素顺着浓度差不断扩散进入降支，而降支中的水则顺着渗透压差渗出到组织液。因此，越深入内髓部，直小血管降支中的 Na^+ 和尿素浓度越高。当血液折返流入直小血管升支时，由于血管内 Na^+ 和尿素的浓度比同一水平组织液高，故 Na^+ 和尿素又反向逐渐扩散到组织液，并且再进入直小血管降支，而组织液中的水则渗透进入直小血管升支内，并随血流返回体循环。这样，Na^+ 和尿素就可经直小血管降支→升支→髓质组织液→直小血管降支的途径循环，使 Na^+ 和尿素不致被血流带走过多而保存在肾髓质内，同时组织液中的水能不断随血液返回体循环，使肾髓质始终保持在高渗梯度状态（图 8-18）。

（二）尿液浓缩的过程

尿液的浓缩和稀释主要在小管液通过集合管时完成。尿液浓缩的程度取决于集合管周围肾髓质的渗透压梯度，以及集合管管壁对水的通透性。集合管壁的通透性又取决于血管升压素释放的多少，因此血管升压素的释放量是决定尿液浓缩程度的关键因素。

实验证明，无论终尿是低渗还是高渗，由髓袢升支粗段进入远曲小管的小管液都是低渗的。远曲小管液进入集合管，穿过肾髓质高渗区流向肾乳头方向时，在血管升压素作用下，集合管管壁对水的通透性提高，水被重吸收，并与周围高渗环境的渗透压取得平衡。于是集合管液的水越来越少，渗透压越来越高，从而浓缩为高渗尿。

在机体高度缺水时，每日尿量可能只有 300 ～ 400ml，而尿的渗透压可高达 1200 ～ 1400mOsm/kg · H_2O。

二、尿液的稀释

当各种原因（如大量饮水时）使血浆晶体渗透压下降时，血管升压素释放减少。当远曲小管液流经集合管时，集合管对水的通透性降低，使水的重吸收减少，而 NaCl 被继续重吸收，使小管液溶质浓度和渗透压进一步降低，形成大量的低渗尿，完成**尿液稀释**（urine diluting）过程。

第六节　尿生成的调节

尿的生成过程包括肾小球的滤过、肾小管和集合管的重吸收及分泌，所以机体对尿生成的调节也是通过影响滤过、重吸收和分泌环节而实现的。

一、肾内自身调节

（一）小管液中溶质的浓度

小管液中溶质形成的渗透压，是对抗肾小管重吸收水的力量。当小管液中溶质浓度增加时，肾小管内的渗透压增高，肾小管特别是近端小管对水的重吸收减少，导致终尿量增多。这种由于渗透压升高而对抗肾小管重吸收水而引起尿量增多的现象，称为**渗透性利尿**（osmotic diuresis）。糖尿病人的多尿，就属于渗透性利尿现象。临床上利用渗透性利尿的原理，给病人静脉注入可通过肾小球滤过但不被肾小管重吸收的物质（如甘露醇等），可通过提高小管液中溶质的浓度，产生渗透性利尿以达到利尿消肿的目的。

（二）球 – 管平衡

不论肾小球滤过率增大或减小，近端小管中 Na^+ 和水的重吸收率始终占肾小球滤过率的 65% ～ 70%，称为近端小管的**定比重吸收**（constant fraction reabsorption）。这种定比重吸收的现象称为**球 – 管平衡**（glomerulo-tubular balance），其意义在于终尿量不因肾小球滤过率的增减而出现大幅度的变动。

定比重吸收的机制与肾小管周围毛细血管血压和血浆胶体渗透压的改变有关。在肾血流量不变的前提下，当肾小球滤过率增加时，进入近端小管周围毛细血管的血液量就会减少、血压下降，而血管内胶体渗透压升高，这些都有利于近端小管对水和NaCl的重吸收。肾小球滤过率如果减少，便发生相反的变化，重吸收百分率仍能保持在相应水平。

球－管平衡在某些情况下可能被打乱，如渗透性利尿时，近端小管重吸收率减少，而肾小球滤过率不受影响，这时重吸收率就会小于65%～70%。

（三）管－球反馈

当肾血流量和肾小球滤过率增加时，到达致密斑的小管液流量增加，致密斑发出信息到肾小球，通过改变入球小动脉阻力和调节肾素分泌，使肾血流量和肾小球滤过率恢复正常；相反，当肾血流量和肾小球滤过率减少时，流经致密斑的小管液流量下降，致密斑发出信息，使肾血流量和肾小球滤过率增加至正常水平。这种小管液流量变化影响肾血流量和肾小球滤过率的现象称为**管－球反馈**（tubuloglomerular feedback）。

二、神经调节

肾交感神经对尿生成的调节，不但可通过对肾小球滤过、肾小管和集合管重吸收的直接作用，而且还可通过影响体液环节间接地调节尿生成过程。肾交感神经不仅支配肾脏血管，还支配肾小管上皮细胞和球旁细胞。但是在正常状态下，尿的生成过程主要接受体液因素的调节。

三、体液调节

（一）血管升压素

血管升压素（vasopressin，VP）又称**抗利尿激素**（antidiuretic hormone，ADH），是下丘脑视上核（为主）和室旁核的神经元合成的肽类激素，经下丘脑－垂体束运输到神经垂体储存，并由此释放进入血液循环。

1. 血管升压素的作用 主要生理作用是提高远端小管和集合管上皮细胞对水的通透性，从而促进水的重吸收，使尿液浓缩，尿量减少。此外，VP还可增加内髓部集合管对尿素的通透性，促进髓袢升支粗段对NaCl的主动重吸收，提高肾髓质组织液的渗透压梯度，有利于尿的浓缩。其作用机制是，VP能与远端小管和集合管上皮细胞基底侧膜上的血管升压素V_2受体结合，通过兴奋G_S–AC–cAMP–PKA通路，使AQP_2水通道开放，从而提高顶端膜对水的通透性（图8-19）。

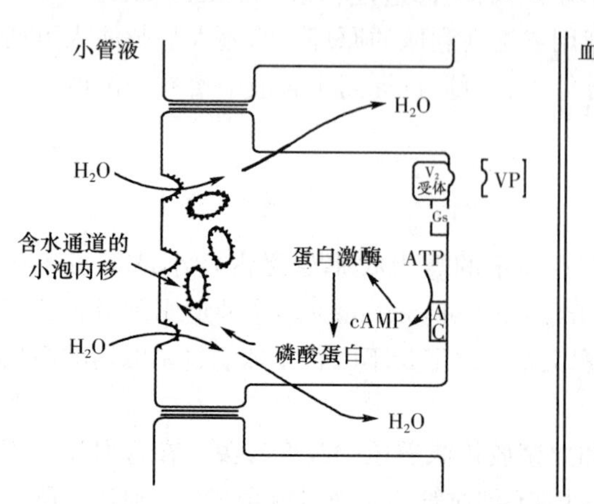

图8-19 血管升压素的作用机制示意图

2. 血管升压素合成与释放的调节 影响VP合成和释放的主要因素是血浆晶体渗透压和循环血量的改变。

（1）血浆晶体渗透压改变：血浆晶体渗透压是生理条件下调节VP合成、释放的最重要因素。下丘脑视上核附近有**渗透压感受器**（osmoreceptor），它对血浆晶体渗透压的改变十分敏感，只要血浆晶体渗透压升高1%～2%，即可以引起反应，使VP分泌增加。

当机体大量出汗，严重呕吐或腹泻等造成机体失水较多时，血浆晶体渗透压升高，对渗透压感受器的刺激增强，使下丘脑－神经垂体系统合成、释放的 VP 增多，远端小管和集合管对水的重吸收增加，尿液浓缩，尿量减少，维持体内水的平衡；反之，当在短时间内大量饮清水后，血浆被稀释，血浆晶体渗透压降低，对渗透压感受器的刺激减小，VP 合成和释放减少，远曲小管和集合管对水的重吸收减少，尿量增多。大量饮清水后引起尿量增加，这一现象称为**水利尿**（water diuresis）。如果饮用等渗盐水，则排尿量不会出现饮清水后的明显利尿的现象（图 8-20）。

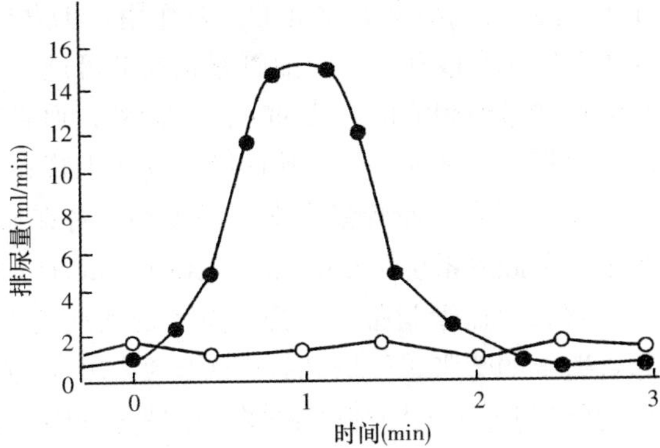

图 8-20　饮清水（实心点）1000ml 和饮生理盐水（空心点）1000ml 后的尿量变化箭头表示饮水时间

（2）循环血量改变：可作用于左心房和胸腔大静脉壁上的容量感受器，反射性地调节 VP 的合成和释放。当急性大失血、严重呕吐或腹泻等使循环血量减少时，对容量感受器的刺激减弱，迷走神经传入冲动减少，VP 的合成和释放增多，使肾小管和集合管对水的重吸收增加，尿量减少，有利于血容量的恢复。当循环血量进一步减少，使动脉血压下降时，通过颈动脉窦的压力感受器，也可反射性地促进 VP 的释放。

（3）其他因素：疼痛刺激、情绪紧张等可促进 VP 的释放，使尿量减少。乙醇则抑制 VP 的释放，使尿量增多。

（二）醛固酮

醛固酮（aldosterone）是肾上腺皮质球状带分泌的盐皮质激素，主要的靶器官是肾远曲小管和集合管。

1. 醛固酮的生理作用　促进远曲小管和集合管对 Na^+ 的主动重吸收，同时还促进 K^+ 的排出，具有保 Na^+、排 K^+ 的作用。由于醛固酮促进了 Na^+ 的重吸收，间接促进了 Cl^- 和水的重吸收，因而导致细胞外液量增加。

醛固酮进入远曲小管和集合管上皮细胞后，与胞浆内的受体结合，形成激素－受体复合物；后者穿过核膜，最终生成多种**醛固酮诱导蛋白**（aldosterone-induced protein）。其作用包括：①生成顶端膜 Na^+ 通道蛋白，可增加 Na^+ 通道的数目，有利于小管液中 Na^+ 重吸收；②使线粒体中 ATP 酶合成增加，为上皮细胞 Na^+ 泵活动提供更多的能量；③增强基底侧膜 Na^+ 泵的活性，加速将细胞内的 Na^+ 泵出细胞和将 K^+ 泵入细胞的过程（图 8-21）。

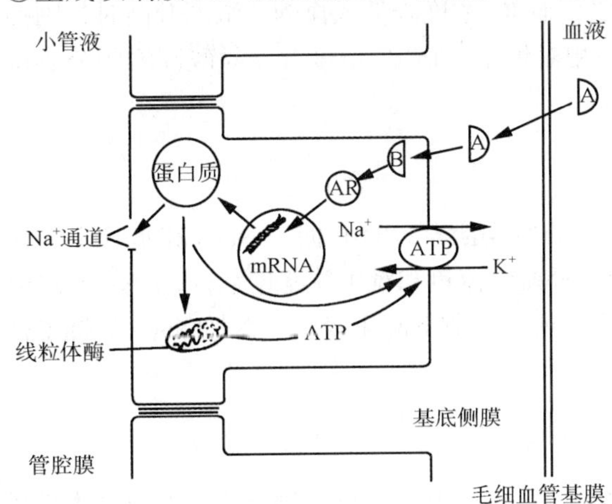

图 8-21　醛固酮作用机制及生理作用示意图

A：醛固酮；B：胞浆受体；AR：激素－胞浆受体复合物

2. 醛固酮分泌的调节　醛固酮的分泌主要受肾素－血管紧张素－醛固酮系统，以及血 K^+ 和血 Na^+ 浓度等因素的调节。

（1）肾素－血管紧张素－醛固酮系统：肾素由肾球旁细胞分泌，能催化血浆中的血管紧张素原，生成血管紧张素Ⅰ（10 肽）。血管紧张素Ⅰ能刺激肾上腺髓质释放肾上腺素。在血液和组织中，特别是在肺组织中有丰富的血管紧张素转换酶，可水解血管紧张素Ⅰ，生成血管紧张素

Ⅱ（8 肽）。血管紧张素Ⅱ的主要作用：①直接使血管收缩，升高血压；②刺激肾上腺皮质球状带，促进醛固酮合成和分泌。血管紧张素Ⅱ可进一步被氨基肽酶水解为血管紧张素Ⅲ（7 肽），它也能刺激球状带醛固酮的合成和分泌。此外，血管紧张素Ⅱ还能直接促进近端小管对 NaCl 的重吸收，以及血管升压素的分泌，从而增强远曲小管和集合管对水的重吸收。

由于肾素－血管紧张素－醛固酮三者在血浆中的水平变动保持一致，因此称为**肾素－血管紧张素－醛固酮系统**（renin-angiotensin-aldosterone system，RAAS）。

肾素－血管紧张素－醛固酮系统活动的强弱取决于肾素的释放量，而肾素的释放与入球小动脉管壁上的牵张感受器和致密斑感受器的功能有关。循环血量减少时，肾血流量相应减少，入球小动脉管壁受的牵张刺激减弱，使球旁细胞释放肾素的量增加；同时，由于肾血流量减少，肾小球滤过率也随之降低，流经致密斑的 Na^+ 量也降低，可激活致密斑感受器，使球旁细胞释放肾素的量进一步增加。此外，球旁细胞受交感神经支配，肾交感神经兴奋时，也能引起肾素的释放量增加（图 8-22）。

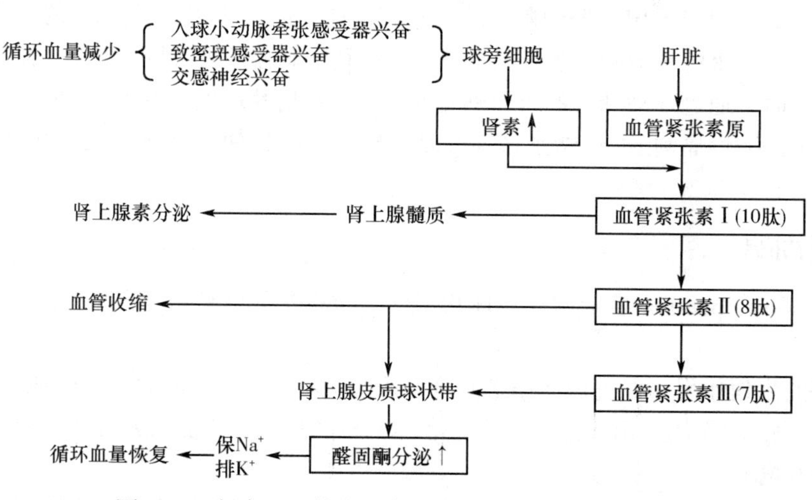

图 8-22 肾素－血管紧张素－醛固酮系统调节示意图

（2）血 K^+、Na^+ 的浓度：当血 K^+ 浓度升高或（和）血 Na^+ 浓度降低时，均可直接刺激肾上腺皮质球状带分泌醛固酮，促进肾保 Na^+ 排 K^+；反之，血 K^+ 浓度降低或血 Na^+ 浓度升高时，则抑制醛固酮分泌，从而维持机体血 Na^+ 和血 K^+ 浓度的相对恒定。血 K^+ 浓度改变对醛固酮的分泌调节更为灵敏。

（三）心房钠尿肽

心房钠尿肽（ANP）是由心房肌细胞合成并释放的肽类激素，具有促进 NaCl 和水排出的作用。其作用机制有：① ANP 使入球小动脉舒张，增加肾血浆流量和肾小球滤过率；② ANP 通过第二信使 cGMP 使集合管上皮细胞顶端膜上的 Na^+ 通道关闭，抑制 Na^+ 重吸收，增加 NaCl 的排出；③ ANP 抑制肾素、醛固酮和血管升压素的分泌。

（四）其他体液因素

肾内局部还可产生许多活性物质，如缓激肽、内皮素、一氧化氮、前列腺素等，参与机体对肾泌尿功能的整合性调节。表 8-4 总结了参与肾泌尿功能调节的主要体液因素及其作用。

表 8-4　各种体液因素对肾的作用

体液因素	引起生成或分泌的刺激	主要作用部位	主要效应
血管紧张素Ⅱ	肾素	小动脉，近端小管	小动脉收缩，Na^+、水重吸收增加
醛固酮	血管紧张素Ⅱ，血浆 K^+ 浓度升高	远曲小管和集合管	促进 Na^+ 重吸收，K^+ 分泌
缓激肽	激肽释放酶	小动脉，集合管	小动脉舒张，Na^+、水重吸收减少
心房钠尿肽	血容量增多	小动脉，集合管	小动脉舒张，Na^+、水重吸收减少
内皮素	血管内皮切应力，血管紧张素Ⅱ，缓激肽	小动脉，集合管	小动脉收缩，Na^+ 重吸收减少
一氧化氮	血管内皮切应力，乙酰胆碱，缓激肽	小动脉	小动脉舒张
血管升压素	血浆晶体渗透压升高，血容量减少	远端小管和集合管	水重吸收增加
去甲肾上腺素和肾上腺素	血容量减少，交感神经兴奋	近端小管，髓袢升支粗段	Na^+、水重吸收增加
多巴胺	血容量增加	近端小管	Na^+、水重吸收减少
前列腺素	交感神经兴奋，血管紧张素Ⅱ，缓激肽	小动脉，髓袢升支粗段，集合管	小动脉舒张，Na^+、水重吸收减少

第七节　清　除　率

一、血浆清除率的概念及计算

血浆清除率（plasma clearance，*C*）是指两肾在单位时间内（每分钟）能将多少毫升血浆中所含的某物质完全清除出去。这个被完全清除了的某物质的血浆毫升数，称为该物质的血浆清除率（ml/min）。计算公式为：

$$C = U \times V/P$$

其中，C 为某物质的血浆清除率；U 为尿中某物质的浓度（mmol/L）；V 为每分钟尿量（L/min）；P 为血浆中某物质的浓度（mmol/L）。

根据上式就可计算出各种物质的清除率。由于肾小管对各种物质的重吸收和分泌不同，因此各种物质的清除率也并不一样。例如，葡萄糖的清除率为 0，因为尿中不含葡萄糖（U=0mg/100ml）；而尿素则为 70ml/min。

二、血浆清除率的应用及其意义

血浆清除率既能反映肾对不同物质的清除能力，也可以反映肾对各种物质重吸收和排泄的能力。

（一）测定肾小球滤过率（GFR）

每分钟从肾排出某物质的量（$U \times V$）应为肾小球滤过量与肾小管、集合管的重吸收量和分泌量的代数和。设肾小球滤过率为 F；肾小囊超滤液中某物质（能自由滤过的物质）的浓度（应与血浆中的浓度一致）为 P；重吸收量为 R；分泌量为 E。则 $U \times V = F \times P - R + E$。如果某物质可以自由滤过，而且既不被重吸收（$R$=0）也不被分泌（$E$=0），则 $U \times V = F \times P$，就可算出 GFR。通过测定菊粉清除率和内生肌酐清除率可测定 GFR。

菊粉（inulin，也称菊糖），是一种多糖，对人体无毒性，人体内不含菊粉，将其注入体内后可自由通过肾小球，但不被肾小管重吸收和分泌（图 8-23），因此尿中排出的菊粉全部来自肾小球的滤过，因而用它可准确的测定 GFR。

根据 $U_{in} \times V = F \times P_{in}$

所以 $F = U_{in} \times V/P = C_{in}$

用菊粉的血浆清除率测得正常人肾小球滤过率为 125ml/min。

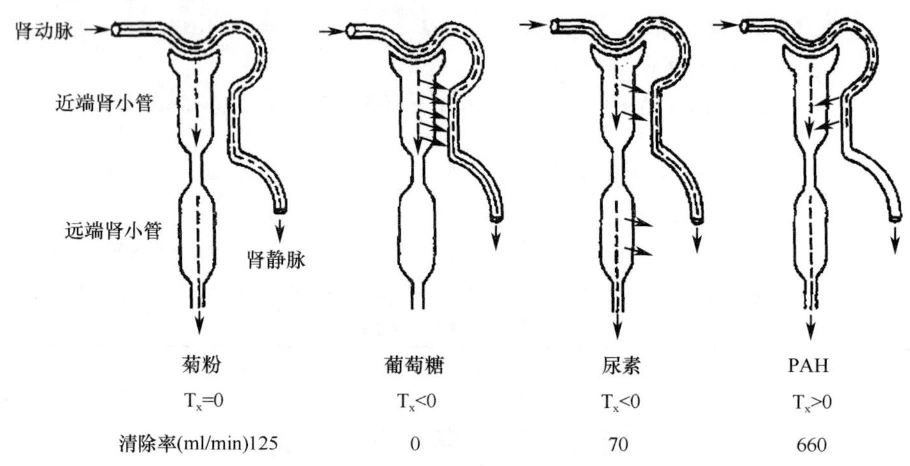

图 8-23 血浆清除率在肾小球和肾小管功能测定中的应用

T_x：肾小管分泌

（二）测定肾血浆流量和推算肾血流量

如果血浆中某一物质，在经过肾循环一周后可以被完全清除，亦即在肾动脉中该物质有一定浓度，但经过肾小球滤过和肾小管分泌，该物质在肾静脉血液中的浓度为 0，则该物质每分钟的尿中排出量（$U \times V$），应等于每分钟通过肾的血浆中所含的量。设每分钟通过肾的血浆量为 X，血浆中该物质浓度为 P，即 $U \times V = X \times P$，则该物质的清除率即为每分钟通过肾的血浆量。

$$U \times V = X \times P$$

$$C = U \times V/P = X$$

碘锐特（diodrast）或**对氨基马尿酸**（para-aminohippuric，PAH）的钠盐都符合上述条件，其血浆清除率即为每分钟肾血浆流量。所测清除率为 660ml/min，这一数值代表了肾血浆流量。若红细胞比容为 45%，就可计算肾血流量。

RBF = C /（1– 红细胞比容）= 660ml/min ÷（100 — 45）× 100%=1200 ml/min

（三）推测肾小管功能

菊粉从肾小球滤过以后，既不被重吸收，也不被分泌，所以菊粉的血浆清除率即为肾小球滤过率。与菊粉血浆清除率（125ml/min）进行比较，可判断肾小管重吸收与分泌功能。若测定某一物质的血浆清除率小于菊粉的血浆清除率，则表示该物质在肾小球滤过后，一部分被肾小管重吸收；反之，若测定某一物质的血浆清除率大于菊粉的血浆清除率，则表明肾小管能分泌该物质。

第八节　尿的排放

尿液的生成是个连续不断的过程，生成的尿液由集合管流出，汇入肾乳头，经肾盏到肾盂，肾盂中的尿液通过输尿管周期性的蠕动运送到膀胱储存。当膀胱内储存的尿液达到一定量时引起排尿反射，尿液经尿道排出体外。

一、膀胱与尿道的神经支配

膀胱是一个中空的肌性器官，膀胱壁由逼尿肌构成，膀胱与尿道连接处为内括约肌，都是平滑肌，二者受盆神经和腹下神经支配；尿道外部为外括约肌，为骨骼肌，受阴部神经支配（图 8-24）。

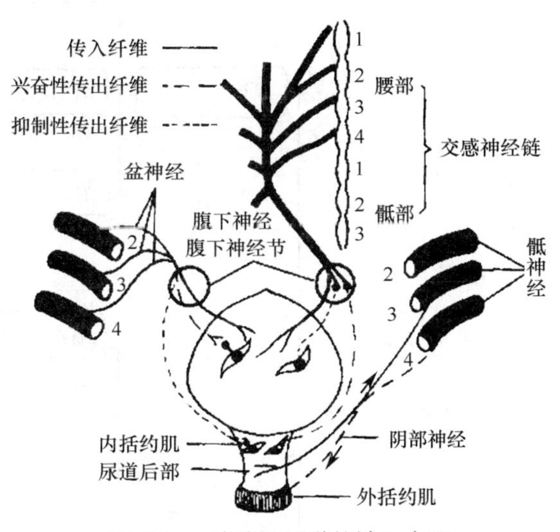

图 8-24　膀胱和尿道的神经支配

支配膀胱的副交感神经起源于脊髓 S_2 ～ S_4 的侧角，走行于盆神经中。当该神经兴奋时，可使膀胱逼尿肌收缩，尿道内括约肌松弛，从而促使排尿。支配膀胱的交感神经起源于脊髓 T_{12} ～ L_2 的侧角，经腹下神经到达膀胱。腹下神经兴奋时，可使膀胱逼尿肌松弛，尿道内括约肌收缩，从而阻止排尿。阴部神经起源于脊髓 S_2 ～ S_4 的前角，属躯体运动神经，其活动受意识控制，当其兴奋时，使尿道外括约肌收缩，阻止排尿。

二、排尿反射

排尿反射（micturition reflex）是一种脊髓反射，在脊髓内就可以完成。但在正常情况下，排尿反射还受大脑皮层等高级中枢的调节，因此排尿反射是受意识控制的。

正常情况下，由于副交感神经的紧张性作用，膀胱逼尿肌处于持续的轻度收缩状态，膀胱内压保持在 10cmH_2O 以下。当膀胱内尿量增加到 200 ～ 300ml 时，因为膀胱的伸展性，其内压虽有升高，但仍不超过 10cmH_2O。当膀胱内尿量增加到 400 ～ 500ml 时，膀胱内压才会明显升高。尿量增加到 700ml，膀胱内压增高到 35cmH_2O 时，逼尿肌便会出现节律性收缩而引起排尿活动。但此时大脑高级中枢仍然可以控制排尿。一旦膀胱内压达到 70cmH_2O 以上时，便会出现痛感而必须进行排尿。

排尿是一种反射活动。当膀胱内尿量增多到 400 ～ 500ml，内压超过 10cmH_2O 时，膀胱壁牵张感受器兴奋，冲动沿盆神经传入，到达脊髓骶段的排尿反射初级中枢，同时冲动也向脑干和大脑排尿反射高级中枢传导，从而产生**尿意**（micturition desire）。如果条件允许排尿时，冲动便沿着盆神经传出，引起膀胱逼尿肌收缩，内括约肌松弛，尿液便会进入尿道。此时尿液可以刺激尿道的感受器，冲动沿盆神经再次传到脊髓排尿初级中枢，进一步加强其活动，并反射性抑制阴部神经的活动，使外括约肌松弛，于是尿液就被强大的膀胱内压驱出。这种由尿液刺激尿道感受器进一步反射性加强排尿中枢活动的过程是一种正反馈，它能促使排尿反射活动反复加强，直至尿液排完为止。在排尿时，腹肌和膈肌收缩，腹内压增高，也可以加强排尿活动 。

（尤行宏　汝　晶）

- 尿的生成与排出
  - 概述
    - 肾的功能
      - 生成尿液-排泄
      - 肾的内分泌功能
    - 肾的功能结构
      - 肾单位和集合管
      - 球旁器
    - 肾的血液循环及其调节
  - 尿的生成过程
    - 肾小球的滤过功能
      - 滤过功能的评价
      - 滤过膜及其通透性
      - 有效滤过压及其构成
      - 影响肾小球滤过的因素
    - 肾小管和集合管的重吸收功能
      - 重吸收的部位、途径和方式
      - Na^+、Cl^-和水的重吸收
      - 其它物质的重吸收
    - 肾小管和集合管的分泌功能
      - K^+和H^+的分泌
      - NH_3和其它物质的分泌
  - 尿液的浓缩和稀释
    - 尿液浓缩原理及肾髓质高渗梯度现象
    - 尿液稀释原理
  - 肾脏泌尿功能的调节
    - 自身调节和神经调节
    - 体液调节
      - 血管升压素和醛固酮
      - 心房钠尿肽和其它体液因素
  - 清除率
    - 概念及其计算方法
    - 应用及其研究意义
  - 尿液的排放
    - 膀胱和尿道的神经支配
    - 排尿反射的过程和机制

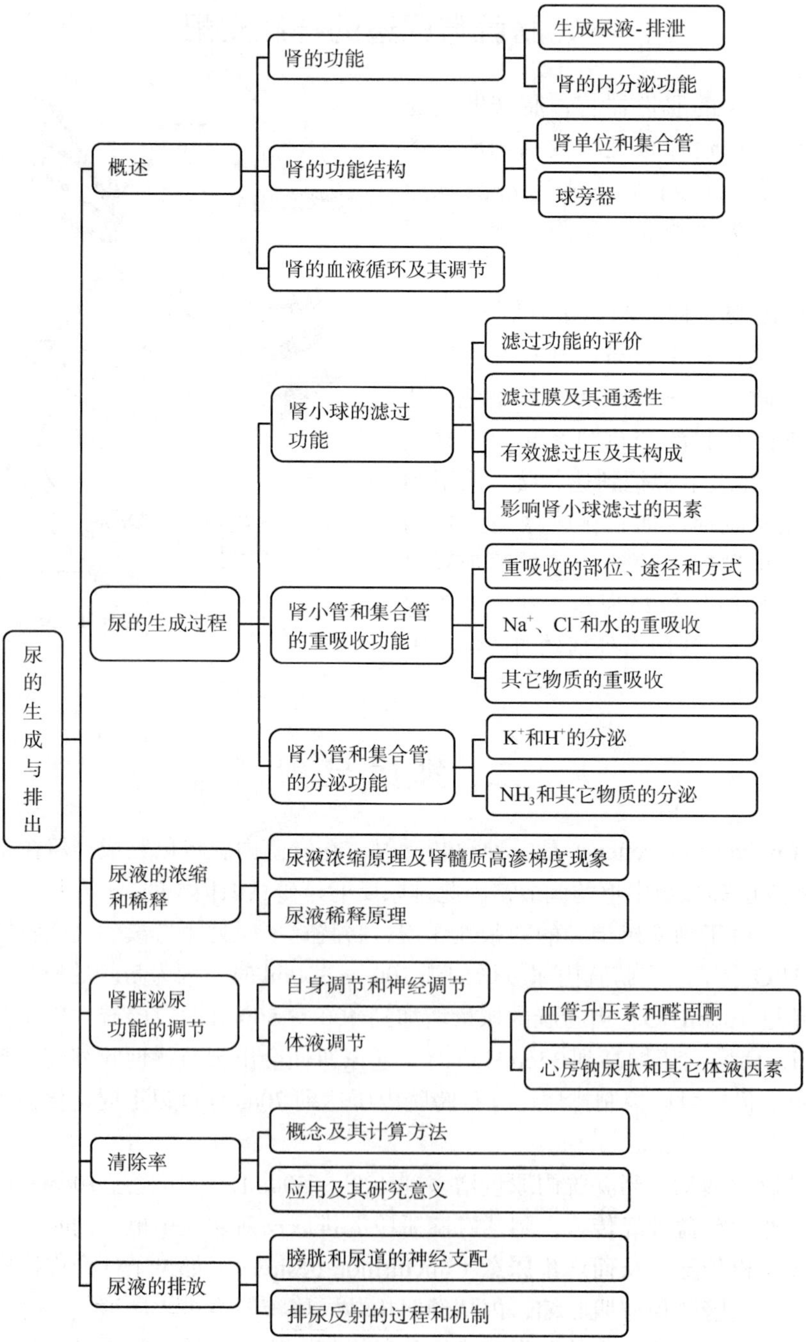

1. 简述肾脏的血液循环特点及血流量的调节机制。
2. 试述肾小球滤过的影响因素及其作用。
3. 通过查阅资料，试从生理学角度分析慢性肾衰竭患者早期和晚期肾浓缩和稀释功能的变化特点。
4. 动物实验中，经家兔耳缘静脉注射50%葡萄糖溶液（5ml/kg），推测其尿量如何变化？机制如何？
5. 简述排尿反射的基本过程。

第九章 内 分 泌

内分泌系统通过分泌多种激素全面调控机体各个方面的功能，并与神经系统和免疫系统组成神经－内分泌－免疫调控网络，共同维持机体内环境稳态。

第一节 概 述

一、内分泌与内分泌系统

（一）内分泌与内分泌系统的概念

内分泌（endocrine）是相对于**外分泌**（exocrine）而言的分泌方式，是指内分泌腺或内分泌细胞将所产生的激素通过体液途径运输并发挥调节作用的一种分泌方式，其分泌过程不需要导管。而外分泌是指外分泌腺体通过附属的导管结构，将产生的分泌物释放到体腔或体外的过程，如唾液腺、胰腺等消化腺及汗腺的分泌活动。

内分泌系统（endocrine system）由内分泌腺及兼有内分泌功能的器官、组织共同构成，通过激素传递信息调节靶细胞活动的系统。体内激素来源有二：

1. 内分泌腺分泌的激素 如垂体、甲状腺、甲状旁腺、胰岛、肾上腺、性腺等分泌的激素（表 9-1）。

表 9-1 内分泌腺及其分泌的主要激素

内分泌腺		激素
垂体	腺垂体	促甲状腺激素（TSH）、促肾上腺皮质激素（ACTH）、卵泡刺激素（FSH）、黄体生成素（LH）、生长激素（GH）、催乳素（PRL）、促黑（素细胞）激素（MSH）
	神经垂体	血管升压素（抗利尿激素）[VP（ADH）]、缩宫素（OT）
松果体		褪黑素（MT）
甲状腺		甲状腺素（四碘甲腺原氨酸，T_4）、三碘甲腺原氨酸（T_3）
甲状旁腺		甲状旁腺激素（PTH）
胸腺		胸腺激素
胰岛		胰岛素、胰高血糖素、生长抑素（SS）、胰多肽（PP）
肾上腺	皮质	糖皮质激素（如皮质醇等）、盐皮质激素（如醛固酮）
	髓质	肾上腺素（Ad）、去甲肾上腺素（NA 或 NE）、肾上腺髓质素（ADM）
卵巢		雌二醇（E_2）、雌三醇（E_3）、孕酮（P）、抑制素、激活素
睾丸		睾酮（T）、抑制素、激活素

2. 内分泌器官、组织分泌的主要激素。

具有特定功能并兼具内分泌功能的器官、组织，如心脏、血管、肝脏、肾脏、胃肠道、胎盘等也有内分泌细胞，可分泌激素（表 9-2）。

表 9-2　兼有内分泌功能的器官、组织及其分泌的主要激素

器官	激素
下丘脑	促甲状腺激素释放激素（TRH）、促性腺激素释放激素（GnRH）、生长激素释放抑制激素（生长抑素）（GHRIH、SS）、生长激素释放激素（GHRH）、促肾上腺皮质激素释放激素（CRH）、催乳素释放肽（PRP）、催乳素释放抑制因子（PIF）
心脏、血管	心房钠尿肽（ANP）、内皮素（ET）、一氧化氮（NO）
肝脏	胰岛素样生长因子（IGF）
胃肠道	促胃液素、缩胆囊素（CCK）、促胰液素、血管活性肠肽（VIP）
肾脏	促红细胞生成素（EPO）、维生素 D_3(1,25-$(OH)_2$-D_3)
胎盘	人绒毛膜促性腺激素（hCG）
其他部位	前列腺素（PG）、瘦素、血管紧张素（Ang）

（二）激素的分泌方式

激素（hormone）主要通过内分泌的方式经血液循环向远端部位传递信息，完成细胞之间的**长距细胞通讯**（long distance cell communication），称为**远距分泌**（telecrine）。激素也可以在细胞间传递信息，称为**短距细胞通讯**（short distance cell communication），包括**旁分泌**（paracrine）、**神经分泌**（neurocrine）、**自分泌**（autocrine）、**腔分泌**（solinocrine）、**胞内分泌**（intracrine）等（图 9-1，表 9-3）。

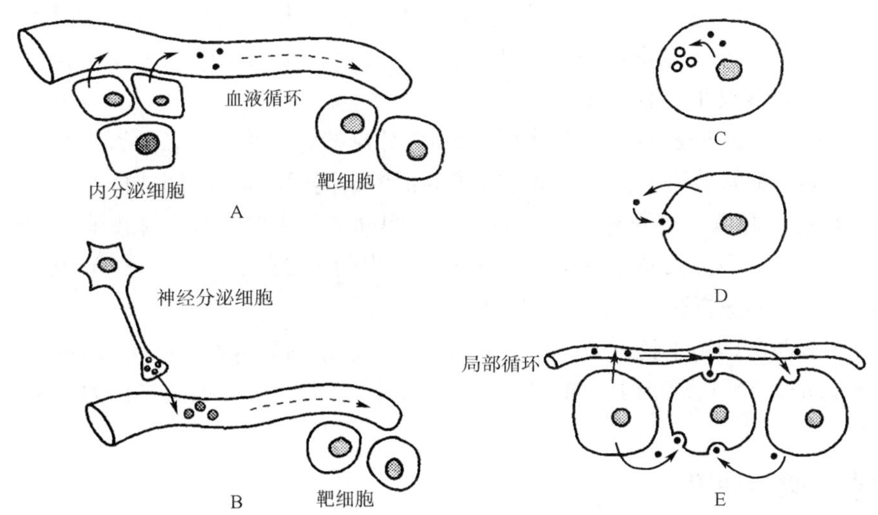

图 9-1　激素在细胞间传递信息的主要方式

A：远距分泌；B：神经分泌；C：胞内分泌；D：自分泌；E：旁分泌

表 9-3　激素传递信息的主要方式

传递信息的方式		示例
远距分泌	激素分泌入血后，经血液循环运输至远隔部位的靶组织发挥作用	多数内分泌腺和内分泌细胞分泌的激素

续表

传递信息的方式		示例
旁分泌	分泌的激素仅由组织液扩散而作用于邻近的靶细胞	如性激素在卵巢局部的作用，胰高血糖素刺激胰岛 B 细胞分泌胰岛素
自分泌	激素可以原位作用于产生该激素的同一细胞；甚至可以不释放，直接在合成激素的细胞内发挥作用。后者又称胞内分泌	胰岛素抑制 B 细胞自身分泌胰岛素； 肾上腺髓质激素抑制自身合成酶的活性
神经分泌	激素由神经元合成后沿轴突运送至末梢释放，可弥散作用于邻近的细胞，或直接释放到血液循环中发挥作用	下丘脑神经元分泌的调节肽通过垂体门脉系统作用于腺垂体
腔分泌	激素直接释放到管腔中发挥作用	某些胃肠激素可直接分泌到肠腔中

激素分子形式多样，来源与化学性质都很复杂。多数内分泌细胞通常只分泌一种激素，但并非绝对。同一内分泌细胞也可分泌多种激素，如黄体生成素和卵泡刺激素同为腺垂体促性腺激素分泌细胞合成分泌；同一种激素也可由多种内分泌细胞分泌，如生长抑素可分别由下丘脑、甲状腺、胰岛、肠黏膜等部位分泌。

二、激　　素

（一）激素的分类

激素的种类繁多，来源复杂，按其化学结构可分为**含氮激素**（nitrogenous hormone）和**类固醇激素**（steroid hormone）两大类。

1. 含氮激素

（1）肽类和蛋白质激素：从垂体、甲状旁腺、胰岛及下丘脑和胃肠道分泌的激素，主要有下丘脑调节肽、神经垂体激素、腺垂体激素、胰岛素、甲状旁腺激素、降钙素及胃肠激素等。此类激素易被胃肠消化液分解破坏，不宜口服。

（2）胺类激素：为氨基酸的衍生物。肾上腺髓质分泌的肾上腺素、去甲肾上腺素、甲状腺分泌的甲状腺激素都属于酪氨酸衍生物，松果体分泌的褪黑素属于色氨酸衍生物。

2. 类固醇（甾体）激素　类固醇激素的前体都是胆固醇，主要有肾上腺皮质和性腺分泌的皮质醇、醛固酮、雌激素、孕激素及雄激素等。在肾脏产生的 1, 25- 二羟维生素 D_3 也被看作是固醇类激素。类固醇激素不易被胃肠消化液分解破坏，可以口服。

此外，有人将脂肪酸的衍生物列为第三类激素，主要包括**前列腺素**（prostaglandin，PG）类、**血栓烷**（thromboxane，TX）类和**白三烯**（leukotriene，LT）类，这类物质多作为局部激素或细胞内信使发挥作用。

（二）激素的调节作用

1. 维持内环境稳态　激素参与水与电解质平衡、酸碱平衡、体温、血压等调节过程，直接参与机体的应激反应等，全面整合机体功能，与神经系统和免疫系统共同维持内环境稳态。

2. 调节新陈代谢　多数激素都参与调节组织细胞的物质代谢和能量代谢，维持机体的营养和能量平衡，成为机体各种生命活动的基础。

3. 维持生长发育　许多激素都能促进全身组织细胞的生长、增殖、分化和成熟，参与细胞凋亡过程等，调控各系统、器官的正常生长发育和功能活动。

4. 调控生殖过程　激素能维持生殖器官的正常发育、成熟和生殖的全过程，维持生殖细胞的生成，直到妊娠和哺乳，以保证个体生命的绵延和种系的繁衍。

（三）激素的作用机制

激素对靶细胞作用机制的实质就是其携带的信息激活靶细胞内信号转导通路，经多层次信号分子传递，最终改变靶细胞活动状态，引起细胞固有的生物效应。因激素的化学性质不同，作用机制分为两种类型。

1. 含氮激素的作用机制 为**第二信使学说**（second messenger hypothesis）。该学说认为含氮激素分子较大，它们进入组织液或经血液循环到达靶组织后，并不直接进入细胞内发挥作用，而是与靶细胞膜上的特异性受体结合。激素受体是一种特殊的膜蛋白分子，它能特异性地与相应的激素结合。激素被认为是第一信使。激素与受体结合后，催化一系列生化反应，在细胞内生成某种化学物质，通过这种物质在细胞内传递信息，从而产生相应的生理效应，如腺细胞分泌、肌细胞收缩、细胞膜通透性改变等。在这一过程中细胞内生成的化学物质被认为是**第二信使**（second messenger），主要有cAMP、cGMP、三磷酸肌醇（IP_3）、二酰甘油（DG）及Ca^{2+}等。常见的激素结合的膜受体有G蛋白耦联受体、酪氨酸激酶受体、酪氨酸激酶结合型受体和鸟苷酸环化酶受体（详见第二章）。含氮激素的膜受体各不相同，膜受体耦联的酶类也不相同，从而催化产生的第二信使也不相同（见表9-4，第二章图2-6）。

2. 类固醇激素的作用机制 类固醇激素的分子小，为脂溶性物质，可透过细胞膜进入细胞内，与细胞内受体结合成复合物，再转位进入细胞核内，调控细胞的基因转录和表达过程（图9-2，表9-4），即**基因表达学说**（gene expression hypothesis）。

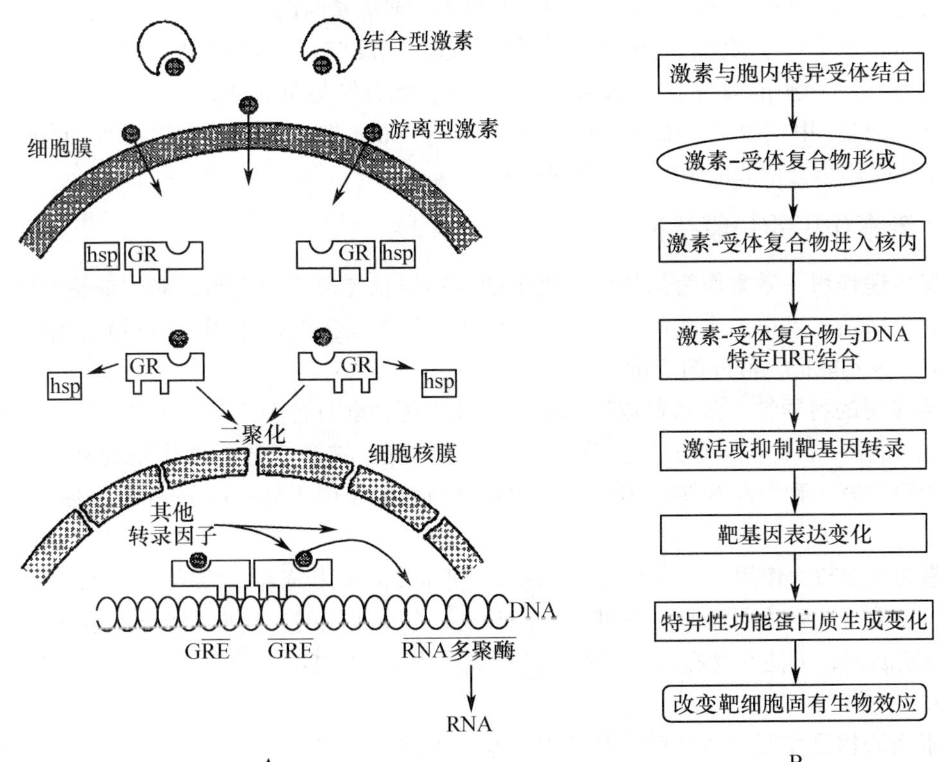

图9-2 胞内受体介导的信号转导途径

A.核受体介导的激素基因效应；B.核受体介导的信号转导过程

GR：糖皮质激素受体；hsp：热休克蛋白；GRE：糖皮质激素反应元件；HRE：激素反应元件

表 9-4 激素作用机制的分类

分类	激素实例
含氮激素	1. cAMP 为第二信使
	促肾上腺皮质激素释放激素、生长激素释放抑制激素、促甲状腺激素、促肾上腺皮质激素、卵泡刺激素、黄体生成素、胰高血糖素、促黑激素、促脂素、血管升压素、绒毛膜促性腺激素、阿片肽、降钙素、甲状旁腺激素、血管紧张素Ⅱ、儿茶酚胺（β- 肾上腺素能、α- 肾上腺素能）
	2. IP_3/Ca^{2+} 为第二信使
	儿茶酚胺、血管紧张素Ⅱ、缩宫素、促胃液素、促胰酶素、促性腺激素释放激素、促甲状腺激素释放激素
	3. 酶 / 酶耦联受体
	生长激素、催乳素、缩宫素、促红细胞生成素、瘦素、胰岛素、胰岛素样生长因子（IGF-1、IGF-2）
	4. cGMP 为第二信使
	心房钠尿肽
类固醇激素	皮质醇、醛固酮、孕激素、雄激素、雌激素、1，25-$(OH)_2D_3$、甲状腺素、三碘甲腺原氨酸

定位在细胞内的激素受体称为**细胞内受体**（intracellular receptor）。进入细胞内的激素与这类受体结合后，最终转位进入细胞核内，因此，这类受体也称为**核受体**（nuclear receptor）。核受体又可归纳为Ⅰ型核受体（类固醇激素受体）和Ⅱ型核受体（甲状腺激素受体、维生素 D_3 受体）。核受体多为单链肽结构，含有激素结合域、DNA 结合域和转录激活结合域等功能区。核受体一般都以多聚体形式，即核受体 – 热休克蛋白复合体形式，存在于胞质内。当类固醇激素进入细胞与核受体结合时，核受体即与热休克蛋白解离，核受体域内的核转位信号暴露，激素 – 受体复合物转位到细胞核内，与核内靶基因上的激素反应元件结合，通过调节靶基因转录表达产物，产生生物效应。这是类固醇激素的基因效应，一般需要数小时或更长时间。

类固醇激素也可通过细胞膜受体及离子通道引起快速反应，如孕激素可以与 $GABA_A$ 受体结合，影响 Cl^- 通道。此为类固醇激素的非基因效应，一般为数分钟甚至数秒。

需要注意的是，甲状腺激素虽属含氮激素，但其作用机制却与类固醇激素相似，它进入细胞内，直接与Ⅱ型核受体结合调节细胞的基因转录过程。

（四）激素作用的一般特征

1. 信息传递作用 激素作为信使将其携带的生物信息传递给靶细胞，对靶细胞内原有的生理生化过程起着增强（兴奋）或减弱（抑制）的作用，从而发挥调控作用，而不能使细胞产生新的功能或反应，也不能提供额外的能量。

2. 激素作用的特异性 激素释放进入血液，被运送到全身各个部位，虽然与各处的组织细胞有广泛接触，但只选择地作用于某些器官、组织和细胞。被激素选择性作用的器官、组织和细胞分别称为靶器官、靶组织和靶细胞。有些激素选择性地作用于某一内分泌腺，该内分泌腺称为激素的靶腺。

3. 激素的高效放大作用 激素在血中的浓度都很低，但作用显著。这是因为激素与受体结合后，可使细胞内发生一系列酶促反应，逐级放大，形成一个高效能的生物放大系统。例如，一般几 pg 的下丘脑释放激素，可使动物腺垂体激素分泌量成倍增多；ACTH 能使肾上腺皮质分泌糖皮质激素的效应放大 400 倍。

4. 激素间的相互作用 多种激素共同参与某一生理活动的调节时，激素之间往往存在着**协同作用**（synergistic action）、**拮抗作用**（antagonistic action）和**允许作用**（permissive action）等。允许作用是指有些激素并不能直接对某些组织细胞产生效应，然而它的存在是另一种激素发挥作用的必要条件，如在糖皮质激素存在的条件下，儿茶酚胺才能很好地发挥对心血管的调节作用。

5. 节律性分泌 许多激素具有节律性分泌的特征。如垂体激素的脉冲式分泌以及生长激素和褪黑素的昼夜节律性分泌。女性促性腺激素和卵巢激素的分泌与排卵、月经、妊娠、哺乳等过程密切相关，呈现周期性的变化规律。激素分泌的节律性受到下丘脑视交叉上核调控。

第二节 下丘脑与垂体的内分泌功能

一、下丘脑的内分泌功能

（一）下丘脑神经内分泌细胞

在中枢神经系统内，一些神经元既能产生和传导神经冲动，又能合成和释放激素，这类神经元属于神经内分泌细胞。下丘脑神经内分泌细胞按细胞形态分为两类。

1. 神经内分泌大细胞（magnocellular neurosecretory cell，MgC） 主要由室旁核（PVN）的大细胞部、视上核（SON），以及散在于两者之间的神经核团组成。细胞体积大，胞质丰富，内含神经分泌颗粒，主要合成血管升压素（VP）和缩宫素（OT），其神经纤维组成下丘脑－垂体束投射到神经垂体。

2. 神经内分泌小细胞（parvocellular neurosecretory cell，PvC） 主要分布在下丘脑促垂体区。下丘脑基底部包括正中隆起、弓状核、视交叉上核、腹内侧核和室周核等核团合称**下丘脑促垂体区**（hypothalamic hypophysiotropic area）。此区的神经元分泌多种下丘脑促垂体激素，经垂体门脉系统运送到腺垂体，调控腺垂体的内分泌功能，因此这些激素又称为**下丘脑调节肽**（hypothalamic regulatory peptide，HRP）。

（二）下丘脑与垂体的功能联系

下丘脑与垂体的功能联系分为两个系统。

1. 下丘脑－腺垂体系统 下丘脑促垂体区的神经内分泌细胞的轴突末梢与垂体门脉系统的初级毛细血管网接触，将下丘脑调节肽释放入垂体门脉系统，构成下丘脑－腺垂体系统（图 9-3A）。

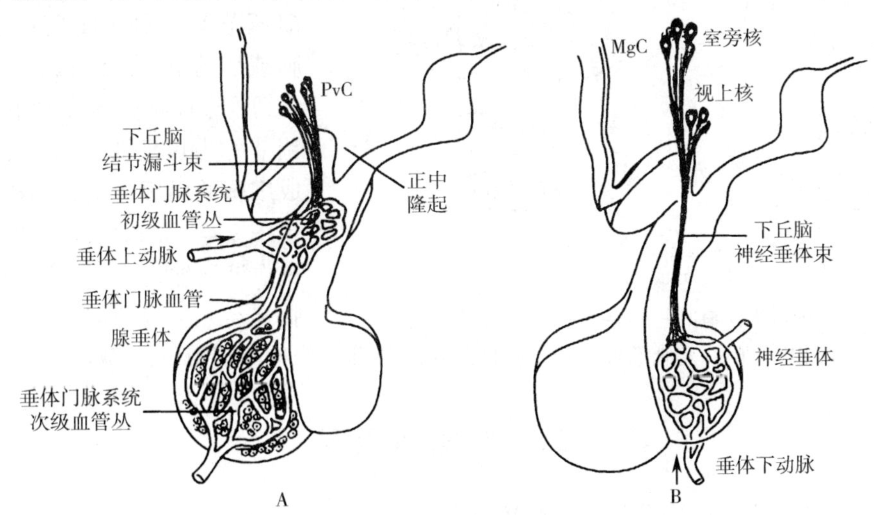

图 9-3 下丘脑与垂体的功能与结构联系

A. 下丘脑－腺垂体系统；B. 下丘脑－神经垂体系统

2. 下丘脑－神经垂体系统 下丘脑视上核和室旁核内的神经内分泌细胞轴突终止于神经垂体，构成下丘脑－神经垂体系统（图 9-3B）。下丘脑－垂体束通过轴浆运输将下丘脑产生的血管升压素和缩宫素在神经垂体处释放。

（三）下丘脑调节肽

下丘脑调节肽的主要作用是调节腺垂体的分泌活动，主要有 7 种（表 9-5）。

表 9-5 下丘脑调节肽的主要作用

种类	英文缩写	主要作用
促甲状腺激素释放激素	TRH	促进 TSH 和 PRL 释放
促性腺激素释放激素	GnRH	促进 LH 与 FSH 释放（以 LH 为主）
促肾上腺皮质激素释放激素	CRH	促进 ACTH 释放
生长激素释放抑制激素（生长抑素）	GHRIH	抑制 GH 释放，对 LH、FSH、TSH、PRL 及 ACTH 的分泌也有抑制作用
生长激素释放激素	GHRH	促进 GH 释放
催乳素释放肽	PRP	促进 PRL 释放
催乳素释放抑制因子（多巴胺）	PIF	抑制 PRL 释放

（四）下丘脑调节肽的分泌调节

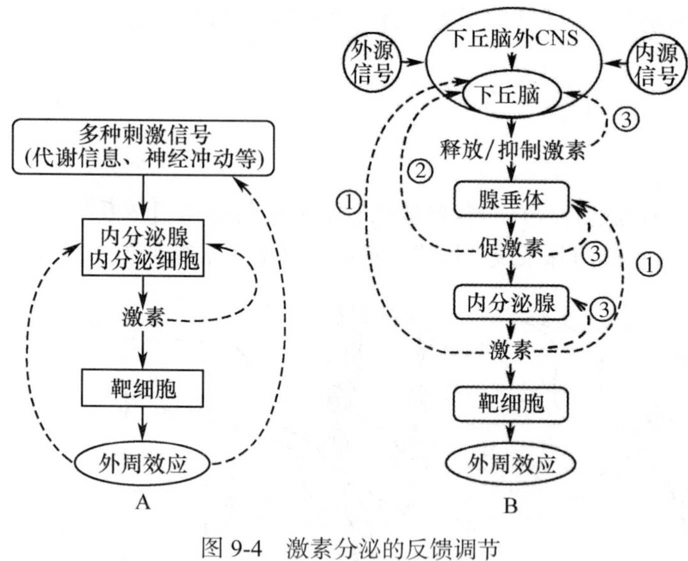

图 9-4 激素分泌的反馈调节

——▶：促进作用途径；- - - - ▶：抑制作用途径

下丘脑分泌的调节肽（释放激素或释放抑制激素）通过垂体门脉系统作用于腺垂体，促进或抑制腺垂体激素的分泌活动；腺垂体分泌多种促激素作用于各自的靶腺，如甲状腺、肾上腺及性腺，促进靶腺激素的分泌。

下丘脑－腺垂体－靶腺轴的反馈调节有三种：①靶腺激素对下丘脑或腺垂体的反馈调节，称为长反馈；②腺垂体促激素对下丘脑的反馈调节称为短反馈；③激素对其自身合成细胞的局部抑制影响称为超短反馈（图 9-4）。超短反馈调节不需要通过血液运输，如下丘脑调节肽对下丘脑神经元本身的抑制作用，腺垂体促激素对腺垂体细胞的影响，靶腺激素对靶腺细胞的调节等，均称为超短反馈调节。

二、腺垂体激素

腺垂体是人体内重要的内分泌腺，**促甲状腺激素**（thyrotropic-stimulating hormone，TSH）、**促肾上腺皮质激素**（adrenocorticotrophic hormone，ACTH）、**卵泡刺激素**（follicle stimulating hormone，FSH）与**黄体生成素**（luteinizing hormone，LH）均作用于各自的靶腺，即甲状腺、肾上

腺皮质和性腺，这四种激素也被称为**促激素**（tropic hormone），并与下丘脑和靶腺形成了3个内分泌调节轴，即：①下丘脑－腺垂体－甲状腺轴；②下丘脑－腺垂体－肾上腺皮质轴；③下丘脑－腺垂体－性腺轴。下丘脑调节肽促进腺垂体分泌促激素，促激素经血液循环刺激靶腺分泌靶腺激素；而靶腺激素和促激素又可分别负反馈作用于下丘脑，维持血中下丘脑调节肽、腺垂体促激素和靶腺激素的稳定。而**生长激素**（growth hormone，GH）、**催乳素**（prolactin，PRL）与**促黑（素细胞）激素**（melanocyte-stimulating hormone，MSH）则直接作用于靶组织，调节机体的物质代谢与生长、乳腺发育与泌乳，以及黑色素的代谢等生理过程。

（一）生长激素

1. 生长激素的作用

（1）促进生长作用：GH能促进蛋白质合成，促进骨、软骨和其他组织的生长，从而促进生长发育。

GH还可通过促进**胰岛素样生长因子**（insulin-like growth factor，IGF）释放而间接促进生长。IGF是主要由肝产生的一类激素，有IGF-1和IGF-2两种。其中IGF-1能促进软骨和其他组织细胞的有丝分裂，以及细胞生长、分化、增殖，与GH共同组成GH-IGF-1轴。

人类若在幼年时期GH分泌过多，则患巨人症；如果分泌不足，则生长发育迟缓，身材矮小，称为侏儒症，但智力正常。倘若成年后GH分泌过多，由于骨骺已闭合，长骨不能再生长，身体不再长高，只能促进肢端的短骨、颅骨、软组织和内脏器官的生长，出现手大、指粗、鼻高、下颌突出等现象，称为肢端肥大症。

（2）促进代谢作用

1）蛋白质代谢：GH有促进蛋白质合成的作用。在GH的作用下，氨基酸进入细胞的速度加快，从而促进蛋白质合成，尿氮排出减少，机体呈现正氮平衡。同时GH增强钠、钾、钙、磷、硫等元素的摄取与利用，提供骨生长的原料。

2）糖代谢：GH能降低肌肉、脂肪组织对葡萄糖的摄取和利用，减少糖消耗，使血糖升高。

3）脂肪代谢：GH有促进脂肪分解的作用，使脂肪组织中的脂肪量减少，特别是肢体中的脂肪量减少，增加血中游离脂肪酸，促进肝内氧化以提供能量。

此外，GH促进胸腺基质细胞分泌胸腺素，参与调节机体的免疫功能。

2. 生长激素分泌的调节

（1）下丘脑调节肽：GH分泌受下丘脑分泌的GHRH和GHRIH（SS）的双重调节，GHRH促进GH的合成和分泌，诱导GH细胞的增殖。GHRIH抑制GH的分泌。通常GHRH的作用占优势（图9-5）。GHRIH只是在应激状态下GH分泌过多时发挥抑制性调节作用。

GH可直接作用于腺垂体GH细胞，负反馈抑制GH合成与分泌。IGF-1可在下丘脑和腺垂体两个水平负反馈抑制GH的分泌，还能刺激下丘脑释放GHRIH，抑制GH的分泌。

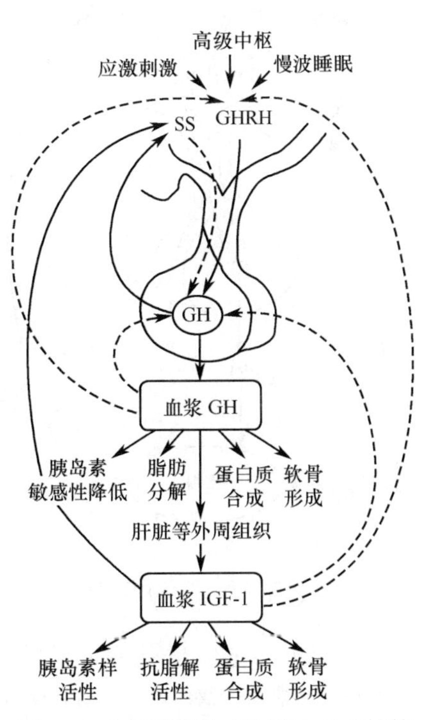

图9-5　生长激素分泌调节中的反馈控制示意图

GH：生长激素；SS：生长抑素；GHRH：生长激素释放激素；IGF-1：胰岛素样生长因子-1

→ 促进作用；- - -→ 抑制作用

（2）激素：甲状腺激素、胰高血糖素、雌激素与雄激素均能促进 GH 分泌。青春期时血中雌激素或雄激素浓度增高，促进 GH 分泌。皮质醇则抑制 GH 的分泌。

（3）代谢因素：血糖、氨基酸、脂肪酸等对 GH 分泌也有影响，尤其是低血糖的刺激作用最强。低血糖时，GHRH 释放增加，促进 GH 分泌，减少外周组织中葡萄糖的利用，优先保证脑组织对葡萄糖的利用，同时动员脂肪分解以获得能量。

（4）睡眠：慢波睡眠时 GH 释放明显多于清醒时，夜间 GH 的分泌量约占一天分泌量的 70%，有利于促进生长和体力恢复。

另外，应激刺激、运动也能促进 GH 分泌。GH 参与机体的应激反应，是机体重要的应激激素之一。

（二）催乳素

1. 催乳素的作用

（1）对乳腺的作用：PRL 主要促进乳腺生长发育，引起并维持乳腺分泌。女性青春期乳腺发育主要依赖雌激素和生长激素的协同作用；妊娠期 PRL 分泌增加，与雌激素和孕激素进一步促进乳腺发育，使乳腺具有泌乳能力但不泌乳。分娩后，雌激素与孕激素分泌减少，PRL 发挥催乳的始动作用并维持泌乳。

（2）对性腺的作用：在女性，PRL 与其受体结合后，可刺激黄体生成素（LH）受体生成，进而促进排卵、黄体生成，以及孕激素和雌激素的分泌。少量 PRL 对卵巢雌激素与孕激素的合成有促进作用，但大剂量 PRL 则有抑制作用。在男性，有睾酮存在时，PRL 可促进前列腺及精囊的生长。

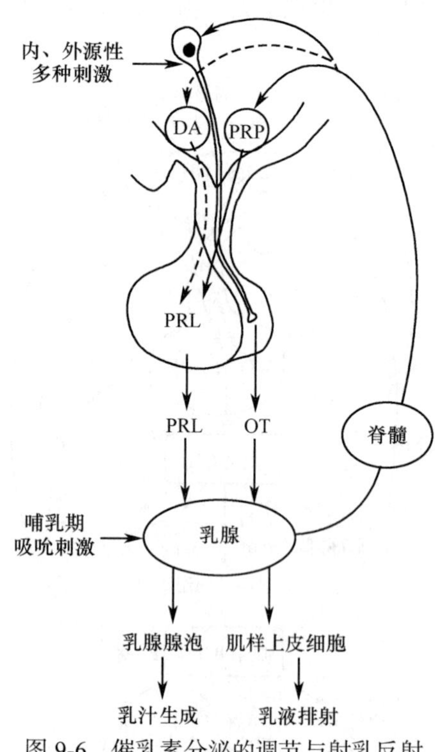

图 9-6 催乳素分泌的调节与射乳反射示意图

PRL：催乳素；OT：缩宫素；PRP：催乳素释放肽；DA：多巴胺

→ 促进作用；---→ 抑制作用

（3）参与应激反应：应激时血中 PRL 的浓度升高，而且与 ACTH 和 GH 的升高一同出现，是应激反应的三大激素之一。

（4）调节免疫功能：PRL 协同细胞因子可促进淋巴细胞的增殖。免疫细胞也可产生 PRL，以旁分泌或自分泌的方式调节免疫反应。

2. 催乳素分泌的调节

PRL 受下丘脑 PRP 和 PIF 的双重调节，PRP 促进 PRL 分泌，PIF 抑制 PRL 分泌。现已确认，PIF 就是多巴胺。下丘脑的 TRH 能也能促进 PRL 的分泌。吸吮乳头或触摸乳房可反射性地引起 PRL 大量分泌（图 9-6）。PRL 与缩宫素共同参与了乳汁分泌和排出的过程。

（三）促甲状腺激素

TSH 是调节甲状腺功能的主要激素，促进甲状腺激素的合成与释放。长期效应是刺激甲状腺腺细胞增生，腺体增大。切除垂体之后，血中 TSH 迅速消失，甲状腺也发生萎缩，甲状腺激素分泌明显减少。TSH 分泌受 TRH 和甲状腺激素的调控。

（四）促肾上腺皮质激素

ACTH 是调节肾上腺皮质功能的主要激素。ACTH 可刺激肾上腺皮质束状带与网状带的发育，促进糖皮质激素的合成与分泌。ACTH 的分泌受下丘脑 CRH 的调控与肾上腺皮质的糖皮质激素的反馈调节。

（五）促性腺激素

促性腺激素（gonadotropic hormone，GTH）包括 FSH 和 LH 两种。FSH 和 LH 的分泌受下丘脑的 GnRH 和性腺的性激素调控。

1. 卵泡刺激素 在女性，FSH 的作用是刺激卵巢颗粒细胞的分化，促进颗粒细胞合成雌二醇，使优势卵泡发育成为成熟卵泡；在男性 FSH 主要是促进曲细精管产生精子。

2. 黄体生成素 在女性，排卵前 LH 高峰是触发卵巢排卵的重要因素之一。LH 促使黄体生成，并维持孕酮的分泌；在男性，LH 促进睾丸间质细胞合成与分泌睾酮。

（六）促黑（素细胞）激素

促黑（素细胞）激素（MSH）主要由哺乳动物垂体中叶分泌，但在人类，垂体中叶已经退化，MSH 主要由腺垂体促肾上腺皮质激素细胞分泌。在低等动物，MSH 可促进黑色素细胞内的酪氨酸转化为黑色素。对于人类，MSH 可一时性地增加黑色素合成，黑色素可使皮肤、虹膜和毛发等部位颜色变深。

三、神经垂体激素

神经垂体内不含腺细胞，不能合成激素。神经垂体释放的激素，是由下丘脑视上核和室旁核的神经内分泌大细胞合成的。视上核以产生**血管升压素**（vasopressin，VP）为主，室旁核以产生**缩宫素**（oxytocin，OT）为主。VP 和 OT 合成后，沿下丘脑 – 垂体束的轴浆运送至神经垂体贮存。OT 与 VP 的化学结构相似，都是 9 肽激素，只是第 3 位和第 8 位氨基酸残基有所不同，因此它们的生理作用有一定程度的交叉。

（一）血管升压素

血管升压素（vasopressin，VP）的合成、生理作用和调控详见第八章。

（二）缩宫素

1. 缩宫素的作用

（1）对子宫的作用：OT 能促进子宫强烈收缩，但对非孕子宫作用较小，而对妊娠子宫的作用比较强。雌激素能增加子宫对 OT 的敏感性，而孕激素则抑制子宫对 OT 的反应。OT 虽然能刺激子宫收缩，但它并不是发动分娩子宫收缩的决定因素。

（2）对乳腺的作用：哺乳分为乳腺腺泡产生乳汁和乳汁排出两个过程。其中乳汁排出主要依靠 OT 的作用。OT 可使乳腺腺泡的肌上皮细胞收缩，腺泡内压力升高，使乳汁排出。OT 还能维持乳腺持续泌乳，使乳腺在哺乳期不致萎缩。

2. 缩宫素分泌的调节 属于典型的神经内分泌调节。乳头含有丰富的感觉神经末梢，吸吮乳头的刺激信号沿传入神经至下丘脑，使室旁核分泌 OT 增多，神经垂体释放 OT 增多，促使乳腺中的肌上皮细胞收缩，乳汁排出，即**射乳反射**（milk-ejection reflex）。射乳反射非常容易建立条件反射，如母亲见到婴儿或听到其哭叫声，甚至抚摸婴儿，均可引起条件反射性射乳。

在分娩过程中，胎儿刺激子宫颈可引起 OT 的释放，促使子宫平滑肌细胞的 OT 受体数量增多，因此，OT 的作用在分娩时显著增强。

第三节 甲 状 腺

甲状腺（thyroid）是人体内最大的内分泌腺（平均重 20 ～ 30g），内含有许多腺泡（或称滤泡）。腺泡由单层的腺泡上皮细胞围成，腺泡腔内充满胶质，主要成分为含有**甲状腺激素**（thyroid hormone，TH）的**甲状腺球蛋白**（thyroglobulin，TG）。甲状腺分泌的激素主要是**四碘甲腺原氨酸**（3，5，3′，5′ -tetraiodothyronine，T_4，即**甲状腺素**，thyroxine）和**三碘甲腺原氨酸**（3，5，3′ -triiodothyronine，T_3）。

一、甲状腺激素的合成与代谢

T_4 与 T_3 两者都是酪氨酸碘化物，因此，酪氨酸和碘是合成 TH 的基本原料。

（一）甲状腺激素的合成

1. 甲状腺腺泡聚碘和碘的活化 合成 TH 的第一步是将细胞外液中的碘转运到甲状腺腺泡细胞内。甲状腺腺泡细胞摄取碘的过程是逆电 – 化学梯度进行的主动转运过程。

摄入腺泡细胞的碘离子（I^-），被**甲状腺过氧化物酶**（thyroid peroxidase，TPO）氧化成活化碘（可能是 I^0，碘原子），活化的部位是腺泡上皮细胞顶端膜微绒毛与腺泡腔交界处。

2. 酪氨酸碘化与甲状腺激素的合成 甲状腺腺泡上皮细胞可合成甲状腺球蛋白（TG），通过出胞作用进入腺泡腔作为底物贮存起来。每个 TG 分子上携带的百余个酪氨酸残基仅约 20% 可被碘化。活化碘与酪氨酸残基结合生成**一碘酪氨酸**（monoiodotyrosine，MIT）和**二碘酪氨酸**（diiodotyrosine，DIT），该过程称为碘化。一个分子的 MIT 和一个分子 DIT 耦联生成三碘甲腺原氨酸（T_3），两个分子的 DIT 耦联生成四碘甲腺原氨酸（T_4）。该过程称为缩合。MIT、DIT、T_3 和 T_4 均附着在 TG 上，贮存于腺泡腔内（图 9-7）。碘离子的活化、酪氨酸残基的碘化以及缩合过程都是在同一甲状腺过氧化物酶催化下完成的，故抑制此酶活性的药物，如硫氧嘧啶，可阻断甲状腺激素合成，用于治疗甲状腺功能亢进。

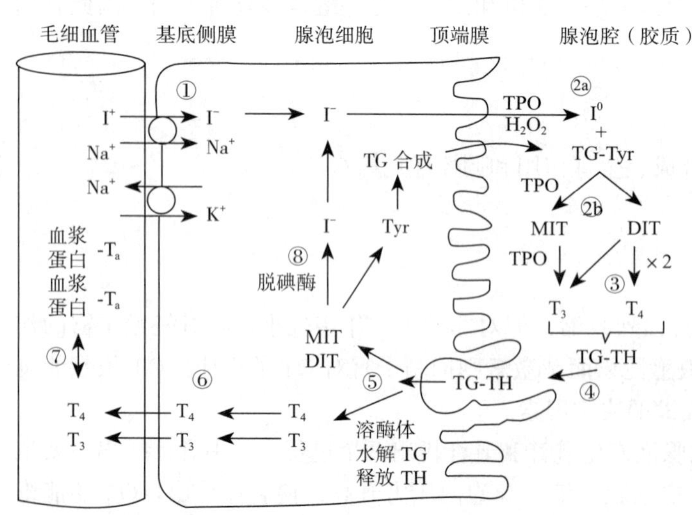

图 9-7 甲状腺激素的合成、分泌示意图

TPO：甲状腺过氧化酶；TG：甲状腺球蛋白

（二）甲状腺激素的贮存、释放和运输

1. 甲状腺激素的贮存　TH在腺泡腔内以胶质的形式贮存，贮存量较大。正常人的TH储备量可供50～120天代谢需求，所以使用抗甲状腺药物时，用药后需要较长时间才能奏效。

2. 甲状腺激素的释放　TH释放时，腺泡细胞顶端向腺泡腔伸出伪足，将含有DIT、MIT、T_3、T_4的TG吞入腺泡细胞内，形成含胶体物的小滴，TG在蛋白水解酶作用下水解，逐渐脱下MIT、DIT、T_3、T_4。MIT和DIT受脱碘酶的作用而脱碘，脱下的碘供机体重新利用合成激素。T_3、T_4可抗脱碘作用，进入血液。

3. 甲状腺激素的运输　释放入血液的TH以T_4为主，约占总量的90%，但T_3的生物活性为T_4的5倍。进入血液的T_4和T_3绝大部分与血浆蛋白结合呈结合型（约占99%），游离型的T_3、T_4在血中含量甚微，但只有游离型的T_3、T_4才能进入靶细胞，发挥其生物学作用。两种形式的TH可以互相转化，保持动态平衡。

二、甲状腺激素的生理作用

TH几乎影响机体所有器官和组织的活动，主要生理作用是促进物质代谢与能量代谢、促进机体的生长与发育。

（一）对新陈代谢的影响

1. 促进机体能量代谢　TH可提高机体绝大多数组织的耗氧量和产热量，使基础代谢率增高。1mg T_4可增加产热4180kJ，效果非常显著。TH的产热效应在肝、骨骼肌、心等组织十分明显，但在脑、性腺、肺、胸腺和皮肤等几乎不见有产热效应。

2. 对物质代谢的影响　TH对物质代谢的影响十分复杂，常表现为双向效应。生理水平的TH对糖、脂肪和蛋白质的合成与分解均有促进作用，而大量的TH促进分解代谢显著。TH通过促进代谢间接促进消化，故甲亢患者多食善饥且消瘦。

（1）糖代谢：一般情况下，TH可促进肝糖原合成，加速外周组织对糖的利用，使血糖下降。分泌增多时则促进肝糖原分解，使肝糖原减少，糖异生增强，促进小肠吸收葡萄糖而使血糖升高。因此甲亢患者吃糖稍多，即出现血糖升高并伴有糖尿。TH还能增强肾上腺素、胰高血糖素、皮质醇和生长激素的升糖作用，因此T_4和T_3总的作用趋势是以升高血糖为主。

（2）脂肪代谢：TH对脂肪的合成和分解都有促进作用，但是对脂类分解代谢作用更强。TH既促进胆固醇的合成，又可通过肝加速胆固醇的清除，但清除的速度超过合成的速度。因此甲亢患者，血中胆固醇含量低于正常。

（3）蛋白质代谢：生理剂量TH促进蛋白质合成，尤其是肌肉、肝、肾蛋白质合成增加，尿氮排出减少，表现正氮平衡。但甲状腺功能亢进时，T_4和T_3分泌过多，促进蛋白质的分解，特别是骨骼肌蛋白质分解明显增强，尿氮排出增加，呈负氮平衡，患者表现消瘦而疲乏。而甲状腺功能低下时，T_4和T_3分泌不足，蛋白质合成减少，肌肉收缩无力，骨骼蛋白分解，血钙升高，出现骨质疏松，但患者组织间的黏蛋白增多，结合大量的阳离子和水，引起黏液性水肿。

（二）对生长发育的影响

TH促进组织分化，是维持机体正常生长、发育和成熟不可缺少的激素，特别是对脑、骨骼及生殖器官的发育与生长十分重要。TH是胎儿和新生儿脑发育的关键激素，神经元树突与轴突的形

成、髓鞘与胶质细胞生长、神经生长因子和某些酶的合成等均有赖于适量的TH。胚胎时期或幼年时TH不足，可导致婴幼儿智力发育障碍，且身材矮小，称为呆小症。所以，在缺碘地区，为了预防呆小症的发生，应在妊娠期注意补碘。治疗呆小症应在出生后3个月以内及时补给TH，否则难以奏效。

（三）对中枢神经系统的影响

成年人神经系统已分化成熟，TH的作用主要为提高中枢神经系统的兴奋性。因此，成年人甲状腺功能亢进时，常有烦躁不安、易激动、多言、失眠及注意力不集中等兴奋性增强的表现。相反，甲状腺功能低下时，则中枢神经系统兴奋性降低，出现记忆力衰退、言语和行动迟缓、淡漠无情甚至终日嗜睡等临床表现。

（四）对心血管系统的影响

TH对心脏活动影响显著，可增强心肌收缩力，加快心率，使心输出量增加。TH的产热效应，可引起相对缺氧，导致外周血管舒张，外周阻力减低。动脉血压往往表现为收缩压升高，而舒张压偏低。

另外，TH通过促进代谢间接促进消化道的运动和消化腺的分泌。故甲亢患者食欲亢进，食量明显超过常人，但仍感饥饿，并伴有明显消瘦。甲减患者可见腹胀和便秘。

三、甲状腺功能的调节

（一）下丘脑－腺垂体－甲状腺轴的调节

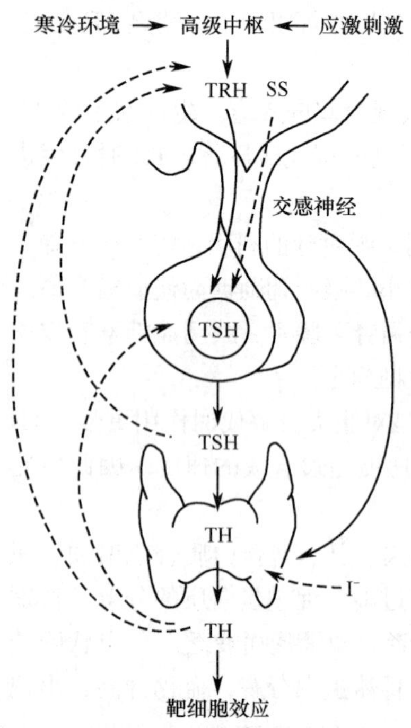

图9-8 下丘脑－腺垂体－甲状腺轴的活动

TH：甲状腺激素；TSH：促甲状腺激素；TRH：促甲状腺激素释放激素

——►：促进作用；- - - -►：抑制作用

下丘脑分泌的TRH经垂体门脉系统到达腺垂体，促进TSH的合成和分泌（图9-8）。腺垂体分泌的TSH经血液循环运送到甲状腺，与甲状腺腺泡上皮细胞膜上TSH受体结合，通过Gs-AC-cAMP-PKA和Gq-PLC-IP_3/DG信号转导途径促进腺细胞增殖，促进TH合成，加速T_3、T_4的分泌。腺垂体除受下丘脑TRH调节外，T_3和T_4在血液中的浓度也负反馈调节腺垂体促甲状腺激素细胞的活动。当血液中T_4和T_3浓度升高时，可抑制腺垂体分泌TSH。血中TH浓度升高时也可抑制下丘脑TRH前体原基因的转录，进而抑制TRH的合成。

寒冷是促进TRH释放的最强烈刺激。寒冷信号传入到中枢神经系统，到达下丘脑体温调节中枢及TRH神经元，促进TRH释放，继而使腺垂体TSH分泌也增加，从而加强甲状腺活动，使TH分泌增加，以提高机体的能量代谢水平，适应寒冷环境。

（二）甲状腺的自身调节

甲状腺具有随着碘的供应量变化而调节自身对碘的摄取与合成TH的能力，称为甲状腺的自身调节。该调节缓慢而有限。当血碘浓度增加时，TH的合成有所增加，但碘量超过一定限度后，TH的合成在维持一段高水平之后，随即明显下降。当血碘浓度超过1mmol/L时，甲状腺摄碘能力开始下降；若血碘浓度达到10mmol/L，甲状腺聚碘作用完全消失。这种过量碘产生的抗甲状腺聚碘效应，称为**碘阻滞效应**（Wolff-Chaikoff effect），可防止大量碘对机体的毒性效应。

（三）神经调节

在甲状腺腺泡细胞的膜上存在有 α 受体、β 受体和 M 受体。交感肾上腺素能纤维兴奋可促进 TH 的合成与释放，而副交感胆碱能纤维兴奋则抑制 TH 的分泌。

第四节　调节钙、磷代谢的激素

甲状旁腺激素、降钙素和 1, 25 - 二羟维生素 D_3 是直接参与钙、磷代谢调节的三种重要激素，共同控制血钙和血磷水平的稳态。

一、甲状旁腺激素

甲状旁腺位于甲状腺背侧面，上下各一对。甲状旁腺分泌的**甲状旁腺激素**（parathyroid hormone，PTH）是最重要的钙调节激素。

（一）甲状旁腺激素的作用

PTH 的总效应是升高血钙，降低血磷。骨和肾是 PTH 重要的靶器官。

1. 对骨的作用　骨是体内最大的钙库，PTH 动员骨钙入血，使血钙升高。其效应包括两个时相。

（1）快速效应：在 PTH 作用数分钟内即发生。PTH 能迅速提高骨细胞膜对 Ca^{2+} 的通透性，使骨液中的 Ca^{2+} 进入细胞内，并使骨细胞膜上的钙泵活性增强，将 Ca^{2+} 转运到细胞外液中去。

（2）延缓效应：在 PTH 作用后 12 ～ 14 小时后出现，几天甚至几周到达高峰。PTH 刺激破骨细胞增殖，加强破骨细胞的溶骨作用，促进 Ca^{2+} 释放入血液，可使血钙水平长时间升高。

2. 对肾的作用　PTH 促进肾远曲小管和集合管对钙的重吸收，使尿钙减少，血钙升高。PTH 抑制近端小管对磷酸盐的重吸收，促使磷酸盐随尿排出，使血磷水平降低。

除此之外，PTH 对肾脏的另一重要作用是激活 1α- 羟化酶，促进 25-(OH)-D_3 转化成有活性的 1, 25- 二羟维生素 D_3，间接影响钙的吸收。

（二）甲状旁腺激素分泌的调节

PTH 的分泌主要受血钙浓度变化的负反馈调节。血钙浓度升高，可抑制甲状旁腺分泌 PTH；相反，血钙浓度降低时，可促进甲状旁腺分泌 PTH。

二、降　钙　素

甲状腺腺泡旁细胞（C 细胞）分泌**降钙素**（calcitonin，CT）。CT 的靶器官是骨和肾，总效应是降低血钙和血磷水平。

（一）降钙素的作用

CT 抑制破骨细胞活动，减弱溶骨过程，这一反应发生很快。大剂量的 CT 在 15min 内便可使破骨细胞活动减弱 70%。这样，溶骨过程减弱，成骨过程增强，钙、磷沉积增加，从而使血钙与血磷下降。这一效应对儿童骨骼生长发育具有一定意义。

此外，CT能抑制肾小管对钙、磷、钠、氯、钾、镁的重吸收，使这些离子从尿中排出增多（图9-9）。

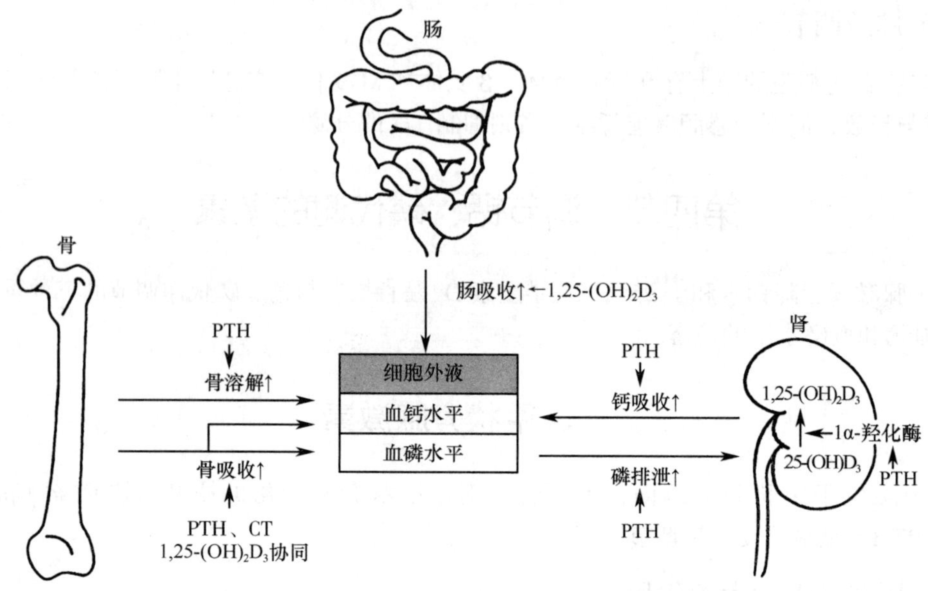

图9-9 调节钙磷代谢激素的主要作用环节

（二）降钙素分泌的调节

调节CT分泌的主要因素是血钙浓度。血钙浓度升高引起CT分泌的速度加快，但CT只对血钙水平产生短期调节作用。这对高钙饮食引起的血钙升高恢复到正常水平起重要作用。

三、维 生 素 D_3

维生素 D_3（Vitamin D_3）可由皮肤中的7-脱氢胆固醇经日光中紫外线照射转化而来，也可由动物性食物中获得。但此时的维生素 D_3 并无活性，它首先需在肝中羟化成25-羟维生素 D_3（25-(OH) D_3），然后在肾中经1α羟化酶羟化为1, 25-二羟维生素 D_3[1, 25-$(OH)_2D_3$]，才具备生物活性，通过血液循环到达靶器官发挥作用，故1, 25-$(OH)_2D_3$ 也被看成是一种激素。

维生素 D_3 的主要靶器官是小肠，总效应是升高血钙和血磷水平。

（一）1, 25-二羟维生素 D_3 的作用

1. 对小肠的作用 1, 25-$(OH)_2$-D_3 的基本作用是促进小肠黏膜对钙的吸收，同时还可促进小肠黏膜对磷和镁的吸收。

2. 对骨的作用 1, 25-$(OH)_2$-D_3 对骨盐的动员和沉积均有作用。1, 25-$(OH)_2$-D_3 能刺激成骨细胞的活动，促进骨钙沉积和骨的形成。但大量的1, 25-$(OH)_2$-D_3 又可动员骨钙和磷进入血液，使血钙和血磷浓度均升高。由于1, 25-$(OH)_2$-D_3 对骨代谢有重要调节作用，当小儿维生素 D_3 缺乏时，主要引起骨骼钙化障碍，称为佝偻病；成人严重缺乏维生素 D_3 时可引起骨质软化症和骨质疏松症。

3. 对肾的作用 1, 25-$(OH)_2$-D_3 的促进肾小管对钙、磷的重吸收，使尿钙和尿磷排出减少。

（二）1, 25-$(OH)_2$-D_3 生成的调节

1, 25-$(OH)_2D_3$ 的生成受血钙和血磷水平调节。高血钙时，肾1α-羟化酶活性增强，1, 25-$(OH)_2D_3$

生成减少，而转化成 24, 25- 二羟维生素 D_3 增多，但后者生物活性很低；低血钙时，则与之相反。低血磷可促进 1, 25-$(OH)_2$-D_3 生成，而高血磷则使 1, 25-$(OH)_2D_3$ 生成减少。

第五节　胰　　岛

人类的胰岛细胞可分为 5 种。其中 A 细胞约占胰岛细胞的 20%，分泌**胰高血糖素**（glucagon）；B 细胞约占 75%，分泌**胰岛素**（insulin）；D 细胞占 5%，分泌**生长抑素**（somatastatin，SS）；PP 细胞数量很少，分泌**胰多肽**（pancreatic polypeptide，PP）。

一、胰　岛　素

胰岛 B 细胞先合成一个大分子的前胰岛素原，后加工成胰岛素原，再经水解成为胰岛素与连接肽（C 肽）。由于胰岛素与 C 肽共同释放入血中，两者的分泌量呈平行关系，因此测定血中 C 肽含量可间接反映 B 细胞的分泌功能。

（一）胰岛素的生物学作用

胰岛素是促进机体合成代谢，维持正常血糖水平的关键激素。

1. 调节物质代谢作用　胰岛素的靶器官主要是肝、脂肪组织和肌肉。

（1）对糖代谢的调节：胰岛素是体内唯一降低血糖水平的激素。胰岛素能促进组织细胞对葡萄糖的摄取和利用，加速葡萄糖合成为糖原，储存于肝和肌肉中，同时抑制糖异生，使血糖的来源减少。当胰岛素缺乏时，血糖水平升高，超过肾糖阈，即可出现尿糖。

（2）对脂肪代谢的调节：胰岛素能促进脂肪合成和储存，抑制脂肪分解。主要是促进肝合成脂肪酸，然后转运到脂肪细胞内储存起来。胰岛素还促进葡萄糖进入脂肪细胞，除用于合成脂肪酸外，更重要的是使其转化成 α- 磷酸甘油，并与脂肪酸合成甘油三酯贮存于细胞中。同时，胰岛素还抑制脂肪酶的活性，进而抑制脂肪分解。当胰岛素缺乏时，脂肪分解增强，产生更多的脂肪酸进入肝氧化，生成过量的酮体，引起酮血症和酸中毒。

（3）对蛋白质代谢的调节：胰岛素能促进蛋白质的合成和储存，抑制蛋白质分解，有利于机体生长。胰岛素可加速氨基酸运入细胞的过程，促进蛋白质合成；抑制蛋白质分解，并能抑制肝的糖异生，使血中用于糖异生的氨基酸用于合成蛋白质。

胰岛素不仅在细胞水平发挥调节代谢作用，还在整体水平参与摄食平衡的调节。

2. 促进生长作用　胰岛素是重要的促生长因子。胰岛素调节物质代谢和促进生长的作用机制不同。而且，胰岛素的促进生长作用有直接和间接作用之分。直接作用通过胰岛素受体实现，间接作用则通过其他促生长因子（如生长激素和胰岛素样生长因子）实现。胰岛素单独的促生长作用并不很强，只有与生长激素共同作用时，才能发挥明显的促进生长作用。

（二）胰岛素的作用机制

胰岛素作用机制的研究主要集中在胰岛素受体和受体后的信息传递上。

1. 胰岛素受体　属于酪氨酸激酶受体，几乎体内所有的细胞膜上都有胰岛素受体。胰岛素受体是由两个 α 亚单位和两个 β 亚单位组成的四聚体糖蛋白，具有高度的特异性。它能识别胰岛素并与之结合，但不能与分解的胰岛素 A 链、B 链及 C 肽结合。

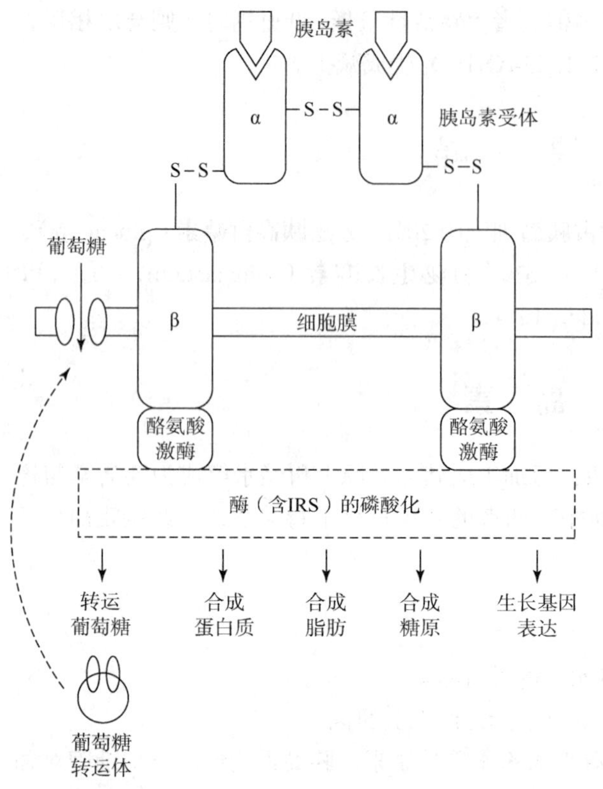

图 9-10 胰岛素受体及其作用机制模式图

2. 受体后信息传递机制 在胰岛素敏感的组织细胞内有**胰岛素受体底物**（insulin receptor substrate，IRS）存在。它们是传递胰岛素各种生物作用的信号蛋白。当胰岛素受体与胰岛素结合并活化后，激活受体内酪氨酸蛋白激酶，使胞内耦联的IRS蛋白的酪氨酸残基磷酸化，经过IRS下游的信号途径，最终引起生物学效应（图 9-10）。

（三）胰岛素分泌的调节

1. 血糖浓度 胰岛 B 细胞对血糖浓度的变化十分敏感。当血糖浓度升高时，胰岛素分泌明显增加，使血糖降低。当血糖浓度恢复至正常水平时，胰岛素分泌也迅速回到基础水平。

在持续高血糖刺激下，胰岛素的分泌可分为两个时相：①第一时相。血糖升高的最初 5min 内，胰岛素的分泌可增加 10 倍，主要来源于 B 细胞内储存的胰岛素释放，因此持续时间不长，10min 后胰岛素的分泌便下降 50%。②第二时相。血糖升高 15min 后，出现胰岛素分泌的第二次增多，在 2 ～ 3h 达高峰，并持续较长的时间。这主要是激活了 B 细胞的胰岛素合成酶系，促进合成与释放。若高血糖持续一周左右，胰岛素的分泌还可进一步增加，这是由于长时间的高血糖刺激了 B 细胞的增殖。

2. 氨基酸和脂肪酸的作用 血中氨基酸、脂肪酸和酮体大量增加时，也可刺激胰岛素分泌，尤其是精氨酸和赖氨酸作用最强。倘若血糖升高，同时伴有氨基酸、脂肪酸或酮体存在，则胰岛素分泌明显增加。

3. 激素的作用 许多激素对胰岛素分泌都有影响。刺激胰岛素分泌的激素有胃肠激素（如促胃液素、促胰液素、胆囊收缩素、抑胃肽等）和胰高血糖素，其中抑胃肽的作用最为明显，属于生理性调节，而其余胃肠激素的作用都是通过升高血糖而间接实现的。生长激素、糖皮质激素、甲状腺激素等也可通过升高血糖而间接刺激胰岛素分泌。相反，肾上腺素、去甲肾上腺素则抑制胰岛素分泌。胰岛 D 细胞分泌的生长抑素可通过旁分泌抑制胰岛素的分泌。

4. 神经调节 支配胰岛的迷走神经末梢释放 ACh，通过作用于 B 细胞上的 M 受体直接引起胰岛素的分泌。迷走神经还可通过刺激胃肠激素释放，间接促进胰岛素的分泌。交感神经兴奋时，末梢释放 NA，作用于 B 细胞上的 α 受体而抑制胰岛素的分泌。

二、胰高血糖素

（一）胰高血糖素的作用

胰高血糖素的生理作用与胰岛素相反，它是体内促进能量动员的一个重要激素，主要生理作用是升高血糖。胰高血糖素具有很强的促进糖原分解和糖异生的作用。胰高血糖素还能激活脂肪酶，促使脂肪分解，生成脂肪酸释放入血，同时又可加强脂肪酸氧化生成酮体，故胰高血糖素又可使血液中脂肪酸和酮体增加。另外，胰高血糖素还能抑制肝内蛋白质合成，促进其分解。

（二）胰高血糖素分泌的调节

1. 血糖浓度 是调节胰高血糖素分泌最重要的因素。血糖升高时，胰高血糖素分泌减少；血糖降低时，胰高血糖素分泌增加。

2. 氨基酸的作用 血中氨基酸含量升高时能促进胰高血糖素分泌。血中氨基酸增多，一方面可促进胰岛素释放，使血糖降低，另一方面还能同时刺激胰高血糖素分泌，这对防止低血糖有一定的生理意义。

3. 胰岛素的双向作用 胰岛素可直接作用于邻近的 A 细胞，抑制胰高血糖素的分泌。胰岛素也可通过降低血糖间接刺激胰高血糖素的分泌。

4. 神经调节 迷走神经末梢释放 ACh 作用于胰岛 A 细胞 M 受体，抑制其分泌，而交感神经末梢释放 NA 作用于胰岛 A 细胞 β 受体，促进其分泌。

第六节 肾 上 腺

肾上腺包括髓质和皮质两部分，二者在发生、结构和功能上均不相同，因此**肾上腺皮质**（adrenal cortex）和**肾上腺髓质**（adrenal medulla）实际上是两种内分泌腺。肾上腺是维持生命所必需的内分泌腺，动物若摘除双侧肾上腺，会在一至两周内死亡，只有及时补充必需的肾上腺激素，动物才能存活。

一、肾上腺皮质

肾上腺皮质起源于中胚层，与性腺来源相似。其结构由外向内分别为球状带、束状带和网状带。肾上腺皮质分泌的激素有三类，均为类固醇激素。肾上腺皮质球状带分泌**盐皮质激素**（mineralocorticoid hormone，MC），在人类主要有醛固酮和脱氧皮质酮，主要参与调节水盐代谢；肾上腺皮质束状带分泌**糖皮质激素**（glucocorticoid，GC），主要有皮质醇、皮质酮，人类以皮质醇为主，主要参与调节糖代谢；肾上腺皮质网状带分泌少量的性激素，主要是雄激素（脱氢表雄酮），也分泌少量的雌二醇和糖皮质激素（图 9-11）。醛固酮作为盐皮质激素的代表，其生理作用与分泌调节，已于第八章述及。以下介绍糖皮质激素的作用及调节。

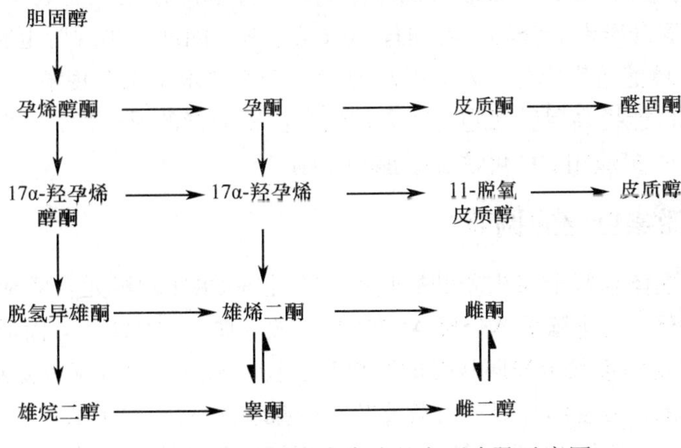

图 9-11 肾上腺皮质激素合成的主要步骤示意图

（一）糖皮质激素的作用

1. 对物质代谢的影响

（1）糖代谢：GC是维持机体正常糖代谢的重要激素之一，有升高血糖的作用。GC通过促进肝摄取血液中的氨基酸，同时增强肝内与糖异生有关酶的活性，使糖异生过程大大加强，血糖升高。此外，GC又有抗胰岛素作用，降低肌肉与脂肪等组织细胞对胰岛素的反应性，以致外周组织对葡萄糖的利用减少，促使血糖升高。因此糖尿病患者应慎用GC。相反，肾上腺皮质功能低下（如艾迪生病）时，则可出现低血糖。

（2）蛋白质代谢：GC能促进肝外组织，特别是肌肉组织蛋白质分解，以及骨骼和皮肤的蛋白质分解，加速氨基酸转移至肝以供糖异生之用，同时肝外组织对氨基酸的摄取和蛋白质合成也受到抑制。因此，长期应用GC会使肌肉消瘦、骨质疏松、皮肤变薄、淋巴组织萎缩和儿童生长停滞等。

（3）脂肪代谢：GC促进脂肪分解，增强脂肪酸在肝内的氧化过程，有利于糖异生。肾上腺皮质功能亢进时，GC对身体不同部位的脂肪作用不同，可使四肢脂肪组织分解，四肢的脂肪量减少；而腹、面、两肩及背部脂肪合成反而增加，呈现出满月脸、水牛背的向心性肥胖体形。

2. 对血细胞的影响 GC可使红细胞、血小板和中性粒细胞在血液中的数量增加，而使淋巴细胞和嗜酸性粒细胞减少。

3. 对循环系统的影响 GC没有直接收缩血管的作用，但能增强血管平滑肌对儿茶酚胺的敏感性，即允许作用。因为GC能抑制儿茶酚胺降解，加强了儿茶酚胺收缩血管的作用，有利于提高血管的张力和维持血压。另外，GC可降低毛细血管通透性，减少血浆滤出，有利于维持血容量。

4. 在应激反应中的作用 各种有害刺激（如缺氧、感染、手术、创伤、中毒、疼痛、饥饿、寒冷、精神高度紧张或焦虑等）常引起机体发生非特异性的全身反应，称为**应激反应**（stress reaction）。应激反应时，血中ACTH浓度立即增加，GC也相应增加，以增强机体对有害刺激的耐受力，主要表现为：①减少体内一些有害物质（缓激肽、蛋白水解酶、前列腺素等）的产生及其不良作用；②维持血糖水平，使能量代谢转为以糖代谢为中心，保证葡萄糖对心和脑等重要器官的供应；③通过允许作用升高血压，增强心肌收缩力。这在维持生命和生命活动方面具有十分重要的意义。缺少肾上腺或肾上腺皮质功能不全的患者，应激能力减弱，抗感染能力大大降低，严重时可危及生命。应激反应中，除下丘脑－垂体－肾上腺皮质系统参加外，交感－肾上腺髓质系统也参与其中。

5. 对水盐代谢的影响 GC具有醛固酮样保钠排钾保水的作用，但效应仅有醛固酮的1/500。此外，GC能抑制血管升压素的分泌，增加肾小球滤过率，因此，出现肾上腺皮质功能低下时，血管升压素增多，肾小球滤过率降低，水的排出障碍，产生“水中毒”现象。

6. 其他作用 GC能提高胃腺细胞对迷走神经和促胃液素的反应性，增强胃酸和胃蛋白酶原的分泌。因此，临床上大量应用GC可诱发或加剧溃疡。

（二）糖皮质激素分泌的调节

GC受下丘脑－垂体－肾上腺皮质轴的调控。下丘脑CRH神经元合成和释放的CRH，通过垂体门脉系统到达腺垂体，促进腺垂体合成ACTH并释放入血。ACTH一方面促进GC的合成和分泌，另一方面促进肾上腺皮质束状带与网状带的发育和生长。ACTH的分泌也受到血中GC对腺垂体的负反馈调节。当血中GC浓度增加时，可负反馈减少腺垂体分泌ACTH，同时使分泌ACTH的细胞对CRH的反应性减弱，继之GC也分泌减少。GC不仅对腺垂体有负反馈作用，还反馈性抑制下丘脑 CRH 的分泌，以调节和维持血液中 GC 的相对稳定。另外，腺垂体分泌的 ACTH 对 CRH 的分泌也有抑制作用（图 9-12）。

CRH 分泌呈现日周期节律。入睡后 CRH 分泌逐渐减少，午夜最低，随后逐渐增多，至觉醒前达到高峰，白天维持在较低水平。由于 CRH 呈日周期性波动，因此，ACTH 和 GC 的分泌也发生相应的波动。在应激状态下，ACTH、GC 浓度的升高程度与应激刺激强度成正比，并维持高水平的平衡以适应应激环境的需要。此时，GC 的分泌完全不受前述轴系负反馈的影响。

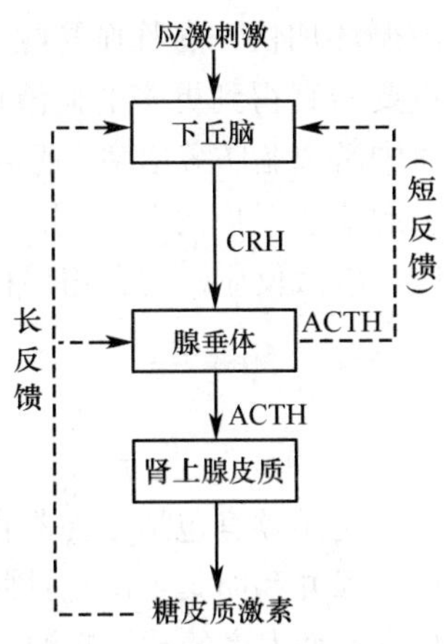

图 9-12 糖皮质激素分泌的调节示意图

→表示促进；---→ 表示抑制

二、肾上腺髓质

肾上腺髓质发生于外胚层，与交感神经节细胞同源，主要由嗜铬细胞和少量交感神经细胞组成，它们相当于交感神经节后神经元，直接受交感神经胆碱能节前纤维支配。肾上腺髓质分泌**肾上腺髓质激素**（adrenal medullary hormone），其中肾上腺素约占 80%，去甲肾上腺素约占 20%。

此外，肾上腺髓质嗜铬细胞还能分泌一种多肽，称为**肾上腺髓质素**（adrenomedulin，ADM），它具有扩张血管、降低血压、抑制内皮素和血管紧张素Ⅱ释放等作用。

（一）肾上腺髓质激素的合成与灭活

肾上腺素和去甲肾上腺素都是酪氨酸衍生的胺类，分子结构中都有儿茶酚基（邻苯二酚基），故属于儿茶酚胺类激素。肾上腺髓质嗜铬细胞利用酪氨酸，在一系列酶的作用下合成肾上腺素和去甲肾上腺素。该过程与交感神经节后神经元合成去甲肾上腺素过程基本一致，所不同的是嗜铬细胞胞内存在大量的**苯乙醇胺氮位甲基转移酶**（phenylethanolamine-n-methyl transferase，PNMT），可使去甲肾上腺素甲基化成为肾上腺素，因此肾上腺髓质内以合成肾上腺素为主（图 9-13）。

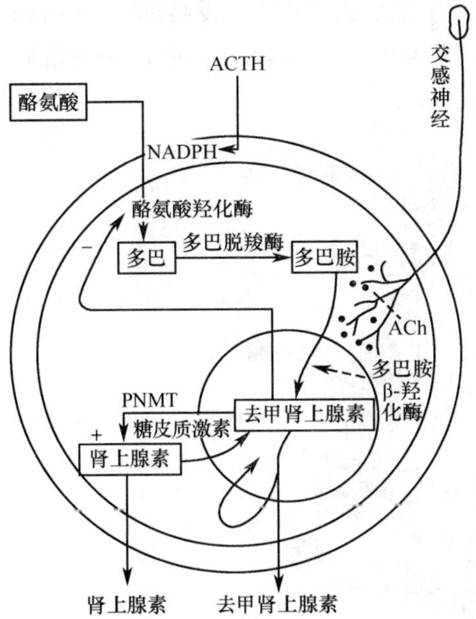

图 9-13 肾上腺髓质激素生物合成示意图

PNMT：苯乙醇胺氮位甲基转移酶

注：NADPH. 烟酰胺腺嘌呤 2 核苷酸磷酸

肾上腺髓质激素对全身各器官系统进行广泛的调节，这部分内容已于各有关章节介绍。以下重点介绍肾上腺髓质激素在应急反应中的作用。

（二）肾上腺髓质激素的作用

应急反应（emergency reaction）是指机体遭遇特殊紧急情况时（如畏惧、焦虑、剧痛、失血、脱水、低氧、暴冷暴热及剧烈运动等），交感－肾上腺髓质系统将立即被调动起来，肾上腺素与去甲肾上腺素的分泌增加，引起多系统的广泛的适应性反应。

应急反应主要包括：①中枢神经系统兴奋性升高，使机体处于警觉状态，反应灵敏。②呼吸功能加强，呼吸加强加快，肺通气量增加。③心血管活动加强，心率加快，心缩力增强，心输出量增加。动脉血压升高，血液循环加快，内脏血管收缩，骨骼肌血管舒张，血流量增多，全身血液重新分配，以利于应急时重要器官得到更多的血液供应。④加强能量代谢，肝糖原分解增强，血糖升高，脂肪分解加速，血中游离脂肪酸增多，葡萄糖与脂肪酸氧化过程增强，以适应在应急情况下对能量的需要。实际上，引起应急反应的各种刺激，也是引起应激反应的刺激。当机体受到应激刺激时，同时引起应急反应与应激反应，两者相辅相成，共同维持机体的适应能力。

第七节　性腺与生殖

生殖器官包括**主性器官**（primary sexual organ）和**附性器官**（accessory sexual organ）。主性器官（睾丸和卵巢）即是**性腺**（gonad）。性腺具有产生生殖细胞和性激素的双重功能。性激素不仅是青春期发育的动力来源，而且是产生两性差别的根本原因。

一、男性性腺与功能

睾丸（testis）是男性的主性器官，具有产生精子及分泌雄激素的功能。睾丸功能受下丘脑－垂体－睾丸轴活动的调节。

（一）睾丸的功能

睾丸由**曲细精管**（seminiferous tubule）和**间质细胞**（leydig cell）组成，主要功能有：

1. 曲细精管的生精作用　曲细精管由各级生精细胞和支持细胞构成（图 9-14）。从青春期开始，在相关激素的作用下，精原细胞开始分裂、分化，依次经过初级精母细胞、次级精母细胞、精子细胞等阶段，最后形成精子并进入管腔。精原细胞发育成为精子约需 70 天左右，一个精原细胞经过有丝分裂和减数分裂最终可以产生 64 个精子。在精子生成的过程中，**支持细胞**（sertoli cell）构成了特殊的微环境，既对生精细胞起支持作用，又为生精细胞提供多种必要的营养物质。

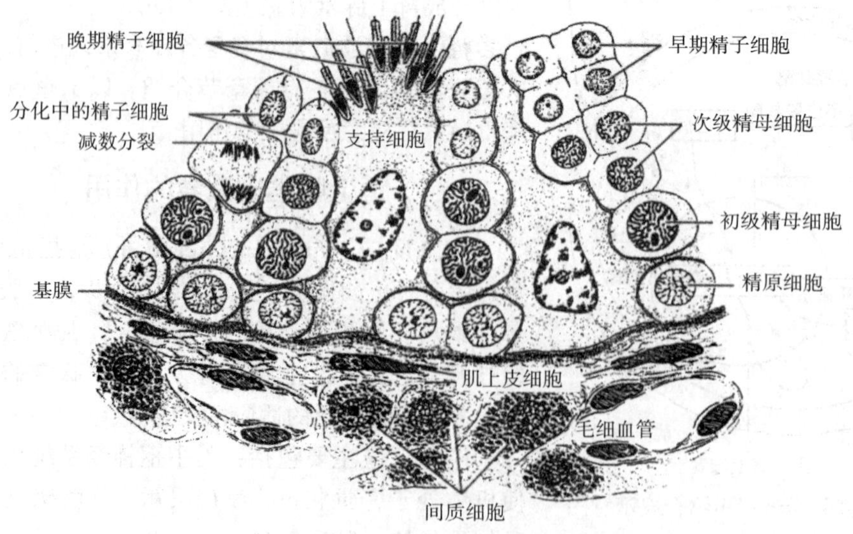

图 9-14　曲细精管显微结构示意图

精子发生（spermatogenesis）是指精原细胞经过一系列的分裂增殖，发育为成熟精子的过程。包括连续的 3 个阶段：①精原细胞的有丝分裂期；②精母细胞减数分裂期；③精子形成期。

2. 睾丸的内分泌功能 间质细胞分泌**雄激素**（androgen），支持细胞分泌**抑制素**（inhibin）。

（1）雄激素的作用：雄激素中**睾酮**（testosterone，T）活性最强，睾酮与脱氢表雄酮、雄烯二酮、雄酮的活性比为 100∶16∶12∶10。

1）维持生精：睾酮与支持细胞产生的雄激素结合蛋白（ABP）结合后，与雄激素受体结合，启动并维持精子发生。

2）刺激男性性器官的生长发育和副性征的出现：在青春期，睾酮的分泌不断增加，刺激男性附性器官（阴茎、阴囊、前列腺和精囊）的生长发育。从青春期开始，男孩出现副性征，如喉结突出、声音低沉、骨骼粗壮、肌肉发达等，还能产生并维持性欲。

3）影响代谢：睾酮促进蛋白质（特别是肌肉、骨骼内）的合成；使骨基质增加，钙盐沉积增加，骨骼生长加速。由于睾酮与生长激素的协同作用，男性在青春期出现一次显著的生长过程。

（2）抑制素的作用：对腺垂体 FSH 的分泌有很强的抑制作用。

（二）睾丸功能的调节

睾丸的生精和内分泌功能主要受下丘脑－腺垂体－睾丸轴的调节。

下丘脑分泌的 GnRH 经垂体门脉系统到达腺垂体，促进腺垂体合成和分泌促性腺激素（FSH 和 LH）。腺垂体分泌 FSH 主要作用于曲细精管的生精细胞和支持细胞；LH 主要作用于间质细胞。LH 和 FSH 相互配合，共同调节生精过程。FSH 对生精过程有启动作用，LH 的作用是通过促进间质细胞分泌睾酮而间接维持生精效应（图 9-15）。

睾酮对下丘脑和腺垂体具有负反馈作用。血中睾酮达到一定浓度，将分别抑制 GnRH 和 LH 的分泌。抑制素对腺垂体 FSH 分泌具有抑制作用。这些作用使血液中睾酮的浓度保持在一个相对稳定的水平。

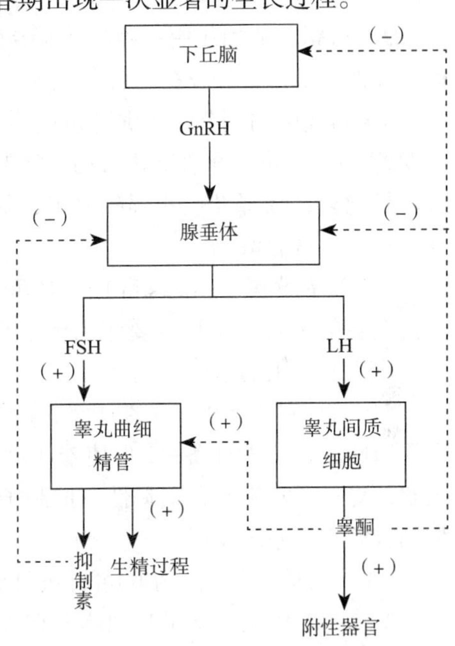

图 9-15 下丘脑－腺垂体－睾丸轴功能调节示意图

二、女性性腺与功能

卵巢（ovary）作为女性主性器官具有产生卵子的功能，作为女性性腺可分泌雌激素和孕激素。卵巢功能受下丘脑－垂体－卵巢轴调节。

（一）卵巢的功能

1. 卵巢的生卵功能 卵巢中未发育的卵泡称原始卵泡。卵泡发育是指由原始卵泡发育为生长卵泡和成熟卵泡的过程。其中经历原始卵泡→生长卵泡（初级卵泡和次级卵泡）→成熟卵泡3个阶段。女性在性成熟以后，卵巢开始具有周期性排卵的功能，即**卵巢周期**（ovarian cycle）。从青春期开始，女性每月有 15 ～ 20 个原始卵泡同时开始生长发育，但在促性腺激素和卵巢激素的作用下，一般只有 1 个卵泡发育成优势卵泡并成熟、排卵，其余的卵泡退化为闭锁卵泡。从原始卵泡到卵子成熟全过程大约 14 天。所以，女性一生中只有 400 ～ 500 个卵泡能发育成熟。

2. 卵巢的内分泌功能 卵巢主要分泌雌激素和孕激素，还分泌少量雄激素。排卵前由卵泡分泌雌激素，排卵后由黄体分泌雌激素和孕激素。

（1）**雌激素**（estrogen）的生理作用：卵巢分泌的雌激素主要为**雌二醇**（estradiol，E_2）、雌酮、雌三醇（E_3），其中雌二醇的活性最强，三者的活性比为 100∶10∶3。

1）对女性生殖器官的作用：①促进卵泡发育，诱导排卵前出现 LH 峰，促进排卵。②促进子宫发育，使子宫内膜产生**增生期**（proliferative phase）的变化。在分娩前，雌激素可提高子宫平滑肌的兴奋性，提高子宫平滑肌对缩宫素的敏感性。③促进输卵管的分泌与运动，有利于卵子和精子的运行。④促使阴道黏膜上皮的增生、角化，增加糖原含量。糖原分解产物使阴道环境呈酸性（pH 4 ～ 5），有利于阴道乳酸菌的生长，抑制其他致病菌的繁殖，增强阴道抵抗力，维持阴道的自净作用。

2）对副性征的作用：刺激乳腺导管和结缔组织增生，促进乳腺发育，使全身脂肪和毛发分布具有女性特征，音调较高，骨盆宽大，臀部肥厚等。

3）对代谢的调节：①促进蛋白质合成，特别是促进生殖器官细胞的蛋白质合成，从而促进生长发育；②促进成骨细胞的活动，抑制破骨细胞的活动，促进钙盐沉积，加速骨的生长，促进骨骺软骨愈合；③降低血胆固醇水平，保护心血管，防止动脉硬化；高浓度的雌激素可促进醛固酮分泌而使水钠潴留。

（2）**孕激素**（progestin）的生理作用：卵巢分泌的孕激素主要为**孕酮**（progesterone，P），主要由黄体生成。孕酮主要作用于子宫内膜和子宫肌，适应受精卵着床并维持妊娠。孕酮的功能要在雌激素作用的基础上完成。

1）对子宫的作用：①在雌激素的作用基础上使子宫内膜发生**分泌期**（secretory phase）改变，为受精卵的着床做准备；②促使着床后的子宫基质细胞转化为蜕膜细胞，为胚泡提供营养；③在妊娠期，降低子宫平滑肌兴奋性，抑制子宫平滑肌的收缩；④降低母体对胎儿的免疫排斥反应。所以孕酮有安宫保胎的作用。

2）对乳腺的作用：孕酮可促进乳腺腺泡发育，为分娩后泌乳做准备。

3） 产热作用：女子基础体温在排卵前出现短暂降低，排卵后升高 0.5℃左右，并在黄体期一直维持在此水平上。临床上将这种基础体温的双相改变作为判断排卵日期的标志之一。

（二）月经与月经周期

月经（menstruation）是指在卵巢激素作用下，子宫内膜发生周期性脱落产生流血的现象。月经始于青春期，具有周期性，每月行经一次，周而复始，故称为**月经周期**（menstrual cycle）。月经周期的形成机制与卵巢内分泌有密切关系，子宫内膜的周期性变化由卵巢功能的周期性变化所决定，而后者则受下丘脑 – 腺垂体 – 卵巢轴的调控。

在一个月经周期中，以子宫内膜的变化特点为基础，可分为月经期、增生期和分泌期；若按卵巢的变化分期，可将月经周期分为卵泡期（相当于子宫内膜的月经期和增生期）和黄体期（相当于子宫内膜的分泌期）。

1. 卵泡期 开始时，血液中雌激素和孕激素均处于低水平，解除了对 FSH 和 LH 分泌的负反馈抑制作用，导致血中 FSH 和 LH 先后升高，促使卵泡分泌雌激素；在排卵前一周，血中雌激素浓度明显升高，由于雌激素的局部正反馈作用，使雌激素在血液中浓度不断升高；在排卵前 1 天左右，雌激素分泌达到高峰。高浓度的雌激素对下丘脑产生正反馈效应，促使GnRH分泌，进而刺激腺垂体分泌LH，并形成LH分泌高峰，诱发排卵（图9-16）。卵泡期的雌激素引起子宫内膜产生增殖期的改变，即子宫内膜增生发育、腺体增多，但并不分泌。

2. 黄体期 排卵后，在LH的作用下，黄体逐渐发育，分泌大量的雌激素和孕激素。在雌激素作用的基础上孕激素使子宫内膜发生分泌期改变，为受精卵的着床做准备；一般在排卵后7～8天形成雌激素第二次高峰和孕激素分泌峰。

若未受孕，在高水平的雌激素和孕激素负反馈抑制下，下丘脑GnRH和腺垂体FSH和LH分泌量减少。黄体在排卵后9～10天开始退化，变性为白体（月经黄体）；雌激素和孕激素分泌减少。失去雌激素和孕激素支持的子宫内膜剥脱出血，进入月经期。

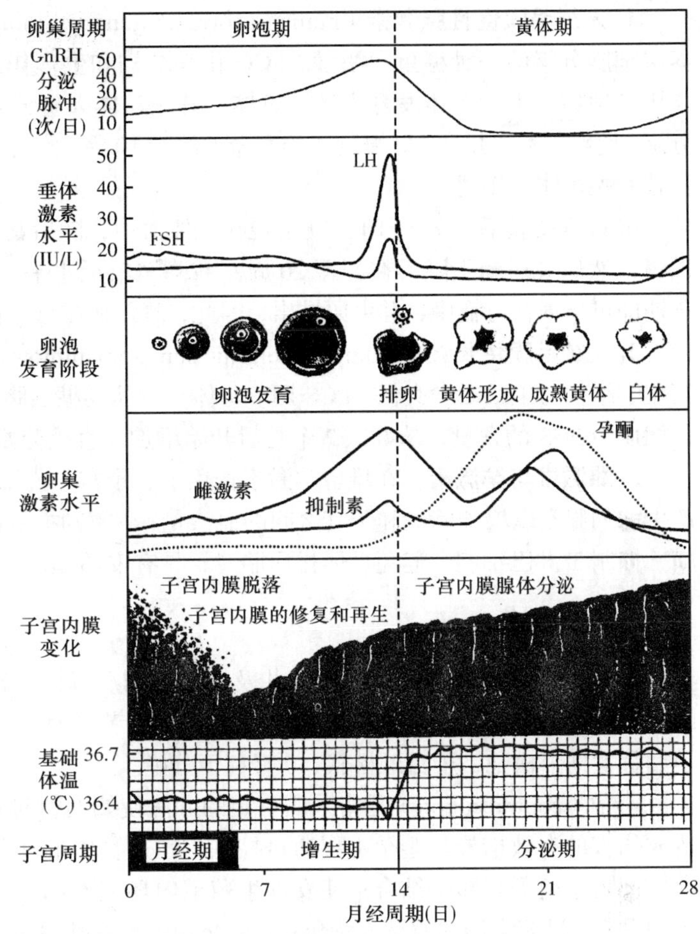

图9-16 月经周期中血中相关激素的变化

若受孕，在受精10天后，胎盘分泌**人绒毛膜促性腺激素**（hCG），代替腺垂体的LH和FSH。在hCG的作用下，**妊娠黄体**继续增长，分泌孕激素和雌激素以维持妊娠。

三、妊 娠

妊娠（pregnancy）是指新个体产生的过程，包括受精、着床、妊娠的维持以及胎儿分娩等过程。以最后一次月经的第一天开始算起，人类的妊娠时间约为280天。

（一）受精和着床

受精（fertilization）是指精、卵识别，精子穿入卵细胞及两者融合的过程，一般于排卵后的6～7天发生在输卵管的壶腹部。着床（implantation）是指胚泡通过与子宫内膜相互作用，侵入子宫内膜的过程。一般认为着床开始于受精后5～6天，至第11～12天完成。胚泡可产生人绒毛膜促性腺激素（hCG），在胚泡植入和早期妊娠过程的维持中起着非常重要的作用。

（二）妊娠的维持

胎盘是妊娠期的重要内分泌器官，能分泌大量的雌激素、孕激素和人绒毛膜促性腺激素，以维持正常妊娠并促进胎儿的正常发育。妊娠3个月后胎盘可完全取代卵巢和腺垂体的内分泌作用。

1. 人绒毛膜促性腺激素（human chorionic gonadotropin，hCG） 是由胎盘绒毛组织的合体滋养层细胞分泌的一种糖蛋白激素。hCG 化学结构和生理作用与腺垂体分泌的 LH 相类似，其主要作用是使卵巢中的黄体发育为妊娠黄体。妊娠黄体大量分泌雌激素和孕激素，反馈抑制腺垂体的分泌，使卵巢不再排卵。妊娠黄体的寿命大约为 10 周，此后发生萎缩，由胎盘分泌雌激素和孕激素，代替妊娠黄体的作用。

hCG 在受精后第 8 ～ 10 天就出现在母体血中，随后其浓度迅速升高，至妊娠第 8 周左右达到顶峰，然后又逐渐下降，在妊娠 20 周左右降至较低水平，并一直维持至分娩。由于 hCG 在妊娠早期即可出现在母血中，并由尿排出，因此，测定血或尿中的 hCG，可作为诊断早期妊娠的指标。

2. 人绒毛膜生长激素（human chorionic somatomammotropin，hCS） 是胎盘分泌的糖蛋白激素，其化学结构与生长激素类似。hCS 调节母体与胎儿的糖、脂肪和蛋白质的代谢，促进胎儿的生长。孕妇血中 hCS 的含量，从妊娠 2 个月后开始增加，直至分娩前停止。

3. 雌激素与孕激素 在雌、孕激素作用下，子宫与乳腺继续明显地发育增大；雌三醇可以通过产生前列腺素以增加胎盘和子宫之间的血液量；孕酮则抑制妊娠时子宫肌收缩，维持子宫内膜和蜕膜，抑制 T 淋巴细胞，避免母体排斥胎儿，具有安胎作用。

（三）分娩

分娩（parturition）是指成熟胎儿及其附属物从母体子宫产出的过程。子宫节律性收缩是分娩的主要动力。缩宫素、雌激素及前列腺素等是调节子宫肌肉收缩的重要因素。另外，松弛素能使孕妇骨盆韧带松弛，子宫颈松软，0 有利于分娩。

避孕（contraception）是指采用一定的方法使妇女暂时不受孕。这是预防意外妊娠对女性身心造成伤害的有效措施。避孕主要通过控制生殖过程中的环节达到不受孕的目的：抑制精子与卵子产生；阻止精子与卵子结合；使女性生殖道内环境不利于精子获能、生存，或者不适宜受精卵着床和发育。目前常用的避孕方法包括：避孕药、屏障避孕法、宫内节育和绝育等。减少非意愿妊娠，保护广大妇女身心健康，是生殖教育的重要内容，也是社会文明的体现。

第八节 其他激素

一、松果体激素

松果体（pineal body）分泌的激素有两大类：一类是吲哚类，如褪黑素，因其能使蛙的皮肤褪色而得名；另一类为多肽类，包括 GnRH、TRH 及 OT 等。

褪黑素（melatonin，MT）为色氨酸的衍生物。人类出生 3 个月开始分泌 MT，6 岁达到高峰。从青春期开始，松果体内结缔组织逐渐增多并钙化，MT 分泌随年龄增长而减少。MT 的分泌具有明显的昼夜节律，即昼低夜高。MT 具有广泛的生物学作用，简述如下。

1. 抑制下丘脑 - 腺垂体 - 靶腺轴 MT 通过抑制下丘脑 - 腺垂体 - 靶腺轴影响性腺、甲状腺和肾上腺皮质功能。切除幼年动物的松果体，性腺的重量增加，甲状腺和肾上腺明显增大，性腺功能活动增强，甲状腺的摄碘作用增强；血浆皮质酮和醛固酮含量升高，并诱发实验性高血压。

2. 调整生物节律 下丘脑视交叉上核是控制昼夜节律的生物钟。MT 作用于视交叉上核神经元上的 MT 受体，调控昼夜节律，使机体功能与昼夜节律同步。MT 是一种生理性睡眠诱导剂，主要是调整入睡的时间节律，使睡眠的发生时间前移，而对睡眠的过程及持续时间并无直接影响。

3. MT 对中枢神经系统的作用 MT 具有镇静、催眠、提高痛阈及抗惊厥等作用。

4. MT 对免疫系统的作用 通过受体介导，MT 可促进免疫细胞分裂增殖，提高机体的免疫能力。

5. MT 抗氧化衰老作用 MT 是迄今所发现的最强的抗氧化物，可直接清除氧自由基而抗衰老。

二、前列腺素

前列腺素（prostaglandin，PG）为一族二十碳多不饱和脂肪酸衍生物，又称为**二十烷类激素**（eicosanoids），因其首先从前列腺组织中被提取而得名。其结构中含有一个五碳环和两条侧链，根据环上取代基的不同，前列腺素有 PGA、PGB、PGC、PGD、PGE、PGF、PGG、PGH、PGI 之分。其中 PGA_2 和**前列环素**（prostacyclin，PGI_2）以远距分泌的方式发挥作用，但大多数的前列腺素以旁分泌和自分泌的方式在组织局部发挥作用。

1. 前列腺素的主要生物学作用 前列腺素广泛存在于体内多种组织，具有广泛的生物学作用，参与机体多种功能的调节。它对体内各系统的主要作用见表 9-6。前列腺素还是主要的致痛介质、致炎介质和致过敏介质。临床上应用环加氧酶抑制剂抑制前列腺素的合成，有良好的退热、抑制血栓形成、镇痛和减轻炎症反应等作用。

表 9-6 前列腺素的主要生物学作用

系统 / 组织	主要作用
神经系统	调节体温、行为和自主神经活动，参与睡眠过程、调制神经递质的释放
循环系统	促进 / 抑制血小板聚集、影响血栓形成，收缩 / 舒张血管，影响毛细血管通透性
呼吸系统	收缩 / 舒张支气管平滑肌
消化系统	抑制胃酸分泌，舒张黏膜血管，保护胃黏膜，刺激小肠运动，调节胰腺、肠道黏膜的分泌功能
泌尿系统	增加肾血流量，促进水、钠排出
内分泌系统	影响甲状腺、肾上腺、卵巢、睾丸等的分泌功能
生殖系统	促进精子运行，收缩 / 舒张子宫平滑肌，参与月经、排卵的调节及分娩
脂肪组织	抑制脂肪分解

2. 前列腺素的作用机制 前列腺素既可与细胞膜上的 G 蛋白耦联受体结合，通过 PKA、PKC 或 Ca^{2+} 等信号转导途径发挥生物活性作用，也可通过核受体影响基因转录而调节靶细胞的功能。

三、瘦　素

瘦素（leptin）是由脂肪细胞 6 号染色体的**肥胖基因**（obese gene）表达的激素，因可以降低体重而得名。在哺乳动物，瘦素主要为白色脂肪细胞合成和分泌。

瘦素的分泌具有昼夜节律，夜间分泌水平较日间高。体内脂肪储存量是刺激瘦素分泌的主要因素。在机体能量摄入与能量消耗平衡的情况下，瘦素的分泌量可反映体内储存脂肪量的多少。瘦素的生物学作用如下：

1. 调节体内的脂肪贮存量并维持机体的能量平衡 瘦素一方面以自分泌的方式直接作用于脂肪细胞，抑制脂肪的合成，减少体内脂肪的贮存量，并动员脂肪，促进能量的释放。另一方面，瘦素进入中枢神经系统，主要作用于下丘脑弓状核，抑制与摄食有关的神经肽 Y 的合成和释放，抑制食欲，减少摄食量，从而使体重减轻。部分肥胖者体内瘦素水平很高而且伴有瘦素抵抗，这可能与瘦素信号转导通路或受体后机制缺陷有关。

2. 影响下丘脑 - 腺垂体 - 靶腺轴的活动 瘦素的生物学作用广泛，对下丘脑 – 腺垂体 – 性腺轴、下丘脑 – 腺垂体 – 甲状腺轴和下丘脑 – 腺垂体 – 肾上腺皮质轴等多种生理活动均有影响。瘦素不仅参与对体重的调节，还调节 GnRH、LH、FSH、胰岛素、生长激素、甲状腺激素的分泌，促进生长发育、造血、血管新生等，影响心血管、胰腺、免疫系统和生殖系统的功能，与肥胖症、糖尿病、心血管疾病、肿瘤、肝病等的发生、发展均有一定的关系。

（张 帅 张发艳）

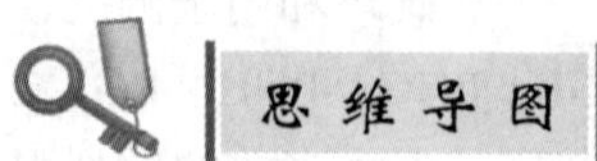

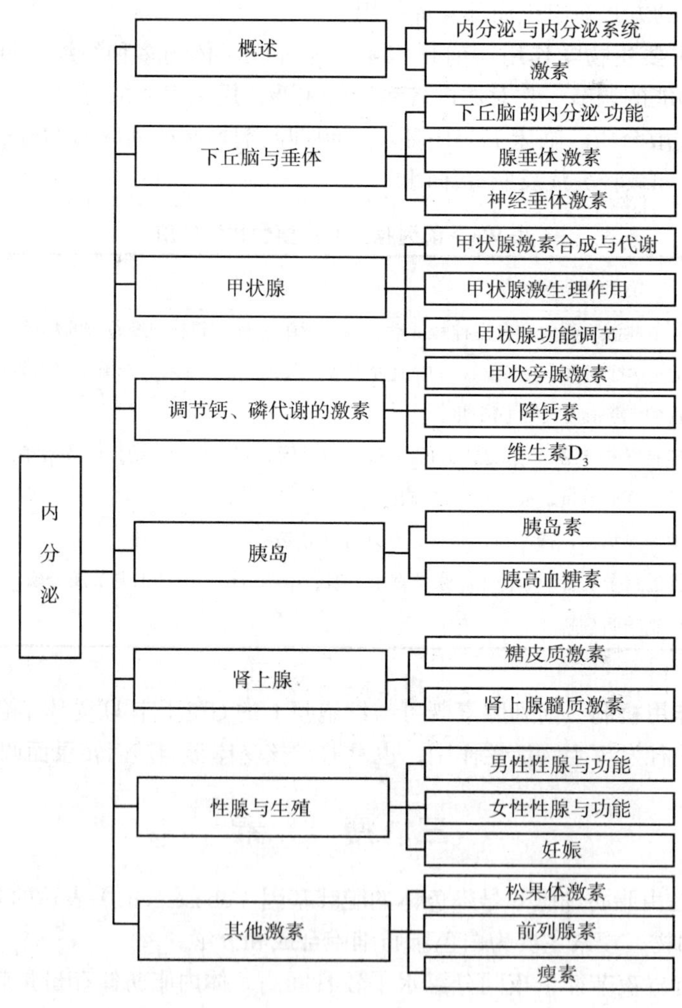

1. 机体长期缺碘将患何种疾病？
2. 当机体血钙浓度升高时，甲状旁腺激素、降钙素、1,25- 二羟维生素 D_3 是如何维持血钙相对稳定的？
3. 胰岛素分泌不足的患者为何会出现多饮、多尿、多食及体重减轻（三多一少）的症状？
4. 应激反应和应急反应有何区别和联系？
5. 简述雄激素和雌激素的作用。

第十章 神经系统

神经系统（nervous system）在机体神经－内分泌－免疫网络整合调控中，是起主导作用的功能调节系统。它可整合体内各器官、系统的功能，使之相互联系、相互制约，保证生命活动正常进行。同时，还能对体内外各种环境变化进行迅速而完善的调控，维持机体的稳态。神经系统除整合感觉、调制随意运动和内脏活动外，还整合脑的高级功能，以实现学习与记忆、语言与思维、情绪与心理、觉醒与睡眠等高级神经活动。

第一节 神经元与神经胶质细胞

一、神 经 元

（一）神经元的一般结构与功能

神经元（neuron）是神经系统的基本结构和功能单位。神经元的结构可分为胞体和突起两部分，突起又分为树突和轴突（图 10-1）。树突是接受信息的部位，胞体是接受、处理信息的部位，轴突是传出信息的部位。轴突离开胞体，外面包有髓鞘或神经膜则称为**神经纤维**（nerve fiber）。

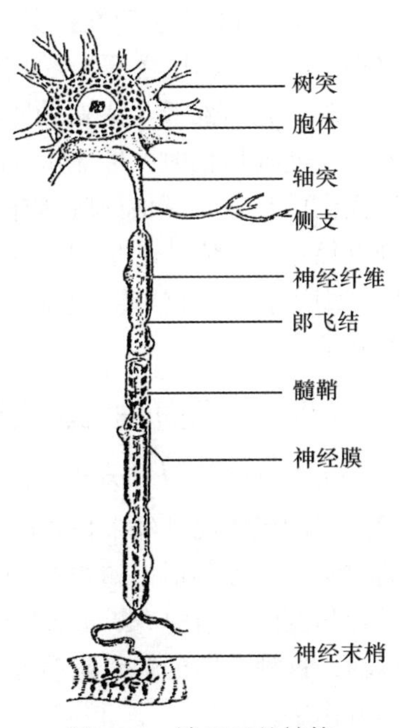

图 10-1 神经元的结构

（二）神经纤维的分类

神经纤维分类方法有以下两种：

1. 根据电生理学特性分类 根据神经纤维动作电位传导速度和锋电位时程的不同，哺乳类动物的周围神经纤维分为 A、B、C 三类。其中，A 类纤维又分为 α、β、γ、δ 四种亚类（表 10-1）。

表 10-1 神经纤维的分类

纤维分类		来源	纤维直径（μm）	传导速度（m/s）	相当于传入纤维的类型
A(有髓)	α	初级肌梭传入纤维和支配梭外肌的传出纤维	13 ～ 22	70 ～ 120	I_a 和 I_b
	β	皮肤的触－压觉传入纤维	8 ～ 13	30 ～ 70	Ⅱ
	γ	支配梭内肌的传出纤维	4 ～ 8	15 ～ 30	
	δ	皮肤痛、温度觉传入纤维	1 ～ 4	12 ～ 30	Ⅲ
B(有髓)		自主神经节前纤维	1 ～ 3	3 ～ 15	
C(无髓)	交感	交感神经节后纤维	0.3 ～ 1.3	0.7 ～ 2.3	
	后根	痛觉、温度觉、触压觉的传入纤维	0.4 ～ 1.2	0.6 ～ 2.0	Ⅳ

2. 根据神经纤维的直径和来源分类 传入纤维分为Ⅰ、Ⅱ、Ⅲ、Ⅳ四类。其中，Ⅰ类纤维又分为I_a和I_b两种亚类。一般认为Ⅰ类纤维相当于A_α类纤维，Ⅱ类纤维相当于A_β类，Ⅲ类纤维相当于A_δ类，Ⅳ类纤维相当于C类纤维，但也不完全相同。通常对传出纤维多采用第一种分类法，而对传入纤维采用第二种分类法。

（三）神经纤维兴奋的传导

神经纤维的主要功能是传导神经冲动，神经冲动是指以局部电流的形式沿神经纤维传导的兴奋（动作电位）。

1. 神经纤维传导兴奋的特征

（1）完整性：神经纤维传导兴奋的必要条件是结构和功能的完整性。如果神经纤维受损伤或被切断，或局部使用麻醉药、冷冻或压迫，均可使兴奋传导受阻。

（2）绝缘性：一根神经干中含有许多神经纤维，但各纤维传导兴奋基本上互不干扰。这主要是因为神经胶质细胞的绝缘作用，使兴奋能精确地沿神经通路传导。

（3）双向性：实验条件下，局部电流可在刺激处的两端产生，因此神经纤维上任何一点的兴奋可同时向两端传导。

（4）相对不疲劳性：实验中连续电刺激神经纤维10余小时，神经纤维依然保持产生、传导兴奋的能力。相比之下，突触传递则容易发生疲劳，因为突触传递涉及递质耗竭问题。

2. 神经纤维传导兴奋的速度 神经纤维的传导速度可用电生理方法准确地测定。当外周神经发生病变或损伤时，传导速度减慢。因此，测定神经纤维的传导速度，对诊断神经纤维疾患、神经损伤的程度和评估预后具有一定的临床价值。神经纤维传导速度可受多种因素影响：如神经纤维直径越大，传导速度越快；有髓鞘神经纤维比无髓鞘纤维传导速度快，髓鞘脱失也会降低传导速度；温度升高可加快传导速度，反之亦然。温度过低时，神经传导发生阻滞，这是临床上低温麻醉的基础。

（四）神经纤维的轴浆运输

神经纤维通过其内的胞浆（轴浆）运输物质，可分为顺向运输和逆向运输。顺向运输是指从神经元的胞体向神经末梢方向的运输（如递质囊泡）。顺向轴浆运输有快慢速之分。快速轴浆运输通常运输细胞器（如线粒体、分泌囊泡），其转运速度可达300～400mm/d。慢速轴浆运输指微管和微丝等结构不断向前延伸的过程，其速度仅为1～12mm/d。逆向运输是指自末梢向胞体的运输，这种反向的轴浆流动可能与递质的回收和异物的处理有关，也可能对蛋白质合成起负反馈调节作用。

轴突运输机制与微管和微丝等细胞骨架的功能有关。微管是轴浆运输的主要结构基础，微管蛋白多聚体起着运输通道的作用，而微管运动蛋白为快速转运提供动力。已发现的运动蛋白主要有**驱动蛋白**（kinesin）和**动力蛋白**（dynein），它们具有ATP酶活性，一旦与囊泡附着点结合就被激活，随即分解ATP释放出能量为转运提供动力。驱动蛋白和动力蛋白均是单向运输蛋白，以相反方向沿微管运动，驱动蛋白（顺向运动蛋白）由胞体向轴突末梢运动，动力蛋白（逆向运动蛋白）自末梢向胞体运动。

（五）神经的营养性作用

神经对所支配的组织，除发挥功能性调节作用以外，还通过末梢释放一些物质，调节所支配组织的代谢，持久地影响其结构和功能，称为神经的**营养性作用**（trophic action）。神经的营养性作用是通过神经末梢释放营养性因子，作用于所支配组织实现的。如实验切断运动神经后，该神经支配的肌肉内的糖原合成减慢、蛋白质分解加速，肌肉逐渐萎缩，这是肌肉失去了神经营养性作用的结果。临床上周围神经损伤的患者，肌肉发生明显萎缩也是这个道理。

神经支配的组织和星形胶质细胞神经元能产生**神经营养因子**（neurotrophin，NT）。NT 被神经末梢摄取后，经逆向轴浆运输到胞体，产生广泛的营养性生物学效应（包括调节胞体合成相关蛋白质），维持神经元的生长、发育、分化与成熟。

二、神经胶质细胞

神经系统中除神经元外，还有大量的**神经胶质细胞**（neuroglia）。其数量为神经元的 10 ～ 50 倍，约占脑重量的一半。神经胶质细胞广泛地分布于中枢与周围神经系统。中枢神经系统内的胶质细胞主要包括星形胶质细胞、少突胶质细胞、小胶质细胞与室管膜细胞等；而分布于周围神经系统的胶质细胞有包绕轴索形成髓鞘的**施万细胞**（Schwann cell）和脊神经节的卫星细胞。神经胶质细胞也具有突起，但无树突和轴突之分，与邻近细胞不形成突触样结构。

（一）支持、绝缘和屏障作用

神经胶质细胞充填于神经元及其突起间的空隙内，构成神经元的网架，对神经元起支持作用。它还可分隔神经元起绝缘作用。星形胶质细胞的部分突起末端膨大而形成血管周足，与毛细血管的内皮紧密相接，是构成血 – 脑屏障的重要组成部分。

（二）修复与再生作用

神经胶质细胞具有分裂的能力。当神经元因疾病、缺氧或损伤而发生变性或死亡时，胶质细胞特别是星形胶质细胞能通过有丝分裂进行增生，填补神经元死亡造成的缺损，从而起到修复和再生的作用。

（三）物质代谢和营养性作用

星形胶质细胞的少数长突起形成的血管周足终止在毛细血管壁上，其余的突起则穿行于神经元之间，贴附于神经元的胞体与树突上。神经胶质细胞的这种分布特点有利于神经元摄取营养物质与排除代谢产物。星形胶质细胞还能产生神经营养性因子，以维持神经元的生长、发育和生存，并保持其功能的完整性。

（四）维持神经元外液 K^+ 稳定

星形胶质细胞可通过加强自身膜上 Na^+-K^+ 泵的活动，将细胞外液中积聚的 K^+ 泵入细胞内，并通过细胞之间的缝隙连接迅速扩散到其他神经胶质细胸，从而缓冲了细胞外液 K^+ 的过分增多，避免细胞外高 K^+ 干扰神经元的正常活动。如果神经元损伤而造成胶质瘢痕，神经胶质细胞膜 Na^+ 泵活动减弱，泵 K^+ 的能力减弱，细胞外液 K^+ 持续增高，可导致神经元去极化，兴奋性增高，从而触发癫痫放电。

（五）参与神经递质及生物活性物质的代谢

脑内星形胶质细胞能摄取谷氨酸（Glu）与 γ- 氨基丁酸（GABA）两种递质，消除两种递质对神经元的持续作用；同时又能通过星形胶质细胞的代谢，将两种递质转变为可重新利用的递质前体物质。此外，星形胶质细胞还能合成并分泌生物活性物质（如血管紧张素原、胰岛素样因子及多种神经营养因子等）。

（六）参与神经免疫调节作用

神经胶质细胞在中枢神经系统内具有免疫调节作用。其主要作用表现为：

1. 产生细胞因子和补体等免疫分子 活化的星形胶质细胞与小胶质细胞能产生白介素（IL-1、IL-2、IL-6）、巨噬细胞集落刺激因子（M-CSF）和干扰素-α（IFN-α）等细胞因子，并产生补体系统分子及补体受体，参与神经免疫调节。

2. 起抗原呈递细胞作用 星形胶质细胞是中枢神经系统中的抗原呈递细胞，外来抗原可与星形胶质细胞膜上具有特异性的**主要组织相容性复合体**（major histocompatibility complex，MHC）结合，将抗原呈递给T淋巴细胞并使之激活，产生免疫反应。

（七）引导神经元的迁移

在人和猴的大脑和小脑发育过程中，可观察到发育中的神经元沿胶质细胞的突起方向迁移到它们最终的定居部位。

此外，小胶质细胞作为吞噬细胞，是抵御神经组织感染或损伤的第一线。

第二节 突触的信息传递

神经元之间、神经元与效应器之间进行信息传递的特殊接触部位，称为**突触**（synapse）。神经元与效应器细胞接触而形成的突触，也称为**接头**（junction），如神经肌肉接头。信息在突触传递的基本方式有**化学突触**（chemical synapse）和**电突触**（electrical synapse）两种。前者依靠神经递质传递信息，后者以离子电流传递信息。

一、化学性突触传递

化学性突触根据突触前、后成分之间有无紧密的解剖学关系，可分为**定向突触**（directed synapse）和**非定向突触**（non- directed synapse）。定向突触释放的递质仅作用于范围极为局限的突触后结构，如神经－骨骼肌接头；非定向突触释放的递质则可扩散到距离较远和范围较广的突触后结构，如神经－心肌接头和神经－平滑肌接头。

（一）定向突触

1. 突触的结构与分类 经典突触由突触前膜、突触后膜和突触间隙三部分组成。突触前神经元的末梢分成许多分支，每个分支的末端膨大形成突触小体。突触小体内含有大量的线粒体和囊泡（突触小泡），囊泡内含有高浓度的神经递质。突触前膜和突触后膜都较一般神经元膜厚。突触间隙为20nm左右，充满组织液。突触后膜上有特异的受体（图10-2）。根据接触部位，突触可分为轴突－胞体突触、轴突－树突突触与轴突－轴突突触三种类型（图10-3）。

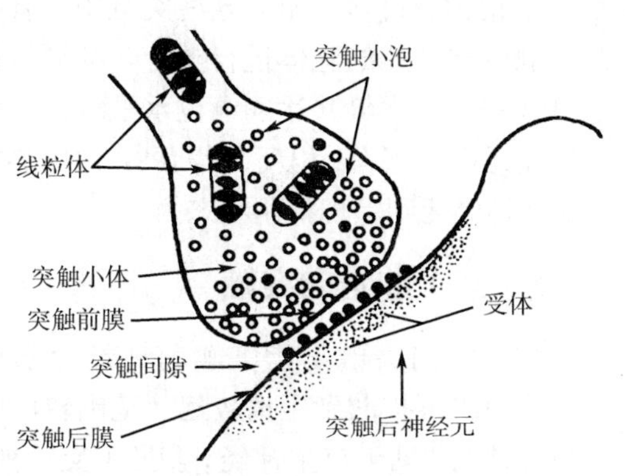

图 10-2 化学性突触的结构模式图

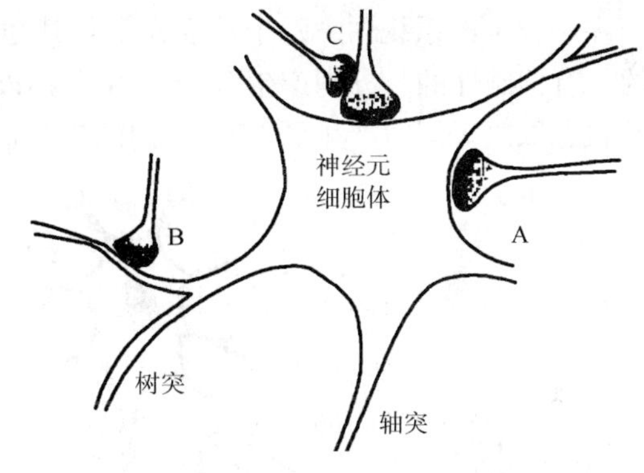

图 10-3 化学性突触的类型

A：轴突－胞体突触；B：轴突－树突突触；C：轴突－轴突突触

2. 突触传递的过程和原理

（1）突触传递的基本过程：①突触前神经元兴奋、动作电位抵达神经末梢，引起突触前膜去极化；②去极化使前膜结构中电压门控式 Ca^{2+} 通道开放，产生 Ca^{2+} 内流；③突触小泡前移，与前膜接触、融合；④小泡内神经递质以出胞方式释放入突触间隙；⑤从间隙扩散到达突触后膜的递质，作用于后膜的特异性受体或化学门控式通道；⑥突触后膜离子通道开放或关闭，引起跨膜离子活动；⑦**突触后电位**（postsynaptic potential，PSP）产生，引起突触后神经元兴奋性的改变；⑧递质与受体作用之后立即被分解或移除（图 10-4）。

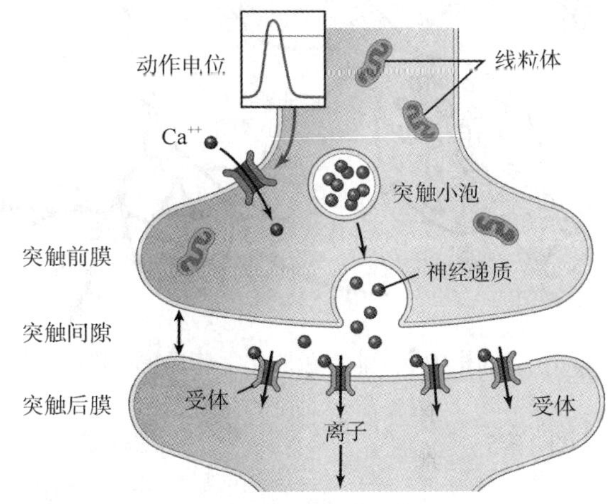

图 10-4 化学性突触传递过程模式图

（2）突触后电位：分为兴奋性突触后电位与抑制性突触后电位两种。

1）兴奋性突触后电位：突触前膜释放兴奋性递质，经过突触间隙的扩散与突触后膜上受体结合，提高突触后膜对 Na^+ 和 K^+（特别是 Na^+）的通透性，产生内向电流，使突触后膜去极化，突触后神经元的兴奋性提高。这种去极化电位称为**兴奋性突触后电位**（excitatory postsynaptic potential，EPSP）。

EPSP 是局部兴奋，它的大小取决于突触前膜释放的递质量。当突触前神经元传来神经冲动数量增加（时间总和）或参与活动的突触数目增多（空间总和），使递质释放量增多，则 EPSP 通过总和达到阈电位水平时，便可在突触后神经元轴突始段处诱发动作电位，引起突触后神经元兴奋。如果未能达阈电位水平，虽不能产生动作电位，但能提高突触后神经元的兴奋性，使之更容易兴奋，这种现象称为**突触后易化**（postsynaptic facilitation）。谷氨酸是中枢神经系统比较重要的兴奋性递质。

2）抑制性突触后电位：突触前膜释放抑制性递质，与突触后膜受体结合后，可提高突触后膜对 Cl^- 和 K^+（尤其是 Cl^-）通透性，产生外向电流，使突触后膜发生超极化，突触后神经元兴奋性下降，这种超极化电位称为**抑制性突触后电位**（inhibitory postsynaptic potential，IPSP）。IPSP 与 EPSP 在时程上相似，但它使突触后神经元膜电位距离阈电位更远，因而更难产生动作电位。γ- 氨基丁酸（GABA）和甘氨酸是中枢神经系统的抑制性递质。

在中枢神经系统内，每个神经元常与其他多个神经末梢构成许多突触。这些突触中，有兴奋性的，有抑制性的，分别产生多个 EPSP 与 IPSP，在突触后神经元的胞体进行整合。突触后神经元的状态取决于同时产生的 EPSP 与 IPSP 的总和。如果 EPSP 占优势并达阈电位水平时，突触后神经元产生兴奋；相反，若 IPSP 占优势，突触后神经元则呈现抑制状态。

（二）非定向突触

非定向突触是指突触前神经元末梢释放的递质可扩散到距离较远、范围较广的突触后结构，见于自主神经（多见于交感神经）节后纤维和效应器细胞之间的接头。例如，神经 – 心肌接头和神经 – 平滑肌接头。这些接头处的信息传递仍然靠神经末梢释放神经递质实现。例如，交感神经节后纤维末梢分支布满了呈念珠状的曲张体，内含有递质的囊泡。递质释放后，经细胞外液扩散，弥散地作用于邻近的靶细胞，发挥调节效应。这种无特定突触结构的化学信息传递，称为**非突触性化学传递**（non-synaptic chemical transmission）。此类突触不存在突触的对应支配关系，调节范围较广，作用较为弥散（图 10-5）。

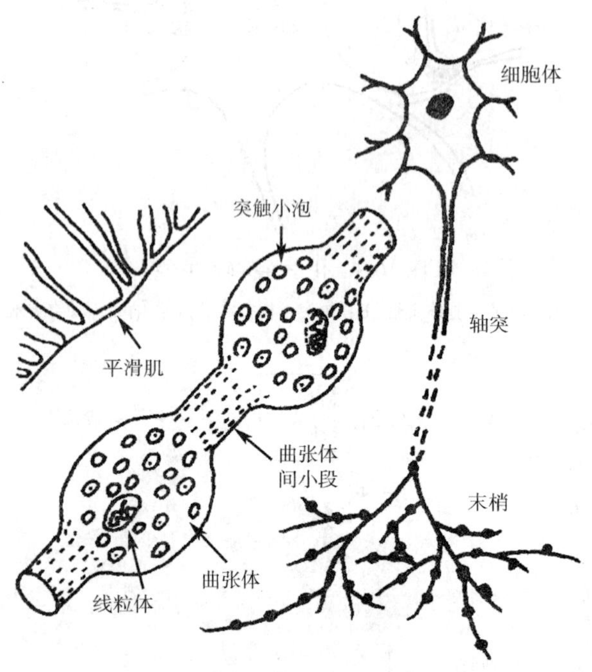

图 10-5 非突触性化学传递模式图

左侧为放大的曲张体和平滑肌

二、电突触传递

电突触（electrical synapse）的结构基础为**缝隙连接**（gap junction），相邻的两个神经元膜之间距离特别近，仅有 2 ～ 3nm，连接处神经元膜不增厚，其邻近轴浆内无突触囊泡存在。图 10-6 可见，电突触的每一侧膜上都镶嵌着许多**连接子**（connexin），中间包绕着一个水相孔道。两侧膜上的连接子跨过狭窄的细胞间隙相互对接，构成一条能连通两个细胞的通道。该通道允许带电离子通过细胞间通道而传递电信息，所以称为电突触传递。在哺乳动物的中枢神经系统和视网膜中也有电突触分布。电突触传递的特点是兴奋传递快，几乎不存在潜伏期，为双向性传递，可使相邻的许多神经元产生同步化活动。

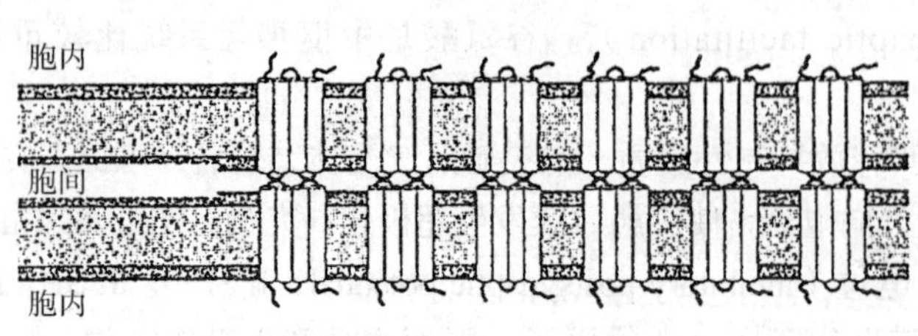

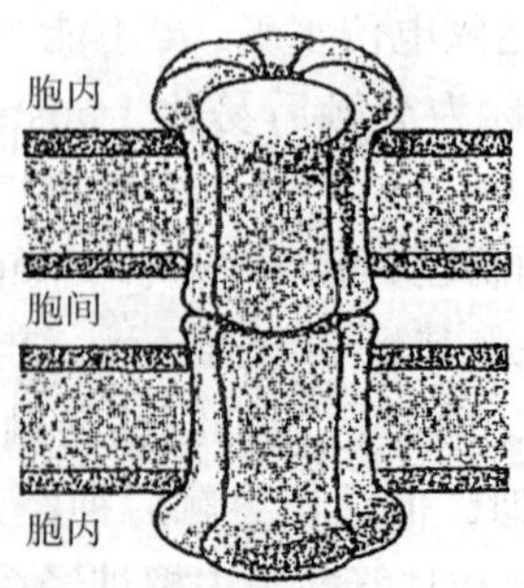

图 10-6 电突触结构模式图

三、神经－骨骼肌接头传递

运动神经元轴突末梢与骨骼肌之间形成的信息传递部位，称为神经－骨骼肌接头，其信息传递过程，和经典突触的信息传递非常类似。

1. 神经－骨骼肌接头的结构特点　运动神经元轴突末梢在接近骨骼肌时先失去髓鞘，以裸露的轴突末梢嵌入肌细胞膜的凹陷（终板膜）内，二者之间有 20 ～ 30nm 的接头间隙（图 10-7）。一个运动神经元轴突末梢大约含有 30 万个囊泡，每个囊泡中有 5000 ～ 10 000 个乙酰胆碱（ACh）分子。囊泡的释放（出胞）是以囊泡为单位（1 个囊泡的 ACh 为 1 个量子）倾囊而出的，称为**量子式释放**（quantal release）。终板膜上有 N_2 型胆碱受体（阳离子通道）。

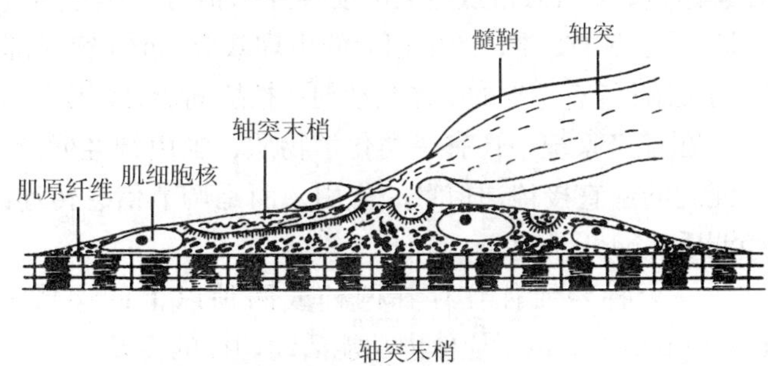

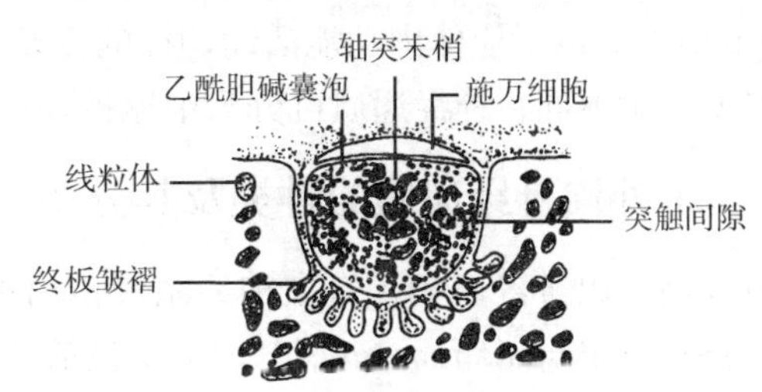

图 10-7　神经－骨骼肌接头处的超微结构模式图

2. 神经－骨骼肌接头的兴奋传递过程　在安静状态时，神经末梢可发生单个 ACh 量子自发释放，并引起终板膜电位变化。这种由 1 个 ACh 量子引起的微小终板膜电位变化称为**微终板电位**（miniature end-plate potential，MEPP）。每个 MEPP 的平均幅度仅有 0.4mV，不足以引起肌细胞的兴奋。

一次动作电位到达神经末梢时能使 200 ～ 300 个囊泡同步释放，近 10^7 个 ACh 分子进入接头间隙。当 ACh 通过间隙扩散至终板膜时，便与膜上的胆碱能 N_2 型受体结合，并使之激活开放，使终板膜对 Na^+、K^+ 的通透性增加，出现 Na^+ 内流与 K^+ 外流，但 Na^+ 内流大于 K^+ 外流，导致终板膜去极化，这种去极化局部电位，称为**终板电位**（end-plate potential，EPP）。终板电位具有局部反应的特点，以电紧张扩布的形式影响其邻近的肌细胞膜，使之去极化。当邻近肌细胞膜去极化达阈电位水平时，便爆发动作电位并扩布到整个肌细胞，引起肌细胞收缩，从而完成神经和骨骼肌之间的信息传递。

正常情况下，每一次神经冲动到达神经末梢，都能使骨骼肌细胞兴奋和收缩一次，即神经骨骼肌接头兴奋传递是一对一关系。这是因为运动神经元一次神经冲动到达时，终板电位的幅度足够大（60mV），不需要总和，即可引起邻近细胞膜产生动作电位，使骨骼肌细胞兴奋收缩。另外每次神经冲动释放的 ACh 发挥作用后，存在于间隙和接头后膜上的胆碱酯酶会立刻降解 ACh，以免 ACh 持久作用于终板膜影响下次神经冲动到来时的效应。

第三节　神经递质和受体

一、神 经 递 质

神经递质（neurotransmitter）是传递化学突触信息的物质。它由突触前神经元合成并在末梢处释放，特异性地作用于突触后神经元或效应器细胞上的受体，使信息从突触前传递到突触后神经元。

神经递质应具备以下条件：①突触前神经元应具有合成递质的前体和酶系统，能合成递质并贮存在囊泡内；②当兴奋抵达突触前神经末梢时，囊泡内递质能释放入突触间隙；③递质能作用于突触后膜上的特异受体，产生相应的生理效应；④在突触部位存在着能使递质失活的酶或其他使递质移除的机制；⑤有特异的受体激动剂和拮抗剂能分别模拟或阻断该递质的突触传递作用。

在神经系统中还有一类化学物质，虽由神经元产生，也作用于特定的受体，但它们并非在神经元之间起直接传递信息的作用，而是调节信息传递的效率，增强或削弱递质的效应，被称为**神经调质**（neuromodulator）。

一个神经元往往存在两种或两种以上的递质（或调质），称为**递质共存**（coexistence of transmitters），以适应体内功能活动调控的需要。

根据分布不同，神经递质可分为中枢神经递质和外周神经递质。

（一）外周神经递质的种类及其分布

由外周传出神经末梢（自主神经系统传出神经和躯体运动神经）释放的递质，称为**外周神经递质**（peripheral neurotransmitter），主要包括 ACh、NA 和肽类。

1. 乙酰胆碱（ACh） 神经末梢释放 ACh 的神经纤维，统称为胆碱能纤维，包括：①交感神经的节前纤维；②副交感神经的节前纤维；③大多数副交感神经节后纤维；④少数交感神经的节后纤维（如支配汗腺的交感胆碱能纤维、支配骨骼肌血管的交感舒血管纤维）；⑤躯体运动神经纤维。

2. 去甲肾上腺素（NA） 神经末梢释放 NA 的神经纤维，统称为肾上腺素能纤维。大部分交感神经节后纤维都是肾上腺素能纤维。

3. 肽类 在自主神经的节后纤维中，存在非胆碱、非肾上腺素能纤维，即释放神经肽的肽能纤维。肽能纤维广泛地分布于外周神经组织和多种器官中，释放多种肽类递质，包括降钙素基因相关肽、血管活性肠肽、阿片肽、P 物质、促胃液素与生长抑素等。

（二）中枢神经递质的种类及其分布

在中枢神经系统内参与突触传递的化学物质，称为**中枢神经递质**（central neurotransmitter）。脑内作为中枢神经递质的化学物质有几十种，主要归纳为乙酰胆碱、单胺类、氨基酸类与肽类等。

1. 乙酰胆碱（ACh） 在中枢神经系统中分布广泛，主要分布在脊髓前角运动神经元、脑干网状结构上行激动系统、纹状体及边缘系统等部位。ACh 在中枢神经系统的作用以兴奋为主，它在传递特异性感觉，维持机体觉醒状态，调节躯体运动、心血管活动、呼吸、体温、摄食、饮水，以及促进学习、记忆等生理活动中发挥重要作用。

2. 单胺类

（1）去甲肾上腺素（NA）：绝大多数 NA 神经元分布在低位脑干，参与睡眠与觉醒、学习与记忆、体温、情绪、摄食行为、躯体运动与心血管活动等调节。

（2）**多巴胺**（dopamine，DA）：多巴胺递质系统主要包括 3 个部分：黑质 – 纹状体部分、中脑边缘系统部分和结节 – 漏斗部分。脑内 DA 主要由黑质合成，参与躯体运动和情绪的调控。

（3）5- 羟色胺（5-HT）：5-HT 主要位于低位脑干近中线区的中缝核群，与睡眠、情绪、精神活动、内分泌、心血管活动及体温调节有关。

3. 氨基酸类

（1）兴奋性氨基酸：**谷氨酸**（glutamate，Glu）和天冬氨酸为兴奋性氨基酸。Glu 对所有中枢神经元都表现出明显的兴奋作用，是脑和脊髓内主要的兴奋性递质，在学习与记忆、应激反应中均起重要作用，而且是脊髓中传递初级痛信息的神经递质。

（2）抑制性氨基酸：**γ-氨基丁酸**（γ-aminobutyric acid，GABA）主要分布在大脑皮层、小脑、黑质、纹状体和脊髓等部位。GABA 对中枢神经元具有普遍的抑制作用，在调节内分泌活动、痛觉调制、抗焦虑中均起重要作用。**甘氨酸**（glycine，Gly）主要分布在脊髓与脑干，参与对躯体感觉和运动的调控。

4. 肽类物质 神经元释放的具有神经活性的肽类化学物质，称为**神经肽**（neuropeptide）。在中枢神经系统内发现的神经肽已有 100 多种。这些神经肽中，有些已明确为神经激素，有些则被认为是神经递质或调质，还有一些既是神经激素也可能是神经递质。目前，已肯定为中枢肽类递质的主要有 **P 物质**（substance P）和阿片肽（内啡肽、脑啡肽、强啡肽）等。

5. 一氧化氮 一氧化氮（NO）是一种气体分子，在中枢神经系统中也起递质（或调质）的作用。NO 可通过改变突触前膜的递质释放来调节突触功能。

（三）递质的代谢

在神经递质中，其代谢过程研究得比较清楚的有以下几种：

（1）ACh：在胞浆内，以胆碱（Ch）与乙酰辅酶 A（AcCoA）为原料，在胆碱乙酰化酶的催化下生成 ACh。Ch 由血液供给，AcCoA 由葡萄糖氧化产生。ACh 合成后，进入囊泡内贮存。胆碱能神经元释放的 ACh，与突触后膜受体结合发挥生理效应。ACh 可被胆碱酯酶（ChE）水解失活，产生的乙酸即进入血液，部分 Ch 可被神经末梢摄取利用。

（2）NA：在胞浆内，以酪氨酸为原料合成 NA，贮存在小泡中。NA 释放后与相应受体结合产生效应。其后大部分被前膜重摄取，并贮存于小泡内以备再用；小部分在效应细胞经单胺氧化酶（MAO）与儿茶酚胺氧位甲基转移酶（COMT）破坏失活，另一小部分进入血液循环，在肝、肾中被上述两种酶灭活。

（3）5-HT：在胞浆内，以色氨酸为原料，在色氨酸羟化酶作用下生成 5- 羟色氨酸，然后经 5- 羟色氨酸脱羧酶脱羧生成 5-HT，进入小泡内贮存。5-HT 释放进入突触间隙与 5-HT 受体结合产生效应后，或被前膜重摄取，或被单胺氧化酶灭活。

二、受　体

受体（receptor）是指细胞膜或细胞内能与信息分子（如递质、激素）发生特异性结合并诱发生物效应的特殊物质。能与受体结合并产生生物效应的物质称为受体的**激动剂**（agonists）；只与受体结合而不产生生物效应的称为受体的**阻断剂**（blocker），或**受体拮抗剂**（antagonists）。

（一）胆碱受体的分布及效应

胆碱受体可分为**毒蕈碱受体**（muscarinic receptor，M 受体）和**烟碱受体**（nicotinic receptor，N 受体）两大类。

1. M 受体 乙酰胆碱和某些胆碱能受体结合后产生毒蕈碱样作用（M 样作用），这些胆碱能受体称为毒蕈碱样受体，也称作 M 受体。M 受体广泛地分布于绝大多数副交感节后纤维支配的效应器，以及部分交感胆碱能纤维支配的效应器（汗腺、骨骼肌血管）细胞膜上。ACh 与 M 受体结合后，可产生 M 样作用，主要是自主神经节后胆碱能纤维兴奋的效应，包括心脏活动的抑制；支气管、消化道平滑肌、膀胱逼尿肌和瞳孔括约肌的收缩；消化腺和汗腺分泌增加；骨骼肌血管的舒张等（表 10-2）。**阿托品**（atropine）是 M 受体的阻断剂。

目前已克隆 5 种 M 受体亚型，均为 G 蛋白耦联受体。 M_1 受体在脑内含量丰富；M_2 受体主要分布于心脏；M_3 受体和 M_4 受体则见于平滑肌中；M_4 受体还分布在胰腺；M_5 受体分布不详。

2. N 受体 乙酰胆碱和某些胆碱能受体结合后产生烟碱样作用（N 样作用），这些胆碱能受体称为烟碱样受体，也称作 N 受体。N 受体又分为 N_1 和 N_2 两种亚型。N_1 受体存在于自主神经节突触后膜上，ACh 与之结合引起节后神经元兴奋。N_2 受体存在于神经－骨骼肌接头后膜上，ACh 与之结合时引起骨骼肌细胞兴奋。**筒箭毒碱**（tubocurarine）能阻断 N_1 和 N_2 受体；**六烃季铵**（hexamethonium）阻断 N_1 型受体，**十烃季铵**（decamethonium）则阻断 N_2 型受体。

表 10-2 胆碱能受体的分布及效应

效应器		受体	效应
自主神经节		N_1	节前－节后神经元兴奋传递
眼	瞳孔括约肌	M	收缩（缩瞳）
	睫状肌	M	收缩（视近物）
	泪腺	M	分泌增加
血管	窦房结	M	心率减慢
	传导系统	M	传导减慢
	心房、心室肌	M	收缩力减弱
	冠状血管	M	舒张（交感胆碱能舒血管纤维）
呼吸道	支气管平滑肌	M	收缩
	支气管腺体	M	分泌增加
胃肠	胃平滑肌	M	收缩
	小肠平滑	M	收缩
	括约肌	M	舒张
	消化腺	M	分泌增加
胆	胆囊和胆道平滑肌	M	收缩
膀胱	逼尿肌	M	收缩
	三角肌和括约肌	M	舒张
输尿管	平滑肌	M	收缩
子宫	平滑肌	M	收缩
皮肤	汗腺	M	分泌增加（交感胆碱能纤维）
肾上腺	髓质	N_1	分泌 Ad 和 NA 增加
胰	腺泡	M	分泌增加
	胰岛	M	胰岛素分泌增加

（二）肾上腺素能受体

凡是能和 Ad 或 NA 结合的受体，均称为肾上腺素能受体。肾上腺素能受体可分为 α 和 β 两种。α 受体又分为 α_1 和 α_2 两种亚型；β 受体又能分成 β_1、β_2 和 β_3 三种类型。所有的肾上腺素能受体均为 G 蛋白耦联受体。在外周，多数交感节后纤维末梢支配的效应器细胞膜上具有肾上腺素能受体（表 10-3）。

1. α 受体 在外周组织中，α_1 受体主要分布于平滑肌，其激动后的效应主要是兴奋性的，如血管收缩、子宫收缩和瞳孔开大肌的收缩等。α_2 受体为突触前受体，参与对 NA 释放的调制。**哌**

哌唑嗪（prazosin）是 α_1 受体阻断剂；**育亨宾**（yohimbine）是 α_2 受体阻断剂；**酚妥拉明**（phentolamine）可同时阻断 α_1 和 α_2 受体。

2. β 受体　β_1 受体主要分布于心组织中，其激动后的效应是兴奋性的；β_2 受体主要分布于平滑肌，β_2 受体激动后效应是抑制性的，包括支气管平滑肌、胃肠道平滑肌、子宫平滑肌及血管平滑肌（主要在冠状动脉、骨骼肌血管）舒张；β_3 受体主要分布于脂肪组织，β_3 受体激动后的效应是促进脂肪分解。β 受体阻断剂已广泛应用于临床。**普萘洛尔**（propranolol，心得安）能阻断 β_1 受体和 β_2 受体，**阿替洛尔**（atenolol）为选择性 β_1 受体阻断剂，**丁氧胺**（butoxamine）为选择性 β_2 受体阻断剂。

表 10-3　肾上腺素能受体的分布及效应

器官	效应器	受体	效应
眼	虹膜扩瞳肌	α_1	收缩（扩瞳）
	睫状体肌	β_2	舒张
心	窦房结	β_1	心率加快
	传导系统	β_1	传导加快
	心肌	β_1	收缩力加强
血管	冠状血管	α_1	收缩
		β_2（主要）	舒张
	皮肤、黏膜血管	α_1	收缩
	骨骼肌血管	α_1	收缩
		β_2（主要）	舒张
	脑血管	α_1	收缩
	腹腔内脏血管	α_1（主要）	收缩
		β_2	舒张
支气管	平滑肌	β_2	舒张
胃肠	胃平滑肌	β_2	舒张
	小肠平滑肌	β_2	舒张
	括约肌	α_1	收缩
膀胱	逼尿肌	β_2	舒张
	三角区和括约肌	α_1	收缩
子宫	平滑肌	α_1	收缩（有孕子宫）
		β_2	舒张（无孕子宫）
皮肤	竖毛肌	α_1	收缩
脂肪		β_3	分解增加
代谢	肝脏	β_2	糖酵解增加

（三）突触前受体

突触前受体（presynaptic receptor）是指分布于突触前膜上的受体，被激活后可调节神经递质的释放。例如，肾上腺素能纤维末梢（突触前膜）上有 α_2 受体和 β_2 受体。当 α_2 受体被激活时，能负反馈抑制 NA 的释放；而当 β_2 受体被激活时，则促进 NA 释放。

（四）中枢递质的受体

中枢神经递质与受体种类繁多，各种受体都有其相应的激动剂和拮抗剂。除胆碱能（M 型与

N 型）受体和肾上腺素能（α 型与 β 型）受体外，还有多巴胺受体、5- 羟色胺受体、兴奋性氨基酸受体、抑制性氨基酸受体和阿片受体等。

第四节 神经中枢活动的基本规律

一、反射与反射中枢

反射（reflex）是神经系统功能活动的基本方式，一个最简单的反射只通过一个突触，称为**单突触反射**（monosynaptic reflex），如膝跳反射。这种反射时间最短，参与的中枢范围较窄。大多数反射经过两个以上的突触，称为**多突触反射**（multisynaptic reflex），其反射时间较长，参与的中枢范围广泛。

反射中枢（neural reflex）是中枢神经系统内调节某一特定生理功能的神经元群。主要作用是：①通过传入神经接受来自感受器的传入冲动；②对传入信息进行整合分析和处理；③根据整合的结果发出指令（兴奋或抑制），通过传出神经到达效应器，使其活动增强或减弱，甚至消失。

反射中枢可分为脊髓水平、皮层下结构水平与大脑皮层水平。脊髓水平控制的反射都是最为简单、原始的反射；皮层下结构水平（包括脑干、小脑、丘脑、下丘脑和基底神经节等）控制的反射比较复杂，其中很多是调节生命活动的基本反射；大脑皮层水平控制的反射是最高级、最复杂的反射，这些反射多半是有意识的。

二、中枢神经元的联系方式

中枢神经系统由数以千亿计的神经元所组成，它们之间的联系非常复杂。归纳起来有以下几种（图 10-8）：

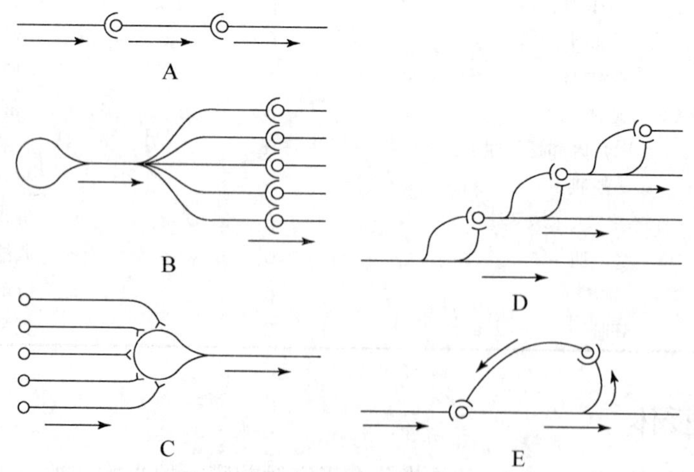

图 10-8 中枢神经元的联系方式

A. 单线式联系；B. 辐散式联系；C. 聚合式联系；D. 链锁式联系；E. 环式联系

（一）单线式联系

一个突触前神经元只与一个突触后神经元发生突触联系，称为**单线式联系**（single line

concentration）。真正的单线式联系很少。例如，视网膜中央凹处的一个视锥细胞只与一个双极细胞形成突触联系，而该双极细胞也只与一个神经节细胞保持联系，确保视锥系统的分辨力较高。

（二）辐散式联系

一个神经元可通过其轴突末梢分支与其他许多神经元建立突触联系，称为**辐散**（divergence）。辐散可使传入神经元的信息扩布到许多神经元，导致许多神经元同时兴奋或抑制。辐散式联系在感觉传导通路上多见。

（三）聚合式联系

许多神经元的轴突末梢共同与同一个神经元的胞体和树突建立突触联系称为**聚合**（convergence）。聚合可使许多神经元的作用集中到同一神经元，从而发生整合或总和作用。聚合式联系在传出通路上多见。

（四）链锁式与环式联系

中间神经元之间的联系方式多种多样，有的形成**链锁式**（chain circuit），有的则呈**环式**（recurrent circuit）。兴奋通过链锁式联系，可扩大作用的空间范围；兴奋通过环式联系，可以形成反馈回路，若为正反馈可使兴奋得到加强和时间上的延续，产生后发放现象；若为负反馈，则使兴奋减弱，或及时终止。

三、神经中枢内兴奋传递的特征

兴奋在中枢内传递时，必须通过突触接替而连续传下去。由于突触本身的结构特点和电－化学等多种因素的影响，神经中枢内的兴奋传递要比神经纤维上的兴奋传导复杂得多，主要有如下特征：

（一）单向传递

兴奋通过突触传递只能单向传递，即从突触前神经元传向突触后神经元而不能逆向传递，这是因为神经递质只能从突触前膜释放作用于突触后膜，限定了信息只能由传入神经元传向传出神经元。

（二）中枢延搁

反射过程中，兴奋通过中枢部分时，传递比较缓慢，称为中枢延搁。兴奋通过一个突触耗时0.3～0.5ms，比兴奋在神经纤维上传导同样的距离要慢得多，这是因为突触传递的过程包括突触前膜释放递质、递质扩散、递质作用于突触后膜等多个环节。反射活动中通过的突触数目越多，延搁时间越长。

（三）总和

在突触传递中，突触前膜兴奋时一次释放的递质量产生的EPSP很小，必须经过总和（时间和空间）才能使突触后电位达到阈电位水平，产生动作电位。若传入纤维是抑制性的，所产生的IPSP也会发生抑制的总和。此外，兴奋与抑制，即EPSP与IPSP也可以发生总和。

（四）兴奋节律的改变

在兴奋传递过程中，突触前神经元发放冲动的频率与突触后神经元的兴奋频率，往往并不相同。

这是由于突触后神经元常同时与多个突触前神经元建立突触联系，还与其本身的功能状态、中间神经元的功能，以及联系方式对它的影响有关。因此，传出神经元的兴奋节律最终取决于各种因素综合后的结果。

（五）后发放

在反射活动中，当传入刺激停止后，传出神经仍继续发放冲动，使效应器活动持续一段时间，这种现象称为后发放。发生后发放的结构基础是中间神经元的环式联系。

（六）对内环境变化的敏感和易疲劳性

突触部位易受内环境理化因素变化的影响（如缺氧、二氧化碳增多、麻醉剂及某些药物），从而改变突触传递的能力。突触部位是反射弧中最易发生疲劳的环节。实验表明，用较高频率电刺激连续刺激突触前神经元时，几秒钟后突触后神经元放电频率即很快下降，而突触前神经元在数小时内放电频率不会减少。突触传递易疲劳的原因可能与递质耗竭有关，是防止中枢过度兴奋的一种保护性抑制。

四、突触传递的抑制与易化现象

神经中枢内既有兴奋过程，也有抑制过程。中枢抑制产生的部位主要在突触，可分为**突触后抑制**（postsynaptic inhibition）与**突触前抑制**（presynaptic inhibition）。易化是使某些生理过程变得容易的现象。突触的易化也可分为突触后易化和突触前易化两类。中枢抑制与中枢易化都是主动活动，二者的对立统一是反射活动协调的基础。

（一）突触后抑制

突触后抑制是由抑制性中间神经元释放抑制性递质引起的。抑制性中间神经元与后继神经元构成抑制性突触，突触前膜释放抑制性递质，突触后神经元产生 IPSP，产生抑制效应。根据抑制性神经元功能与联系方式的不同，可分为**传入侧支性抑制**（afferent collateral inhibition）与**回返性抑制**（recurrent inhibition）两种形式。

1. 传入侧支性抑制 是指传入纤维进入中枢后，一方面通过突触联系兴奋某一中枢神经元产生传出效应；另一方面通过侧支兴奋另一抑制性中间神经元，通过该抑制性神经元活动，转而抑制另一中枢神经元。例如，屈反射的传入神经进入脊髓后，一方面可直接兴奋屈肌运动神经元，同时通过侧支兴奋抑制性中间神经元，通过突触后抑制作用抑制伸肌运动神经元，使伸肌舒张（图 10-9）。传入侧支性抑制又称交互抑制，是中枢神经系统最基本的活动方式之一，其意义在于协调互相拮抗的两个中枢活动。

2. 回返性抑制 是指一个中枢神经元的兴奋，其传出冲动沿轴突外传的同时，又经其侧支兴奋另一抑制性中间神经元，后者返回来抑制原先发动兴奋的神经元及同一中枢的其他神经元。例如，脊髓前角 α 运动神经元发出轴突支配骨骼肌运动，同时发出侧支，兴奋抑制性中间神经元闰绍细胞（Renshaw cell），闰绍细胞的轴突回返过来与脊髓前角 α 运动神经元及协同肌运动神经元的胞体构成抑制性突触（图 10-9）。闰绍细胞兴奋后释放抑制性递质甘氨酸，抑制 α 运动神经元和其他神经元（图 10-10）。回返性抑制是一种负反馈抑制，其意义在于及时终止该神经元的兴奋。

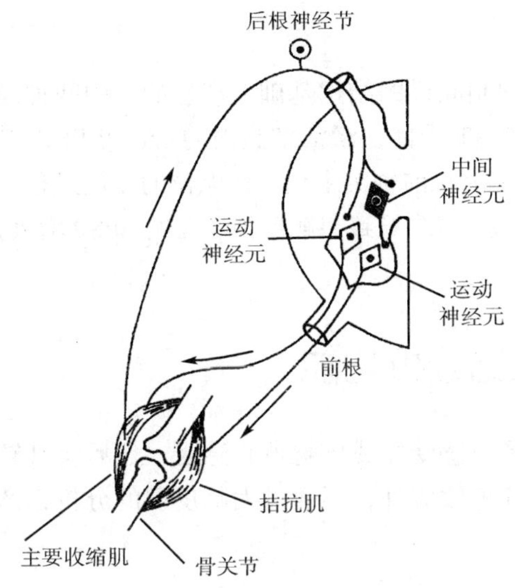

图 10-9 传入侧支性抑制模式图

图中黑色神经元为抑制性中间神经元

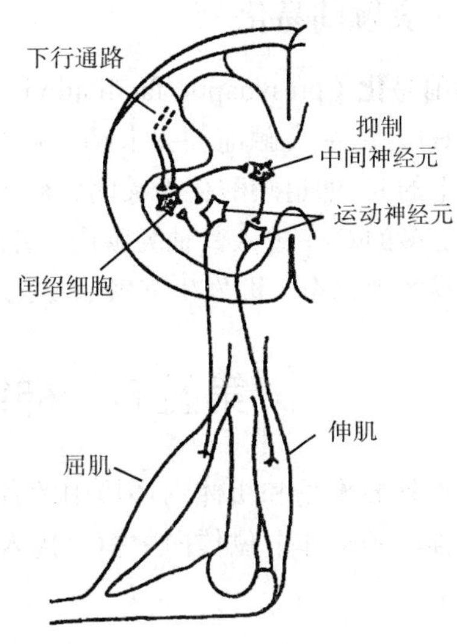

图 10-10 回返性抑制模式图

α 运动神经元兴奋使屈肌收缩后，发出侧支兴奋闰绍细胞，抑制 α 运动神经元，使屈肌舒张。同时闰绍细胞与支配伸肌的神经元构成抑制性突触，使伸肌收缩

（二）突触前抑制

突触前抑制是指由于中间神经元的活动导致兴奋性突触前末梢释放的递质量减少，不容易甚至不能引起突触后神经元兴奋的现象。实验证明突触前末梢释放递质量的多少，与该末梢兴奋时所产生的动作电位幅度的大小有明显的关系（图 10-11A）。当动作电位减小时，释放的递质量也明显减少。因此，突触前抑制发生的基本过程是：中间神经元兴奋→释放特殊递质（如 GABA）→使兴奋性突触前末梢去极化→膜电位改变→产生动作电位幅度变小（或不易产生动作电位）→末梢释放兴奋性递质的量减少→突触后膜产生的 EPSP 减小→不易或不能发生兴奋，产生抑制。

突触前抑制在中枢神经系统内广泛存在，尤其多见于感觉传入系统的各级转换站。突触前抑制的生理意义是调节感觉信息向中枢的传入。

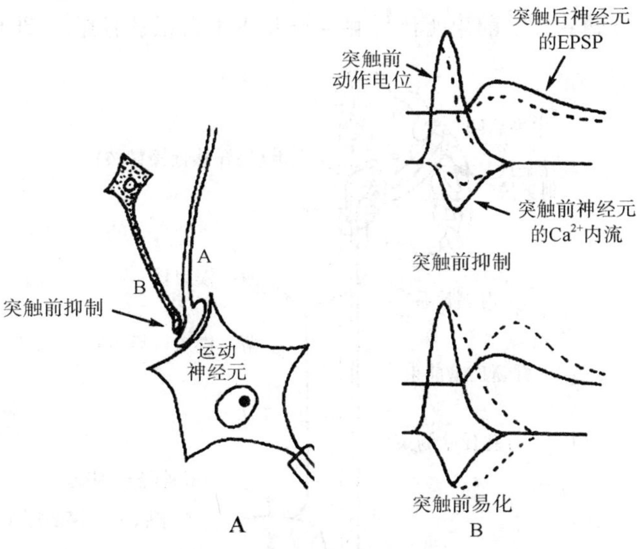

图 10-11 突触前抑制和突触前易化的神经元联系方式及机制示意图

A. 神经元联系方式；B. 机制

实线：抑制或易化前；虚线：抑制或易化后

（三）突触后易化

突触后易化表现为 EPSP 的总和，使 EPSP 更接近阈电位。如果在此基础上给予一个刺激，则更容易到达阈电位而爆发动作电位。

（四）突触前易化

突触前易化（presynaptic facilitation）是在与突触前抑制同样的结构基础上产生的。中间神经元释放 5-HT，激活突触前轴突末梢（初级传入神经元）5-HT 受体，激活细胞内的 cAMP-PKA 系统，使膜上的 K^+ 通道磷酸化而关闭，K^+ 外流减少，延缓了突触前轴突末梢动作电位的复极过程，从而允许更多的 Ca^{2+} 进入其轴突膜内，引发更多的递质释放，最终导致突触后神经元的 EPSP 增大，使之更容易产生兴奋，即发生突触前易化（图 10-11B）。

第五节　神经系统的感觉分析功能

人体对外界事物和机体内环境中的各种刺激，首先是由感受器或感觉器官感受，然后将其转化为传入神经的动作电位传向中枢。传入冲动除可产生各种效应外，还通过大脑皮层的分析，产生各种感觉。

一、躯体感觉传导通路

（一）脊髓和脑干

来自躯体的感觉信息经初级传入纤维通过脊神经后根进入脊髓后，可循不同的上行通路传向脑高位中枢。其感觉传导通路分为两类。

1. 浅感觉传导通路　传导浅感觉（痛觉、温度觉和触－压觉）的传入纤维，由后根外侧进入脊髓，在后角更换神经元后，再发出纤维在中央管前交叉到对侧，分别经脊髓－丘脑侧束（传导痛、温度觉）和脊髓－丘脑前束（传导触－压觉）上行抵达丘脑（图 10-12）。

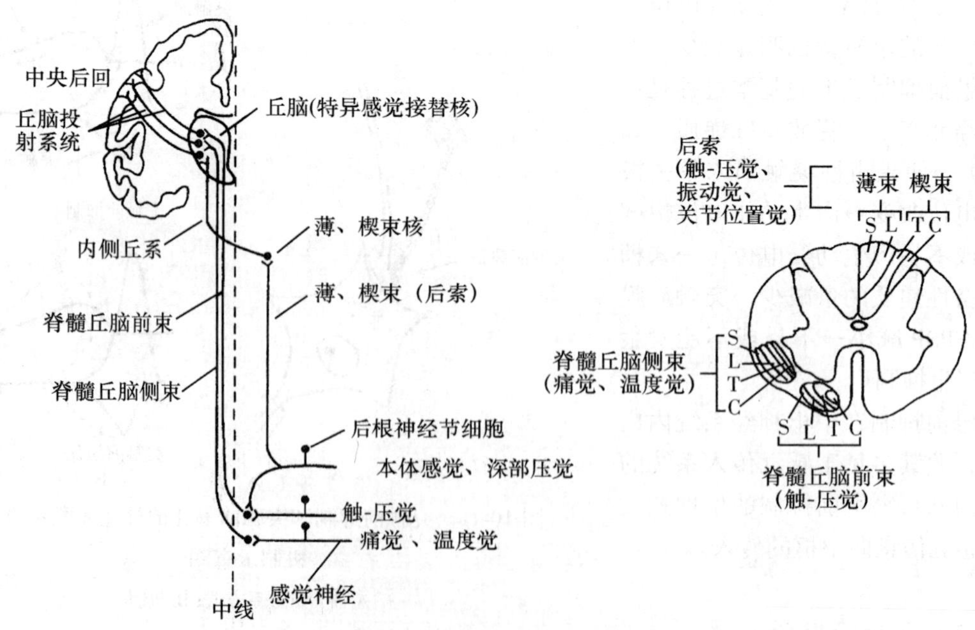

图 10-12　四肢和躯干的体表感觉传导通路及脊髓横断面示意图

C：颈；T：胸；S：腰；L：骶

2. 深感觉传导通路　传导深感觉（肌肉本体感觉和深部压觉）的传入纤维，由后根内侧进入脊髓后，即在同侧后索上行。抵达延髓薄束核与楔束核，更换神经元后，再发出纤维交叉到对侧，经内侧丘系至丘脑。

因此，浅感觉传导通路是先交叉后上行，而深感觉传导通路是先上行后交叉。当脊髓出现半离断损伤时，浅感觉障碍出现在离断水平以下的对侧，而深感觉障碍发生在离断水平以下的同侧。

（二）丘脑及其感觉投射系统

1. 丘脑感觉功能核团　在大脑皮层发达的动物，丘脑成为重要的感觉传导换元接替站。丘脑的功能核团有三类。

（1）特异感觉接替核：是机体所有特定感觉（嗅觉除外）纤维投射到大脑皮层特定区域的中继换元部位。各种感觉功能在丘脑内有严格的定位结构，如后腹核接受躯干、肢体、头面部来的纤维，换元后投射到大脑皮层的感觉运动区。内侧膝状体为听觉传导通路的换元站，外侧膝状体为视觉传导通路的换元站。

（2）联络核：接受感觉接替核和其他皮层下中枢传来的纤维（但不直接接受感觉投射纤维），换元后也投射到大脑皮层的某一特定区域。其功能与各种感觉信息在丘脑和大脑皮层之间的联系、协调有关。主要包括丘脑枕核、腹外侧核和丘脑前核等。

（3）非特异投射核：包括中央中核、束旁核和中央外侧核等。该核群接受脑干网状结构的上行纤维投射，经多突触接替后，弥散地投射到整个大脑皮层，起着维持和改变大脑皮层兴奋状态的作用。

2. 丘脑感觉投射系统　根据丘脑向大脑皮层投射特征的不同，分为**特异性投射系统**（specific projection system）和**非特异性投射系统**（non- specific projection system）（图 10-13）。

（1）特异性投射系统：由丘脑特异感觉接替核发出纤维投射到大脑皮层特定区域，构成特异性投射系统。每一种感觉的投射系统，都具有专一性，与皮层具有点对点投射关系。特异性投射系统的功能是引起各种特定感觉，并激发大脑皮层发出传出神经冲动。

此外，丘脑的联络核在结构上大部分也与大脑皮层有特定的投射关系，投射到皮层的特定区域，所以也归属于这一系统。

（2）非特异性投射系统：是指由丘脑的非特异投射核发出纤维弥散地投射到大脑皮层广泛区域的感觉投射系统。非特异性投射系统的主要功能是维持和改变大脑皮层的兴奋状态，但不产生特定感觉。

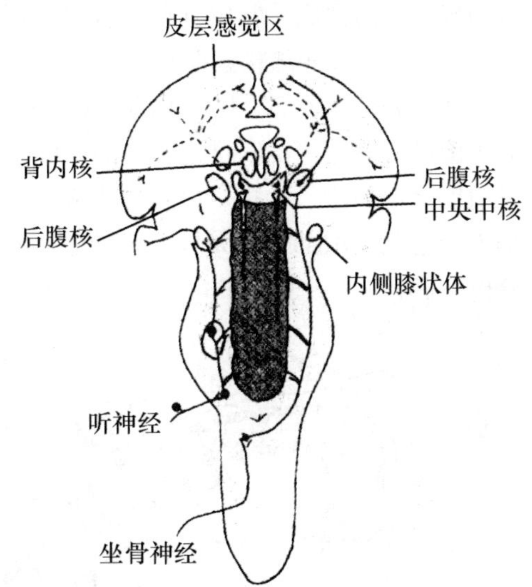

图 10-13　丘脑的感觉投射系统示意图
黑色区代表脑干结构，实线代表特异性投射系统，虚线代表非特异性投射系统

特异性感觉传导通路中第二级神经元（嗅觉除外）的轴突在经过脑干时，发出侧支与脑干网状结构的神经元发生突触联系，并经短轴突多次换元，形成共同的通路抵达丘脑非特异投射核，然后弥散地投射到大脑皮层广泛区域。因此，非特异性投射系统不具有专一的特异性感觉传导功能，成为各种不同感觉共同上行的通路。该投射系统的上行纤维进入大脑皮层后分布在各层，与皮层神经元的树突建立突触联系，使大量树突去极化，导致大范围的皮层易化。因此，非特异性投射系统的主要功能是维持和改变大脑皮层的兴奋状态，但不产生特定感觉。

综上所述，特异性投射系统传递特异感觉冲动，产生特定感觉；但感觉的产生有赖于非特异性投射系统提高皮层的兴奋水平及其所保持的觉醒状态；而非特异性传入冲动又来源于特异性投射系统的感觉传入信息。正常情况下，由于二者之间的相互作用与配合，使大脑皮层既能处于觉醒状态，又能产生各种特定感觉。

动物实验中观察到，刺激动物中脑网状结构，能唤醒动物；而在中脑头端切断网状结构时，则出现类似睡眠的现象，这说明脑干网状结构内存在具有上行唤醒作用的功能系统，称为网状结构**上行激活系统**（ascending activating system）。网状结构上行激活系统主要是通过非特异性投射系统而发挥作用的。

由于网状结构上行激活系统经多突触接替，所以易受药物的影响而产生传导阻滞，如巴比妥类催眠药、乙醚都是阻断了该系统的活动而发挥作用的。

二、大脑皮层的感觉分析功能

各种感觉传入冲动最终到达大脑皮层，通过精细的分析、整合而产生相应的感觉。因此，大脑皮层是感觉的最高级中枢。皮层的不同区域在感觉功能上具有不同的分工，不同性质的感觉投射到大脑皮层的不同区域。

（一）躯体感觉代表区

1. 第一躯体感觉区（somatic sensory area Ⅰ，SⅠ） 位于大脑皮层中央后回，所产生的感觉定位明确，性质清晰。其感觉投射有以下规律：①交叉投射。一侧体表感觉传入投射到对侧大脑皮层相应区域，但头面部感觉投射是双侧性的。②倒置投射。投射区域在中央后回的空间安排是倒置的，即下肢代表区在顶部（膝以下的代表区在皮层内侧面），上肢代表区在中间，头面部代表区在底部，但头面部代表区内部安排是正立的（图 10-14A）。③投射区的大小与体表感觉的灵敏度有关。感觉灵敏度高的拇指、食指、口唇的代表区大，而躯干部位的感觉灵敏度低，其皮层的代表区也小。这是因为感觉灵敏部位有大量的感受器，皮层与其联系的神经元数量也必然较多，有利于精细的感觉分析。

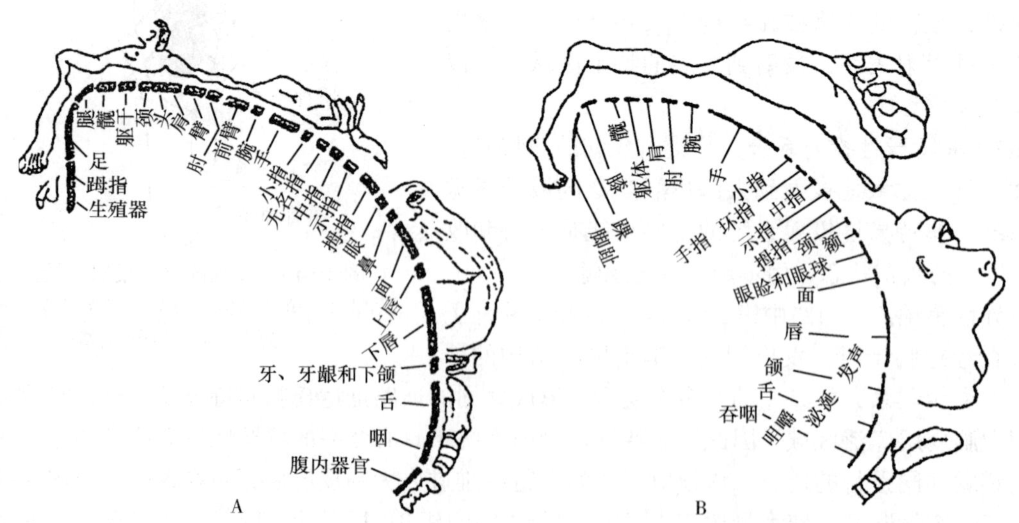

图 10-14 大脑皮层躯体感觉和躯体运动功能代表区示意图

A. 皮层感觉区；B. 皮层运动区

2. 第二躯体感觉区（somatic sensory area Ⅱ，SⅡ） 位于中央前回和岛叶之间，面积较小。体表感觉向此区的投射是双侧性的，空间安排呈正立位，且有很大程度的重叠。第二躯体感觉区对感觉仅有粗糙的分析作用，其感觉定位不明确，性质不清晰。

（二）本体感觉代表区

本体感觉（proprioception）是指肌肉、关节等的运动觉与位置觉。中央前回既是运动区，也是本体感觉代表区。刺激人脑的中央前回，可引起受试者试图发动运动的主观感觉。

（三）内脏感觉代表区

内脏感觉区（visceral sensory area）与躯体感觉代表区有某些重叠，区域比较分散。腹腔和盆腔的内脏传入可投射到第一感觉区的躯干和下肢部位；第二感觉区和运动辅助区都与内脏感觉有关，边缘系统也接受内脏的感觉投射。

（四）视觉代表区

枕叶皮层内侧面的距状裂上、下缘是视觉的主要投射区。左眼颞侧和右眼鼻侧视网膜的传入纤维投射到左侧枕叶皮层；同样，右眼颞侧和左眼鼻侧视网膜的传入纤维投射到右侧枕叶皮层。所以，一侧枕叶皮层受损可造成两眼对侧同向偏盲，双侧枕叶损伤时可导致全盲。此外视网膜上半部投射到距状裂的上缘，下半部投射到下缘；视网膜中央的黄斑区投射到距状裂的后部，周边区投射到距状裂的前部。

（五）听觉代表区

颞横回和颞上回是听觉投射区。听觉投射是双侧性的，一侧听皮层接受双侧耳蜗感觉投射，故一侧听皮层受损不会引起全聋。

（六）嗅觉和味觉代表区

嗅觉皮层代表区位于边缘叶的前底部，包括梨状区皮层的前部和杏仁核的一部分；味觉投射区在中央后回头面部感觉区的下侧。

三、痛觉生理

疼痛（pain）是伤害性或潜在**伤害性刺激**（noxious stimulus）引起的不愉快的主观体验，常伴有自主神经活动、运动反射与情绪反应。疼痛可作为机体受损害时的一种报警信号，对机体起保护作用。疼痛也是最常见的临床症状，疼痛特别是慢性疼痛或剧痛，往往使病人深受折磨，导致机体功能失调，甚至发生休克。

（一）皮肤痛觉

伤害性刺激作用于皮肤时，可先后出现快痛与慢痛两种性质的痛觉。快痛是一种尖锐的刺痛。其特点是刺激时很快发生，撤除刺激后迅速消失，感觉清晰，定位明确；慢痛一般在刺激作用0.5 ～ 1.0s后才产生，特点是定位不太明确，持续时间较长，为一种强烈而难以忍受的烧灼痛，常伴有情绪反应及心血管、呼吸等方面的反应。快痛由 A_{δ} 纤维传导，慢痛则由C纤维传导。

（二）深部痛觉

发生在骨、关节、骨膜、肌腱、韧带和肌肉等处的疼痛称为深部痛觉。深部痛觉一般表现为慢痛，其特点是定位不明确，可伴有恶心、出汗和血压改变等自主神经反应。肌肉痛是深部痛觉最普遍的形式。在肌腱、骨和关节损伤出现痛觉时，可反射性地引起邻近骨骼肌收缩，肌肉的持续收缩又使疼痛进一步加剧。通常，缺血是引起肌肉痛的主要原因之一。

（三）内脏痛与牵涉痛

1. 内脏痛（visceral pain） 是伤害性刺激作用于内脏器官引起的，通过自主神经的传入纤维传向脊髓，也经脊髓丘脑束和感觉投射系统到达皮层。

内脏痛有两个明显特征：①疼痛定位不明确、发生缓慢、持续时间长，常伴有明显的自主神经活动变化（如恶心、呕吐）和情绪反应；②机械性牵拉、缺血、痉挛、炎症与化学刺激是诱发内脏痛的常见原因。

2. 牵涉痛（referred pain） 是指某些内脏疾病往往引起远隔的体表部位发生疼痛和痛觉过敏的现象。例如，心肌缺血时，可出现左肩、左上臂、心前区疼痛；胆囊炎、胆结石可出现右肩胛部疼痛；阑尾炎初期常感上腹部或脐周疼痛；肾结石则可引起腹股沟区疼痛。

第六节　神经系统对躯体运动的调节

在日常生活、工作与劳动中，人体所处的各种姿势，以及所进行的多种形式的运动，都是以骨骼肌的活动为基础的。在运动过程中，骨骼肌的舒缩活动，不同肌群之间的相互配合，均有赖于神经系统的调节。调节躯体运动的神经结构从低级到高级，可分为脊髓、脑干下行系统和大脑皮层运动区三个水平。此外，小脑和基底神经节是两个重要的皮层下运动调控机构。

一、脊髓对躯体运动的调节

脊髓是调节躯体运动的最基本中枢，可完成一些比较简单的运动反射，如屈反射、牵张反射等，这些反射是机体复杂的躯体反射的基础。

（一）脊髓前角运动神经元

脊髓前角存在大量的运动神经元，轴突离开脊髓后直达所支配的骨骼肌。

1. α 运动神经元和运动单位 α 运动神经元的胞体较大、纤维较粗，分出许多小支，每一小支支配一根骨骼肌纤维（梭外肌纤维）。由一个 α 运动神经元及其所支配的全部肌纤维组成的功能单位，称为**运动单位**（motor unit）。肌肉越粗大，运动单位越大。例如，一个支配三角肌的运动神经元所支配的肌纤维可达 2000 根，而一个眼外肌运动神经元只支配 6 ～ 12 根肌纤维。α 运动神经元既接受来自皮肤、肌肉和关节等外周传入信息，也接受从脑干到大脑皮层各高位中枢的传入信息，最终产生传出冲动，支配骨骼肌活动。因此，α 运动神经元是脊髓反射的最后公路。

2. γ 运动神经元 胞体分散在 α 运动神经元之间，胞体较小，传出纤维也较细，γ 传出纤维支配骨骼肌肌梭内的纤维。γ 神经元兴奋时，引起梭内肌纤维收缩。γ 运动神经元兴奋性较高，常以较高频率持续放电。γ 运动神经元的活动，主要受高位中枢的下行性调节。

β 运动神经元发出的传出纤维，可支配梭内肌与梭外肌纤维，功能尚不清楚。

（二）脊髓反射

1. 牵张反射　在体骨骼肌受到外力牵拉而伸长时，能反射性引起受牵拉的同一肌肉收缩，称为骨骼肌的**牵张反射**（stretch reflex）。

（1）牵张反射的类型：分为腱反射和肌紧张两种。

1）**腱反射**（tendon reflex）：是指快速牵拉肌腱时发生的牵张反射，表现为被牵拉肌肉迅速而明显地缩短。例如，快速叩击股四头肌肌腱，可使股四头肌受到牵拉而发生一次快速收缩，引起膝关节伸直，称膝跳反射。此外，叩击跟腱使腓肠肌收缩称为跟腱反射，叩击肱二头肌腱引起屈肘动作称为肱二头肌反射。腱反射引起明显的肢体运动，又称为位相性牵张反射。由于腱反射的潜伏期很短，只够一次突触接替的时间延搁，因此腱反射是单突触反射。

2）**肌紧张**（muscle tonus）：是指缓慢持续牵拉肌腱时发生的牵张反射，表现为受牵拉的肌肉发生紧张性收缩，阻止其被拉长，受牵拉肌肉处于轻度的收缩状态，又称紧张性牵张反射。肌紧张是维持躯体姿势最基本的反射活动，是姿势反射的基础。例如，人体直立时，由于重力的作用，头将向前倾，胸、腰将不能挺直，弯曲的关节使伸肌肌腱受到牵拉，从而发生牵张反射，使伸肌的紧张性增强，保持直立的姿势。肌紧张反射弧的中枢为多突触接替，属于多突触反射。

（2）牵张反射的感受器：牵张反射的感受器是肌梭。肌梭是一种感受肌肉长度变化或牵拉刺激的梭形感受装置，属于本体感受器。肌梭呈梭形，两端细小中间膨大。外层为一结缔组织囊，囊内含有 6 ～ 12 根肌纤维，称为梭内肌纤维。囊外的一般肌纤维称为梭外肌纤维，与梭内肌纤维平行排列呈并联关系（图 10-15）。当梭外肌收缩时，梭内肌被放松，所受牵拉刺激减少；而当梭外肌被拉长或梭内肌收缩时，均可使肌梭受到牵拉刺激而兴奋。

梭内肌感受装置的传入纤维可分为两类：① I_a 纤维的末梢以螺旋形式环绕于核袋纤维中部；② Ⅱ类纤维的末梢花枝样分布于核链纤维的中部。γ 运动神经元的传出纤维可使梭内肌收缩，并通过 I_a 和 Ⅱ 传入纤维使 α 运动神经元兴奋，从而导致肌肉收缩。这种调控的方式称为 γ 环路。I_a 和 Ⅱ 类纤维的传入冲动进入脊髓后，除与 α 运动神经元形成突触产生牵张反射外，还通过侧支和中间神经元接替上传到小脑和大脑皮层感觉区。

（3）**腱器官**（tendon organ）：位于肌腱胶原纤维之间，是一种张力感受器。腱器官与梭外肌呈串联关系，传入神经是 I_b 纤维，I_b 纤维从后根进入脊髓后，兴奋一个抑制性中间神经元，再通过该抑制性中间神经元抑制同一肌肉的 α 运动神经元。

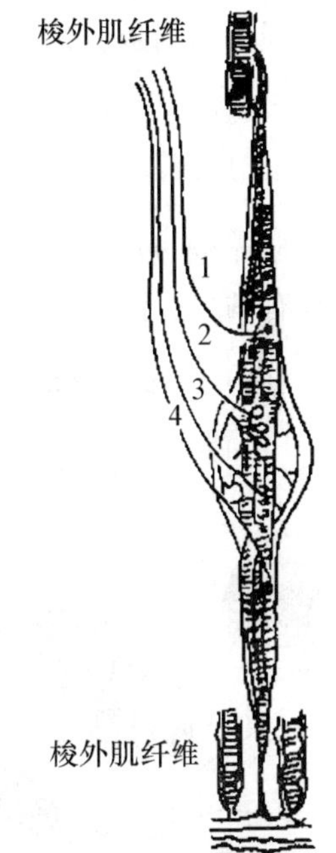

图 10-15　肌梭结构示意图

1,4 为 γ 传出神经纤维；2,3 为 I_a 和 Ⅱ 类传入神经纤维

当肌肉受到牵拉时，首先兴奋肌梭而发动牵张反射，引起受牵拉的肌肉收缩。当肌肉收缩达到一定强度时，张力便作用于腱器官，通过兴奋腱器官而抑制牵张反射，腱器官活动的生理意义在于避免肌肉过度收缩引起肌肉的损伤。

2. 屈反射与对侧伸肌反射

（1）屈反射：皮肤受到伤害性刺激时，受刺激一侧肢体屈曲，即关节的屈肌收缩，伸肌舒张，称为**屈反射**（flexion reflex）。屈反射使受刺激肢体避开有害刺激，对机体有保护意义。

（2）对侧伸肌反射：在一侧肢体发生屈反射的基础上，当刺激进一步加大时，可引起对侧伸肌收缩，屈肌舒张，关节伸直，称为**对侧伸肌反射**（crossed extensor reflex）。这是一种姿势反射，其意义在于当一侧肢体屈曲时，另一侧肢体伸直，支撑体重，以维持姿势而不至于跌倒。

（三）脊休克

脊髓的活动通常在高位中枢的控制之下，因此脊髓本身具有的反射不易表现出来。当脊髓与高位中枢断离后，断面以下的脊髓暂时丧失反射活动的能力，进入无反应状态，称为**脊休克**（spinal shock）。脊休克主要表现为横断面以下脊髓整合的屈反射、对侧伸肌反射、腱反射与肌紧张均丧失；外周血管扩张，动脉血压下降，发汗、排便和排尿等自主神经反射均不能出现。躯体与内脏反射活动均减弱或消失。

脊休克经过一定时间后，脊髓的反射功能可逐渐恢复。恢复的速度和程度与动物的进化程度有关。低等动物恢复较快，动物越高等恢复越慢。例如，蛙的脊休克只持续数分钟，犬持续几天，人的脊休克期持续数周甚至数月。在恢复过程中，简单的反射（如腱反射、屈反射）先恢复，而较复杂的反射（如对侧伸肌反射）恢复晚。在脊髓躯体反射恢复后，部分内脏反射活动也随之恢复，如血压逐渐回升到正常，发汗、排尿、排便反射亦有不同程度的恢复，但此时的反射不能很好地适应机体的需求。由此可见，脊髓存在着低级的躯体反射和内脏反射中枢。脊休克的产生并非由切断损伤的刺激引起，而是由于离断的脊髓突然失去了高位中枢的调控。

二、脑干对肌紧张的调节

脑干通过调节肌紧张保持一定的姿势，参与躯体运动的协调。即使失去高级中枢的脑干动物也具有站立、行走和姿势控制等整合活动的能力。

（一）脑干网状结构的易化区和抑制区

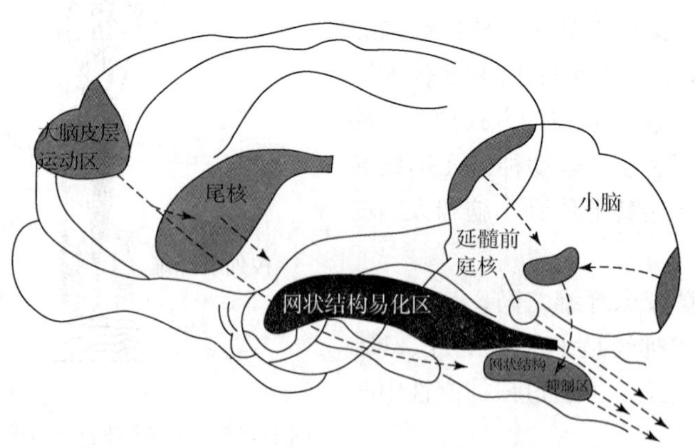

图 10-16 猫脑内与肌紧张调节有关的脑区及其下行路径示意图

灰色为抑制区，黑色区域为易化区

脑干网状结构主要由中脑、脑桥和延髓中央部的神经元和神经纤维组成，其中有抑制和易化肌肉运动的区域，分别称为易化区与抑制区（图 10-16）。

1. 脑干网状结构易化区 脑干网状结构中能加强肌紧张和肌肉运动的区域，称为**易化区**（facilitatory area）。易化区范围较广，包括延髓网状结构的背外侧部分、脑桥被盖、中脑的中央灰质与被盖等脑干中央区域。易化区的作用主要由网状脊髓束下行通路兴奋γ运动神经元，通过γ环路，增强肌紧张与肌肉运动。

除脑干网状结构易化区外，易化肌紧张的中枢部位还有脑干外神经结构，如前庭核、小脑前叶两侧部、下丘脑和丘脑中缝核群等，它们共同组成易化系统。易化系统的功能通过网状结构易化区的活动来完成。

2. 脑干网状结构抑制区 脑干网状结构中能抑制肌紧张和肌肉运动的区域，称为**抑制区**（inhibitor area）。该区较小，位于延髓网状结构的腹内侧。抑制区通过网状脊髓束抑制γ运动神经元，减弱γ环路的活动。

抑制肌紧张的中枢部位除网状结构抑制区外，还有大脑皮层运动区、纹状体与小脑前叶中间部，它们构成抑制系统。这些脑干外神经结构既可通过网状结构抑制区的活动抑制肌紧张，还能抑制网状结构易化区的活动。

（二）去大脑僵直

在中脑上、下丘之间横断脑干的**去大脑动物**（decerebrate animal），会立即出现全身肌紧张，特别是伸肌肌紧张过度亢进，表现为头尾昂起、脊柱挺硬、四肢伸直的角弓反张现象，称为**去大脑僵直**（decerebrate rigidity）（图 10-17）。

去大脑僵直现象是由于切断了大脑皮层和纹状体等部位与脑干网状结构的功能联系，抑制区失去了上位中枢的始动作用，使抑制区的活动水平下降；而易化区虽然也失去了和上位中枢的一些联系，但前庭核对易化区作用依然存在，易化区本身存在自发活动，所以易化区的活动明显占优势。去大脑僵直主要由抗重力肌的肌紧张加强所致。

图 10-17 去大脑僵直示意图

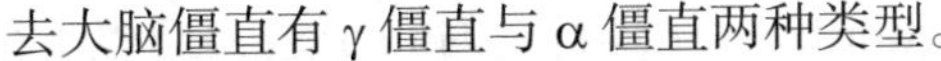

去大脑僵直有γ僵直与α僵直两种类型。

1. γ僵直 是指由于高位中枢的下行作用，首先提高γ运动神经元的活动，通过加强γ环路的活动，转而增强α运动神经元的活动，使肌紧张增强而出现的僵直。上述中脑上、下丘之间横断所形成的去大脑僵直即属于γ僵直。因为将去大脑动物的背根传入纤维切断，僵直现象便基本消失。这表明其肌紧张亢进主要是通过γ环路的活动实现的，故属γ僵直。

2. α僵直 是指由于高位中枢的下行作用直接或间接通过脊髓中间神经元增强α运动神经元的活动，导致肌紧张增强而出现的僵直。若在切断背根的去大脑动物身上，再切除小脑前叶，又可使僵直重新出现。由于这种动物已不能产生γ僵直，显然只能是α运动神经元的活动增强所致，因此属于α僵直。如果在此基础上，进一步破坏前庭核或切除第Ⅷ对脑神经，以消除内耳前庭传入冲动对前庭核的兴奋作用，则α僵直也消失，说明α僵直是通过前庭核作用于α运动神经元所致。

三、小脑对躯体运动的调节

小脑是中枢神经系统中最大的与运动有关的结构。小脑对于维持身体平衡、调节肌紧张、协调与形成随意运动均有重要作用。小脑可分为**前庭小脑**（vestibulocerebellum）、**脊髓小脑**（spinocerebellum）与**皮层小脑**（cerebrocerebellum）三部分（图 10-18）。它们分别主要接受前庭系统、脊髓和大脑皮层的传入，其传出也主要相应到达前庭核、脊髓和大脑皮层，形成三个闭合的神经回路。

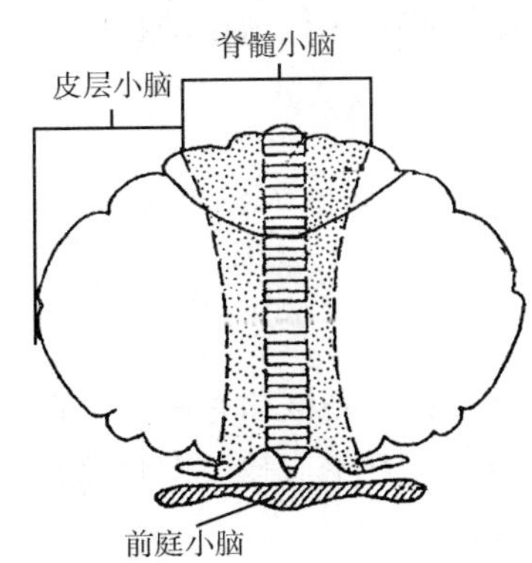

图 10-18 小脑的功能分区示意图

（一）前庭小脑——维持身体平衡

前庭小脑主要由绒球小结叶构成，其主要功能是维持身体平衡。绒球小结叶的平衡功能与前庭器官和前庭核的活动有密切关系。其反射途径为前庭器官→前庭核→绒球小结叶→前庭核→脊髓运动神经元→肌肉。绒球小结叶通过对前庭核的作用，转而经前庭脊髓束下行纤维的作用，调节脊髓运动神经元的兴奋与肌肉的收缩活动，以维持躯体运动的平衡。

（二）脊髓小脑——调节肌紧张与协调随意运动

脊髓小脑由小脑中间的蚓部与半球中间部构成。小脑前叶的功能是调节肌紧张，小脑后叶中间带的功能主要是协调随意运动，但也有调节肌紧张的作用。

1. 调节肌紧张 小脑前叶主要接受来自肌肉、关节等本体感受器的传入冲动，也少量接受视、听觉与前庭的传入信息；其传出冲动分别通过网状脊髓束、前庭脊髓束及皮层脊髓束的下行系统，调节脊髓 γ 运动神经元的活动，转而调节肌紧张。人类小脑前叶对肌紧张的调节作用以易化为主，小脑损伤时，仅表现为肌紧张降低。

2. 协调随意运动 小脑后叶中间带接受来自皮层运动区和本体感受器两方面的反馈信息，整合后返回皮层运动区，调整皮层到脊髓的下行冲动，纠正运动的偏差，借此以保持躯体运动的协调、准确和稳定。脊髓小脑受损后，不能整合大脑皮层和外周感觉的反馈信息，出现随意运动协调的障碍，称为**小脑共济失调**（cerebellar ataxia）。具体表现为随意运动的力量、方向及限度等发生紊乱，如患者不能完成精巧动作，完成动作时抖动而把握不住方向，特别在精细动作的终末出现震颤，称为**意向性震颤**（intention tremor）。行走时跨步过大而躯干落后，容易倾倒，或走路摇晃呈酩酊蹒跚状，沿直线行走则更不平稳，不能进行快速的交替运动，但在静止时则无异常的肌肉运动出现。

（三）皮层小脑——参与随意运动设计

皮层小脑是指小脑后叶的外侧部，其功能是参与随意运动设计。皮层小脑与大脑皮层之间的联合活动与运动的计划及程序编制有关。一个随意运动的产生，包括运动的设计（计划与编程）和运动程序执行的两个不同阶段。皮层小脑和脊髓小脑在小脑中是两个相对独立的功能部分，它们在运动的不同阶段发挥作用。脊髓小脑利用感觉反馈信息对运动进行即时的管理，而皮层小脑参与运动计划的形成和运动程序的编制。精巧运动的学习和熟练过程与皮层小脑密切相关。开始学习时，大脑皮层发动的运动不协调。在学习过程中，大脑和小脑不断地进行联系活动，同时，小脑不断地接受感觉传入信息，逐步修正运动过程中所发生的偏差，使运动逐步协调。精巧运动熟练后，整套的运动程序便储存在小脑中。当大脑皮层发动精巧运动时，首先通过下行通路从小脑中提取储存的运动程序，并将该程序回输到大脑皮层运动区，由皮层脊髓束执行新运动程序，使运动快速、协调而精巧。

四、基底神经节对躯体运动的调节

（一）基底神经节的组成和神经联系

基底神经节指大脑半球深部，丘脑背外侧的一些神经核，主要包括尾核、壳核和苍白球。在进化上，苍白球较古老，称旧纹状体；尾核和壳核较新，称新纹状体。此外，丘脑底核、中脑黑质与红核等结构在功能上与基底神经节密切相关，故也归属于基底神经节系统。

基底神经节各个核团之间，以及它们与大脑皮层、皮层下有关结构之间存在着广泛而复杂的纤维联系，这些纤维联系构成了基底神经节控制运动的重要环路。新纹状体可看作是基底神经节的信息输入部位，接受来自大脑皮层、黑质等结构的传入；而苍白球可看作是传出的输出核，其传出纤维投射到丘脑和脑干，再到达大脑皮层；大脑皮层通过下行运动通路到达脊髓；投射到脑干的信息可通过脑干网状结构发出的网状脊髓束到达脊髓，以控制躯体运动功能（图 10-19）。

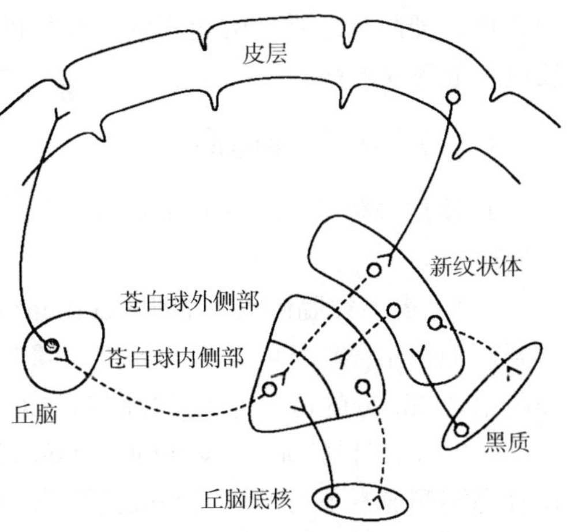

图 10-19　基底神经节及其纤维联系示意图

实线：兴奋性作用；虚线：抑制性作用

（二）基底神经节的功能

迄今为止，人们对基底神经节功能的认识仍不十分清楚。损毁动物的基底神经节几乎不出现任何症状。目前认为基底神经节的主要功能有参与运动的设计与编程，协调随意运动和肌紧张；可能也与自主神经活动的调节、感觉的传入、学习和记忆等活动有关。

（三）与基底神经节损伤有关的疾病

临床上，基底神经节损害的主要表现分为两大类，一类是运动过少而肌紧张亢进的综合征，如**帕金森病**（Parkinson disease，PD）；另一类是运动过多而肌紧张低下的综合征，如**舞蹈病**（chorea）。

1. 帕金森病　又称**震颤麻痹**（paralysis agitans），主要症状是全身肌紧张增强、肌肉强直、随意运动减少、运动迟缓、面部表情呆板。此外患者常伴有**静止性震颤**（static tremor），多出现于上肢。震颤麻痹的病变部位在黑质，多巴胺能神经元受损，导致多巴胺含量明显下降。

2. 舞蹈病　又称**亨廷顿病**（Huntington disease，HD），主要临床表现为不由自主的上肢和头部的舞蹈样动作，并伴有肌张力降低等。病变部位主要在纹状体。舞蹈病的产生是由于胆碱能神经元功能相对减退，从而减弱了对黑质多巴胺能神经元的抑制，使多巴胺能神经元的功能相对亢进所致。

五、大脑皮层对躯体运动的调节

大脑皮层是调节躯体运动的最高级中枢，如果人类大脑皮层出现损伤，随意运动将出现严重障碍。

（一）大脑皮层主要运动区

大脑皮层中与躯体运动密切相关的区域，称为大脑皮层运动区。

1. 主要运动区　大脑皮层运动区主要位于中央前回和运动前区，相当于 Brodmann 分区的 4 区和 6 区。4 区主要控制肢体远端运动，6 区主要控制肢体近端运动。主要运动区具有下列功能特征：①交叉支配。一侧皮层主要支配对侧躯体的运动，但在头面部，除下部面肌和舌肌主要受对侧面神经和舌下神经支配外，其余多数部分为双侧支配，如咀嚼肌、喉肌。②倒置支配。从运动区的定位可看出，皮层的一定区域支配一定部位的肌肉，定位安排是倒置的，与感觉区类似。下肢代表区在顶部，上肢、躯干部在中间，头面部肌肉代表区在底部，但头部代表区内部的安排仍为正立（图 10-14B）。③运动区的大小与运动的精细、复杂程度有关。运动越精细、复杂，皮层运动区越大，如手和五指所占的皮层区域与整个下肢所占面积相当。

2. 其他运动区　①第二运动区：位于中央前回与岛叶之间，即第二躯体感觉区的位置，用较强的电刺激能引起双侧的运动反应，定位也与第二躯体感觉区类似；②辅助运动区：位于大脑皮层内侧面，即两半球纵裂的内侧壁，扣带回以上，运动区之前。刺激该区可引起肢体运动和发声，反应一般为双侧性。

（二）运动传导通路

1. 皮层脊髓束（corticospinal tract） 指由皮层发出，经内囊、脑干到达脊髓前角的下行运动传导束。

（1）**皮层脊髓侧束**（lateral corticospinal tract）：皮层脊髓束 80% 的纤维在延髓锥体下部交叉到对侧，在脊髓外侧索下行纵贯脊髓全长，其纤维终止于脊髓前角外侧部分的神经元。通过脊髓前角外侧部分的运动神经元控制四肢远端的肌肉，与精细技巧性的运动有关。

（2）**皮层脊髓前束**（ventral corticospinal tract）：皮层脊髓束 20% 的纤维在延髓锥体不交叉，在脊髓同侧前索下行。前束一般只下降到胸部，经中间神经元接替后，终止于双侧的前角运动神经元，支配躯干肌和四肢近侧端的肌肉，与姿势的维持和肢体粗大运动有关。

2. 皮层脑干束（corticobulbar tract） 指由皮层发出，经内囊到达脑干躯体运动神经核的传导束。下行过程中，大部分纤维陆续终止于双侧脑神经躯体运动核；小部分纤维完全交叉至对侧支配面神经核下部和舌下神经核。

3. 其他运动传导通路 皮层脊髓束、皮层脑干束，除直接控制脊髓和脑干运动神经元外，还发出侧支，并与一些直接起源于运动皮层的纤维一起，经脑干的某些核团接替后，形成顶盖脊髓束、网状脊髓束、前庭脊髓束，其功能与皮层脊髓前束功能相似，主要参与肢体近端肌肉粗大运动的调节和姿势调节。而红核脊髓束则与皮层脊髓侧束相似，参与四肢远端肌肉有关精细运动的调节。

传统上运动传导通路常分为**锥体系**（pyramidal system）和**锥体外系**（extrapyramidal system）两个系统。前者是指皮层脊髓束和皮层脑干束；后者则为锥体系以外所有控制脊髓运动神经元活动的下行运动传导通路。二者不仅在皮层起源的部位有重叠，而且它们之间还存在广泛的纤维联系。

第七节 神经系统对内脏活动的调节

自主神经系统（autonomic nervous system）主要功能是调节内脏活动，不受意识的控制。自主神经系统包括传入神经和传出神经，但习惯上仅指支配内脏器官的传出神经，并将其分为**交感神经**（sympathetic nerve）和**副交感神经**（parasympathetic nerve）两部分。

一、自主神经系统的结构特征

与躯体传出神经不同，交感和副交感神经系统从中枢发出以后，在到达效应器之前都要在神经节中更换神经元。由脑和脊髓发出到神经节的纤维称为**节前纤维**（preganglionic fiber），属有髓鞘的 B 类纤维。由节内神经元发出终止于效应器的纤维称**节后纤维**（postganglionic fiber），属无髓鞘的 C 类纤维。

（一）交感神经系统

交感神经的节前纤维起源于脊髓胸腰段（$T_1 \sim L_3$）灰质中间外侧柱细胞，它们分别在椎旁神经节和椎前神经节内换元，其节后纤维分布广泛，几乎所有的内脏器官、血管、汗腺都受其支配（图 10-20）。但肾上腺髓质例外，它直接接受交感神经节前纤维的支配，相当于一个交感神经节。交感神经的节前纤维较短而节后纤维相对较长，一根节前纤维可以和许多节后神经元发生突触联系，因此交感神经兴奋时所影响的范围比较广泛。

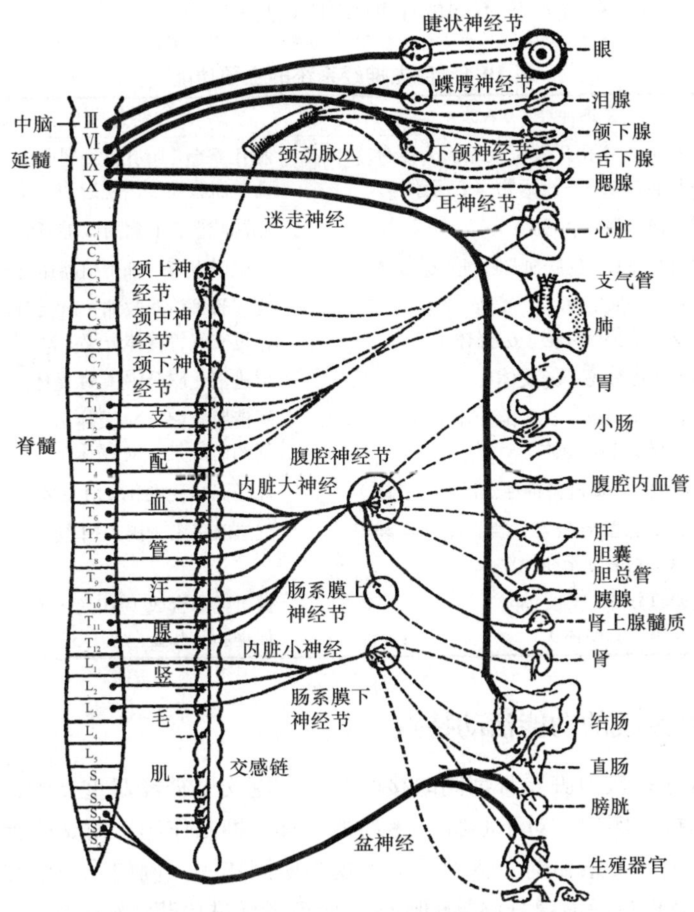

图 10-20　自主神经分布示意图

细线：交感神经；粗线：副交感神经；实线：节前纤维，虚线：节后纤维

（二）副交感神经系统

副交感神经节前纤维部分起自脑干的副交感神经核，另一部分起自骶段脊髓的灰质中间外侧柱。副交感神经分布比较局限，某些器官没有副交感神经的支配，如皮肤和肌肉的血管、汗腺、竖毛肌、肾上腺髓质和肾等，只有交感神经支配。约有 75% 的副交感纤维在迷走神经内支配胸腔和腹腔内的内脏器官，来源于骶段脊髓的副交感神经支配盆腔内一些器官和血管。副交感神经节前纤维较长而节后纤维较短，离效应器近。一根副交感节前纤维只与几个节后神经元形成突触联系，所以副交感神经兴奋时影响范围较局限。

二、自主神经系统的功能特点

（一）自主神经系统的主要功能

自主神经系统的功能在于通过不同的递质和受体系统调节心肌、平滑肌和腺体（消化腺、汗腺、部分内分泌腺）的活动。交感和副交感神经的节前纤维、绝大多数副交感神经节后纤维、少数交感神经的节后纤维都是胆碱能纤维，以 ACh 为神经递质。多数交感神经节后纤维以 NA 为递质，这两种递质作用于相应的受体而产生不同的生理作用（表 10-4）。

表 10-4 自主神经系统的主要功能

效应器	交感神经（NA）	副交感神经（ACh）
眼	瞳孔扩大（瞳孔开大肌收缩、α_1 受体） 睫状肌松弛——视远物（β_2 受体）	瞳孔缩小（瞳孔括约肌收缩、M 受体） 睫状肌收缩——视近物（M 受体）
心脏	心跳加快加强（β_1 受体）	心跳减慢，心房肌收缩减弱（M 受体）
血管	腹腔内脏血管、皮肤血管收缩（α_1 受体）	软脑膜血管、外生殖器血管舒张（M 受体）
支气管	支气管平滑肌舒张（β_2 受体） 抑制支气管腺体分泌（α_1 受体）	支气管平滑肌收缩（M 受体） 促进支气管腺体分泌（M 受体）
消化腺	抑制消化腺分泌（α_2 受体）	促进消化腺分泌（M 受体）
消化道	平滑肌舒张（α_1、α_2、β_2 受体） 括约肌收缩（α_1 受体）	平滑肌收缩（M 受体） 括约肌舒张（M 受体）
皮肤	竖毛肌收缩，促进精神性发汗（α_1 受体）	促进温热性发汗（M受体，交感胆碱能纤维）
内分泌	促进肾上腺髓质激素、胰高血糖素和甲状腺激素的分泌和释放	促进胰岛素分泌（M 受体）
代谢	促进糖原分解（β_2 受体） 脂肪分解（β_3 受体）	促进糖原合成（M 受体） 促进脂肪和蛋白质合成（M 受体）

（二）自主神经系统的功能活动特点

1. 双重支配 人体多数内脏器官都同时接受交感和副交感神经双重支配，二者对内脏活动的调节作用往往相互拮抗。例如，对于心脏，迷走神经具有抑制作用，而交感神经具有兴奋作用。但在某些外周效应器上，交感和副交感神经也表现为协同作用。例如，交感和副交感神经均可促进唾液分泌，只是前者促进唾液腺分泌黏稠唾液，而后者促进稀薄唾液分泌。

2. 紧张性作用 自主神经对效应器官的支配，具有持续紧张性作用，即在安静状态下自主性神经中枢仍不断地向效应器发放低频率神经冲动的特性。例如，交感缩血管神经的紧张性作用，对血管产生外周阻力，维持动脉血压具有重要意义。

3. 效应器功能状态的影响 自主神经对内脏活动的调节与其功能状态有关。例如，对小肠平滑肌，副交感神经兴奋一般是加强其运动，而交感神经抑制其运动。但若小肠肌紧张性升高时，则交感神经和副交感神经协同使之舒张；反之，若小肠肌紧张性降低，则两种神经兴奋都使之收缩，从而维持小肠肌紧张性的相对稳定。

4. 对整体生理功能调节的意义

（1）交感神经系统支配比较广泛，在环境急剧变化时，交感神经系统可以动员许多器官的潜在力量，提高机体对环境急剧变化的适应能力。

（2）副交感神经系统活动相对比较局限，往往在安静时活动较强。该系统的作用主要是促进消化、积蓄能量、加强排泄和生殖等方面的功能，有利于保护机体、促进休整与恢复。一般而言，交感中枢和副交感中枢的活动是对立的，当交感神经系统活动增加时，副交感神经系统活动就处于减弱状态；反之亦然。机体在活动和兴奋时，交感－肾上腺髓质系统活动水平较高，而相对安静和睡眠状态下，迷走－胰岛素系统活动水平较高。

三、内脏活动的中枢调节

（一）脊髓对内脏活动的调节

脊髓是自主神经系统的最低级中枢，能完成一些最基本的内脏反射，如血管张力反射、发汗反射、排尿反射、排便反射、阴茎勃起等，但其调节能力差，不能适应正常生理功能的需要。在整体内脊髓的自主神经功能是在上位中枢的调控下完成的。

（二）低位脑干对内脏活动的调节

低位脑干是很多内脏活动的基本中枢。延髓网状结构中存在着许多与循环、呼吸、消化等内脏活动有关的神经元，成为循环、呼吸、消化等重要生命活动的基本中枢，一旦延髓受损，生命可立即终结，故延髓有生命中枢之称。

脑桥有角膜反射中枢、呼吸调整中枢。中脑存在瞳孔对光反射中枢，还可能是防御性心血管反应的主要神经部位。

（三）下丘脑对内脏活动的调节

下丘脑是自主神经系统的高级中枢，是调控内脏活动的皮层下高级中枢。下丘脑内含有丰富的参与调节内脏活动的神经核团，如视前核、视上核、视交叉上核、室旁核、弓状核、结节核和乳头体核群等。

下丘脑是内脏活动和其他生理活动的重要整合中枢，调节着内脏、摄食、体温、水平衡、内分泌、情绪反应、生物节律等生理过程。

1. 调节内脏活动 下丘脑是对各种内脏功能进行整合的较高级中枢。例如，下丘脑有调节心血管活动的重要整合中枢，通过脑干心血管中枢影响心血管活动。下丘脑内侧区有两类神经元，分别参与心血管压力与化学感受性反射。下丘脑背内侧核还接受容量感受器的传入信息，通过调节血管升压素的合成调节血量和血压。下丘脑后区参与机体防御反应中心血管活动的整合。

2. 调节摄食行为 下丘脑调节机体的食欲。用电极刺激清醒动物下丘脑外侧区，则引起动物多食；而刺激下丘脑腹内侧核，可使动物拒食。由此认为，**摄食中枢**（feeding center，又称饥饿中枢）位于下丘脑外侧区，**饱中枢**（satiety center，又称拒食中枢）位于腹内侧核，二者之间存在着交互抑制的关系。用微电极分别记录下丘脑摄食中枢和饱中枢的神经元放电，发现动物在饥饿时，前者放电频率较高而后者放电频率较低；静注葡萄糖后，则前者放电频率减少而后者放电频率增加，说明这些神经元对血糖敏感，血糖浓度的高低可能调节着摄食中枢和饱中枢的活动。

3. 调节水平衡 下丘脑通过对饮水行为和肾排水两方面的调节实现机体水平衡。下丘脑外侧区有**饮水中枢**（drinking center），也称渴中枢。该中枢通过控制下丘脑渗透压感受器的兴奋性，产生渴觉和饮水行为，又调节血管升压素的分泌，以控制肾排水，从而实现机体的水平衡。

4. 调节情绪变化 下丘脑与情绪反应密切相关。若切除动物大脑，仅保留下丘脑及以下结构，给予轻微刺激即可引起假怒现象。动物表现出甩尾、竖毛、扩瞳、张牙舞爪、呼吸加快和血压升高等交感神经兴奋的变化。若损毁整个下丘脑，则假怒现象不再出现。平时下丘脑的这种作用受到大脑的抑制不易表现；而切除大脑后，这种抑制解除了，下丘脑的防御反应功能被释放出来。

5. 控制生物节律 机体的各种生命活动常按一定时间顺序发生变化，这种变化的节律称为**生物节律**（biorhythm）。按其频率的高低，生物节律可分为高频节律（低于一天）、中频节律（日周期）及低频节律（周、月、年周期）三种。心率、呼吸频率是高频节律。日节律最为常见，如体温、睡眠、促肾上腺皮质激素分泌、生长激素分泌、血细胞计数等在一天内均有一个波动周期。下丘脑视交叉上核是机体昼夜节律的控制中心，通过视网膜 - 视交叉上核束，感受外界环境昼夜光照变化，使机体的内源性日节律与外界环境的昼夜节律同步。女性的月经周期属于低频节律。

（四）大脑皮层对内脏活动的调节

大脑皮层是内脏活动的最高级中枢，整合各系统的功能活动，以适应内外环境变化。

1. 边缘系统 由边缘叶和与之相联系的皮层下结构组成。边缘叶是指围绕脑干的大脑内侧面部分，包括海马、穹窿、扣带回、海马回等。

刺激边缘系统的不同部位，可引起复杂的内脏活动变化。电刺激边缘系统，内脏活动变化是双向的（心率加快或减慢，血压上升或下降），不像初级中枢的活动那样局限和单纯。因为边缘系统是许多初级中枢活动的上位中枢，它通过促进或抑制各初级中枢的活动来调节复杂的内脏活动。

2. 新皮层 指大脑半球外侧面结构。电刺激动物新皮层的运动区及其周围区域，除能引起躯体运动反应外，也能引起内脏活动的变化，如血管舒缩、汗腺分泌、呼吸运动、消化道活动等变化，表明新皮层与内脏活动密切相关，而且区域分布与躯体运动代表区的分布有一致的地方。新皮层是自主性功能的高级中枢与高级整合部位。

第八节 脑的高级功能

大脑是人体各种生理功能的最高级调节中枢，除对感觉、躯体和内脏活动有调节功能外，还具有更为复杂的整合功能，如觉醒与睡眠、学习与记忆，以及语言与思维等。脑的生物电活动是大脑调节各种生命活动的基础，是研究大脑皮层功能活动的重要指标之一。

一、大脑皮层的生物电活动

大脑皮层神经元的电活动有两种形式，即**自发脑电活动**（spontaneous electric activity of the brain）和**皮层诱发电位**（evoked cortical potential）。前者是指大脑皮层的神经元，在无特定外加刺激作用的情况下，能产生持续的节律性电位变化；后者是指刺激特定感受器或感觉传入系统时，在大脑皮层相应区域引出的电位变化。

如果在头皮上安置引导电极，通过脑电图仪可记录到的自发脑电活动的图形，称为**脑电图**（electroencephalogram，EEG）。

（一）正常脑电图波形

人的脑电图可根据频率和振幅，分为α、β、θ和δ四种基本波形图（图 10-21）。

1. α波 当正常人清醒、闭目、安静时出现，在枕叶较显著。α 波的波幅常出现自小而大、自大而小的周期性梭形波。当受试者睁开眼睛或接受其他刺激时，α 波立即消失，出现快波（β 波），这一现象称为 α **阻断**（α-block）。如果受试者再安静闭目，则 α 波又重新出现。α 波是大脑皮层在安静时的主要电活动表现。α 波的频率为 8 ～ 13Hz，振幅为 20 ～ 100μV。

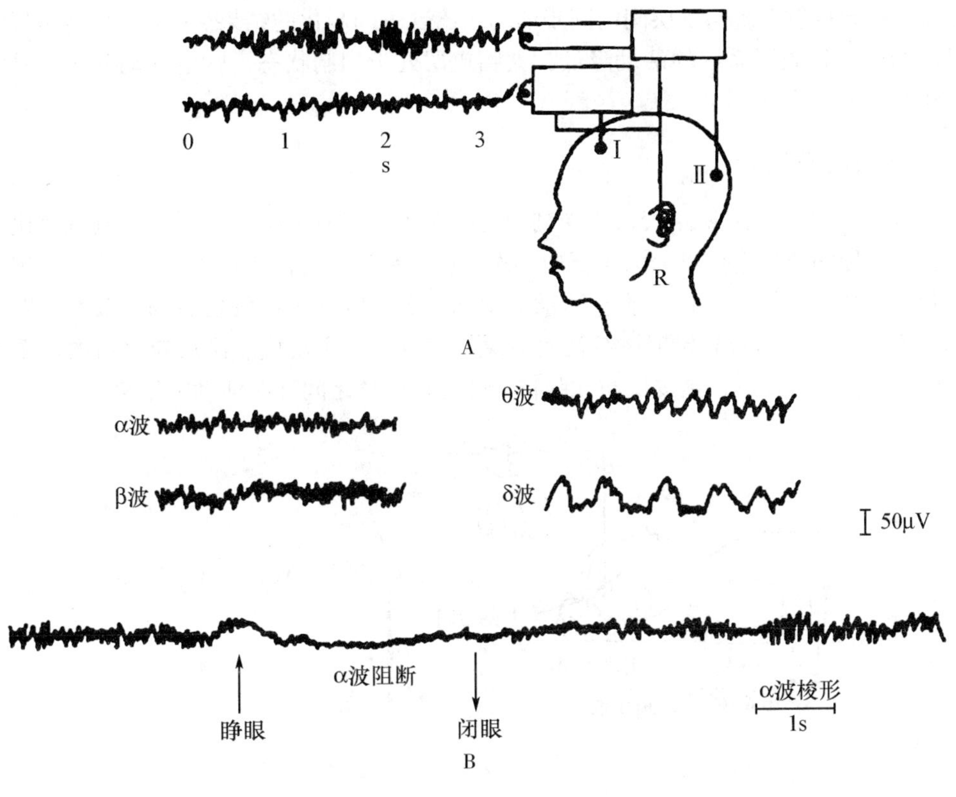

图 10-21 脑电图示意图

A. 脑电图记录示意图；B. 正常脑电图波形

2. β波 在 α 波的基础上，如睁眼视物、思考问题或接受其他刺激，α 波立即消失，出现频率增快、波幅减小的 β 波。β 波在额叶和顶叶较显著。β 波是新皮层处于紧张状态时的电活动表现。β 波的频率为 14 ～ 30Hz，振幅为 5 ～ 20μV。

3. θ波 在成人困倦时出现，颞叶和顶叶记录较明显。幼儿时期，脑电频率较成人慢，常见 θ 波。θ 波的频率为 4 ～ 7Hz，振幅为 100 ～ 150μV。

4. δ波 正常成人在清醒时几乎没有 δ 波，只在睡眠时才出现。婴儿的脑电波比幼儿更慢，常可见到 δ 波。极度疲劳、深度麻醉、智力发育不全的人，可出现 δ 波。θ 波和 δ 波是大脑皮层处于抑制状态时的主要电位表现。δ 波的频率为 0.5 ～ 3Hz，振幅为 20 ～ 200μV。

脑电图的波形随大脑皮层活动状态的不同而变化，当大脑皮层许多神经元的电活动趋于步调一致时，就出现高振幅慢波（如 δ 波），此现象称为同步化。相反，当皮层神经元的电活动不一致时，就出现低振幅快波（如 β 波），称为去同步化。脑电活动由同步化转变为去同步化时，表示大脑皮层的兴奋活动增强；相反，由去同步化转变为同步化时，则表示大脑皮层由兴奋转为抑制。

（二）脑电波形成机制

皮层单一神经元的突触后电位变化不足以引起皮层表面电位改变，只有大量皮层神经元同时产生突触后电位变化，才能同步起来引起皮层表面出现电位改变。实验表明，脑电的 α 节律来自丘脑非特异投射系统的一些神经核，β 节律是由于脑干网状结构上行激活系统的上行冲动，扰乱了安静时丘脑非特异投射系统与皮层间的同步活动，出现去同步化的结果。θ 波与 δ 波出现时，是由于脑干网状结构上行激活系统的活动降低，大脑皮层处于抑制状态，脑电活动节律减慢使电位进一步同步化的结果。

（三）皮层诱发电位

皮层诱发电位是指在感觉传入系统受刺激时，在皮层某一局限区域引导的电位变化。在皮层相应的感觉区引导的诱发电位可分为主反应、次反应和后发放（图 10-22）。主反应表现为皮层电位先正后负，可能是皮层大锥体细胞电活动的总和。次反应是主反应之后的扩散性续发反应，见于皮层的广泛区域，与非特异投射系统活动有关。后发放是主反应、次反应之后的一系列正相的周期性电位变化，即后发放，是皮层与丘脑特异感觉接替核之间环路活动的结果。

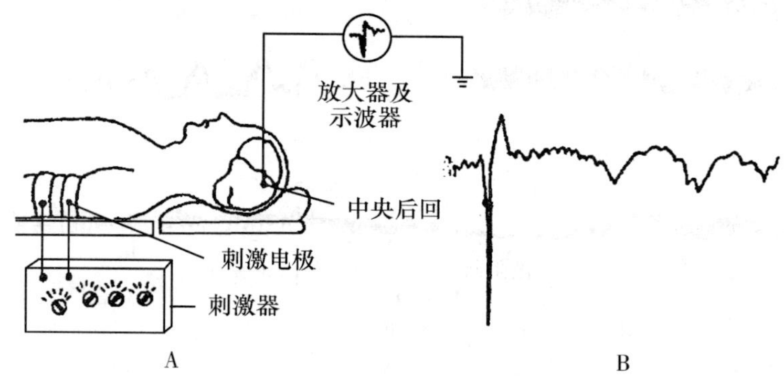

图 10-22　皮层诱发电位的记录及波形

A. 描记方法示意图；B. 波形（向下为正，向上为负）

二、睡　眠

觉醒和睡眠都是人体正常的生理活动，只有在觉醒状态下，才能从事各种体力、脑力活动。通过睡眠，可以使人的精力和体力得到恢复，保持良好的觉醒状态。成年人一般每天需要睡眠 7 ～ 9 小时，儿童需要的睡眠时间比成年人长，老年人需要的睡眠时间比较短。如果睡眠障碍，常导致大脑皮层与内脏功能活动的紊乱。

（一）睡眠的时相

根据睡眠时脑电图的变化特点，将睡眠分为慢波睡眠与快波睡眠两种时相。

1. 慢波睡眠（slow wave sleep，SWS）　脑电波呈现同步化慢波，也称**同步化睡眠**（synchronized sleep）。在此期间，嗅、视、听、触觉等感觉功能减退，肌紧张下降，骨骼肌反射减弱，同时心率减慢，血压下降，呼吸缓慢，瞳孔缩小，体温降低，交感神经活动水平降低。慢波睡眠对促进生长、消除疲劳、促进体力恢复有重要意义。

2. 快波睡眠（fast wave sleep，FWS）　脑电波呈去同步化快波，也称**去同步睡眠**（desynchronized sleep），脑电活动增加。快波睡眠期间可出现快速的眼球转动（50 ～ 60 次 / 分），又称为**快动眼睡眠**（rapid eye movement sleep，REM）。各种感觉功能进一步减退，肌紧张和骨骼肌反射活动进一步减弱。此期常出现肢体抽动、伴有心率加快、血压上升、呼吸加快但不规则等改变，这可能是慢性疾病或某些潜伏疾病，如心绞痛、脑出血、哮喘等突然发作或恶化的原因。从行为上看快波睡眠比慢波睡眠更深，与脑电变化不一致，因此快波睡眠又称为**异相睡眠**（paradoxical sleep，PS）。快波睡眠与成年人建立新的突触联系有关，对促进学习记忆的活动、恢复精力有重要意义。

睡眠过程中两个时相的相互交替，成年人睡眠开始后首先进入 SWS，持续 80 ～ 120min 后转入 FWS，持续 20 ～ 30min，又转入 SWS，如此反复进行。越接近睡眠后期，FWS 持续时间越长，成年人的 SWS 和 FWS 均可直接转为觉醒状态，但在觉醒状态下只能进入 SWS，而不能直接进入 FWS。在 FWS 间，如果将其唤醒，被试者往往报告他正在做梦，一般认为做梦是快波睡眠的特征之一。

（二）睡眠发生机制

睡眠是大脑的主动活动，有特定的神经结构和神经递质参与，而不是大脑的简单抑制。视前区腹外侧部与慢波睡眠有关，该区域有大量睡眠相关神经元，内含抑制性递质 GABA，抑制觉醒脑区的活动。脑桥网状结构及其邻近区域与快波睡眠的产生有关。睡眠的产生还与中枢内递质关系密切，脑干 5- 羟色胺系统的活动与慢波睡眠形成有关；脑干内去甲肾上腺素、5- 羟色胺以及乙酰胆碱系统的功能与快波睡眠形成有关。

三、学习和记忆

学习和记忆是大脑的重要功能，是两个相互联系的神经活动过程。学习是指通过神经系统的活动，在环境的不断变化中获得新的行为习惯（经验），以适应环境的过程。记忆则是将学习到的信息贮存一定时期并重新“读出”的过程。

（一）学习和记忆的形式

学习主要有两种形式即**非联合型学习**（nonassociative learning）和**联合型学习**（associative learning）。前者是一种简单的学习形式，它不需要刺激与反应之间形成某种明确的关系。**习惯化**（habituation）与**敏感化**（sensitization）就属于这种类型的学习。习惯化是指人和动物对反复出现的温和刺激的反应性逐渐降低；敏感化是指人和动物受到某种强烈刺激后，对其他刺激出现反应增强的现象。联合型学习是指刺激和反应之间存在明确的关系，在时间上很靠近的两个事件重复发生，最后在脑内逐渐形成关联。人的绝大多数学习是联合型学习，经典条件反射和操作式条件反射均属联合型学习。

1. 经典条件反射

（1）条件反射的建立：条件反射建立在非条件反射的基础上，通过无关刺激与非条件刺激在时间上反复多次结合而形成。一种刺激成为预示另一种刺激即将出现的信号，是一种学习的过程。

（2）条件反射的泛化、分化和消退：当一种条件反射建立后，若给予和条件刺激相近似的刺激，也可引起同样的条件反射，称为条件反射的泛化。 如果这种近似刺激得不到非条件刺激的强化，该近似刺激就不再引起条件反射，称为条件反射的分化。当条件反射建立以后，如果仅使用条件刺激，而没有非条件刺激的强化，条件反射的效应就会减弱，甚至消失，称为条件反射的消退。

2. 操作式条件反射 动物必须通过自己完成一定的动作或操作，才能得到强化，称为**操作式**

条件反射（operant conditioning reflex），如训练动物走迷宫，表演各种动作等。这类条件反射是一种很复杂的行为，更能代表动物日常生活的习得性行为。

（二）记忆的过程

外界通过感觉器官进入大脑的信息量是很大的，据估计仅有 1% 的信息能被较长时期地贮存记忆。因此，在信息贮存过程中必然包含对信息的选择和遗忘。记忆可分为短时程记忆和长时程记忆。

人类的记忆过程可分成感觉性记忆、第一级记忆、第二级记忆和第三级记忆 4 个连续阶段。前两个阶段相当于短时记忆，后两个阶段相当于长时记忆。

1. 短时程记忆（short term memory） 是指大脑暂时保存信息的过程，包括感觉性记忆和第一级记忆，感觉性记忆指将感觉信息贮存于皮层感觉区的时间一般不超 1s，如果能在 1s 内对信息进行一定处理，就能转入第一级记忆，但也只能贮存几秒至几分钟。从第一级记忆向第二级记忆转化，这个转化过程依赖于新的蛋白质的合成。

2. 长时程记忆（long term memory） 包括第二级记忆和第三级记忆。如果信息反复运用，便能转入第二级记忆。第二级记忆的信息量大，且能较持久贮存，记忆持续时间可达数分钟乃至数年不等。有些信息，如自己的名字及每天都在进行操作的手艺等，由于经常运用，可成为终生不忘的第三级记忆。第三级记忆贮存的信息量最大，时间最长，它是一种牢固的记忆，常可保持终生。

（三）学习和记忆的机制

1. 学习和记忆的脑功能定位 大脑皮层联络区、海马及其邻近结构、丘脑和脑干网状结构等脑区与学习记忆密切相关。

神经环路的连续活动可能是第一级记忆的基础，海马→穹窿→下丘脑乳头体→丘脑前核→扣带回→海马构成的**海马回路**（hippocampus circuit）可能与第一级记忆转入第二级记忆有关。

2. 神经生理机制 突触的**可塑性**（synaptic plasticity）变化是学习和记忆的神经基础。突触可塑性是指突触结构和功能的改变可引起传递效应的改变。突触可塑性包括短时程可塑性、习惯化和敏感化、**长时程增强**（long term potentiation，LTP）和**长时程抑制**（long term depression，LTD）。长时程增强是指突触前神经元在短时间内受到快速重复的刺激后，在突触后神经元形成持续时间较长的 EPSP 增强。LTP 持续时间长，最长可达数日。而长时程抑制是指突触强度的长时程减弱。记忆能力强的、年轻的动物 LTP 大，诱导时间短；而记忆能力差、年龄大的动物则 LTP 小，诱导时间长。此外，在小脑还观察到 LTD，与技巧和运动的学习与记忆有关。

学习和记忆还有赖于脑内蛋白质的合成；从短时记忆开始到长时记忆的建立过程中，蛋白质的合成非常活跃。中枢递质和神经肽也参与了学习记忆活动过程。记忆突触属于胆碱能突触，参与短期记忆；而去甲肾上腺素能突触可增强学习记忆保持的过程。

四、优势半球和语言中枢

（一）优势半球

两侧大脑的功能并不相等。大脑一侧半球主管语言活动的功能，即大脑语言功能的**一侧优势**

（laterality cerebral dominance）。90% 以上成年人的优势半球是左侧半球，其余 10% 是两个半球的作用相等，右侧半球占优势的很少。语言功能的左侧优势与遗传因素有关，但主要还是在后天生活实践中形成的。人出生时，两侧大脑半球均与语言功能相关。至 10 ～ 12 岁，左侧优势逐渐建立，此时若损伤左侧半球，尚可能在右侧半球重建语言中枢；但成年后若左侧半球受损，则很难在右侧半球重建语言中枢。

一般以右手劳动为主的成人，其左侧优势半球的功能主要是语言文字的识别、书写、精确的计算和理性的思考等；而右侧半球，则在对非语词性的认识功能上占优势，如对触觉认识、深度知觉、空间辨认，以及音乐的欣赏和分辨等表现出功能优势。

（二）语言中枢

语言是人脑的高级功能，它包括与语言、文字有关的全部智力活动。当大脑皮层一定区域发生损伤时，可导致特有的语言、文字认知障碍，说明大脑皮层存在语言中枢。语言中枢主要分布在皮层 4 个不同的区域（图 10-23），分别与四个方面的语言、文字认知功能有关。

1. 说话中枢 又称语言运动区，位于中央前回底部前方的 Broca 区（图 10-23S）该区损伤可导致**运动性失语症**（moter aphasia），患者可书写和看懂文字，能听懂别人说话，发音器官也正常，但却不能讲话，不能用语言进行口头表达。

2. 书写中枢 又称语言书写区，位于额中回后部（图 10-23W）。该区损伤会出现**失写症**（agraphia），患者可听懂别人说话，看懂文字，也会讲话，手的功能活动也正常，但丧失了写字、绘画的能力。

3. 听话中枢 又称语言听觉区，位于颞上回后部（图 10-23H）。该区损伤时患者可讲话、写字、阅读文字、也能听到别人发声，但却听不懂讲话的含义，称为**感觉性失语症**（sensory aphasia）。

4. 阅读中枢 又称语言视觉区，位于角回部位（图 10-23V）。该区损伤可引起**失读症**（alexia），患者能听懂别人谈话，能讲话，也能书写，虽然视觉功能良好，但却看不懂文字含义。

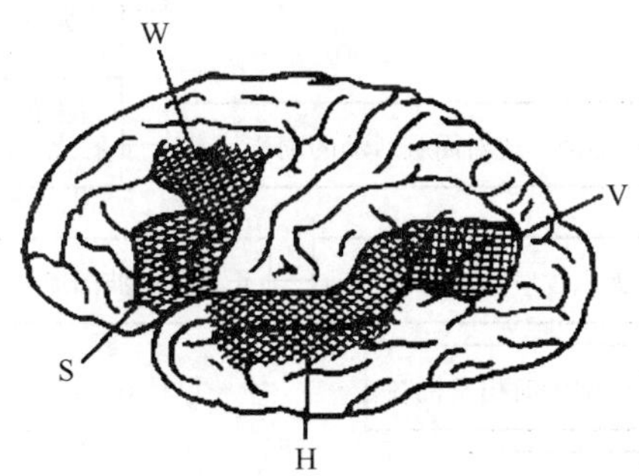

图 10-23 大脑皮层的语言中枢

V：角回；H：颞上回后部；S：中央前回底部前方；W：额中回后部

大脑皮层语言中枢虽有一定的区域性，但各区的活动仍有密切的联系，语言功能的正常有赖于广大皮层区域的共同活动，因此，当大脑皮层受损时，常出现几种失语症合并存在，严重时出现 4 种语言功能同时障碍。

（李 育 明海霞 伍庆华）

思维导图

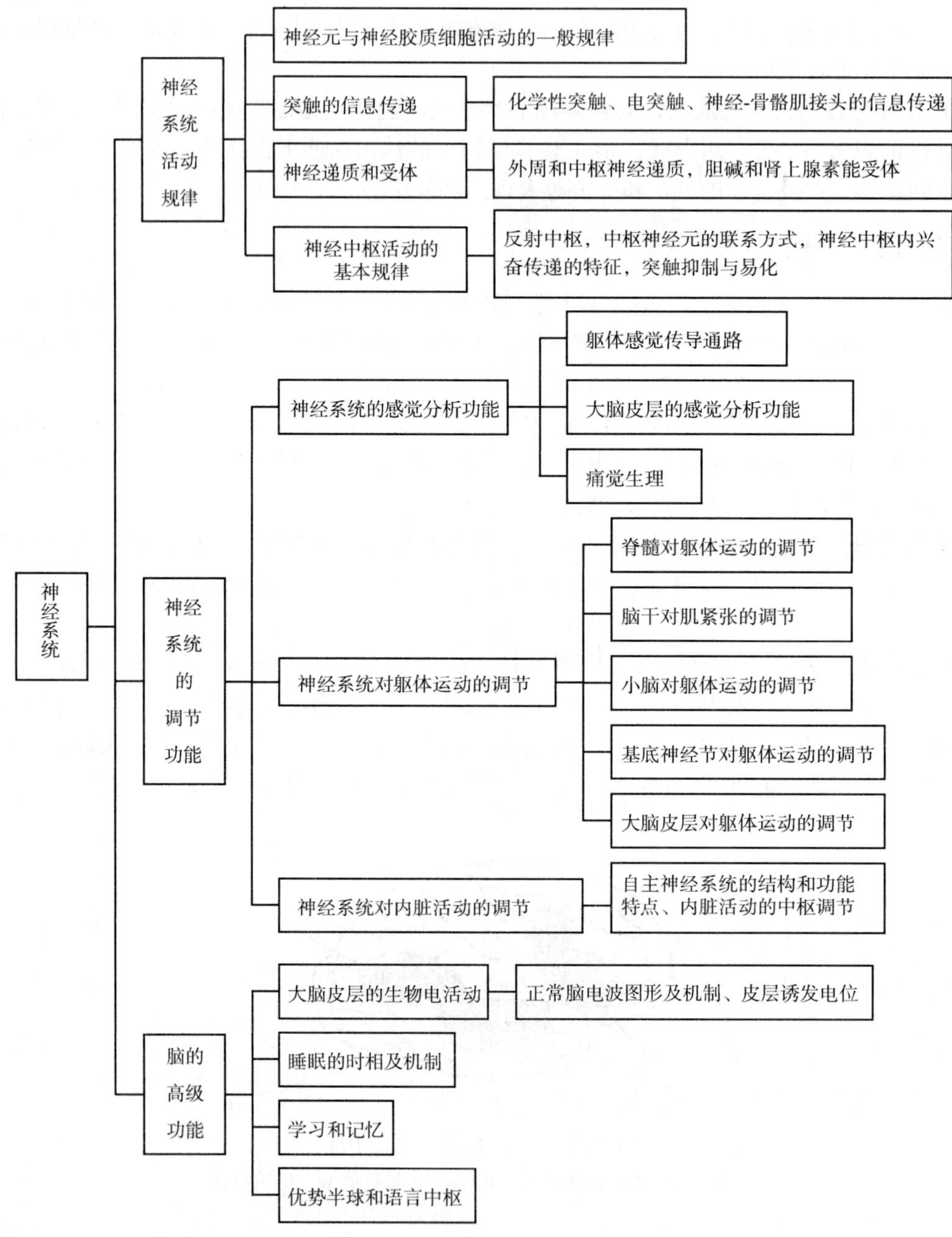

思考题

1. 简述神经纤维兴奋传导的特征。
2. 在低钙的环境下兴奋性突触传递如何变化？为什么？
3. 请运用神经递质和受体的知识解释有机磷中毒的机理。
4. 何谓突触后抑制？请简述其产生机制、分类及生理意义。
5. 特异性投射系统与非特异性投射系统有哪些区别？
6. 什么是脊休克？机制如何？它的产生和恢复说明了什么？
7. 简述自主神经的功能特征。

第十一章 感觉器官

感觉（sense）是客观事物在人脑中的主观反应，包括视觉、听觉、嗅觉、味觉、躯体感觉和内脏感觉。感觉是通过感受器（或感觉器官）、感觉传导通路和皮层感觉中枢三部分活动共同完成的。有关感觉的传导通路和中枢机制见神经系统，本章则重点讨论感受器和感觉器官的功能及其机制。

第一节 概 述

一、感受器和感觉器官

（一）感受器

感受器（receptor）是指生物体内专门感受机体内、外环境变化的特殊结构或装置。感受器的结构形式多样，有的是感觉神经末梢（如痛觉感受器），或包有结缔组织被膜的神经末梢（如环层小体及触觉小体）；也有高度分化的感受细胞（如视杆细胞和视锥细胞）。感受器感受到各种刺激后，可产生两类效应。

1. 产生特定的感觉 感受器是一种换能装置，能把各种形式的刺激能量（机械能、热能、光能和化学能）转换为电信号，并以神经冲动的形式沿一定的传导路径传到大脑皮层的特定部位，经皮层的分析、处理后，产生特定的感觉。

2. 产生调节性反应 感受器接受刺激并将其转换为电信号，经传入神经到达反射中枢，中枢对传入信息整合后发出指令经传出神经到达效应器，最后由效应器产生适应性反应。

（二）感觉器官

感受细胞连同它们的附属结构（如眼的折光系统、耳的集音与传音装置等）构成各种**感觉器官**（sense organ）。眼、耳、前庭、鼻、舌等，这些分布于头部并与脑神经相连的重要感觉器官又称为**特殊感官**（special sense organ）。

二、感受器的分类

人体所感受的内、外环境变化形式多样，故感受器有多种类型，如化学感受器、机械感受器、光感受器、温度感受器等（表 11-1）。

表 11-1 人体的主要感觉类型及感受器类型

	感觉类型	感受器结构	感受器类型	感觉器官
1	视觉	视杆和视锥细胞	光感受器	眼
2	听觉	毛细胞	机械感受器	耳

续表

	感觉类型	感受器结构	感受器类型	感觉器官
3	嗅觉	嗅细胞	化学感受器	鼻
4	味觉	味蕾	化学感受器	舌
5	平衡觉	毛细胞	机械感受器	前庭器官
6	触压觉	神经末梢	机械感受器	皮肤和深部组织
7	温度觉	神经末梢 / 中枢神经元	温度感受器	皮肤、下丘脑
8	痛觉	游离神经末梢	化学感受器	皮肤和各种器官
9	肌肉长度	神经末梢	机械感受器	肌梭
10	肌肉张力	神经末梢	机械感受器	腱器官
11	动脉血压	神经末梢	机械感受器	血管
12	动脉血氧分压	神经末梢	化学感受器	血管
13	血浆葡萄糖	下丘脑某些细胞	化学感受器	下丘脑
14	血浆渗透压	下丘脑前部某些细胞	化学感受器	下丘脑

表中前 8 项通常能引起主观感觉，其余的感受器一般只是向中枢神经系统提供内、外环境变化的信息，引起各种调节性反应，而主观上并不产生特定的感觉，如颈动脉窦、主动脉弓压力感受器。

三、感受器的一般生理特性

（一）感受器的适宜刺激

适宜刺激（adequate stimulus）是指感受器最敏感的特定能量形式的刺激，如视网膜感光细胞的适宜刺激是一定波长的电磁波。引起感觉所需要的最小刺激强度称为**感觉阈**（sensory threshold）。

（二）感受器的换能作用

换能作用（transduction）是指感受器将不同形式的刺激能量转变为神经纤维动作电位（神经冲动）的能量转换过程。在换能过程中，一般并不是直接把刺激能量转变为神经冲动，而是先在感受器细胞或感觉神经末梢产生相应的跨膜电位变化，前者称为**感受器电位**（receptor potential），后者称为**发生器电位**（generator potential），再以电紧张的形式沿胞膜作短距离传播，最终在相应的传入神经纤维上产生动作电位，完成感受器的换能作用。

（三）感受器的编码功能

感受器将感觉刺激转换为神经动作电位时，不仅发生了能量形式的转换，而且将刺激包含的内外环境变化的各种信息（如刺激的部位、类型、强度等）也转换到了动作电位的序列之中，这一现象称为感受器的**编码**（coding）功能。感受器的编码功能十分复杂，包括对外界刺激“质”和“量”的编码，但机制尚不清楚。

（四）感受器的适应现象

适应（adaptation）是指当刺激强度持续不变地作用于感受器时，其感觉神经纤维上产生的动作电位频率随刺激时间的延长而逐渐降低的现象。适应出现的快慢不同，皮肤感受器适应较快，而颈动脉窦压力感受器适应较慢。快适应（触觉和嗅觉感受器）有利于探索新异的刺激；慢适应（肌梭、窦-弓感受器）则有利于机体对某些功能状态（如姿势、血压等）进行长期持续的监测，以便随时进行调整。

第二节 视觉器官

视觉（vision）由视觉器官（眼）、视觉传导通路和视觉中枢共同完成。人体从外界环境接收到的信息，70% 以上通过视觉器官感知。其适宜刺激是波长为 380 ～ 760nm 的电磁波。与视觉功能直接相关的眼结构是折光系统和感光换能系统（图 11-1）。

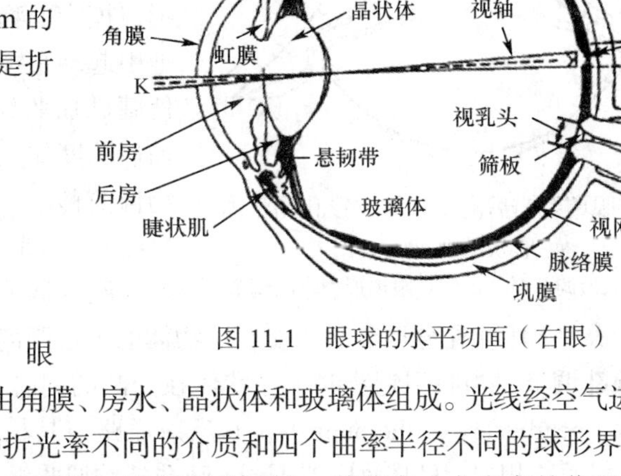

图 11-1 眼球的水平切面（右眼）

一、折光系统的功能

（一）眼的折光成像原理

1. 折光系统（refractive system）组成 眼的折光系统是一个复杂的生物透镜系统，由角膜、房水、晶状体和玻璃体组成。光线经空气进入眼后，先经过角膜、房水、晶状体和玻璃体四种折光率不同的介质和四个曲率半径不同的球形界面（角膜和晶状体的前后表面）。四个折光体在眼内形成一组复合凸透镜，其节点、主焦点的位置与简单凸透镜不同，故用一般几何光学原理画出光线在眼内的行进途径和成像过程是十分复杂的。

2. 简化眼（reduced eye）模型 为便于研究，人们设计出了简化眼模型，其光学参数与正常人眼折光系统总的光学参数相等。简化眼将光线射入眼后在视网膜上形成物像的过程，简化为单球面凸透镜成像过程，其前后径为 20mm，内容物为均匀的折光体，折射率为 1.333，外界光线进入眼时，只在球形界面发生折射。该球面曲率半径为 5mm，即节点 n 到前表面的距离为 5mm，后主焦点在节点后方 15mm 处，相当于视网膜的位置（图 11-2）。

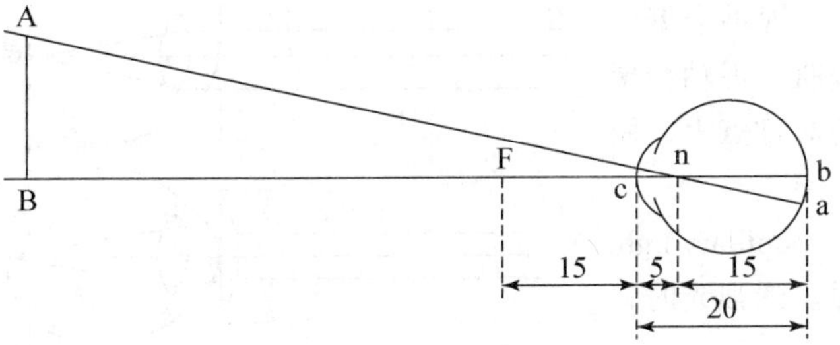

图 11-2 简化眼及其成像原理

n 为节点，AnB 和 anb 是两个相似的三角形；如果物距为已知，就可由物体的大小算出物像的大小，也可算出两个三角形的顶角（视角）的大小。F 为前焦点，图中的数字单位为 mm

简化眼模型和正常人眼安静时一样，能使来自 6m 以外的平行光线聚焦在视网膜上，形成一个清晰的物像。利用简化眼可以方便地计算出不同远近的物体在视网膜上形成物像的大小。

$$\frac{\text{物体的大小}（AB）}{\text{物体至节点的距离}（Bn）}=\frac{\text{物像的大小}（ab）}{\text{节点至视网膜的距离}（nb）}$$

式中 nb 固定不变，相当于 15mm，根据物体的大小和物体与眼的距离，就可计算出物像的大小。

（二）眼折光能力的调节

外界的平行光线（6m 以外）经眼的折光系统后恰好聚焦于视网膜上，这种折光状态的眼称为

正视眼（emmetropia）。此时，睫状肌舒张，悬韧带被拉紧，晶状体呈扁平状态。人眼不作任何调节所能看清物体的最远距离称为**远点**（far point of vision），正视眼远点为无限远。当眼看近物（6m以内）时，从物体上发出的入眼光线呈辐散状，经过眼的折光系统后，将成像于视网膜后方，形成模糊物像。但实际上，正常人眼看近物时也非常清楚，这是因为眼在看近物时通过晶状体变凸、瞳孔缩小及视轴会聚对其折光系统进行了有效地调节，这一系列通过神经反射活动的调节称为**近反射**（near reflex）。

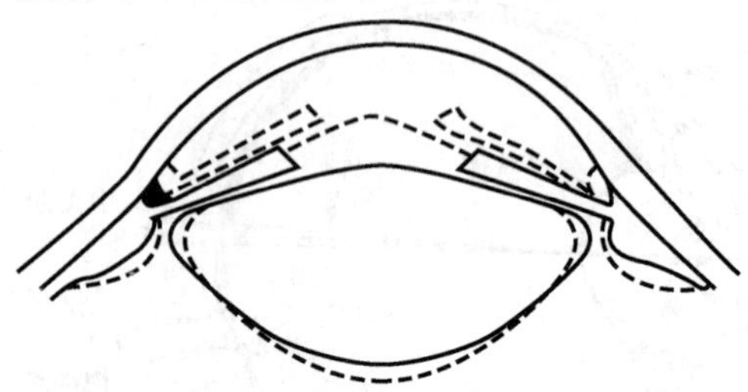
图 11-3 眼调节前后的睫状体位置和晶状体形状的改变

实线：眼未做调节时；虚线：眼视近物时的调节

1. 晶状体调节 当视近物时，如果眼不作任何调节，光线经折光系统折射后成像在视网膜后，在视皮层形成模糊的物像，此信息经中脑正中核整合后，反射性地引起动眼神经副交感神经兴奋，继而兴奋睫状神经，使睫状肌收缩，悬韧带松弛，晶状体依自身弹性使其前后凸度加大，尤其是前凸更为明显，折光能力增强，物像前移，恰好聚焦于视网膜上，形成清晰的物像（图 11-3）。人眼作最大限度调节时所能增加的折光能力，称为眼的**调节力**（accommodation force），其大小可用近点来表示。人眼作充分调节时所能看清物体的最近距离，称为**近点**（near point of vision）。

2. 瞳孔调节 当眼视近物时，晶状体在变凸的同时，还反射性地引起双侧瞳孔缩小，称为**瞳孔近反射**（near reflex of the pupil），其反射通路与晶状体调节的反射通路相似，只是效应器不同（瞳孔括约肌收缩，瞳孔缩小）。瞳孔近反射的生理意义是减少进入眼内的光线量，并减少由折光系统造成的球面像差和色像差，使视网膜成像更为清晰。

3. 视轴会聚 当眼视近物时，两眼球内收和视轴向鼻侧聚拢的现象称为**视轴会聚**（convergence）。视轴会聚反射途径与晶状体调节相似，但效应器是内直肌。视轴会聚的生理意义是使物像分别落在两眼视网膜的对称点上，而不会产生复视。

在不同光照情况下，通过**瞳孔对光反射**（pupillary light reflex）也可改变瞳孔大小，调节入眼光线量。遇强光时，瞳孔变小；遇弱光时，瞳孔变大。

（三）眼的折光异常

眼的折光能力异常时，物像不能聚焦于视网膜上，称为**非正视眼**（ametropia），包括近视、远视和散光（图 11-4）。

1. 近视（myopia） 近视眼看 6m 以外的物体，物像成像在视网膜之前，在视网膜上形成模糊的物像。近视的发生多数是由于眼球前后径过长（轴性近视），也可因晶状体曲率过大、折光力过强（屈光性近视）导致远物发出的平行光线不能聚焦在视网膜上。因此，近视眼看不清远物，纠正近视可用凹透镜，使入眼的平行光线适当分散，再经

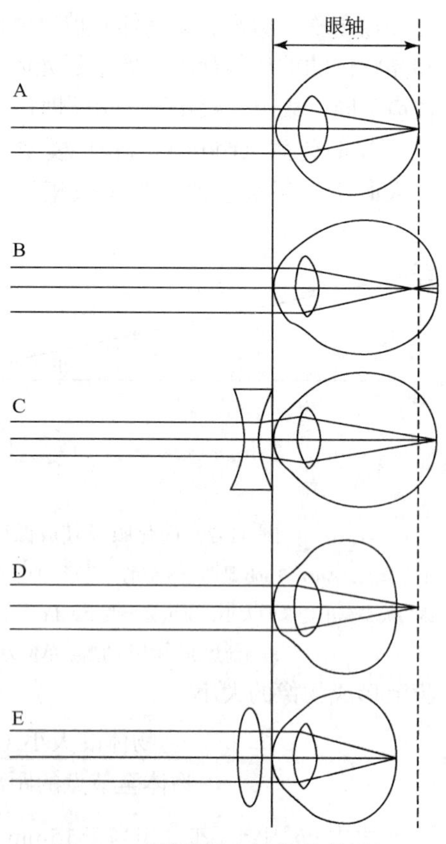

图 11-4 眼的折光异常及其矫正

A：正视眼；B：近视；C：近视的矫正；D：远视；E：远视的矫正

眼的折光后就能成像于视网膜上。

2. 远视（hyperopia） 与近视眼相反，远视眼看 6m 以外的物体时，物像成像在视网膜之后。远视多与眼球的前后径过短（轴性远视）或折光系统的折光能力过弱（屈光性远视）有关。纠正远视可用凸透镜增加光线聚合，使远处平行光线不需晶状体调节就能在视网膜上形成清晰物像。

3. 散光（astigmatism） 正视眼折光系统的各个折光面都是正球面，即折光表面不同方位的曲率半径都是相同的。而散光眼多因眼的折光表面不呈正球面，导致折光表面不同方位的曲率半径不相同。因此，各点的平行光线不能同时聚焦于视网膜上，在视网膜上成像不清晰或产生物像变形。纠正散光可用圆柱形透镜，使曲率异常得到纠正。

二、感光系统的功能

视网膜位于眼球壁最内层，它的功能是接收和传递视觉信息。来自外界物体的光线，通过眼的折光系统在视网膜上形成清晰的物像，然后经过视网膜的感光换能作用，将物像的光能转换为视神经上的动作电位，最后传入视皮层产生视觉。

（一）视网膜的结构特点

视网膜是一层透明的神经组织膜，总厚度为 0.1 ～ 0.5mm，组织学将视网膜分为 10 层，主要有 4 层（图 11-5），由外向内依次为：

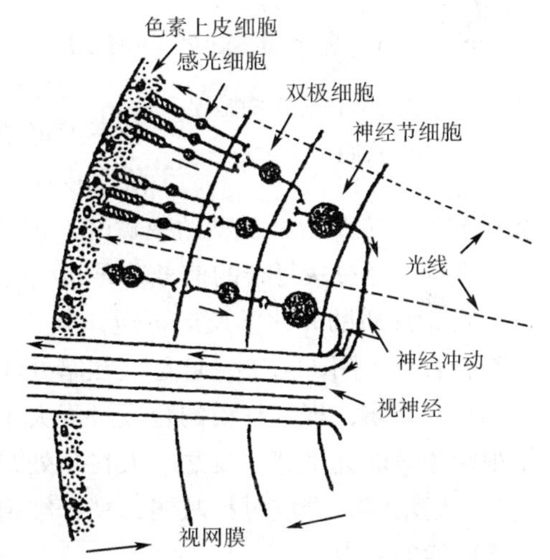

图 11-5 视网膜细胞层次及其联系模式图

1. 色素上皮细胞层 内含的黑色素颗粒能吸收光线，防止光线自视网膜折返产生的干扰，也能消除巩膜侧的散射光线。在强光照射视网膜时，色素上皮细胞可伸出伪足样突起，包被视杆细胞外段，使其相互隔离，而在暗光条件下，视杆细胞外段才暴露出来。

2. 感光细胞层 有**视杆细胞**（rod cell）和**视锥细胞**（cone cell）两种感光细胞，它们都是高度分化的细胞，含有特殊的感光色素（视色素）。视杆细胞和视锥细胞在形态上都可分为 3 部分，即外段、内段和终足（图 11-6）。外段是视色素集中的部位，在感光换能过程中起重要作用。视杆细胞外段呈长杆状，而视锥细胞外段呈圆锥状。两种感光细胞通过终足和双极细胞发生突触联系。

视杆细胞和视锥细胞在空间的分布极不均匀，视杆细胞主要分布在视网膜周边部，视锥细胞在视网膜的中央部最为密集。在黄斑的中央凹处只有视锥细胞，而无视杆细胞。

3. 双极细胞层 双极细胞的一极与感光细胞发生突触联系，另一极与神经节细胞发生突触联系。

4. 神经节细胞层 由神经节细胞发出的轴突汇集成束形成视神经，穿过视网膜出眼球后极上行至中枢。在视神经穿出视网膜的部位形成视神经乳头，此处无感光细胞，故无视觉感受，在视野中形成**生理盲点**（blind spot）。

视网膜中除纵向的细胞间联系外，还存在着横向联系，如在感光细胞层和双极细胞层之间有水平细胞，在双极细胞层和神经节细胞层之间有无长突细胞。这些细胞的突起在两层细胞间横向延伸，在水平方向传递信号；有些无长突细胞还可以直接向神经节细胞传递信号。

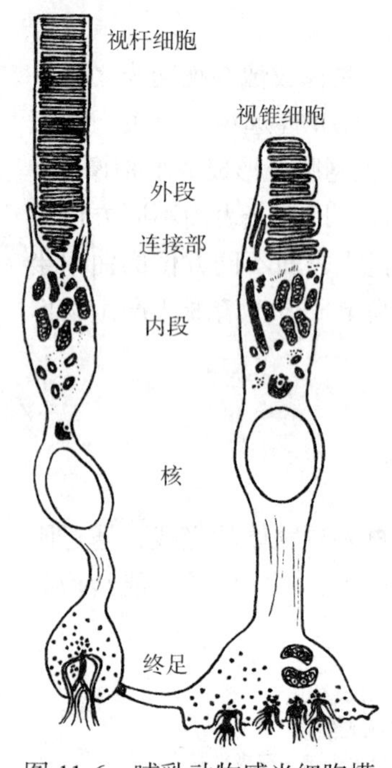

图 11-6 哺乳动物感光细胞模式图

（二）视网膜的两种感光换能系统

视网膜中存在着两种感光换能系统：①视杆系统或**晚光觉**（scotopic vision）系统，由视杆细胞和与它们相联系的双极细胞和神经节细胞组成。该系统对光的敏感度较高，能在昏暗的环境中感受光刺激而引起视觉，但不能分辨颜色，只能区别明暗。而且，视物时只能有较粗略的轮廓，精确性差；②视锥系统或**昼光觉**（photopic vision）系统，由视锥细胞和与之有关的传递细胞组成。该系统对光的敏感度较差，只有在类似白昼的强光条件下才能被刺激，但具有高分辨能力，对物体表面的细节都能看得很清楚，而且视物时可以分辨颜色。

1. 视杆系统的感光换能机制 视杆细胞的视色素是**视紫红质**（rhodopsin），它对不同波长光线的吸收光谱，与晚光觉对光谱不同部分的敏感性一致，说明视紫红质的光化学作用是晚光觉的基础。

（1）视紫红质的光化学反应：视紫红质主要由**视黄醛**（retinal）和**视蛋白**（opsin）组成。

视紫红质在光照时迅速分解为视黄醛和视蛋白，每吸收一个光量子即可使一分子的视紫红质分解。视紫红质的分解过程是一个多阶段反应。首先是光照促使视黄醛发生构型改变，由本来的 11- 顺型视黄醛，转变为全反型的视黄醛。视黄醛的变构导致视黄醛和视蛋白的相互分离，进而引发视蛋白变构，经过较复杂的信号转导系统的活动，使视杆细胞产生超极化的感受器电位。

视紫红质的光化学反应可逆，其反应的平衡点取决于光照的强度。它在光照下分解，在暗处又重新合成（图 11-7），这是人在暗处能不断视物的基础。光线暗，视紫红质的合成过程大于分解过程，使视网膜对弱光敏感。反之，人在亮处视物时，视紫红质分解增强，合成过程减弱，视杆细胞几乎失去感受光刺激的能力。

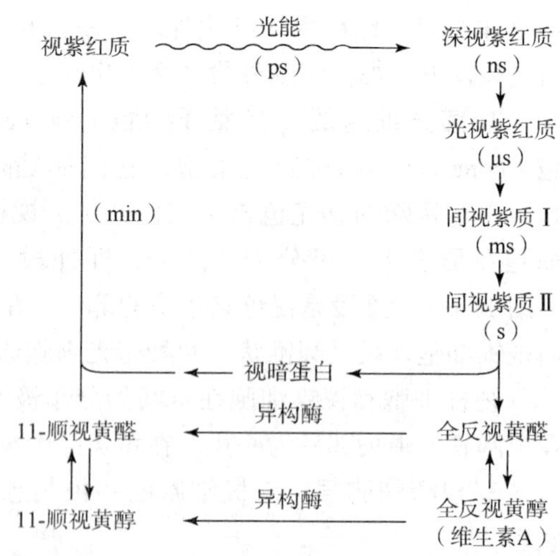

图 11-7 视杆细胞中视紫红质 - 视黄醛 - 视黄醇循环的光化学反应

视黄醛是由维生素 A（视黄醇）在酶的作用下氧化而成的，在视紫红质分解再合成的过程中，有一部分视黄醛被消耗，需要由食物中的维生素 A 来补充。若长期维生素 A 摄入不足，导致视紫红质合成障碍，影响人在暗处时的视力，引起**夜盲症**（nyctalopia）。

（2）光 - 电换能中的信息传递：感光细胞的外段是进行光 - 电换能的关键部位。视杆细胞外段绝大部分为重叠成层的圆盘状结构，即膜盘。人的每个视杆细胞外段中有近千个膜盘，每个膜盘含有约 100 万个视紫红质分子。这样的结构使进入视网膜的光量子与视紫红质接触并发生反应的机会增多。

未经光照射时，视杆细胞的静息电位只有 –30 ～ –40mV，比一般细胞小得多。这是由于外段膜在无光照时，就有相当数量的 Na^+ 通道处于开放状态，并有持续的 Na^+ 内流所造成。

感光细胞的 Na^+ 通道是化学门控式的，控制其通透性的是 cGMP（图 11-8）。在暗处，cGMP 使外段膜的 Na^+ 通道保持开放的构型。光照刺激激活视紫红质，转而激活磷酸二酯酶（PDE），PDE 使 cGMP 转化为无活性 5′-GMP，导致 cGMP 水平降低，Na^+ 通道关闭，同时内段膜非门控钾通道仍继续允许 K^+ 外流，形成超极化感受器电位。感受器电位只能以电紧张性的扩布到达它的终足部分，影响终足（相当于轴突末梢）处的递质释放，该递质是谷氨酸。

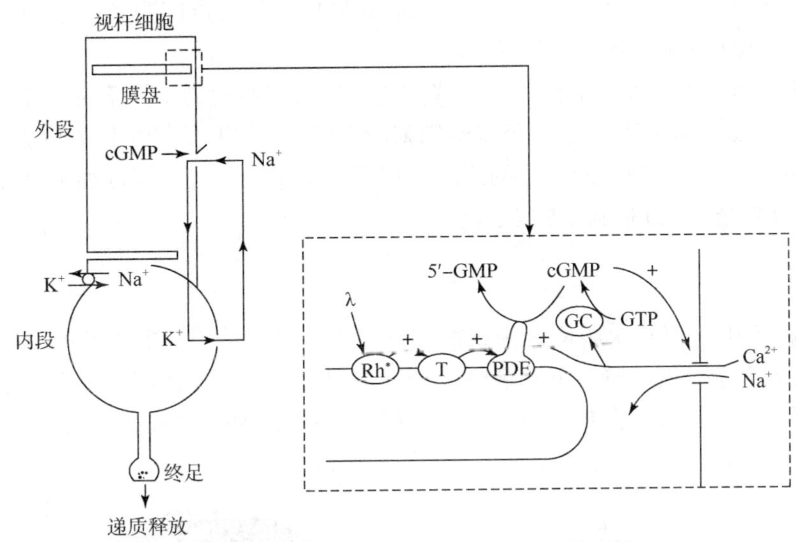

图 11-8 视杆细胞的光－电换能机制示意图

λ：光照；Rh：视紫红质；T：转导蛋白；PDE：磷酸二酯酶；GC：鸟苷酸环化酶

+：激活；—：抑制

2. 视锥系统的感光换能装置 视锥细胞外段也具有与视杆细胞类似的盘状结构，并含有对红、绿、蓝 3 种光敏感的视色素。大多数脊椎动物具有三种不同的视色素，存在于不同的视锥细胞中，这是视锥细胞能分辨颜色的结构基础。光线作用于视锥细胞外段时，外段膜两侧也发生与视杆细胞类似的超极化型感受器电位。

3. 颜色视觉（color vision） 是指由不同波长的光线作用于视网膜后在人脑引起的主观感觉。正常人眼可区分的颜色不下 150 种，在可见光谱的范围内波长只要有 3 ～ 5nm 的增减，就可被视觉系统分辨为不同的颜色。视觉的**三色学说**（trichromacy theory）认为在视网膜中存在着分别对红、绿、蓝光敏感的三种视锥细胞 。当某一波长的光线作用于视网膜时，可按一定的比例使红、绿、蓝三种视锥细胞产生不同程度的兴奋，信息经处理后转化为不同组合的神经冲动，传到大脑皮层就产生不同的色觉。三色学说可解释颜色信息在感光细胞水平的编码机制。而**对比色学说**（opponent colory theory）可解释颜色对比现象。红色和绿色、黄色和蓝色形成对比色或互补色，因此当蓝色块置于黄色背景上，人们感觉蓝色特别蓝，黄色特别黄。对比色学说解释了颜色信息在光感受器之后神经通路中的编码机制。

三、与视觉有关的其他现象

（一）视敏度

视敏度（visual acuity）又称视力，是指人眼对物体形态的精细分辨能力，即人眼能够分辨物

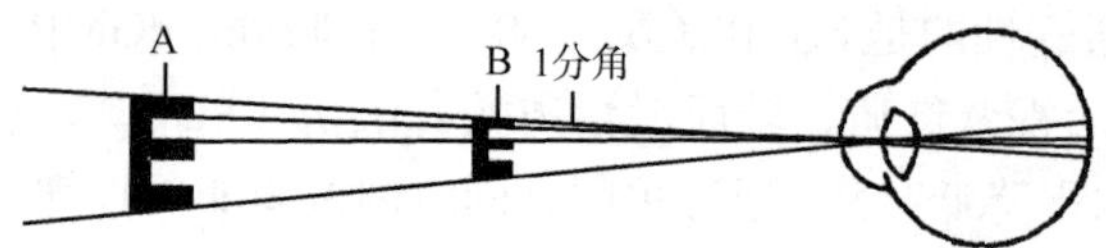

图 11-9 物体距离、大小与视角的关系示意图

A：距离 10m 处；B：距离 5m 处

体两点间最小距离的能力。临床检查视敏度是以视角的倒数来表示，标准视力表就是根据这一原理设计的。**视角**（visual angle）是指物体两点所发出的光线投射到眼内，通过节点交叉所形成的夹角。当人眼能看清 5m 处视力表上第 10 行 E 字形的缺口（两光点间距离为 1.5mm）方向时，此时视角为 1 分角（图 11-9），定为正常视力。

人眼之所以能分辨间距为 1.5mm 的两个光点，是因为当视角为 1 分角时，在视网膜上形成的两点间距离为 4 ～ 5μm，恰好相当于一个视锥细胞的直径，这样两条光线分别刺激两个视锥细胞，而且中间至少间隔一个未被刺激的视锥细胞。在视网膜的中央凹处，视锥细胞直径可小于 2μm，因此该处的视敏度可超过 1.0 达到 1.5 或更高。

（二）视野

视野（visual field）是指单眼固定注视前方一点不动时，该眼所能看到的空间范围。正常视野图中，颞侧视野大于鼻侧视野，下侧视野大于上侧视野。在同一光照条件下，用不同颜色的目标物测得的视野大小不一样，白色视野最大，其次为黄色和蓝色，再次为红色，而绿色视野最小（图 11-10）。

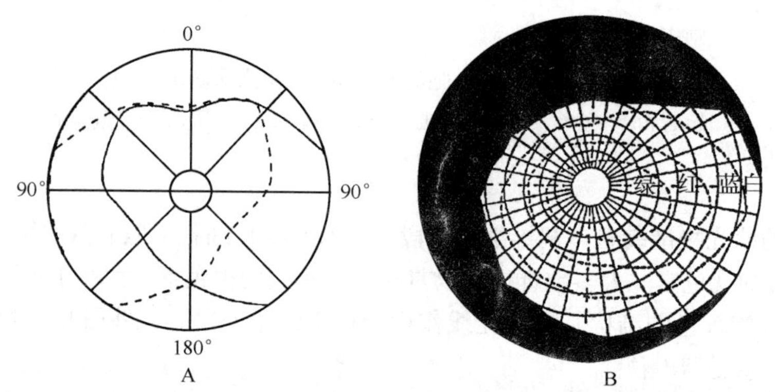

图 11-10 人眼视野图

A. 双眼视野图。虚线为左眼视野，实线为右眼视野，两眼鼻侧视野重叠。B. 右眼视野图

（三）暗适应与明适应

1. 暗适应（dark adaptation） 是指当人突然从亮处进入黑暗的环境，最初看不清任何物体，经过一段时间后，视觉才逐渐恢复的现象。暗适应过程分为两个阶段：①视锥细胞的快暗适应过程，进入暗处后 7 ～ 8min 视觉阈值明显下降，主要与视锥细胞中视色素合成增加有关；②视杆细胞的慢暗适应过程，该阶段是暗适应的主要机制，进入暗处后 25 ～ 30min 时，视觉阈值下降到最低点，并维持在这一水平，这主要与视杆细胞中视紫红质合成增加有关。随着视紫红质合成逐渐增多，视网膜对弱光的敏感性逐渐升高，才能在暗处看清物体。

2. 明适应（light adaptation） 是指人突然从暗处到光亮处时，最初感到一片耀眼，视物不清，稍等片刻后才能恢复视觉的现象。明适应较快，仅约几秒钟即可完成。其机制是：从暗处到光亮处时，暗处合成的对光敏感性较高的视紫红质开始分解，产生耀眼的光感，待视紫红质大量分解后，视锥细胞的视色素才在光亮环境中感光。

（四）双眼视觉和立体视觉

1. 双眼视觉（binocular vision） 是指两眼同时视物时所产生的视觉。

人和其他灵长类动物，双眼在头的前方，两眼的鼻侧视野有相当一部分互相重叠，因此凡落在此视野范围内的物体均可被两眼同时看到，故具有双眼视觉功能。与单眼视觉相比，双眼视觉可以弥补单眼视野中的盲区缺损，扩大视野，并形成立体视觉。

2. 立体视觉（stereopsis） 是指双眼视物时，不仅能看到物体的高度、宽度，还能看到物体厚度的现象。这主要是由两眼的视差造成的，两眼的视觉图像信息经过中枢神经系统处理后，产生一个有立体感的物体。但单眼视物时也能在一定程度上产生立体感觉，这与物体表面的光线反射情况、阴影的有无，以及生活经验等有关。

第三节 听觉器官

听觉（hearing）由听觉器官、听觉传导通路和听觉中枢的共同活动产生。听觉器官为耳，由外耳、中耳构成的传音系统和内耳构成的感音系统组成。

一、人耳的听阈和听域

人耳的适宜刺激是空气振动的疏密波，但振动的频率必须在一定范围内，并且达到一定强度，才能产生听觉。人耳能感受的振动频率范围为20～20 000Hz，强度范围为0.000 2～1 000dyn/cm²。听力是指听觉系统对声音的感受能力，以听阈的高低来表示。**听阈**（hearing threshold）是指对某一频率的声波所具有的刚能引起听觉的最小强度。听阈越低，听力越好。当振动强度在听阈以上继续增加时，听觉的感受也相应增强，但当强度增加到某一限度时，可因鼓膜过度振动而引起压迫感或疼痛感，这个限度称为**最大可听阈**（maximal hearing threshold）。人耳的听阈随着声音的频率而变化，而且每一种振动频率都有其听阈和最大可听阈，因而可据此绘制出人耳对振动频率和强度感受范围的坐标图（图 11-11）。

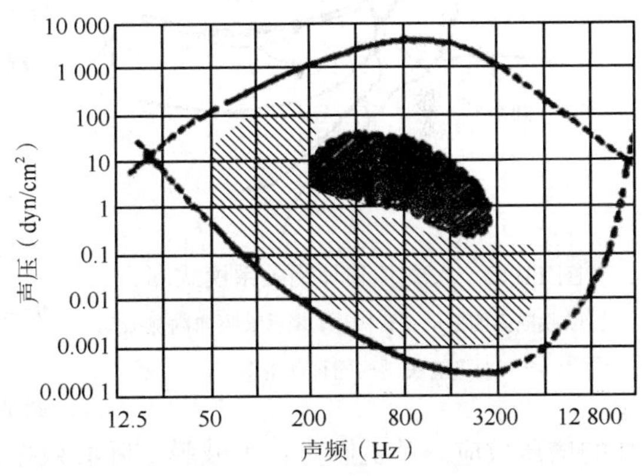

图 11-11 人耳正常听域图

中心斜线区：通常的语言区；下方的斜线区：次要的语言区

（1dyn=10^{-5}N）

图 11-11 中下方的曲线表示不同振动频率的听阈，上方的曲线表示它们的最大可听阈，两条曲线所包围的区域称为**听域**（audible area）。凡是人耳所能感受的声音，其频率和强度坐标都应在听域范围之内。从听域图上可以看出，人耳最敏感的声波频率在1000～3000Hz，人的语言频率主要分布在300～3000Hz范围内，语音的强度在听阈和最大可听阈之间的中等强度处。

二、传音系统的功能

（一）外耳的功能

外耳（external ear）由耳郭和外耳道组成。耳郭起集音作用，对声源方向的判断也有一定的作用。外耳道具有传音和增压作用，声波由外耳道传到鼓膜时，强度可以增加10dB。

（二）中耳的功能

1. 中耳（middle ear）的传音功能 中耳包括鼓膜、听小骨、鼓室、中耳肌及咽鼓管等结构。它的主要功能是将声音能量高效地传递到内耳中去，其中鼓膜与听骨链在传音过程中还起增压作用。

（1）鼓膜的作用 鼓膜就像电话机受话器中的振膜，是一个压力承受装置，具有较小的失真度和良好的频率响应。鼓膜本身无固有振动，频率小于2400Hz的声波振动作用于鼓膜时，鼓膜可以复制振动频率，其振动与声波振动同始同终。

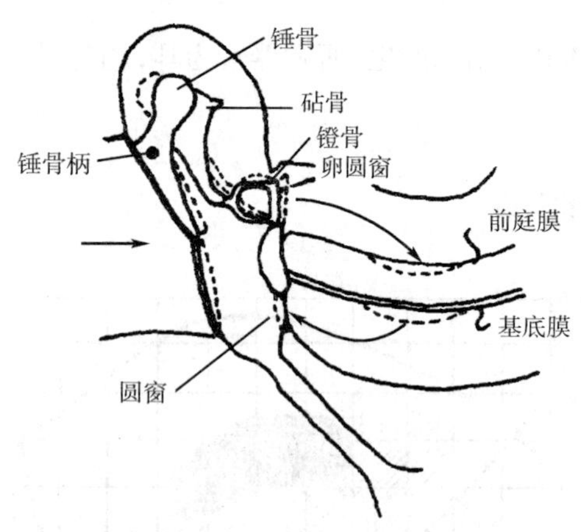

图11-12 人中耳和耳蜗关系模式图

→：鼓膜向内侧振动；图中虚线表示鼓膜向内侧振动时各有关结构的移动情况

（2）**听骨链**（ossicular chain）的作用：由锤骨、砧骨和镫骨依次连接而成。锤骨柄细长，附着于鼓膜；镫骨与卵圆窗膜相连；砧骨居中。三块听小骨形成一个两臂之间呈固定角度的杠杆，锤骨柄为长臂，砧骨长突为短臂（图11-12），杠杆支点的位置刚好在整个听骨链的重心上，在能量传递过程中惰性最小，效率最高。

（3）中耳肌的作用：中耳肌包括鼓膜张肌和镫骨肌，与听小骨的运动有关。当强烈声响（70dB以上）或气流经过外耳道时，两块中耳肌同时收缩，听骨链传递振幅减小，使中耳传音效能减弱，这样可阻止较强的振动传至内耳耳蜗，对感音装置起到保护作用。

2. 中耳的增压效应 声波经鼓膜、听骨链到达卵圆窗膜时，声波振动压强增大，而振幅稍减小，这就是中耳的增压效应。其机制是：①鼓膜实际有效振动面积约为55mm^2，而卵圆窗膜面积约为3.2mm^2，若听骨链传音时总压力不变，作用于卵圆窗膜上的压强为鼓膜上压强的17.2倍；②听骨链中锤骨柄与砧骨长突之比，即杠杆长臂与短臂之比为1.3∶1，这样作用于短臂上的压力将增大为原来的1.3倍。因此，在整个中耳传音过程中增压效应为22.4（17.2×1.3）。由于鼓膜和听骨链的增压作用，补偿了能量的消耗，可使声音能真实地传入内耳。

3. 咽鼓管的功能 咽鼓管又称耳咽管，是连通鼓室与鼻咽部的通道。鼓室内空气通过咽鼓管与大气相通。咽鼓管的鼻咽部开口常处于关闭状态，当吞咽或打哈欠时开放，使鼓室内气压与外界气压一致。因此，咽鼓管的主要生理功能是维持中耳内外压力平衡，使鼓膜保持正常的位置、形状和振动性能，维持正常听力。

（三）声音的传导途径

声音通过空气传导与骨传导两条途径传入内耳，以气传导为主。

1. 气传导（air conduction） 主要途径是声波经外耳道引起鼓膜振动，再经听骨链和卵圆窗膜进入耳蜗，这是主要传导途径。

此外，鼓膜的振动也可引起鼓室内空气的振动，再经圆窗膜的振动传入耳蜗，这一途径在正常情况下并不重要，而在听骨链运动障碍时（如鼓膜穿孔或听骨链硬化）可发挥一定的传音作用，但此时听力会大幅降低。

2. 骨传导（bone conduction） 声波可直接引起颅骨的振动，再引起位于颞骨骨质中的耳蜗内淋巴的振动。骨传导的敏感性比气传导低得多，因此在正常听觉中作用甚微。

三、感音系统的功能

内耳又称**迷路**（labyrinth），由耳蜗和前庭器官组成。耳蜗是声音的感受器官，其感音功能包括对声音刺激的感受和对声音信息的初步分析两方面。

耳蜗由一条骨质管腔围绕一锥形骨轴向上盘旋而成，横断面可见横行的基底膜和斜向上的前庭膜，由上至下，将管腔分为前庭阶、蜗管和鼓阶。前庭阶和鼓阶腔内充满外淋巴液，并在蜗顶部通过蜗孔彼此交通；蜗管是一个充满内淋巴液的盲管。

耳蜗基底膜上有声音感受器——**螺旋器**（**柯蒂器**，Corti's organ）图 11-13，由毛细胞及支持细胞等组成。毛细胞的顶部表面都有上百条整齐排列的纤毛，与蜗管内淋巴相接触，底部有丰富的听神经末梢，与鼓阶外淋巴相接触。基底膜上方有盖膜，其内侧与蜗轴相连，外侧游离在内淋巴中。基底膜外侧毛细胞中较长的纤毛埋植于盖膜的胶状质内，可随基底膜与盖膜之间的剪切运动而发生弯曲和摆动，使毛细胞产生电位变化。

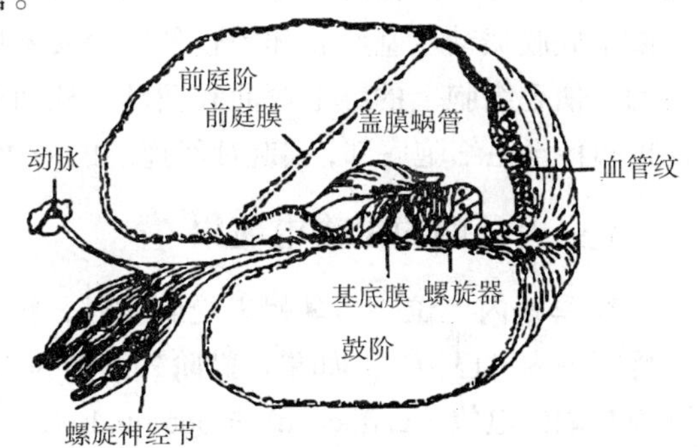

图 11-13 耳蜗管的横断面模式图

（一）基底膜的振动与行波理论

声波振动能量通过镫骨脚板传到外淋巴后，立即传到整个耳蜗系统。同时镫骨脚板内移时，圆窗膜外移，前庭阶与鼓阶之间形成压力差，从而引起基底膜的振动，于是振动以波的形式沿着基底膜向前传播，称为**行波**（travelling wave）。行波的特点是，振动在基底膜从耳蜗的底部向顶部传播时，振幅逐渐增大，而传播的速度则逐渐变慢，波长变短。当振动到达基底膜的某一部位，即其共振频率与声波频率一致的部位，振幅最大。离开该处后，振幅迅速减少，乃至消失。基底膜上不同部位的振幅与声波频率有密切关系。行波过程中，每一种频率的声波，在基底膜不同的部位都有一个相应的最大振幅部位。高频声波的最大振幅部位靠近卵圆窗，而低频声波的最大振幅部位靠近蜗顶。即近卵圆窗部位的基底膜与高频声波发生共振作用，基底膜的中间部分与中频声波共振，耳蜗顶部的基底膜与低频声波共振（图 11-14）。

基底膜不同部位的共振频率不同，在其相应频率的声波作用下，产生一最大振幅区，该区域的毛细胞与听神经受到的刺激最强。兴奋沿不同部位的听神经纤维传到听觉中枢的不同部位，产生不同的音调感觉，完成耳蜗对声音频率的初步分析。

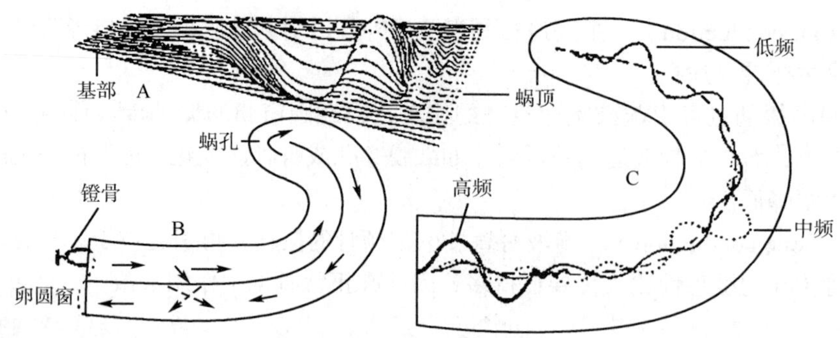

图 11-14 声波在耳蜗内的传播及其膜的波动形式

A：基底膜的运动模式；B：耳蜗内压力的传播方向；C：高中低频声波在基底膜上引起的行波示意，波动最大点高频近卵圆窗，低频近蜗顶

（二）耳蜗的感音换能机制

耳蜗的作用是将传到耳蜗的机械振动转变为听神经的神经冲动。在这一换能过程中，耳蜗基底膜的振动是一个关键因素。当声波振动通过听骨链到达卵圆窗膜时，使外淋巴和内淋巴振动，造成基底膜振动。基底膜和盖膜各自沿着不同的轴向上或向下移动，两膜之间便发生交错的移行运动，使毛细胞上的纤毛弯曲和摆动，从而开启机械能转化成电能的过程。感受器电位经电紧张性扩布传至毛细胞底部，引起神经递质的释放，最后触发听神经产生动作电位，实现感音换能作用。

（三）耳蜗的生物电现象

1. 耳蜗内电位 当耳蜗未受刺激时，将一个测量电极放在鼓阶外淋巴液中，另一测量电极置于蜗管的内淋巴液中，如果以鼓阶外淋巴为参考零电位，便可记录内淋巴液中电位为 +80mV 左右，称为**耳蜗内电位**（endocochlear potential），又称**内淋巴电位**（endolymphatic potential）。同样方法可测得毛细胞膜内电位为 –70 ～ –80mV，此电位为毛细胞静息电位。由于毛细胞顶端与内淋巴接触，毛细胞的周围部分则浸浴在外淋巴液中，因此，毛细胞顶部膜内外电位差为 150 ～ 160mV，而毛细胞底部膜内外电位差为 70 ～ 80mV。这是耳蜗毛细胞静息电位与一般细胞的不同之处。

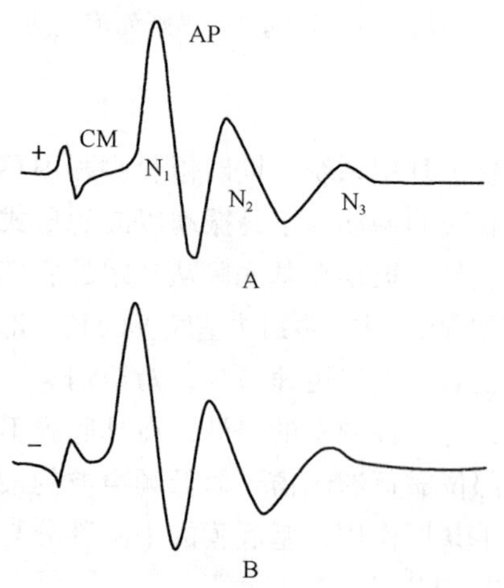

图 11-15 耳蜗微音器电位和听神经动作电位

CM：微音器电位；AP：耳蜗听神经动作电位（包括 N_1、N_2、N_3 三个负电位）

A 与 B 对比表明，声音位相改变时，微音器电位位相倒转，但听神经动作电位位相没有改变

2. 耳蜗微音器电位（cochlear microphonic potential，CM） 是指耳蜗受到声波刺激时，在耳蜗及附近结构记录到的一种与声波频率和幅度完全一致的电位变化（图 11-15）。CM 的潜伏期极短，小于 0.1ms，没有不应期，无真正的阈值，对缺氧和深度麻醉相对不敏感。

3. 听神经动作电位 是耳蜗对声音刺激所产生的一系列反应中最后出现的电变化，是耳蜗对声音刺激进行换能和编码的总结果。图 11-15 显示的是听神经的复合动作电位，它是听神经中所有神经纤维活动的综合反应。

第四节　前庭器官功能

前庭器官（vestibular apparatus）由内耳迷路中的椭圆囊、球囊和半规管共同组成。前庭器官是感受机体姿势、自身运动状态和头部空间位置变化的感觉器官。

一、前庭器官的感受细胞及适宜刺激

前庭器官的感受细胞是**毛细胞**（hair cell），它有两种纤毛，**动纤毛**（kinocilia）和**静纤毛**（stereociliun）。动纤毛只有一条，而且最长，位于细胞顶端的一侧边缘处；静纤毛数量多，每个毛细胞有 60 ～ 100 条，较细，长短不一，靠近动纤毛的长，并依次逐根变短，呈阶梯状。毛细胞的基底部有感觉神经分布。

毛细胞的适宜刺激是与纤毛生长面平行的剪切力的作用。当动纤毛和静纤毛都处于自然状态时，细胞膜的静息电位约为 –80mV，同时，与毛细胞相连的传入神经纤维上有一定频率的基础放电。在外力作用下，静纤毛倒向动纤毛一侧时，毛细胞去极化，达到阈电位（–60mV）时，毛细胞的传入神经冲动增加，表现为兴奋效应；相反，当动纤毛倒向静纤毛一侧时，毛细胞超极化，传入冲动减少，表现为抑制效应（图 11-16），这是所有毛细胞感受外界刺激时的一般规律，其机械 – 电换能机制与耳蜗毛细胞相似。

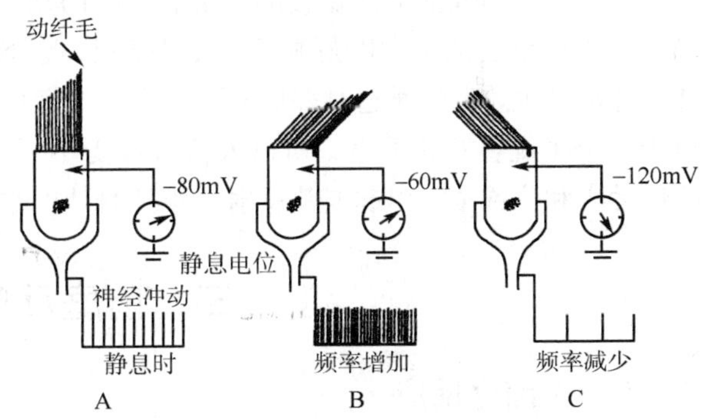

图 11-16　前庭器官毛细胞纤毛状态与神经冲动发放关系模式图

二、前庭器官的功能

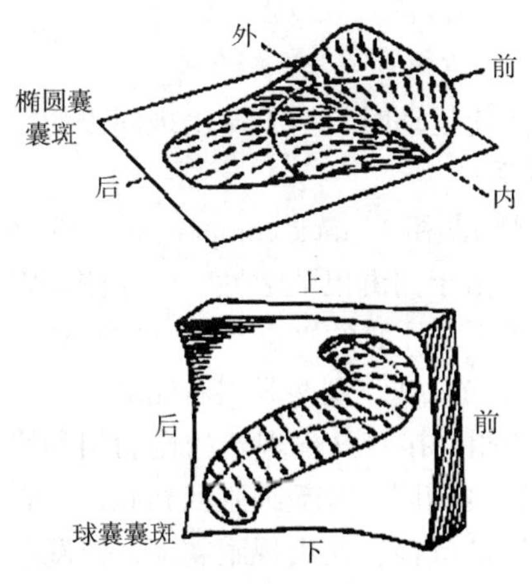

图 11-17　椭圆囊及球囊的位置及毛细胞顶部纤毛的排列方向

箭头指向动纤毛的方向，箭尾是同一细胞的顶部静纤毛所在位置

（一）椭圆囊和球囊的功能

椭圆囊（utricle）和**球囊**（saccule）内部充满了内淋巴液，囊内都有一个称为**囊斑**（macula）的特殊结构，毛细胞存在于囊斑中，其纤毛埋置于**位砂膜**（otolithic membrane，耳石膜）中。位砂膜是一种胶质板，内含有许多微细的位砂（耳石），其主要由碳酸钙和蛋白质组成，密度大于内淋巴，有较大的惯性。椭圆囊囊斑和球囊囊斑所处的空间位置有所不同。当人体直立不动时，椭圆囊的囊斑与地面平行，毛细胞的顶部朝上，纤毛垂直向上竖立，位砂膜在毛细胞纤毛的正上方；而球囊的囊斑则与地面垂直，毛细胞顶部朝外，纤毛向水平方向伸出，位砂膜悬在纤毛的外侧面（图 11-17）。

椭圆囊和球囊的功能是感受直线变速运动和头部的空间位置。因为，在囊斑中几乎每一个毛细胞的排列方向都不完全相同，它们能够感受各个方向的变化。当头部位置发生改变或躯体作直线变速运动时，位砂膜因惯性作用而发生偏移，使毛细胞的纤毛弯曲。如果静纤毛向动纤毛方向弯曲，则产生去极化感受器电位，引起传入神经冲动增加，信息传入中枢，反射性引起颈部、躯干和四肢肌肉张力的改变，从而调整身体的姿势，维持身体平衡。

（二）半规管的功能

半规管可以分为上（前）、外（水平）和后三个半规管。当头向前倾 30° 时，外半规管与地平面平行，其余两个半规管与地平面垂直，三个半规管互成直角，一侧的上半规管与对侧的后半规管平行。每个半规管与椭圆囊连接处有一膨大部分叫做**壶腹**（ampulla）。壶腹中有一块隆起的结构称壶腹嵴，其中包括毛细胞与支持细胞，细胞的顶部有较厚的帽状胶质物，称为壶腹帽。

半规管的功能是感受旋转变速运动。以水平半规管为例，当机体开始向左旋转时，左侧半规管的内淋巴因惯性而流向壶腹部，使静纤毛向动纤毛侧弯曲，毛细胞去极化而兴奋；与此同时，右侧半规管内淋巴的流向刚好相反，远离壶腹，此处的毛细胞动纤毛向静纤毛侧弯曲而产生超级化，神经冲动减少。人脑通过对来自两耳水平半规管传入信号的不同，来判断旋转运动的方向和状态。由于三个半规管互相垂直，所以人体可接受不同平面和不同方向旋转变速运动的刺激，产生不同的运动觉和位置觉，引起姿势反射，维持身体的平衡。

三、前庭反应与眼震颤

（一）前庭反应

前庭器官的传入冲动，除引起运动觉和位置觉外，还可引起各种姿势调节反射和自主神经功能的改变。当半规管毛细胞受到过强、过久的刺激，或者在快速旋转和快慢不均匀的旋转过程中，通过前庭神经核与网状结构的联系，引起自主神经功能失调，特别是在前庭功能敏感度过高的人，一般的旋转也会引起强烈的反应。这些反应包括出汗、面色苍白、眩晕、恶心呕吐、心跳加快和血压下降等。

（二）眼震颤

眼震颤（nystagmus）是最特殊的前庭反应，即躯体作旋转变速运动时，两眼球出现同步的往返运动的现象。眼震颤主要是半规管受刺激后，改变了眼外肌的活动。

眼震颤包括眼球运动的**慢动相**（slow component）与**快动相**（quick component）两种（图 11-18）。以水平方向眼震颤为例，当头与身体向左旋转时，由于内淋巴的惯性，使左侧壶腹嵴内的毛细胞受到的刺激增强，而右侧正好相反，反射性引起某些眼外肌的兴奋和另一些眼外肌的抑制，于是出现两侧眼球缓慢向右侧移动，为眼震颤的慢动相；当眼球移到两眼裂右侧端而不能再移动时，两眼球突然快速返回到眼裂正中，此为眼震颤的快动相。接着又出现新的慢动相和快动相，循环反复；当旋转变为匀速时，由于内淋巴与身体的旋转速度相同，故毛细胞回到原位，眼震颤停止而眼球又居于眼裂正中；当旋转突然停止时，由于内淋巴的惯性，又出现眼震颤，但慢动相和快动相的方向与旋转开始时恰好相反。

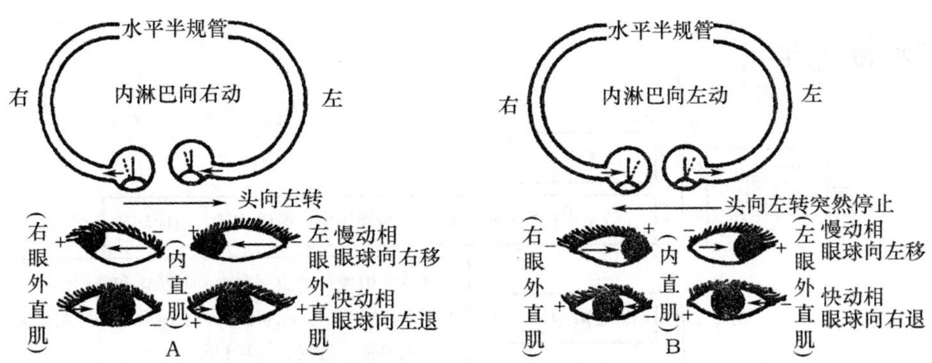

图 11-18　旋转变速运动时眼震颤方向示意图

A. 旋转开始时的眼震颤方向；B. 旋转突然停止时的眼震颤方向

第五节　嗅觉与味觉

一、嗅　　觉

嗅觉器官指嗅上皮，由嗅细胞、支持细胞等构成，位于上鼻道和鼻中隔后上部的嗅黏膜中。**嗅细胞**（olfactory cell）是嗅觉感受器，为特化的双极神经元，是嗅觉传导通路中的第一级神经元，也是机体唯一暴露于外界的神经元。

嗅觉感受器的适宜刺激几乎均为有机的、挥发性的化学物质。能够引起嗅觉感受器兴奋的有气味的化学物质称**嗅质**（odorants），自然界能够引起嗅觉的嗅质多达 2 万余种，而人类能够分辨和记忆的气味约 1 万种。对嗅质的敏感程度称为**嗅敏度**（olfactory acuity），可用嗅阈值来衡量。能引起嗅觉的嗅质的最小浓度称为**嗅阈值**（olfactory threshold）。人类嗅觉灵敏，嗅阈值低，而且适应较快。在某种嗅质连续刺激下，可引起嗅觉减退，此现象称为嗅适应。不同的刺激，嗅适应的时间不同。

二、味　　觉

味蕾（taste bud）是味觉感受器，主要分布于舌背部和舌缘，每个味蕾由 50 ～ 150 个**味感受器细胞**（**味细胞**，gustatory receptor cell）、支持细胞和基底细胞组成。味细胞的顶端有纤毛，称为**味毛**（gustatory hairs）。味毛与舌表面溶于唾液中的化学物质接触，味信息通过感觉神经元的轴突从味蕾传递到中枢神经系统。

人类能辨别的基本味觉刺激物质称为**味质**（tastants）。人类能分辨 4000 ～ 10 000 种味觉。但众多的味觉都是由咸、酸、甜、苦、鲜五种基本味质组合而成，这些味质在舌上的最敏感部位呈一定的空间分布，舌根部对苦味最敏感；舌尖对甜味敏感；舌的侧面对酸敏感。味觉强度与味质的浓度有关。味觉敏感度受食物或味质本身温度的影响。味觉感受器是一种快适应感受器，某种味质长时间刺激时，味觉的敏感度迅速降低。

（李杰茹　李　汩）

思维导图

- 感觉器官
  - 感受器和感觉器官
    - 含义和分类
    - 一般生理特性：适宜刺激、换能作用、编码功能、适应现象
  - 视觉器官
    - 折光系统功能
      - 折光系统组成：角膜、房水、晶状体和玻璃体
      - 眼折光功能调节：晶状体变凸、瞳孔缩小、眼球会聚
      - 眼折光异常：近视、远视和散光
    - 感光系统功能
      - 视网膜结构特点：4层细胞
      - 两种感光换能系统：视杆系统，视锥系统
    - 与视觉有关的其他现象
      - 视敏度，视野，暗适应与明适应，双眼视觉和立体视觉
  - 听觉器官
    - 人耳听阈和听域
    - 传音系统功能
      - 外耳功能：传音、增压
      - 中耳功能：传音、增压、维持中耳内外压力平衡
      - 声波传导途径：气传导和骨传导
    - 感音系统功能
      - 耳蜗基底膜的声音感受器：螺旋器
      - 基底膜的振动与行波理论
      - 耳蜗感音换能机制
      - 耳蜗的生物电现象
  - 前庭器官
    - 感受细胞及适宜刺激
      - 毛细胞，剪切力
    - 前庭器官的功能
      - 椭圆囊和球囊感受直线变速运动和头部的空间位置，三个半规管感受旋转变速运动
    - 前庭反应与眼震颤
  - 嗅觉与味觉
    - 嗅觉感受器：嗅细胞；嗅质，嗅敏度，嗅阈值
    - 味觉感受器：味蕾；基本味质：咸、酸、甜、苦、鲜

1. 请比较视网膜上两种感光系统的特点。
2. 正常人眼看 6 米以内的近物时是如何进行调节的？
3. 简述前庭器官的适宜刺激和生理功能。